U0930524

全国高等学校法学专业必修课、选修课系列教材

律师与公证

（第三版）

宋朝武　余　歌　著

中国教育出版传媒集团
高等教育出版社·北京

图书在版编目（CIP）数据

律师与公证 / 宋朝武，余歌著 . -- 3 版 . -- 北京：高等教育出版社，2024.3（2025.8 重印）

ISBN 978-7-04-061702-3

Ⅰ . ①律… Ⅱ . ①宋… ②余… Ⅲ . ①律师制度 – 中国 – 高等学校 – 教材②公证制度 – 中国 – 高等学校 – 教材 Ⅳ . ① D926.5 ② D926.6

中国国家版本馆 CIP 数据核字（2024）第 035938 号

Lüshi yu Gongzheng

策划编辑 程传省　责任编辑 程传省 杨丽云　封面设计 杨立新　版式设计 杜微言
责任校对 吕红颖　责任印制 刘思涵

出版发行 高等教育出版社
社　　址 北京市西城区德外大街 4 号
邮政编码 100120
印　　刷 三河市华骏印务包装有限公司
开　　本 787mm × 1092mm　1/16
印　　张 20.5
字　　数 470 千字
购书热线 010-58581118
咨询电话 400-810-0598
网　　址 http：//www.hep.edu.cn
　　　　 http：//www.hep.com.cn
网上订购 http：//www.hepmall.com.cn
　　　　 http：//www.hepmall.com
　　　　 http：//www.hepmall.cn
版　　次 2007 年 8 月第 1 版
　　　　 2024 年 3 月第 3 版
印　　次 2025 年 8 月第 2 次印刷
定　　价 49.00 元

物 料 号 61702-00

作者简介

宋朝武　中国政法大学民商经济法学院教授，博士生导师。兼任中国法学会民事诉讼法学研究会副会长兼秘书长、中国行为法学会副会长兼执行行为专业委员会会长、中国国际经济贸易仲裁委员会仲裁员、最高人民法院执行特邀咨询专家、马克思主义理论研究和建设工程重点教材《民事诉讼法学》首席专家等。主要从事民事诉讼法学、强制执行法学、仲裁法学、公证与调解制度的教学与科研工作，多次参与《民事诉讼法》《仲裁法》《人民调解法》等法律的立法与修改工作，主持教育部、司法部等多项重点项目。主要著作有《民事诉讼法学》《民事证据法学》《仲裁法学》《公正高效权威视野下的民事司法制度研究》《仲裁证据制度研究》《中国仲裁制度：问题与对策》《调解立法研究》等，并在《中国法学》《现代法学》《法学评论》《政法论坛》《法学家》等刊物上发表论文七十余篇。

余歌　安徽师范大学法学院讲师，法学博士，参与教育部、最高人民法院等多项规划科研项目，在《证据科学》《诉讼法学研究》等刊物上发表论文十余篇。

第三版说明

本书第一版出版于2007年，2010年进行了第一次修订，自出版以来一直受到广大读者的欢迎。第二版出版以来，随着我国法治建设的深入发展，特别是全面依法治国基本方略的不断推进，我国律师制度与公证制度均发生了很大变化。为使本书紧密联系司法实践、满足广大读者的学习需求，在习近平法治思想的指导下，在党的二十大精神的指引下，我们依据2017年《律师法》、2017年《公证法》、2021年《中华全国律师协会章程》等法律法规及相关司法解释，对本书进行了全面修订。

例如，在上编“律师制度”中，将律师在执业过程中知悉的“严重危害他人财产安全的犯罪事实和信息”纳入律师保密义务范畴；国家统一法律职业资格考试的实施，强化了我国法律职业共同体的概念，促使法律职业共同体遵守共同的执业纪律与职业伦理；新增“党的二十大与律师法”一节，突出强调律师法与党的二十大精神的内在统一性；等等。在下编“公证制度”中，基于2017年《公证法》及其他有关公证制度的最新规定，明确了我国的公证机构是执行国家公证职能、自主开展业务、独立承担责任、按市场规律和自律机制运行的公益性、非营利的事业单位法人；基于国家统一法律职业资格考试的相关规定，对公证员的职业资格作出修改，进一步反映了我国法律职业共同体在准入机制、排除条件和职业伦理上的同一性；强调了在公证事业中贯彻便民原则的主要措施，如深入开展民生领域公证服务，精简公证办理手续、简化工作流程，推进公证信息化服务，依法规范公证收费，提高公证服务质量，完善便民服务设施，以及强化公证机构与公证员在执业过程中的便民意识；新增“党的二十大与公证法”一节，突出强调公证法与党的二十大精神的内在统一性；等等。

本次修订工作得到了高等教育出版社的大力支持和帮助，尤其对程传省、杨丽云两位编辑为本次修订工作付出的辛勤劳动表示由衷的谢意。

需要说明的是，本书原作者张力先生由于工作调动等原因，未能参加本次修订工作，本次修订工作由宋朝武、余歌共同完成。

由于我们水平有限，书中不妥之处在所难免，诚恳希望广大读者提出宝贵意见。

作者

2023年8月

目　　录

导　　言

在我国，律师是指依法取得律师执业证书，接受委托或指定为当事人提供法律服务的执业人员；公证是公证机构根据自然人、法人或非法人组织的申请，依照法定程序对民事行为、有法律意义的事实和文书的真实性、合法性进行证明的活动。

由此可见，律师制度与公证制度在适用的法律、活动内容、遵循的程序、制度的目的以及效力上都存在根本差别，二者是根本不同的两种制度。但是，律师制度与公证制度又存在有机的联系，具体是：第一，律师进行执业活动，和公证机构的公证活动，都必须依法进行，都是一种法律适用活动，都属于一国广义司法制度的范畴。第二，律师与公证员的任职都需要满足一定的资格条件，这种资格条件由律师执业活动与公证活动的特点所决定，包括国籍条件、专业与学历条件、年龄条件、资历条件、品德条件等。目前，在我国担任律师或者公证员，都必须通过国家统一法律职业资格考试，从而决定了他们之间在任职资格基础方面的相同性，二者有所谓的"职业共同体"特征。第三，律师的执业活动与公证员的公证活动都在一定程度上依赖于他们自己的认知和判断能力，有一定的个人化特征与独立意志，不是可以依照先前命令即能确定的，与依命令行事的行政执法有很大差别。第四，律师与公证员都不是国家公务人员，律师事务所和公证处都不是国家机关，所以他们的活动都带有一定的民间性。第五，律师与公证机构依法办理业务，进行具体职务活动，需要基于当事人的授权或者申请，他们不具备法定的强制处理一定事务的职权，其执业活动带有一定的契约性。同时，他们进行活动都可以依法收取一定的费用，但是，这种收费并不纯粹是商业性的，他们的活动具有一定的公益性。此外，他们还要在法定条件下提供法律援助。第六，与规定当事人实体权利和实体义务的实体法相比，律师制度和公证制度重点调整当事人维护自己实体权利的程序活动，具有程序法规范的性质。

基于上述律师与公证之间的共同特点，根据高等学校法学教育的需求，考虑到律师与公证制度的容量，我们把"律师与公证"编排在一部教材中。同时，我们尊重这两种制度不同的本质与立法情况，分别以我国现行律师法和公证法为核心，分作上篇"律师制度"和下篇"公证制度"两部分，对其进行阐述。在每一篇的前半部分，都各自对律师和公证的一般制度进行了论述，相当于它们的"总则"，其后又各自就其具体应用分别加以阐述。

上篇"律师制度"共11章，第一章介绍了律师的含义、性质和作用，律师制度的历史发展，律师法的概念、任务与效力，以及党的二十大与律师法的内在联系；第二章阐述了律师职业，包括律师资格、律师执业、律师的权利和义务；第三章论述了律师的执业机构——律师事务所，以及律师业的自律组织——律师协会；第四章阐述了我国现行律师法所规定的律师的管理与约束机制，包括机构管理与制度约束，即司法行政机关和律师协会对律师的管理、律师职业道德、律师执业纪律、律师的法律责任；第五章至第十一章以现行法为基础，阐述了律师执业中的具体问题，包括民事诉讼中的律师代理、刑事诉讼中的律师业务、行政诉讼中的律师代理、律师的非诉讼法律业务、律师担任法律顾问、律师酬金制度和法律援助、涉外及涉港澳台的律师业务。

下篇“公证制度”从第十二章至第二十二章共11章，阐述了我国现行公证制度的内容。第十二章阐述了公证的含义、性质和作用，我国公证制度的历史发展，公证法律关系，以及当代中国公证制度的法律渊源及其效力范围，以及党的二十大与公证法的内在联系；第十三章介绍了公证机构、公证员和公证协会以及公证管理机制；第十四章到第十八章论述了公证制度的基本方面，即公证的基本原则与基本制度、公证管辖、普通公证程序、公证费的收取与退还、特别公证程序、公证的效力及其救济；第十九章至第二十二章，结合我国公证法对具体公证事项的规定，具体阐述了公证业务活动，即常见的合同公证、常见法律事实的公证、对有法律意义文书的公证、涉外及涉港澳台公证。

学习、研究一门专业知识，遵循科学的方法是非常重要的，不仅能够提高学习效率，而且能够使学习者端正学习态度，达到良好的学习目的。本书认为，学习本门课程，应当根据本门课程的特点，遵循以下学习方法：第一，抽象与具体相结合的方法。律师与公证和任何其他法律制度一样，都植根于一定的制度背景和历史文化土壤，必须从特定的政治、经济、文化环境中探寻制度设定与运行的规律；同时，任何制度都是具体的，都有其具体的规范及规范的实施，必须注意研究律师与公证的具体规范问题。只有把抽象的理论、原则与具体的制度结合起来，才能使研究深入下去。第二，理论与实际相结合的方法。律师和公证是实践性很强的制度，律师和公证的法律规范规定了它们的实践运作方式，律师和公证的实践又可以检验法律规范的科学性，发现法律规范的不足，促进法律发展。坚持理论与实际相结合，运用理论知识指导、反思法律规范与法律的应用，再把法律实践进行抽象，根据法律实践经验进行理论反思，相互融合、相互促进，既做到提升理论，又做到学以致用、改进实践。第三，历史分析与比较分析的方法。通过历史分析，找出制度发展的时代特点；通过比较分析，借鉴其他国家与地区的经验和教训，有助于我们在具体法律实践中避免曲折，使其更加符合时代规律的要求。第四，与其他相关程序法和实体法相结合的方法。律师与公证的实践活动，与处理其他法律规定的事务密切相关，不仅要分别遵守律师法和公证法的规定，还要遵守其他部门法的规定。所以，研究律师与公证的理论与实践问题，需要结合其他相关程序法和实体法，特别是民事实体法与民事诉讼法、刑事实体法与刑事诉讼法、行政法与行政诉讼法的理论与实践。

当然，从根本上说，要想深入理解与把握我国的律师制度、公证制度，离不开学习者对我国法治目标、法治建设方向的了解与体悟。只有了解我国法治建设的“蓝图”，才能进一步理解律师制度与公证制度的立法背景、制度本意，才能把握历次修法的原因与目标，甚至预测制度变迁的方向，并参与到制度构建与改良的讨论中。中国共产党是中国工人阶级的先锋队，是中国人民和中华民族的先锋队，更是中国特色社会主义事业的领导核心。学习律师制度与公证制度，必须把握中国共产党的法治思想与法治理念。

2022年，党的二十大报告详细论述了中国特色社会主义法治道路，报告指出，在中国共产党的领导下，过去的十年里，“社会主义法治国家建设深入推进，全面依法治国总体格局基本形成，中国特色社会主义法治体系加快建设，司法体制改革取得重大进展，社会公平正义保障更为坚实，法治中国建设开创新局面”。因此，党的二十大报告在坚持全面依法治国的同时，提出了新时代法治建设的总要求，“系统阐释了法律体系、依法行政、严格公正司法、法治社会建设等内容，创新表述体系完整，形成了新时代法治建设蓝图”①。党的二十大报告指出：“我们要坚持走中国特色社会主义法治道路，建设中国特色社会主义法治体系、建设社会主义法治国家，围绕保障和促进社会公平正义，坚持依法治国、依法执政、依法行政共同推进，坚持法治国家、法治政府、法治社会一体建设，全面推进科学立法、严格执法、公正司法、全民守法，全面推进国家各方面工作法治化。”

作为法律共同体的重要一员，律师深度参与法治社会的方方面面，律师制度是否完善成为衡量一个国家法治文明程度的重要标志。公证员的职责是对公证对象的真实性、合法性作出证明，也是法治社会非诉讼纠纷解决机制的重要组成部分。学习者只有在深入理解党的二十大精神的前提下，才能真正掌握我国的律师制度与公证制度，才能在未来的学习与生活中，踔厉奋发、笃行不怠，自觉成为法治社会的维护者与建设者。

① 冯玉军：《习近平法治思想与实践创新——兼论党的二十大报告关于法治建设的重大创新论述》，载《现代法学》2023年第3期。

上　篇

律师制度

第一章　律师制度概述

第一节　律师的含义、性质和作用

一、律师的含义

律师制度是一国法律制度的有机组成部分。在不同的国家和地区以及一国的不同历史时期，律师的含义与称谓也有所不同。根据我国《律师法》第2条的规定，我国的律师是指依法取得律师执业证书，接受委托或者指定，为当事人提供法律服务的执业人员。

（一）律师的特征

根据我国法律规定，律师是一种专门性的职业，是由国家考核授予资格并准予执业的。其具有以下特征：

第一，律师是国家许可从事的一项专门性职业，属于一国法律制度的有机组成部分。如果不符合法律规定或者没有经过国家授权的有关机关的许可，不得以律师名义进行活动。

第二，成为律师需要由国家依法进行考核授予资格，并发给律师执业证书。没有取得律师执业证书或者律师执业证书被吊销的，不得作为律师进行活动。

第三，律师的职责是接受委托或者指定，为当事人提供法律服务。2007年修订《律师法》时，将“依法面向社会提供法律服务”的律师职责，修改为“接受委托或者指定，为当事人提供法律服务”。这一修改使我国《律师法》规定的律师职责更加符合现代律师性质，并沿用至今。

第四，律师是具有一定法律知识的自然人。律师为社会提供法律服务，当然需要具备一定的法律知识；同时，律师是作为个人的自然人，而不是法人或者非法人组织。

（二）律师与军队律师、公职律师、公司律师

根据《律师法》第57条的规定，为军队提供法律服务的军队律师，其律师资格的取得和权利、义务及行为准则，适用《律师法》的规定。军队律师的具体管理办法，由国务院和

中央军事委员会制定。可见，在我国，军队律师是律师的特殊类型，其除了要遵循《律师法》的规定以外，还应当遵循行政法规和军事法规的规定。

此外，在我国，根据司法行政机关的规定，还有公职律师和公司律师。根据《公职律师管理办法》第2条的规定，公职律师是指任职于党政机关或者人民团体，依法取得司法行政机关颁发的公职律师证书，在本单位从事法律事务工作的公职人员。根据《公司律师管理办法》第2条的规定，公司律师是指与国有企业订立劳动合同，依法取得司法行政机关颁发的公司律师证书，在本企业从事法律事务工作的员工。上述部门规章还提到了与公职律师和公司律师相对的"社会律师"的概念，这里的社会律师就是《律师法》所规定的律师。

从严格意义上来说，公职律师与公司律师只是根据司法部的规定，受特定单位的委任，在其单位内部工作的人员，与《律师法》规定的律师有质的区别，不具有《律师法》所规定的执业证书，不能面向社会接受委托或指定，为当事人提供法律服务，只能为所任职的单位提供服务。其要成为社会律师，还需要向司法行政机关申请换发律师执业证书。不过，根据司法部的规定，公职律师和公司律师的资格取得与律师有相同或者相近的地方，如均需依法取得法律职业资格。同时，与律师一样，公职律师与公司律师都应加入所在地律师协会，由律师协会对其实行行业自律管理。公职律师与公司律师是律师协会的会员，享有会员权利，履行会员义务，需参加律师协会组织的政策理论培训和法律实务技能培训等教育活动。可见，在一定的意义上，公司律师和公职律师具有律师的某些身份特征。

拓展阅读

二、律师的性质

律师的性质，即律师的本质属性，是指反映律师内在品格、规律及其联系的方面。律师的性质根本上是由律师的身份与职业特点决定的，此外，还受到律师相关法律规范的阶级性质的影响。

根据我国《律师法》的规定，律师具有社会性、专门性、职业性、合法性与契约性、独立性、阶级性和民主性等性质。

（一）社会性

律师是依法接受委托或者指定，为当事人提供法律服务的执业人员。作为律师提供法律服务对象的当事人，是不特定的社会主体，既可以是自然人，也可以是法人和非法人组织，甚至是国家机关；既可以是本国人，也可以是外国人或者无国籍人；既可以是普通的当事人，也可以是正在受刑事追诉或者已经受到刑事制裁的人。只要是当事人依法与律师之间建立了委托关系，或者律师受有关机构的指定，律师就有义务为当事人服务。所以，律师不是为某一特定群体服务的，律师提供的法律服务面向整个社会，具有社会性的特点，是现代司法文明的产物。

律师不具有国家机关工作人员的身份，其进行业务活动来源于当事人的委托授权或是特别情形下的法律规定，而不像国家机关工作人员那样代表国家行使具体权力或者实施某项行为。律师的工作范围或者工作方式也是多种多样的，只要不违背法律的规定或者社会公共道德，律师就可以根据当事人的委托进行各种活动。例如，律师既可以作为民事诉讼、行政诉讼案件当事人的代理人，也可以担任刑事诉讼中被告的辩护人，还可以受当事人的委托授权为当事人处理其他非诉讼法律事务。

可见，律师的职业具有广泛的社会性，与国家机关工作人员、一般企事业单位的工作人员有很大差别。

（二）专门性

律师是为当事人提供法律服务的执业人员，其工作的内容是“提供法律服务”，其工作自然具有专门性。

律师的执业活动是为自然人、法人或者非法人组织提供法律服务，可以是代理活动，也可以是咨询活动，其形式具有多样性，但其内容都与法律相关。例如，参加诉讼、调解、仲裁活动，进行申诉，提供非诉讼法律服务或提供法律咨询等，都与法律相关，这让律师区别于非法律职业或者行业。

（三）职业性

律师是通过国家统一法律职业资格考试取得法律职业资格，并有律师执业证的法律从业人员。律师还有其行业的自律性组织——律师协会。根据《律师法》第45条的规定，所有律师都应当加入所在地的地方律师协会，并同时是全国律师协会的会员。律师的活动不仅受到法律法规及当事人委托授权的制约，还受到律师执业纪律与职业道德的约束。律师不仅受到来自司法行政机关等国家机构的监督与制约，还受到律师协会的监督，同时律师的合法权利与合法的执业活动也受到律师协会的保护与支持。

可见，律师的活动具有高度专业化和行业化的特点，是一种专业化与行业化程度都很高的职业，具有自身独特的准入机制、制约和监督机制、保护与支持机制。这些都决定了律师的职业化性质，从而与其他从事法律事务的人员相区别，如律师就不同于我国基层存在的法律服务所的工作人员。

（四）合法性与契约性

拓展阅读

根据我国法律规定，无论是成为律师还是作为律师接受当事人的委托，或是以律师名义进行活动，都要遵循法律的规定，不得违反宪法和法律、律师执业纪律、律师职业道德和社会公共道德。而且，当事人委托律师进行活动，其自身往往缺乏法律知识或维护自身合法权利的能力不足，相比而言，律师常处于专业上的优势地位。因此，要求律师的活动符合法律规定，对保障当事人的合法权益具有重要意义。

同时，律师受当事人委托或因其他原因成为当事人的代理人的，还应当在当事人授权的范围内活动，不得超越代理权限。律师违背法律规定、违反合同约定，或超越代理权限活动的，往往要承担法律责任或受到纪律惩戒。可见，律师的活动，既要遵循法律的规定，还要受律师与当事人之间委托代理合同以及当事人授权的约束，其行为具有合法性与契约性的特性。

（五）独立性

律师执业虽然要受其所在的律师事务所管理，但律师是具有自然人身份的、为当事人提供法律服务的执业人员。根据《律师法》的规定，委托律师代理合同虽然需要由律师事务所与当事人签订，但接受当事人授权、进行有关法律活动的仍是律师个人。律师以其个人的行为、知识、技能等为当事人提供法律服务，使有关的法律关系发生变动，维护当事人的合法权益，而不是以他人或者律师事务所的名义实施行为，其行为在法律上具有独立的效果。

根据《律师法》的规定，虽然律师代理当事人进行活动，应当取得当事人的授权，但是，律师一旦取得授权后，即根据法律规定与当事人的授权独立进行活动，有其独立的意志，而不是当事人的附庸。同时，在诉讼活动中，律师独立于法院、检察院等司法机关，律师并不听命于这些机关，而是独立进行诉讼活动。

另外，前已述及，律师是个高度职业化的职业，从属于作为行业自律组织的律师协会。律师行业自律组织的存在及其作用的发挥，都表明了律师在一定程度上的自治性。

综上可见，律师的执业活动是在法律与当事人的授权范围内独立进行的，具有独立性。

（六）阶级性和民主性

根据马克思主义法学的观点，任何法律制度都有阶级性。律师制度作为国家法律制度的组成部分，当然有其阶级性。律师的阶级性是由律师制度的阶级性决定的。具体说来，资产阶级国家的律师的阶级性是由资产阶级国家法律的阶级性决定的，资产阶级国家的律师本质上是为维护资产阶级制度服务的；我国律师的阶级性是由我国法律制度的社会主义性质决定的，应当为维护社会主义法律秩序服务。当然，除了阶级性之外，还存在反映律师执业共同规律和特点，反映一定的历史、经济和社会条件特点的内容，这些内容当然可以相互借鉴。

律师制度还是一种民主制度，①是国家进行民主管理的需要，也是国家保障社会主体权利与主体地位的需要。因此，律师具有民主性。

另外，还有关于律师公益性和商业性的问题。律师的商业性是指律师为社会主体提供的法律服务，原则上是有偿的。②律师提供服务虽然通常是有偿的，但是，律师也是以实现法律正义、保护当事人的合法权利为使命的，律师这种“维护法律规定的服务活动”不能简单地等同于作为商品的劳务，它的定价其实无法依据商品价值确定规律，其所获取的律师酬金与律师服务之间并不存在等价关系。特别是在我国，对于律师收费采取的是限制政策，除此

① 谢佑平：《社会秩序与律师职业——律师角色的社会定位》，法律出版社1998年版，第33页。
② 谢佑平：《社会秩序与律师职业——律师角色的社会定位》，法律出版社1998年版，第51页。

之外还有律师提供法律援助制度，为当事人提供服务且不向当事人收取费用或者收取更低的费用。所以，本书认为，律师职业应当具有一定的公益性，而不应只具有商业性。

三、律师的作用

律师是一定社会制度的产物，也是国家尊重普通社会主体权利的一种体现。律师对于社会主体享有、行使和维护自己的合法权利，促进国家机关依法行为，减少违法行为，化解社会冲突与纠纷，促进社会主义法治建设，具有重要的意义。对此，《律师法》第1条要求“发挥律师在社会主义法制建设中的作用”，第2条规定“律师应当维护当事人合法权益，维护法律正确实施，维护社会公平和正义”。

第二节　律师制度的历史发展

律师制度，是指国家法律规定的有关律师的性质与资格，规范律师的活动与律师的工作机构，以及规范律师活动中所形成的各种法律关系的规范体系。律师制度属于上层建筑范畴，归根结底是由经济基础决定的，是为一定的经济基础服务的。律师制度不是从来就有的，它是一定历史经济条件的产物。

一、西方律师制度的历史演进

现代律师制度起源于西方国家。在古罗马法时代，就有帮助别人打官司的“辩护士”。公元前3世纪，古罗马在经济上私有制高度发展，商业贸易极为繁荣；在政治上建立了奴隶制的民主共和国。古罗马的立法也比较发达，其法学研究逐渐繁荣，形成了职业法学家集团，这些法学家有的获得了解释法律、指导司法活动的特权；有的则充当辩护士，收取酬金。而在当时的诉讼制度背景下，双方当事人的诉讼地位平等，在法庭上有充分的辩论权利，也在客观上促进了辩护士向律师的发展。慢慢地律师成为专职的职业，在社会上有较高声望。

公元476年，西罗马帝国灭亡，欧洲进入漫长的封建制社会，罗马时代的商品经济关系消灭，实行高度专制的政治制度，诉讼上实行纠问制，这些都使律师制度失去了存在的必要和可能。在近一千年的封建统治下，律师制度在欧洲大陆基本销声匿迹。

13世纪开始，英国的社会关系结构发生了重大变化，现代纺织工业开始出现并发展，促进了城市商品经济关系的发展。与此相应，13世纪末，英国就有了专门的辩护律师。14世纪，伦敦先后设立了4所专门教授法律和培训律师的律师学院，即林肯律师学院、格雷律师学院、内殿律师学院、中殿律师学院。

17、18世纪文艺复兴时期，也相应出现了罗马法复兴的现象。启蒙思想家们“天赋人权”“平等”“自由”“博爱”和“民主”的思想广为传播。这些思想促使当事人平等、人人享有辩护权利的观念得以确立。资产阶级革命的爆发与资本主义国家的建立，最终使现代律师制度得以形成。例如，1679年，英王查理二世签署《人身保护法》，承认被告人有获得辩护的权利；1791年，美国宪法修正案第6条规定，刑事被告人享有委托律师辩护协助的权利；1808年，《拿破仑刑事诉讼法典》系统规定了辩护原则、辩护权和律师制度。

在当代资本主义各国，尤其是西方发达资本主义国家，律师制度更是高度发达，律师的职业化程度加强，律师广泛服务于社会，具有较高的社会地位，发挥着重要作用。

二、中国律师制度的历史发展

（一）中国古代律师制度的雏形

我国古代没有发达的商品经济时期，也没有一定形式的民主制度，所以没有出现现代意义的律师制度。但是，讼师帮助他人进行诉讼或者代人书写讼状，在我国古代也较为普遍。例如，《列子》《吕氏春秋》就记载了春秋时期郑国的大夫邓析替人争讼的事例。但为了防止讼师干扰诉讼的正常进行，我国很多朝代都以立法限制讼师活动，如《唐律疏议·斗讼》规定：“诸为人作词牒，加增其状，不如所告者，笞五十；若加增罪重，减诬告一等。”明律、清律等也都有相关规定。

讼师的职能在某些方面类似现代的律师，但是讼师的作用和地位受到严格的限制，与现代律师有质的不同。

（二）中国近现代律师制度的确立

1840年鸦片战争之后，中国逐渐沦为半殖民地半封建社会。清王朝面对重重危机，被迫推行了一些改良措施，其中一项就是设立法律馆，拟定各项法律。1906年，沈家本主持编纂的《大清刑事民事诉讼法（草案）》完成，该法律草案中设有专节规定律师制度。但是，该法并未颁行。

辛亥革命爆发后，1912年1月1日，以孙中山先生为临时大总统的南京临时政府成立，宣布建立中华民国。南京临时政府制定了《律师法草案》《中央裁判所职令草案》，规定了律师制度的有关内容。不过，这些法律草案还没有付诸议决，革命果实就被袁世凯窃取。

北洋政府时期，先后制定了《律师暂行章程》《律师登录暂行章程》《律师惩戒会暂行规则》《律师甄别章程》等。这些法律规定了律师资格和职务、律师义务、律师公会、律师惩戒、律师登录和甄别等方面内容。在当时的历史条件下，这些法律并没有能够得到切实施行。

国民政府建立后，于1927年7月颁布《律师章程》，又于1941年颁布《律师法》，规定了律师制度的具体内容。上述《律师法》历经修改，现在仍在我国台湾地区施行。

（三）新中国律师制度的建立和发展

新中国的律师制度可以追溯到中国共产党领导下的各革命根据地时期的辩护制度。虽然当时律师制度没有建立，但是革命根据地和解放区的司法机关都很重视对当事人诉讼权利的保护。

中华人民共和国成立后，废除了国民党的《六法全书》和旧法统。1950年12月，中央人民政府司法部发布《关于取缔黑律师及讼棍事件的通报》，明令取消旧的律师制度，解散旧的律师组织，停止黑律师的活动。1950年7月，中央人民政府政务院公布《人民法庭组织通则》，规定被告人有自行辩护和请人辩护的权利。1954年，上海市人民法院成立公设律师室。1954年7月，司法部在北京、天津、上海、沈阳等地试办法律顾问处。1954年《宪法》规定了被告人的辩护权，《人民法院组织法》规定了被告人委托律师进行辩护的权利。1956年1月，司法部向国务院提交《关于建立律师工作的请示报告》，建议立法正式规定律师制度，新中国的律师制度开始初步建立。到1957年6月，全国已有19个省、市成立了律师协会筹备会，全国共有800多个法律顾问处，专职律师2500多人，兼职律师300多人。[①]但是，1957年开始，“反右”斗争的扩大化使初步建立的律师制度受到严重破坏，法律顾问处也名存实亡；“文化大革命”期间，律师制度更是荡然无存。

党的十一届三中全会后，随着社会主义民主法治建设的不断推进，律师制度得到了迅速恢复。1980年公布的《律师暂行条例》明确规定了律师制度的基本内容，为律师制度的发展提供了法律保障。1986年7月，在北京召开了第一届全国律师代表大会，成立了中华全国律师协会，进一步促进了律师制度的发展。

从1984年开始，司法部开始对律师制度的有关内容进行改革，其中重点是对律师资格与管理、律师事务所的改革，主要内容有：（1）改革了律师与律师事务所的性质，鼓励具有律师资格的人员辞去公职，成立不占国家编制、不要国家经费的律师事务所，改变过去由国家核拨经费的模式，我国律师事务所开始从单一模式向包括合伙制、合作制以及个人所等多元模式转变。（2）改革了律师资格的授予制度，从1986年起，实行律师资格全国统一考试制度。（3）改革了律师管理体制，改变过去单纯的行政管理模式下的律师管理体制，初步确立司法行政机关行政管理与律师协会自律管理“两结合”的管理体制。

1996年5月，第八届全国人大常委会第十九次会议通过了《律师法》，对我国律师制度的一系列重大问题作出了新的规定，我国现代意义的律师制度得以完全建立。迄今，全国人大常委会对《律师法》作了4次修改。通过4次修改，我国的律师制度日趋完善。在4次修法的过程中，如下几处规定尤其值得注意：（1）我国律师的定位。2007年修订《律师法》时，把律师定位从“为社会提供法律服务”转变成“为当事人提供法律服务”，反映了市场经济条件下当代律师的内在规律性，推进与发展了我国的律师制度。（2）律师事务所组织形式多样化。2007年修订《律师法》时，在借鉴国际经验、充分考虑我国国情的基础上，首次允许个人开办律师事务所，并明确规定了合伙律师事务所的两种类型即普通合伙律师事务所与特殊合伙律师事务所。这一规定符合我国市场经济的发展，满足了经济社会的法律需求，也为培养更多的专业律师提供了条件，进一步释放了律师及律师事务所的活力。（3）律师会见

① 徐静村主编：《律师学》，四川人民出版社1995年版，第19页。

"不被监听"。2007年修订《律师法》时，为了更好地保障律师的会见权，特别规定了"律师会见犯罪嫌疑人、被告人，不被监听"。这一规定使律师的会见权具有了更为实在的内容和保障。律师行使会见权不被监听将有利于律师会见权的行使，促进刑事诉讼的有序、合法开展，进一步推进我国刑事法治的进程。（4）律师保密范围的扩张。2012年修正《律师法》时，将律师保密义务的例外条件由"委托人或者其他人准备或者正在实施的危害国家安全、公共安全以及其他严重危害他人人身、财产安全的犯罪事实和信息除外"修改为"委托人或者其他人准备或者正在实施危害国家安全、公共安全以及严重危害他人人身安全的犯罪事实和信息除外"。至此，律师在执业过程中知悉的"严重危害他人财产安全的犯罪事实和信息"也属于律师应当保密的信息。（5）强化了法律职业共同体的职业准入与退出。2017年修正《律师法》时，基于2018年开始施行的国家统一法律职业资格考试及其规定，将"被吊销公证员执业证书"列为不予颁发律师执业证书的情形之一，进一步强化了我国法律职业共同体的概念，促使法律职业共同体遵守共同的执业纪律与职业伦理。

第三节　律师法的概念、任务与效力

一、律师法的概念

律师法是国家制定或认可的，规定律师的性质与管理，规范律师活动以及由此所产生的各种法律关系的法律规范的总称。

律师法有狭义与广义之分。狭义的律师法，是指国家制定的律师法法典，如我国于1996年颁布并经多次修改的《律师法》。广义的律师法，不仅包括律师法法典，还包括宪法、刑事诉讼法、民事诉讼法、行政诉讼法及其他法律法规中有关律师的规范，以及司法部、最高人民法院、最高人民检察院、公安部等公布的有关律师的规范性文件。

二、律师法的任务

《律师法》第1条规定了律师法的立法目的和任务，即"完善律师制度，规范律师执业行为，保障律师依法执业，发挥律师在社会主义法制建设中的作用"。可见，通过律师法的制定与实施，需要完成以下两个任务：一是保障律师依法执业；二是规范律师的执业行为。通过实现上述任务，达到完善律师制度，发挥律师在社会主义法制建设中的作用的目的。

三、律师法的效力

律师法的效力是指律师法适用过程中所涉及的效力范围。它包括对什么人、什么事发生效力，在什么时间、什么空间发生效力。律师进行辩护、代理诉讼、进行法律咨询与其他执业活动，也是一种法律适用活动，属于一国广义司法制度的范畴。所以，律师原则上只能在一国执业，律师法也只在一国领域内才有法律效力。我国律师法没有对其效力作专门规定，参照其他法律规定和一般法理，我国律师法的效力如下：

（一）对人的效力

对人的效力是指律师法对哪些人具有拘束力。律师法对人的效力包括以下两个方面：

1. 律师法对特定范围的人的效力

律师法对特定范围的人的效力，指律师法只对具有律师职务的人及相关组织有效。我国律师法只对我国内地律师及与律师职务相关的人有效，具体是指对除港澳台地区以外的我国律师、律师事务所、律师协会、相关的司法行政机关与司法机关，以及申请成为律师的公民有效。但是，如果外国以及我国港澳台地区律师和律师组织基于以下情形在我国内地（大陆）进行活动，我国律师法对其有效：（1）依法申请在中国境内设立代表机构的外国律师事务所，外国律师事务所在我国境内的代表机构及其代表；（2）依法在内地（大陆）申请设立代表机构的香港、澳门、台湾律师事务所，香港、澳门、台湾律师事务所在内地（大陆）的代表机构及其代表，与内地（大陆）律师事务所进行联营的香港、澳门、台湾律师事务所；（3）申请在内地（大陆）执业的我国香港、澳门、台湾居民。

2. 律师法对一般范围的人的效力

律师法对一般范围的人的效力，指律师法不仅对律师及相关组织有效，还对不特定的人有效。在我国，律师进行执业活动不受任何人的非法干预和侵害，任何人要委托律师进行活动，应当遵循律师法的规定。可见，律师法对我国港澳台地区以外的领域的自然人、法人和非法人组织具有法律效力。但对于以下人或组织也具有法律效力：（1）授权我国律师进行活动的外国自然人、法人和非法人组织或者无国籍人，以及我国港澳台地区的自然人、法人和非法人组织；（2）在我国内地（大陆）居住、旅行、工作等的外国人和无国籍人、我国港澳台地区的人。

（二）对事的效力

对事的效力，是指哪些事项适用律师法的规定。律师法主要规范的是律师的性质、律师职业与律师活动，规范律师管理与监督，规范律师事务所的活动，在有律师参与的案件中规范司法机关的相关活动，以及因这些活动所产生的法律关系。至于其他行为与法律关系，即使是律师实施或者参与的，也不应当由律师法调整，如律师作为普通的民事主体与他人签订买卖合同的行为。

（三）空间上的效力

空间上的效力，是指律师法在什么地域范围内发生效力。凡在中华人民共和国领域内进行的相关活动，均适用律师法。中华人民共和国领域包括领土、领海、领空，以及领土伸延的范围，如我国驻外使领馆、我国的航空器和船舶等。此外，香港特别行政区、澳门特别行政区和台湾地区都是我国的领土，但是由于各自实行不同的法律制度，根据法律规定，律师法目前并不适用于这些地域。

（四）时间上的效力

时间上的效力，是指律师法在什么时间之内具有拘束力。我国现行《律师法》自1997年1月1日起生效，后经过2001年12月、2007年10月、2012年10月和2017年9月的四次修改，2017年9月修订后的内容自2018年1月1日起施行，目前一直是有效的。

四、律师法与相邻部门法的关系

（一）律师法与民事实体法的关系

民事实体法规定了法律关系主体在一定领域的实体权利义务。律师法规定的则是有关律师职业与律师活动的法律规范，二者有根本的区别。但是，关于当事人与律师事务所签订的委托代理合同，以及当事人对律师的授权，也部分属于民事实体法的调整范围，既要符合民事实体法的规定，也要符合律师法的规定。

（二）律师法与人民法院组织法、人民检察院组织法的关系

人民法院组织法和人民检察院组织法主要规定了人民法院、人民检察院的组织原则和活动原则。同时，它们还分别规定了人民法院、人民检察院进行诉讼活动时应当遵守的法律原则和程序规范。律师法主要规定的则是律师制度的内容，当然，它也同时规定了人民法院、人民检察院和律师等诉讼参与人进行诉讼时的部分权利义务和制度规范。可见，从根本上说，律师法与人民法院组织法、人民检察院组织法调整的对象不同，属于不同的法律部门。但是，它们在某些制度的规定上又存在交叉与相通之处。

（三）律师法与三大诉讼法的关系

律师法与刑事诉讼法、行政诉讼法和民事诉讼法是不同的法律部门，但是它们都涉及规范、调整诉讼活动和诉讼关系的内容，是人民法院、人民检察院、侦查机关和律师等诉讼参与人进行诉讼活动时必须遵循的程序规范。因此它们在内容上存在相通的方面。同时，民事诉讼法、刑事诉讼法和行政诉讼法关于律师活动的规范，又是律师制度的重要组成部分。

第四节　党的二十大与律师法

党的二十大提出了一系列指导思想、战略部署和发展目标，涉及经济、政治、文化多个方面，旨在引领中国特色社会主义事业不断发展进步。律师法是对律师行业进行管理和规范的法律，确保律师在法律实践中遵循法律法规、依法履行职责，维护当事人的合法权益。律

师法作为中国特色社会主义法治体系的组成部分，在推进全面依法治国、全面从严治党以及助力社会长期稳定三方面，集中体现了党的二十大精神。

一、体现全面依法治国的目标

党的二十大强调坚持全面依法治国，建设中国特色社会主义法治体系，推进国家治理体系和治理能力现代化，全面推进国家各方面工作法治化。律师法作为中国特色社会主义法治体系的组成部分，作为规范律师工作的基本规范之一，与中国共产党的法治建设目标紧密相关。首先，律师作为法律共同体的重要组成部分，是法治建设的主力军。律师法规范律师行为，要求律师依法依规行事，直接贯彻了全面依法治国的要求。其次，律师作为法律服务的提供者，是建设法治社会的“螺丝钉”。党的二十大指出，要建设覆盖城乡的现代公共法律服务体系。律师法通过对律师的行为提供指引，提高了律师的职业素养及律师提供法律服务的质量和水平，为全面推进依法治国提供了支撑。最后，律师是法治文化的传播者。律师不仅参与解决社会纠纷，更在这一过程中引导着社会法治文化的形成。党的二十大要求广泛践行社会主义核心价值观，发展社会主义先进文化，把社会主义核心价值观融入法治建设、融入社会发展、融入日常生活。律师法规制律师行为、规范律师职业道德，有助于推动社会法治文化建设，增强社会整体的法治认同感。

二、贯彻全面从严治党的要求

党的二十大强调坚定不移全面从严治党，要落实新时代党的建设总要求，健全全面从严治党体系，全面推进党的自我净化、自我完善、自我革新、自我提高。律师法在引导律师依法执业的基础上，确保律师队伍的廉洁性与正直性，这与全面从严治党的要求具有高度的内在一致性。首先，律师法强调律师队伍保持高度的廉洁性。律师法规定了律师的职业操守，要求律师履行职责时保持廉洁正直。这对于防范律师执业中的腐败行为起着重要作用，有助于维护司法的公信力。其次，律师法强调律师对职业道德的遵守，要求律师在执业过程中遵循职业道德，维护律师队伍的纯洁性。最后，律师法强调的行业自律与党员队伍的自我净化具有一致性。全面从严治党强调加强党内监督，强调党员队伍的自我净化。律师法强调对律师行业规范管理，加强行业自律。律师协会作为律师业的行业自律组织，特别强调坚持党的领导，积极开展党务建设，提高队伍的纯洁性。此外，党风廉政建设也是律师协会行业自律的重要内容之一。

三、助力实现社会长期稳定

党的二十大将社会保持长期稳定作为未来我国发展的总体目标之一。社会稳定可以被视为社会各方面秩序井然、经济社会持续发展的状态。这一状态对维护社会有序运转、促进经济发展、提升人民群众获得感幸福感安全感，具有重要意义。律师作为法律从业者，向社会提供法律服务，参与社会纠纷解决，其执业质量的高低，直接影响着社会纠纷解决的效果，更与社会稳定息息相关。律师法通过规范律师行为，提高纠纷解决质量，有助于社会保持稳定。首先，律师法通过划定律师职责，促进律师维护社会的和谐稳定。律师法规定“律师应当维护当事人合法权益，维护法律正确实施，维护社会公平和正义”。据此，律师在执业活动中，应本着对当事人负责的理念，自觉维护社会公平正义，维护社会稳定。其次，社会稳定需要法治文化的支撑。律师依据律师法参与纠纷解决，维护社会秩序，是法治文化的传播者与建设者，有助于深入开展法治宣传教育，增强全民法治观念，进而维护了社会长期稳定。

复习思考题

1. 什么是律师？
2. 简述律师的性质。
3. 什么是律师法？
4. 简述律师法的效力范围。

▶ 即测即评

第二章　律师职业

律师是一种专业化与行业化程度都很高的职业，具有自身的准入机制。律师的执业活动也是高度专业化的活动，律师在执业活动中享有充分的权利，同时也负有一定的义务。因此，我国法律规定了严格的律师执业制度，也规定了律师从事律师职业所享有的一系列权利和应负的义务。

第一节　律师执业许可

一、律师执业许可概述

律师执业许可，是指根据我国律师法等有关法律法规的规定，公民申请从事律师职业，经司法行政机关审查核准，认为公民具备担任律师职务的条件，从而准许的制度。律师的性质决定了不是任何公民都可以从事律师职业的，从事律师职业必须经过法定程序考核，取得一定资格条件，从而保障律师职业的特性，使律师职业区别于其他职业。律师执业许可是世界通行的一项制度。

律师获准执业，即可从事律师职业，因此律师执业许可是律师执业的前提。没有取得律师执业许可而以律师名义执业的，是应当受到行政处罚的违法行为。对此，《律师法》第55条规定："没有取得律师执业证书的人员以律师名义从事法律服务业务的，由所在地的县级以上地方人民政府司法行政部门责令停止非法执业，没收违法所得，处违法所得一倍以上五倍以下的罚款。"

二、律师执业许可的条件

（一）申请律师执业的条件

根据《律师法》第5条的规定，在我国申领律师执业证书必须具备以下条件：（1）拥护我国《宪法》。宪法是国家的根本法，具有最高的法律效力，是一切机关、组织和个人的根本行为准则。准备专职从事法律职业的公民必须拥护、遵守宪法。(2)通过国家统一法律职业资格考试取得法律职业资格。实行国家统一法律职业资格考试前取得的国家统一司法考试合格证书、律师资格凭证,与国家统一法律职业资格证书具有同等效力。(3)在律师事务所实习满1年。具体来说,申请律师执业的人员,应当按照规定参加律师协会组织的实习活动,并经律师协会考核合格。(4)品行良好。律师执业不但要遵守宪法和法律,而且要恪守律师职业道德和执业纪律。品行良好是对律师的道德、操守作出的要求。

我国《律师法》第7条还从否定的方面规定了取得律师执业证书的条件,即规定了不予颁发律师执业证书的情形:(1)无民事行为能力或者限制民事行为能力的;(2)受过刑事处罚的,但过失犯罪的除外;(3)被开除公职或者被吊销律师、公证员执业证书的。

目前《律师法》规定的律师执业许可条件主要经过了两次重要修改,意在倡导法官、检察官、律师、公证员、仲裁员等法律职业者的职业共同体意识,培育统一的司法理念。一是在2007年,为顺应我国国家统一司法考试已顺利开展多年的现实,不再单独强调"律师资格"的取得,而规定"实行国家统一司法考试前取得的律师资格凭证,在申请律师执业时,与国家统一司法考试合格证书具有同等效力"。二是在2017年,为顺应"国家统一司法考试"更名为"国家统一法律职业资格考试"的大趋势,将"通过国家统一法律职业资格考试取得法律职业资格"作为申请律师执业的条件之一,并规定"实行国家统一法律职业资格考试前取得的国家统一司法考试合格证书、律师资格凭证,与国家统一法律职业资格证书具有同等效力"。

此外,2017年《律师法》在原有基础上,将"被吊销公证员执业证书"列为不予颁发律师执业证书的情形之一。这主要是由于2018年实施的《国家统一法律职业资格考试实施办法》将必须通过考试才能从事的法律职业的范围从司法考试规定的"法官、检察官和律师"扩展到了除此之外的"公证员、法律类仲裁员以及行政机关中初次从事行政处罚决定审核、行政复议、行政裁决、法律顾问的公务员"。公证员作为法律职业共同体的一部分,应当同样具备法律专业知识、遵守法律职业伦理。一旦申请人被吊销公证员执业证书,自然也不能允许其"转换赛道",转而颁发律师执业证书。

还需要明确的是,很多国家规定的律师执业的国籍条件、学历条件等内容,我国律师法虽没有规定,但实际上通过法律职业资格证书的获取进行了规范,即律师执行许可还要满足相应的国籍条件与学历条件。

(二)国家统一法律职业资格考试

国家统一法律职业资格考试是国家统一组织的选拔合格法律职业人才的考试。目前,申请律师执业必须通过的国家统一法律职业资格考试最早可追溯至20世纪80年代,当时称为"律师资格全国统一考试"。1986年,司法部决定,取得律师资格证书,原则上应当经律师资格全国统一考试合格。这一举措为提高我国律师的职业素质起到了决定性作用。1996年12月,随着《律师法》的颁布,司法部颁布了《律师资格全国统一考试办法》。之后,律师资格全国统一考试被国家统一司法考试所取代,律师资格的获取不再单独设置考试。2001年10

月发布的《国家司法考试实施办法（试行）》[1]第2条规定："国家司法考试是国家统一组织的从事特定法律职业的资格考试。初任法官、初任检察官和取得律师资格必须通过国家司法考试。"国家统一司法考试的实施是我国培育法律职业共同体，规范作为整体的法律职业准入制度的开端。

2018年4月，司法部公布并实施了《国家统一法律职业资格考试实施办法》，该办法第2条规定："国家统一法律职业资格考试是国家统一组织的选拔合格法律职业人才的国家考试。初任法官、初任检察官，申请律师执业、公证员执业和初次担任法律类仲裁员，以及行政机关中初次从事行政处罚决定审核、行政复议、行政裁决、法律顾问的公务员，应当通过国家统一法律职业资格考试，取得法律职业资格。"相比国家统一司法考试，国家统一法律职业资格考试扩大了法律职业共同体的范围，进一步完善了我国法律职业的准入制度，对于全面提高我国法律职业从业人员的素质，促进社会司法公正的实现具有重要意义。

国家统一法律职业资格考试由司法部负责实施，每年举行一次，分为客观题考试和主观题考试两部分，全国统一命题。司法部会同最高人民法院、最高人民检察院等有关部门、单位组成国家统一法律职业资格考试协调委员会，就国家统一法律职业资格考试的重大事项进行协商。参加国家统一法律职业资格考试，应符合以下条件：

1. 国籍条件

我国《律师法》没有对取得律师资格的国籍条件作出明确规定，但是，根据律师制度的性质和实践，在《国家统一法律职业资格考试实施办法》中进行了规定，即报名参加国家统一法律职业资格考试的，须具有中华人民共和国国籍。同时，根据《香港特别行政区和澳门特别行政区居民参加国家司法考试若干规定》第2条、《台湾居民参加国家司法考试若干规定》第2条，以及《国家统一法律职业资格考试实施办法》第24条的规定，香港特别行政区、澳门特别行政区永久性居民中的中国公民和台湾地区居民可以参加国家统一法律职业资格考试。

2. 政治条件

根据《国家统一法律职业资格考试实施办法》的规定，报考国家统一法律职业资格考试的，应当拥护《宪法》，并享有选举权和被选举权。律师作为法律职业人员，如果不遵守宪法和法律，显然是无法承担维护当事人的合法权利、为社会提供法律服务的职责的；要求报考者需具备选举权与被选举权，这是对报考者作出的进一步要求，也是符合律师性质的。

3. 行为能力条件

报考者须具有完全民事行为能力，这是能够作为律师、实施具有一定法律意义的行为、维护当事人合法权利的基本条件。

4. 知识条件

《国家统一法律职业资格考试实施办法》第9条规定，报名人员需具备一定的知识条件，包括：全日制普通高等学校法学类本科学历并获得学士及以上学位；全日制普通高等学校非

① 该法于2008年修订，修订后为《国家司法考试实施办法》。

法学类本科及以上学历，并获得法律硕士、法学硕士及以上学位；全日制普通高等学校非法学类本科及以上学历并获得相应学位且从事法律工作满3年。这意味着，只有经历过法学教育并取得相应学位，或是从事法律工作满3年的本科及以上学历的人员，才有资格报考国家统一法律职业资格考试。

这一知识条件，改变了《国家司法考试实施办法》中“高等院校法律专业本科毕业或者高等院校非法律专业本科毕业并且有法律专业知识”的规定，让法律职业资格考试的报考人员更具专业性。由于接受过法学教育或具有法律实践经验的人往往具有更好的专业素养，让这样的人报考法律职业资格考试，可以最大限度保障我国法律职业共同体的专业化，从而加快我国法治建设的进程，并最终促进社会层面司法公正的实现。

为保证《国家统一法律职业资格考试实施办法》在社会层面的顺利过渡，最大限度减少对新政策落地前考生的影响，该办法第22条对以上知识条件作了例外性规定：本办法实施前已取得学籍（考籍）或者已取得相应学历的高等学校法学类专业本科及以上学历毕业生，或者高等学校非法学类专业本科及以上学历毕业生并具有法律专业知识的，可以报名参加国家统一法律职业资格考试。此外，考虑到艰苦边远和少数民族地区的应试人员在经济、文化、受教育程度方面可能存在的局限，国家统一法律职业资格考试可以在一定时期内对他们的报名学历条件进行适当放宽。具体的实施办法由国家统一法律职业资格考试协调委员会确定。

5. 品行条件

报考者需具有良好的政治、业务素质和道德品行。

6. 不得报考的限制条件

对于报考条件除作前述的肯定性规定以外，还规定了一定范围内的人员不得报考，从而更加严格限制了取得律师资格的条件。根据规定，有下列情形之一的人员，不得报名参加考试；已经办理报名手续的，报名无效；已经参加考试的，考试成绩无效：（1）因故意犯罪受过刑事处罚的；（2）曾被开除公职或者曾被吊销律师执业证书、公证员执业证书的；（3）被吊销法律职业资格证书的；（4）被给予2年内不得报名参加国家统一法律职业资格考试（国家司法考试）处理期限未满或者被给予终身不得报名参加国家统一法律职业资格考试（国家司法考试）处理的；（5）因严重失信行为被国家有关单位确定为失信联合惩戒对象并纳入国家信用信息共享平台的；（6）因其他情形被给予终身禁止从事法律职业处理的。

根据司法部2018年9月颁布实施的《国家统一法律职业资格考试违纪行为处理办法》第5、7、8条的规定，“被给予2年内不得报名参加国家统一法律职业资格考试”的情形主要是指通过不正当手段获取报名资格情节严重的，以及考试作弊的行为，主要包括：通过提供伪造、变造的学历学位证书及证明书、法律工作经历、身份及户籍信息等骗取报名或者通过贿赂、胁迫等其他不正当手段取得报名资格的；考试开始后被查出携带具有发送或者接收信息功能的设备，或者在计算机化考试中使用外接设备、安装作弊工具、作弊程序的；抄袭、查看、偷听违规带进考场与考试内容有关的文字、视听资料的；以讨论、打手势等方式传递答题信息，抢夺、窃取他人试卷、答卷、草稿纸或者与他人交换试卷、答卷、草稿纸的；抄袭他人答案或者同意、协助他人抄袭答案的；有需要给予相应处理的其他作弊行为的。

“终身不得报名参加国家统一法律职业资格考试”的情形主要是指干扰考试系统或实施作弊行为情节严重的情形，具体包括：使用伪造、变造或者盗用他人的居民身份证、户口簿、准考证以及其他证明材料参加考试的；非法侵入计算机化考试系统或者非法获取、删除、修改、增加考试信息系统数据，破坏计算机考试系统正常运行的；实施组织作弊，或者为他人组织作弊提供作弊器材、程序或者其他帮助行为的；为实施考试作弊行为，非法获取考试试题、答案或者向他人非法出售、提供考试试题、答案的；实施代替他人考试或者让他人代替自己参加考试的；有其他特别严重作弊行为的。

需注意的是，根据《国家司法考试违纪行为处理办法》的规定，“被给予2年内不得报名参加国家司法考试”的情形主要是指：使用伪造、变造的居民身份证、户口簿、准考证以及其他证明材料参加考试的；故意妨碍监考人员或者其他考试工作人员履行职责的；威胁、侮辱、殴打监考人员或者其他考试工作人员的；有其他严重作弊或者严重扰乱考场秩序行为的。“终身不得报名参加国家司法考试”的情形主要是指：使用伪造、变造的居民身份证、户口簿、准考证以及其他证明材料参加考试情节严重的；在考试过程中使用考试作弊器材接收或者发送与考试内容相关信息的；组织作弊，或者为他人实施组织作弊行为提供作弊器材或者其他帮助的；为实施考试作弊行为，非法获取考试试题、答案或者向他人非法出售、提供考试试题、答案的；代替他人考试或者让他人代替自己参加考试的；有其他特别严重作弊行为的。虽然目前国家统一司法考试已经被国家统一法律职业资格考试所取代，但曾经在国家司法考试中实施过以上违规行为，并被处以在相应年限内不予参加国家司法考试处罚的人，在年限届满之前，不得报考法律职业资格考试。

（三）取得国家统一法律职业资格证书

根据《律师法》的规定，取得国家统一法律职业资格证书是取得律师资格、申请律师执业的有效凭证。根据《国家统一法律职业资格考试实施办法》第18条的规定，法律职业资格证书是考生参加国家统一法律执业资格考试成绩合格后，按照规定程序申请授予法律职业资格，由司法部颁发的职业资格凭证。

根据《法律职业资格管理办法》的规定，参加国家统一法律职业资格考试成绩合格的人员，应当在受理期限内通过司法部网站登录法律职业资格管理系统，如实填写申请授予法律职业资格信息，提出授予法律职业资格的申请，并到设区的市级或者直辖市司法行政机关（即受理机关）指定的工作场所现场提交申请材料。无正当理由逾期提出申请的，视为放弃申请资格，地（市）司法行政机关将不再办理。申请享受放宽政策并达到放宽条件地区合格分数线的申请人，应当向本人户籍所在地设区的市级司法行政机关申请授予法律职业资格，并现场提交户口簿原件。

受理机关收到申请人的申请材料后，申请材料齐全、符合法定形式，或者申请人按照受理机关要求提交全部补正申请材料的，应当受理并向申请人出具法律职业资格申请受理单。申请材料不齐全或者不符合法定形式的，应当当场或者在5个工作日内一次告知申请人需要补正的全部材料及内容。针对申请人需要补正材料的情形，受理机关可以采用个别受理方式受理法律职业资格申请。若受理机关认为申请人不符合法律职业资格申请条件的，应当向申请人出具不予受理通知书并说明理由。

受理机关应当自统一受理之日起对申请人提交的申请材料进行审查，并将书面审查报告与相关申请材料一并报送省级司法行政机关核查。对申请材料不真实或者不符合法律职业资格授予条件的，应当提交不授予法律职业资格的书面报告并说明理由，报省级司法行政机关核查。省级司法行政机关应当对申请授予法律职业资格人员的申请材料进行核查，提交授予或者不授予法律职业资格的书面核查报告，报司法部审核认定。受理机关为直辖市司法行政机关的，由该直辖市司法行政机关对申请授予法律职业资格人员的申请材料进行审查、核查，提交授予或者不授予法律职业资格的书面核查报告，报司法部审核认定。自受理申请至向司法部报送书面核查报告的期限为20个工作日。

司法部负责法律职业资格审核认定、法律职业资格证书制作颁发等工作。省、自治区、直辖市司法行政机关负责本地法律职业资格申请材料的核查、证书的组织发放等工作。设区的市级司法行政机关负责本地法律职业资格申请材料的受理、审查和证书发放等工作。司法行政机关应当加强法律职业资格管理信息化建设，提高在线服务水平。

通过贿赂或者使用虚假身份证件、学历和学位证件以及其他证明文件等不正当手段取得法律职业资格的，由司法部依法予以撤销，并办理注销手续。伪造、变造或者使用伪造、变造的法律职业资格证书、法律职业资格证明书的，依法追究法律责任。司法行政机关作出不予受理申请、不予授予法律职业资格或者撤销法律职业资格等处理决定的，应当告知相对人享有依法申请行政复议或者提起行政诉讼的权利。

三、律师执业许可的程序

根据《律师法》《律师执业管理办法》《律师和律师事务所执业证书管理办法》，律师执业许可应当遵循以下程序：

（一）申请

欲从事执业律师工作的人员，需经欲执业的律师事务所同意并出具实习鉴定材料，将规定的申请材料呈报主管司法行政机关审查。

拓展阅读

根据规定，申请律师执业，应当向设区的市级或者直辖市的区（县）司法行政机关提交下列材料：（1）执业申请书；（2）国家统一法律职业资格证书或者律师资格证书；（3）律师协会出具的申请人实习考核合格的材料；（4）申请人的身份证明；（5）律师事务所出具的同意接收申请人的证明。申请执业许可时，申请人应当如实填报《律师执业申请登记表》。

（二）受理与审查

设区的市级或者直辖市的区（县）司法行政机关对申请人提出的律师执业申请，应当根据下列情况分别作出处理：（1）申请材料齐全、符合法定形式的，应当受理；（2）申请材料不齐全或者不符合法定形式的，应当当场或者自收到申请材料之日起5日内一次告知申请人需要补正的全部内容。申请人按要求补正的，予以受理；逾期不告知的，自收到申请材料之日起即为受理。（3）申请事项明显不符合法定条件或者申请人拒绝补正、无法补正有关材料的，不予受理，并向申请人书面说明理由。

受理申请的司法行政机关应当自决定受理之日起20日内完成对申请材料的审查。在审查过程中，可以征求申请执业地的县级司法行政机关的意见；对于需要调查核实有关情况的，可以要求申请人提供有关的证明材料，也可以委托县级司法行政机关进行核实。经审查，应当对申请人是否符合法定条件、提交的材料是否真实齐全出具审查意见，并将审查意见和全部申请材料报送省、自治区、直辖市司法行政机关。

（三）审核与处理

省、自治区、直辖市司法行政机关应当自收到受理申请机关报送的审查意见和全部申请材料之日起10日内予以审核，作出是否准予执业的决定。准予执业的，应当自决定之日起10日内向申请人颁发律师执业证书。不准予执业的，应当向申请人书面说明理由。

（四）申请人的救济权利

对于不予颁发律师执业证书的，《律师法》2007年修订之前规定，申请人对不予颁发律师执业证书的决定不服的，可以申请行政复议或者提起行政诉讼。2007年修订后的《律师法》删除了有关内容。这并不意味着《律师法》取消了申请人的救济权利，而是出于立法技术的考量，已有其他法律法规对此作出了规定，不必重复规定。因此，申请人仍然享有相应的救济权利，即根据《行政许可法》《行政复议法》和《行政诉讼法》的规定，在收到不准予执业的通知之日起60日内，申请人可以向上一级司法行政机关，或者向司法行政机关所在地的人民政府申请复议，对复议决定不服的，可以自收到复议决定书之日起15日内向人民法院提起行政诉讼。当然，申请人也可以不经行政复议，直接向人民法院提起行政诉讼。

（五）律师执业证书

律师执业证书是律师依法获准执业的有效证件，律师执业应当出示律师执业证书。律师执业证书由司法部统一制作，制作时印制执业证书流水号；省、自治区、直辖市司法行政机关颁发、注销或者换发、补发执业证书，应当登记执业证书流水号。律师执业证书包括适用于专职、兼职律师的“律师执业证”和适用于香港、澳门、台湾居民在内地（大陆）从事律师职业的“律师执业证”两种。律师应当妥善保管执业证书，不得变造、涂改、抵押、出借、出租和故意损毁。

四、特许律师

特许律师，是指为了满足特殊领域的需要，授予那些未获得国家统一法律职业资格考试合格证书或者律师资格证书的人律师执业证书，准许其从事律师执业的人员。我国现行特许律师制度在2007年《律师法》修订时确立并一直延续至今，实际上是对之前授予律师资格规定的一种修改。根据《律师法》第8条的规定，准备作为特许律师申请专职律师执业的，需要具有高等院校本科以上学历，在法律服务人员紧缺领域从事专业工作满15年，具有高级职称或者同等专业水平并具有相应的专业法律知识，并经国务院司法行政部门考核合格。

五、兼职律师和特邀律师

（一）兼职律师

1. 兼职律师的法律地位

兼职律师即兼职从事律师职业的人员，指取得律师执业证书，不脱离本职工作从事律师职业的人员。兼职律师在执业活动中与专职律师统称律师，与专职律师享有同等的权利，履行同等的义务，应当接受司法行政机关和律师协会的监督、指导。

2. 担任兼职律师的条件

《律师法》第12条和第11条分别从肯定与否定方面规定了担任兼职律师的条件，具体是:（1）肯定方面。高等院校、科研机构中从事法学教育、研究工作的人员，符合《律师法》规定的律师执业条件的，经所在单位同意，可以依据《律师法》的规定申请兼职律师执业。（2）否定方面。公务员不得兼任执业律师。

从上述规定来看，在我国从事兼职律师的人员范围是非常明确的。虽然法律没有对既非公务员又非从事法学教育、研究工作的人员能否担任兼职律师执业予以明确规定，但是，由于律师执业不仅要有申请人的意思表示，还需要国家的行政许可，而行政许可的作出必须依法律的明确规定，所以，非从事法学教育、研究工作的人员，即使希望担任兼职律师执业，也不可能获得许可。因而，在我国，能够担任兼职律师的，只能是高等院校、科研机构中从事法学教育、研究工作的人员。同时，根据《司法部关于申请兼职律师执业人员范围有关问题的批复》,《律师法》第12条规定的“高等院校、科研机构中从事法学教育、研究工作的人员”不包括博士后流动站（工作站）的博士后，该条规定的“法学”应理解为狭义上的“法学”，不包括政治学、社会学、民族学等。

3. 兼职律师申领律师执业证书的程序

作为兼职律师执业，也应当取得律师执业证书，其申领律师执业证书的程序和应当提交的材料，基本与申请专职律师的程序相同。只不过，根据《律师法》与《律师执业管理办法》的规定，申请担任兼职律师执业，还应当提交以下材料：（1）所在单位同意申请人兼职从事律师职业的证明；（2）在高等院校、科研机构从事法学教育、研究工作的经历及证明材料。

4. 我国兼职律师制度的变迁

我国兼职律师制度曾被主要规定于《兼职从事律师职业人员管理办法》中，但随着2008年《律师执业管理办法》的出台，司法部废止了《兼职从事律师职业人员管理办法》。因此，目前仍主要由《律师法》和《律师执业管理办法》对兼职律师制度进行调整。

可以发现，在废止了《兼职从事律师职业人员管理办法》后，《律师法》与《律师执业管理办法》并没有对兼职律师作出太多的限制性或禁止性规定。因此，相较于《兼职从事律师职业人员管理办法》废止前，我国现行的兼职律师制度反而具有了更高的自由度与灵活性。例如，《兼职从事律师职业人员管理办法》第8、9条规定的有关律师事务所聘请兼职人员数量的限制以及法学院校、研究单位设立的律师事务所聘用兼职人员的数量、来源的限制，并没有被现行兼职律师制度所保留。现有规定下，兼职律师在执业过程中拥有了更多的发展空间，在权利和义务上进一步向专职律师靠拢。

可以认为，这一变化与从事法学教育、研究工作的人员兼职从事律师职业对我国律师行业的良性发展、法治人才培养质量的提升，以及社会法治的进步完善大有裨益存在关联。从历史角度看，允许从事法学教育、研究工作的人员兼职担任执业律师，在我国律师制度的初创与发展阶段，对满足社会的需要起到了重要作用。从事法学教育、研究工作的人员，一般具有较为深厚的法律功底，对于促进律师业务素质的提升、改善律师法律服务的质量具有积极意义。从事法学教育、研究工作的人员兼职从事律师职业，还符合法学作为实践型学科的特点，能够提高法律的教学科研水平。另外，从比较角度看，一些西方国家，如美国，也允许从事法学教育、研究工作的人员任兼职律师，并收到了良好的效果。因此，继续发展与完善兼职律师制度仍是我国律师制度的发展方向之一。

（二）特邀律师

特邀律师是依照规定，被聘用的从事律师业务的离、退休人员。这一称谓还是沿袭了司法部原《律师工作执照和律师（特邀）工作证管理办法》的规定，现行《律师法》对之没有作出规定。但是，也没有限制那些离、退休人员在取得律师资格后，依法取得律师执业证书。特邀律师取得律师执业证书的条件与程序，与专职律师相同。

本书认为，特邀律师是我国律师制度发展初期，特殊国情条件下的产物，曾发挥过重要作用，但是，现在我国法学教育已经获得了重大发展，全国统一的法律职业资格考试也已进行多年，司法平等的观念日益深入人心，而且我国还存在特许律师制度，因此，随着法律文明的进一步发展，特邀律师应当适时退出历史舞台。

六、律师执业许可的撤销或注销

对于申请人以欺诈、贿赂等不正当手段取得律师执业证书的，或者不符合律师法规定的条件而错误地准予执业的，以及违反法定程序作出准予执业决定的，省、自治区、直辖市人民政府司法行政部门应当撤销准予执业的决定，并注销被准予执业人员的律师执业证书。

除此之外，根据《律师执业管理办法》的规定，律师有下列情形之一的，由其执业地的原审核颁证机关收回、注销其律师执业证书，当然也意味着原律师执业许可被注销，不得再从事律师执业活动：（1）受到吊销律师执业证书处罚的；（2）因本人不再从事律师职业申请注销的；（3）因与所在律师事务所解除聘用合同或者所在的律师事务所被注销，在6个月内未被其他律师事务所聘用的；（4）因其他原因终止律师执业的。不过，因上述第（2）项、第（3）项、第（4）项规定情形被注销律师执业证书的人员，重新申请律师执业的，可以按照规定的程序申请律师执业。律师正在接受司法机关、司法行政机关、律师协会立案调查期间，不得申请注销执业证书。

第二节　律师执业

一、律师执业概述

律师执业，是指依法以律师名义从事法律服务的活动，通俗地说就是从事律师职业。律师执业，应当依法获准司法行政机关的许可，并取得律师执业证书。根据法律规定，没有取得律师执业证书的人员，不得以律师名义从事法律服务业务；除法律另有规定外，不得从事诉讼代理或者辩护业务。

二、律师的业务范围

根据《律师法》《律师执业管理办法》以及诉讼法等法律法规的规定，律师可以进行下列具体的业务活动：

（一）根据当事人的聘请或者委托参加诉讼活动

具体包括：（1）接受民事案件、行政案件当事人的委托，担任代理人，参加诉讼；（2）接受刑事案件犯罪嫌疑人、被告人的委托或者依法接受法律援助机构的指派，为其提供法律咨询，担任辩护人，接受自诉案件自诉人、公诉案件被害人或者其近亲属的委托，担任代理人，参加诉讼；（3）代理各类诉讼案件的申诉。

（二）担任法律顾问

律师可以接受自然人、法人或非法人组织的委托，担任法律顾问。为当事人提供法律帮助，解答当事人的有关问题，根据当事人的授权参加有关活动。律师担任法律顾问的，应当按照约定为委托人就有关法律问题提供意见，草拟、审查法律文书，代理参加诉讼、调解或者仲裁活动，办理委托的其他法律事务，维护委托人的合法权益。

（三）参加调解、仲裁活动

律师可以接受当事人的委托，参加调解、仲裁活动。律师的积极参与，也可以促成当事人依法达成调解协议，解决纠纷。

（四）接受非诉讼法律事务当事人的委托，提供法律服务

在我国社会主义市场经济条件下，这类法律事务非常繁多。通常而言，除了法律规定的当事人必须亲自行为的民事法律行为、受经济法或者行政法调整的当事人的行为等外，当事人都可以委托律师进行。例如，关于股票发行和公司的有关事务，委托律师出具法律意见书；代理办理各种权利的转让、登记；受委托参加合同谈判；代理参与企业法人破产还债程序；受委托对某些事项进行调查或者发表声明；接受委托对某些具有法律意义的事件进行见证，等等。

（五）解答有关法律的询问，代写诉讼文书和有关法律事务的其他文书

律师通过参与上述活动，既可使当事人的合法权益受到维护，又可在此过程中对当事人和其他人进行法治宣传教育，使当事人树立正确的法治观念，以促使社会整体加强法律意识。

（六）某些律师的业务限制

根据《律师法》和《律师执业管理办法》的规定，对于某些担任特定职务或者从事过某些特定职业的律师，为了保障司法正义与权威，限制其从事律师业务的范围，其在一定期限内不得从事某些律师业务，具体是：律师担任各级人民代表大会常务委员会组成人员的，任职期间不得从事诉讼代理或者辩护业务；曾经担任法官、检察官的律师，从人民法院、人民检察院离任后2年内，不得担任诉讼代理人或者辩护人。

三、律师执业的原则

律师执业的原则，是指对于律师的全部执业活动都具有指导意义的行为准则。确立律师执业的原则，对于规范律师的执业活动，保护当事人的合法权利，维护律师在执业活动中的正当权益，具有重要意义。根据《律师法》《律师执业管理办法》等法律法规的规定，结合律师执业的实践，律师执业应当遵循以下原则：

（一）维护当事人合法权益的原则

维护当事人的合法权益，既是律师执业的直接任务，也是律师执业必须遵循的重要原则。对此，《律师法》第2条作了规定。

维护当事人的合法权益，是整个律师业务活动的核心。贯彻这一原则，要求律师在业务活动中做到以下两点：第一，要做到正确分清什么是聘请单位或委托人的合法权益，什么是他们的非法利益。第二，要根据事实和法律，在自己的权限范围内，通过提供法律帮助的合法方式或途径，努力维护当事人的合法权益。

维护当事人的合法权益，要求律师在接受当事人的委托之后，对当事人提供的帮助只能有利于当事人。在任何情况下，律师都不能有损害当事人合法权益的言行。

（二）遵守宪法和法律、恪守律师职业道德和执业纪律的原则

《律师法》第3条规定，律师执业必须严格遵守宪法和法律，恪守律师职业道德和执业纪律。

遵守和维护社会主义法制是律师的神圣职责，律师没有超越宪法和法律的特权，其执业行为受宪法和法律的制约。恪守律师职业道德和执业纪律是律师执业的道德基础和职业保障。

（三）以事实为根据、以法律为准绳的原则

《律师法》第3条规定，律师执业必须以事实为根据，以法律为准绳。

以事实为根据，是指律师进行业务活动，要忠实于事实真相，必须以客观事实为根据，使自己的全部业务活动都建立在客观事实和充分可靠的证据基础之上。

以法律为准绳，是指律师进行业务活动，必须严格遵循国家法律、法规的规定，以法律作为判断是非、罪与非罪的标准。律师必须准确理解有关法律的精神实质，正确开展业务活动，而不能违背法律，任意行事，更不能为了达到某些个人目的，故意曲解法律。

律师执业要以事实为根据、以法律为准绳，有利于维护当事人的合法权益，保障法律的正确实施，维护社会公平和正义；有利于提高律师的素质，提高律师职业的社会信誉。

（四）依法执业受法律保护的原则

《律师法》第3条规定，律师依法执业受法律保护，任何组织和个人不得侵害律师的合法权益。该原则有以下含义：（1）执业者必须是律师。（2）律师的执业活动必须合法。（3）任何组织和个人不得侵害律师的合法权益。为了保护律师依法执业，法律除了规定律师执行职务时所享有的广泛权利外，还规定了保障律师权利的措施。例如，规定律师在执业活动中的人身权利不受侵犯；律师担任诉讼代理人或者辩护人，在法庭上为代理、辩护目的发表的言论，不受法律追究；律师协会有责任采取措施保障律师依法执业，维护律师的合法权益，等等。（4）任何国家机关、社会团体和个人都不得干涉或者妨碍律师依法执业。

律师依法执业受法律保护的原则有利于律师根据事实和法律提高服务质量，有利于律师行业的健康发展，有利于执行我国缔结或参加的国际条约的有关规定。

（五）接受国家、社会和当事人监督的原则

《律师法》第3条规定，律师执业应当接受国家、社会和当事人的监督。只有依法对律师执业活动进行监督，才能保障律师执业活动合法进行，保障律师执业顺利开展，保障律师业务健康发展。

（六）保守秘密的原则

《律师法》第38条规定，律师应当保守在执业活动中知悉的国家秘密、商业秘密，不得泄露当事人的隐私。律师对在执业活动中知悉的委托人和其他人不愿泄露的情况和信息应当予以保密。《律师职业道德和执业纪律规范》第8条也作了类似规定。可见，保守职业秘密，对律师来讲，既是一项重要的法定义务和必须恪守的基本职业道德，也是一项重要的执业原则。律师只有在业务活动中注意保密，才能使国家和集体的利益以及公民的合法权益不受非法侵害。

不过，保守秘密的原则是有限度的，《律师法》第38条规定，对于委托人或者其他人准备或者正在实施危害国家安全、公共安全以及严重危害他人人身安全的犯罪事实和信息，不受保密原则限制。这里需要注意的是，2012年修正《律师法》时，将“严重危害他人财产安全的犯罪事实和信息”排除出了律师保密义务的例外性规定，这一规定一直沿袭至今，意味着律师保密义务范围在法律层面的进一步扩大，体现了我国律师制度对律师保守秘密这一执业原则的进一步重视。

四、律师执业的地域

《律师法》第10条规定，律师执业不受地域限制。即在我国范围内，律师都可以依法进行执业活动，具体包括：律师可接受异地当事人的委托，也可到异地去办案；在一个地方取得了律师执业证书，可到另一个地方执业。

不过，对于享受国家统一法律职业资格考试有关报名条件、考试合格优惠措施，取得法律职业资格证书的人员，由于他们享受了报名学历条件或者合格分数线放宽的政策，而该政策的实施是为了保证某些地域对于法律职业人才的需求，因此他们的法律执业范围受地域限制，即仅能在放宽条件的地区执业，以保证该地区法律职业人才的需求和补充。根据《法律职业资格管理办法》第15条的规定，A类法律职业资格证书在全国范围内有效，B类和C类法律职业资格证书的适用范围，由国家统一法律职业资格考试协调委员会确定。取得B类法律职业资格证书人员，在获得《国家统一法律职业资格考试实施办法》中规定的考试报名学历条件后，其B类法律职业资格证书在全国范围内有效。

五、律师执业的行为规范

为了规范律师的执业活动，保障律师制度目的的实现，根据《律师法》和《律师执业管理办法》等的规定，律师执业除了遵守执业原则以外，还要遵循法定的行为规范，具体如下：

（一）不得违反律师义务进行执业活动

律师进行执业活动，不得违反有关律师义务的规范，如律师不得私自收取费用、不得在同一案件中担任双方当事人的代理人、不得行贿等。

（二）律师承办业务对当事人应当尽职尽责

律师承办业务，应当告知委托人该委托事项办理可能出现的法律风险，不得用明示或者暗示方式对办理结果向委托人作出不当承诺。律师承办业务，应当及时向委托人通报委托事项办理进展情况；需要变更委托事项、权限的，应当征得委托人的同意和授权。

律师接受委托后，无正当理由的，不得拒绝辩护或者代理。但是，委托事项违法，委托人利用律师提供的服务从事违法活动或者委托人故意隐瞒与案件有关的重要事实的，律师有权拒绝辩护或者代理。

律师承办业务，应当妥善保管与承办事项有关的法律文书、证据材料、业务文件和工作记录。在法律事务办结后，按照有关规定立卷建档，上交律师事务所保管。

（三）尊重同行、公平竞争

律师应当尊重同行，公平竞争，不得以诋毁其他律师事务所、律师或者支付介绍费等不正当手段承揽业务。

（四）不得跨所执业

律师只能在一个律师事务所执业。律师变更执业机构的，应当申请换发律师执业证书。

（五）遵守律师事务所的执业管理制度

律师执业，应当遵守所在律师事务所的执业管理制度，接受律师事务所的指导和监督，参加律师执业年度考核。律师在从业期间应当专职执业，但兼职律师或者法律、行政法规另有规定的除外。

（六）参加职业培训

律师应当按照规定参加司法行政机关和律师协会组织的职业培训。

第三节　律师的权利和义务

律师的权利和义务，指的是律师在其执业活动中，根据法律规定和当事人的授权，所享有的权利和应履行义务。我国律师法、民事诉讼法、刑事诉讼法和行政诉讼法等法律，都规定了较为详尽的律师的权利和义务。

一、律师的权利

律师的权利，是指根据法律规定或者当事人的合法授权，律师在其执业活动中所享有的为或者不为一定行为的资格与自由。律师的权利非常广泛，权利来源多种多样，其权利的享有与行使和律师执业活动始终相伴。

根据律师权利的内容和作用，律师的权利一般包括三个方面：（1）律师的人身权利，指律师执业时享有法定人格自由权利，其人格不因执业活动受到侵犯；（2）律师的执业活动权利，即律师依法或者按照当事人的授权进行执业活动、实施相关业务行为的权利，这是律师权利的核心和主要方面；（3）律师的财产权利，指的是律师因其执业活动而取得相当报酬的权利与其合法财产不因执业活动受到侵犯的权利，律师财产权利是律师执业的物质保障。现分述如下：

（一）人身权利

我国《律师法》第37条规定："律师在执业活动中的人身权利不受侵犯。律师在法庭上发表的代理、辩护意见不受法律追究。但是，发表危害国家安全、恶意诽谤他人、严重扰乱法庭秩序的言论除外。律师在参与诉讼活动中涉嫌犯罪的，侦查机关应当及时通知其所在的律师事务所或者所属的律师协会；被依法拘留、逮捕的，侦查机关应当依照刑事诉讼法的规定通知该律师的家属。"

任何人的人身权利都不受非法侵害，法律在此明确规定律师在执业活动中的人身权利不可侵犯，是对我国律师人身权利的再次强调与特殊职业保护；同时，又规定了一系列保障律师人身权利的特殊措施。

（二）不因执业活动受到非法侵害的权利

律师依法执业受法律保护，任何组织和个人不得侵害律师的合法权益。任何人的权利都不受非法侵害，律师法特别强调律师执业受法律保护，他人不得侵害律师合法权利，对于保障律师顺利进行执业活动，具有重要的意义。

（三）调查取证权

律师的调查取证权，是指律师办理法律事务向有关单位、个人进行调查和收集证据的权利。

根据《律师法》第35条的规定，律师既可以亲自调查取证，也可以申请司法机关调取证据，即：（1）律师自行调查取证的，凭律师执业证书和律师事务所证明，可以向有关单位或者个人调查与承办法律事务有关的情况。（2）受委托的律师根据案情的需要，可以申请人民检察院、人民法院收集、调取证据或者申请人民法院通知证人出庭作证。

调查取证权是律师依法执业应当享有的重要权利之一，也是律师完成工作任务的重要保障。我国刑事、民事和行政诉讼制度越来越强调诉讼中当事人的举证义务和诉讼的对抗性，强调法官的中立地位，这实际上加重了律师调查收集证据的任务。因此，依法赋予律师调查取证的权利，对于保障律师从事有关的业务活动，维护当事人的合法权益具有重要意义。

（四）查阅案卷权

律师参加诉讼活动，依照法律的规定，可以查阅、摘抄和复制与本案有关的案卷材料，人民法院应当提供便利，并保证必要的时间。案卷材料包括案件的诉讼文书和证据材料。

（五）同被限制人身自由的人员会见和通信的权利

会见权是执业律师享有的专有权利。根据《律师法》和《刑事诉讼法》的规定，担任刑事案件辩护人的律师，可以同在押的犯罪嫌疑人、被告人会见和通信，而不需要人民法院、人民检察院的特别许可。辩护律师会见在押的犯罪嫌疑人、被告人，可以了解案件有关情况，提供法律咨询等；自案件移送审查起诉之日起，可以向犯罪嫌疑人、被告人核实有关证据。对于危害国家安全犯罪、恐怖活动犯罪案件，在侦查期间辩护律师会见在押的犯罪嫌疑人的，应当经侦查机关许可，侦查机关应当事先通知看守所。

根据法律规定，律师即使还没有成为犯罪嫌疑人的辩护人，犯罪嫌疑人被侦查机关第一次讯问或者采取强制措施之日起，受委托的律师凭律师执业证书、律师事务所证明和委托书或者法律援助公函，也有权会见犯罪嫌疑人、被告人并了解有关案件情况。此外，为了切实保障律师会见与通信的权利，《律师法》第33条明确规定，律师会见犯罪嫌疑人、被告人，不被监听。

（六）适时得到人民法院开庭通知的权利

律师参与诉讼活动有权适时得到人民法院的开庭通知，以保障律师执业活动的有序开展。例如，根据《民事诉讼法》第139条的规定，人民法院审理民事案件，应当在开庭3日前将开庭通知书送达律师，不得使用传票传唤律师。律师认为案情复杂、开庭日期过急的，有权申请延期审理，人民法院应在法定结案时间内予以考虑。

（七）参与法庭审理并辩论的权利

根据法律规定，当事人授权或者法院指定的律师有权参与法庭审理。在法庭审理过程中，经审判长许可，律师有权向证人、鉴定人、被告人、被害人、对方当事人发问；有权提出法律理由和主张；有权对法庭出示或宣读的证据提出异议或疑问；有权依法提出新证据或申请法庭调取新证据，有权要求重新调查、鉴定或勘验，有权要求通知新证人到庭作证；对法庭的不正当询问有权拒绝回答；有权参加法庭辩论，辩论、辩护权受法律保障。

（八）代为起诉和上诉的权利

律师根据当事人的授权，可以代当事人提交起诉状、提起诉讼；在当事人不服地方各级人民法院的一审裁判时，经当事人同意或授权，可以代为向上一级人民法院提起上诉。

（九）代理申诉、控告的权利

犯罪嫌疑人在被侦查机关第一次讯问后或者采取强制措施之日起，受委托的律师可以为其提供法律帮助，代理申诉、控告；被不起诉人对人民检察院作出的不起诉决定不服的，辩护律师可以代为向人民检察院提出申诉；被告人对生效裁判不服的，辩护律师可以代为向人民法院或者人民检察院提出申诉。

（十）举证和质证的权利

在法庭审理中，律师有权向法庭提出证据；在法庭调查阶段，律师有权对证据发表质证意见。赋予律师举证和质证的权利，对于法庭正确认定案件事实具有十分重要的意义。

（十一）拒绝辩护、代理的权利

通常情形下，律师接受当事人的委托授权或者司法机关的指定，担任当事人辩护人或者代理人的，无正当理由，不得拒绝辩护或代理。但是，在特定情形下，法律允许律师拒绝继续辩护、代理。律师拒绝辩护、代理的权利，是指律师在某些特殊情况下，拒绝接受委托担任辩护人或代理人的权利。这些特殊情况是指：（1）委托事项违法，即当事人委托律师为其所做的事情，提供的所谓“法律服务”是违法的。（2）委托人利用律师提供的服务从事违法活动。（3）委托人故意隐瞒与案件有关的重要事实，即委托人出于某种目的，故意对律师隐瞒事实真相，使律师陷入尴尬、被动的境地。

（十二）获得合法报酬的权利

根据《律师法》第25条的规定，律师承办业务，由律师事务所按照国家规定统一收取一定的费用。律师对自己的执业活动，有取得合法报酬的权利。

二、律师的义务

律师的义务是指根据法律规定，律师应当为一定行为或者不为一定行为的拘束。律师的义务是律师执业活动合法的必要保障，也是保证律师维护当事人合法权益的必要措施。根据法律规定和律师执业实践，概括而言，在我国，律师主要负有两大方面的义务，即依法维护当事人合法权益的义务和依法进行执业活动的义务，具体包含十项内容。

（一）保守秘密的义务

律师应当保守在执业活动中知悉的国家秘密和当事人的商业秘密，不得泄露当事人的隐私。但是，委托人或者其他人准备或者正在实施危害国家安全、公共安全以及严重危害他人人身安全的犯罪事实和信息除外。

（二）遵守禁止利益冲突的义务

律师不得在同一案件中，为双方当事人担任代理人，不得代理与本人及其近亲属有利益冲突的法律事务。需注意的是，律师即使与一方当事人解除委托关系，也不得在同一案件中担任对方当事人的代理人。

律师接受犯罪嫌疑人、被告人委托后，不得接受同一案件或者未同案处理但实施的犯罪存在关联的其他犯罪嫌疑人、被告人的委托担任辩护人。律师不得担任所在律师事务所其他律师担任仲裁员的案件的代理人。曾经或者仍在担任仲裁员的律师，不得承办与本人担任仲裁员办理过的案件有利益冲突的法律事务。

此外，《律师职业道德和执业纪律规范》第28条进一步规定，同一律师事务所不得代理诉讼案件的双方当事人，当然，偏远地区只有一个律师事务所的除外。

（三）不得私自接受委托、收取费用和财物的义务

律师承办业务，由律师事务所统一接受委托，禁止律师私自接受委托，私自向委托人收取费用，收受委托人的财物。

（四）不得侵害委托权利的义务

律师不得利用提供法律服务的便利牟取当事人争议的权益，不得接受对方当事人的财物或者其他利益，不得与对方当事人或者第三人恶意串通，侵害委托人权益。

（五）不得违规会见办案人员的义务

《律师法》规定，律师应承担不违反规定会见法官、检察官、仲裁员的义务。我国的诉讼法、仲裁法以及相关规则都规定，不允许有关司法人员和仲裁员私下与当事人或者其代理律师会见。否则，这将成为回避的事由。

（六）不得以非法方式影响办案的义务

律师在执业活动中不得向法官、检察官、仲裁员以及其他有关工作人员请客送礼或者行贿，也不得指使、诱导当事人行贿。不得以其他不正当方式影响法官、检察官、仲裁员以及其他有关工作人员依法办理案件。

（七）不得非法影响发现案件事实的义务

为了保障依法执行职务，律师在执业活动中，不得提供虚假证据、隐瞒事实或者威胁、利诱他人提供虚假证据、隐瞒事实以及妨碍对方当事人合法取得证据。

（八）不得非法影响程序活动正常进行的义务

为了保障诉讼或者仲裁活动正常进行，律师在执业活动中，不得扰乱法庭、仲裁庭秩序，干扰诉讼、仲裁活动的正常进行。

（九）不得煽动、教唆当事人采取非常手段解决争议的义务

律师承办业务应当引导委托人通过合法的途径、手段主张权利、解决争议，不得煽动、教唆委托人采取扰乱公共秩序、危害公共安全等非法手段解决争议。

（十）依法履行法律援助的义务

律师应当按照国家规定履行法律援助义务，为受援人提供符合标准的法律服务，维护受援人的合法权益。

复习思考题

1. 取得律师资格的方式与条件有哪些？
2. 律师执业的条件是什么？
3. 律师的业务范围以及律师执业的法律限制有哪些？
4. 律师在执业中有哪些权利和义务？

▶即测即评

第三章　律师事务所和律师协会

律师事务所是律师的执业机构，律师作为个体，进行法律服务活动需要有其存在的客观环境。为了规范与保障其执业的合法、顺利进行，法律规定律师从事律师业务、进行执业活动必须存在于某一组织之中，这就是律师执业机构的内在含义。律师职业是一种社会化了的、具有高度专业特质的职业门类，律师的性质又决定了律师行业性的特点，所以，基于民主与法治的客观要求，以及律师职业的内在属性，法律规定了律师行业的自律组织——律师协会，以保证律师执业活动的有序进行。

第一节　律师事务所

一、律师事务所在我国的发展

新中国成立后，在我国律师制度初创时期，我国律师的执业机构不称为律师事务所，而是借鉴苏联的做法，称作“法律顾问处”。1979年恢复重建律师制度时，律师执业机构仍为法律顾问处。我国1980年制定的《律师暂行条例》，明确规定律师执行职务的工作机构是法律顾问处。随着改革开放的不断深入以及基于与国际接轨的需要，1984年，经司法部决定，律师执业机构采取国际上通行的称谓——律师事务所，各地将法律顾问处更名为律师事务所。

在律师事务所的性质与体制上，最初我国的律师是“国家干部”，《律师暂行条例》第1条即规定律师是国家法律工作者，律师执业机构设于司法行政机关内部，由国家核定编制、拨付经费，性质是国家事业单位。自1988年起，经国务院批准，司法部开始了设立合作律师事务所的试点工作。1993年12月，国务院批准深化律师工作改革方案，律师机构的形式发生了重大变化，在全国范围内涌现出一大批不占国家编制、不需国家经费，自愿组合、自收自支、自我发展、自我约束的律师事务所，即所谓的“两不四自”原则。

为了规范律师事务所的工作，1997年《律师法》规定了4种性质的律师事务所，分别是国家出资的律师事务所、合作律师事务所、合伙律师事务所和个人律师事务所，形成了多种性质的律师事务所并存发展的局面。我国法律关于律师事务所性质的规定是我国律师制度的重要组成部分，这一规定一直延续到2007年律师法的修改。

2007年修订《律师法》时，取消了有关合作律师事务所的规定。2008年7月发布的《律师事务所管理办法》，也没有规定合作律师事务所。这代表我国律师事务所减为3种，即国家出资的律师事务所、合伙律师事务所和个人律师事务所。合作律师事务所是依法由律师自愿组合，共同参与，其财产由合作人共有，并以其全部资产对债务承担有限责任的律师执业机构。合作律师事务所之所以消亡，主要是因为合作律师事务所作为我国律师制度发展过程中的产物，虽然在一定时期曾产生过积极作用，但由于其不能适应市场经济的需求，作为历史遗留的律师事务所类型，其已经结束了它的历史使命。

2017年修正《律师法》时，仍然规定我国律师事务所有3种，分别是国家出资的律师事务所、合伙律师事务所和个人律师事务所。其中，合伙律师事务所又分为普通合伙律师事务所和特殊的普通合伙律师事务所，而普通合伙律师事务所是现实中数量最多的一类律师事务所形式。

二、律师事务所的类型

（一）普通合伙律师事务所

普通合伙律师事务所是依法设立的由合伙人依照合伙协议约定，共同出资、共同管理、共享收益、共担风险，财产归合伙人所有，合伙律师对律师事务所的债务承担无限连带责任的律师执业机构。

普通合伙律师事务所具有以下特征：（1）属于律师执业机构的一种法定的组织形式，与其他律师事务所享有同等的权利和义务。（2）性质上属于合伙组织，不具备法人资格。是合伙人律师按照合伙协议共同出资、合伙经营的组织形式。（3）合伙人律师按照法律规定和章程，以及合伙协议的约定，管理本所事务及其律师。（4）财产属合伙人律师共有，合伙人律师对律师事务所的债务承担无限责任和连带责任。

1. 合伙人与合伙协议

根据《律师事务所管理办法》第9、15条的规定，合伙人必须是具有3年以上执业经历，并能够专职执业的律师。同时，根据《律师法》第53条的规定，受到6个月以上停止执业处罚的律师，处罚期满未逾3年的，不得担任合伙人。对事务所被吊销执业许可证负有主要责任的合伙人3年内也不得担任合伙人。可见，并不是任何人都可以成为合伙律师事务所的合伙人。

合伙人根据他们之间的合伙协议，按照法律以及律师事务所章程，参与律师事务所事务的管理。合伙协议应是合伙人订立的，以成立合伙律师事务所为目的，约定他们之间的权利义务关系的合同，应当遵循有关法律、法规、规章。

合伙协议应当载明下列内容：（1）合伙人，包括姓名、居住地、身份证号、律师执业经历等；（2）合伙人的出资额及出资方式；（3）合伙人的权利、义务；（4）合伙律师事务所负责人的职责以及产生、变更程序；（5）合伙人会议的职责、议事规则等；（6）合伙人收益分配及债务承担方式；（7）合伙人入伙、退伙及除名的条件和程序；（8）合伙人之间争议的解决方法和程序，违反合伙协议承担的责任；（9）合伙协议的解释、修改程序；（10）其他需要载明的事项。合伙协议由全体合伙人协商一致并签名，自省、自治区、直辖市司法行政机关作出准予设立律师事务所决定之日起生效。

2. 律师事务所负责人

律师事务所负责人，通常称为“主任”，其人选应当在申请设立许可时一并报审核机关核准。合伙律师事务所的负责人，应当从本所合伙人中经全体合伙人选举产生。其负责执行合伙人会议决议，管理律师事务所日常事务。合伙律师事务所主任对外代表律师事务所，其职责、产生和变更程序由合伙协议约定。

3. 变更合伙人

律师事务所变更合伙人，包括吸收新合伙人、合伙人退伙、合伙人因法定事由或者经合伙人会议决议被除名。新合伙人应当从专职执业的律师中产生，并具有3年以上执业经历，但司法部另有规定的除外。受到6个月以上停止执业处罚的律师，处罚期满未逾3年的，不得担任合伙人。合伙人退伙、被除名的，律师事务所应当依照法律、本所章程和合伙协议处理相关财产权益、债务承担等事务。

拓展阅读

因合伙人变更需要修改合伙协议的，修改后的合伙协议应当经所在地设区的市级或者直辖市的区（县）司法行政机关审查后报原审核机关批准。具体办法按律师事务所设立许可程序办理。

（二）特殊的普通合伙律师事务所

特殊的普通合伙律师事务所，是最早规定在2007年修订的《律师法》第15条的一种新型律师事务所，此后的《律师法》沿用了这一规定。我国《律师法》规定特殊的普通合伙律师事务所，是为了与2006年修订的《合伙企业法》所规定的“特殊的普通合伙企业”这一新的合伙形式相适应。与一般的普通合伙企业不同，特殊的普通合伙企业是一种有限责任合伙形成。在我国，有限责任合伙仍是普通合伙中的一种特殊形式，除非法律对其有特殊规定，仍适用普通合伙的规定。不过，特殊的普通合伙律师事务所应当是一种在本质上与合伙律师事务所不同的律师事务所，采取国外规定的“有限责任合伙律师事务所”的名称应当更为准确。

特殊的普通合伙律师事务所与普通合伙律师事务所最大的区别在于，全体合伙人不再无条件地对合伙的所有债务均承担无限连带责任。《合伙企业法》第57条规定：“一个合伙人或者数个合伙人在执业活动中因故意或者重大过失造成合伙企业债务的，应当承担无限责任或者无限连带责任，其他合伙人以其在合伙企业中的财产份额为限承担责任。合伙人在执业活动中非因故意或者重大过失造成的合伙企业债务以及合伙企业的其他债务，由全体合伙人承担无限连带责任。”第59条规定：“特殊的普通合伙企业应当建立执业风险基金、办理职业保险。执业风险基金用于偿付合伙人执业活动造成的债务。执业风险基金应当单独立户管理。具体管理办法由国务院规定。”第58条规定：“合伙人执业活动中因故意或者重大过失造成的合伙企业债务，以合伙企业财产对外承担责任后，该合伙人应当按照合伙协议的约定对给合伙企业造成的损失承担赔偿责任。”

因此，《律师事务所管理办法》第53条规定，特殊的普通合伙律师事务所一个合伙人或者数个合伙人在执业活动中因故意或者重大过失造成律师事务所债务的，应当承担无限责任或者无限连带责任，其他合伙人以其在律师事务所中的财产份额为限承担责任；合伙人在执业活动中非因故意或者重大过失造成的律师事务所债务，由全体合伙人承担无限连带责任。由此可见，对于特殊的普通合伙律师事务所，其债务清偿顺序一般如下：（1）先以律师执业责任保险清偿，不足部分由有限责任合伙强制保险或独立资金来承担赔偿责任；（2）前述资产不足以偿还债务的，则用合伙的资产清偿；（3）合伙资产不足以偿还债务的，过错合伙人对剩余的债务承担无限连带责任。

（三）国资律师事务所

1. 国资律师事务所的概念和特征

国资律师事务所，即国家出资设立的律师事务所。《律师法》规定，国家出资设立的律师事务所，依法自主开展律师业务，以该律师事务所的全部资产对其债务承担责任。

国资律师事务所，原多称国办律师事务所，实践中，其人员编制属于国家事业编制。国资律师事务所成立时由国家核拨经费、选调人员，包括一次性投入开办资产、不核定编制，或者核定编制并核拨经费等形式。对于经费的管理目前主要有全额管理、差额补助、自收自支三种管理方式。除此之外，国资律师事务所还具有以下基本特征：国资律师事务所是国家事业单位法人，以其全部资产对外承担有限责任。这也是国资律师事务所不同于合伙律师事务所的主要方面。由于司法部1996年公布的《国家出资设立的律师事务所管理办法》已于2009年被《司法部关于废止十二件部颁规章的决定》废止。目前有关国资律师事务所的规定主要集中在《律师法》与《律师事务所管理办法》中。

2. 国资律师事务所的设立

设立国资律师事务所，除符合《律师法》第14条规定的设立律师事务所的一般条件外，应当至少有2名符合《律师法》规定并能够专职执业的律师。需要国家出资设立律师事务所的，由当地县级司法行政机关筹建，申请设立许可前须经所在地县级人民政府有关部门核拨编制、提供经费保障。

3. 国资律师事务所的管理

国资律师事务所内部设立律师会议制度，由全体律师组成，民主管理律师事务所的重大事务，是国资律师事务所的决策机构。国资律师事务所的负责人，即律师事务所主任，由本所律师推选，经所在地县级司法行政机关同意。国资律师事务所应当按照规定为聘用的律师和辅助人员办理失业、养老、医疗等社会保险。

（四）个人律师事务所

个人律师事务所，根据《律师法》第16条规定，是指律师个人出资设立且以个人全部资产对律师事务所的债务承担无限责任的律师执业机构。根据《律师法》和《律师事务所管理办法》的规定，设立个人律师事务所，除应当符合《律师法》第14条规定的条件外，设立人还应当是具有5年以上执业经历且能专职执业的律师，同时具有人民币10万元以上的资产。个人律师事务所设立人就是该所的负责人。个人律师事务所的重大决策应当充分听取聘用律师的意见。

早在1993年，司法部就发布了《关于深化律师工作改革的方案》，据此一些地方进行了个人开业的律师事务所的试点。有的地方性法规对个人开业的律师事务所作出规定，个人开业的律师事务所开始在我国多地陆续出现，如北京、上海、江苏、广东等地。经过几十年的发展，个人律师事务所已经成为一种较为普遍的律师事务所形式。

三、律师事务所的设立

（一）设立律师事务所的条件

1. 一般条件

一般条件，是指设立任何类型的律师事务所，都必须具备的普通要件。

（1）有自己的名称、住所和章程。

第一，律师事务所的名称，是指经过批准设立的、在执业活动中供公众识别的称谓。根据《律师事务所名称管理办法》的规定，律师事务所对经司法行政机关依法核准的律师事务所名称享有专用权，律师事务所依法使用名称，受法律保护。

律师事务所名称应当由“省（自治区、直辖市）行政区划地名、字号、律师事务所”三部分内容依次组成，其中所称的行政区划地名，是指不包括“省”“自治区”“直辖市”“市”“县”“区”等行政区划称谓的地方名称。

设立律师事务所，应当在申请设立许可前，按照《律师事务所名称管理办法》的规定办理律师事务所名称预核准。预核准的律师事务所名称，由省、自治区、直辖市司法行政机关在实施律师事务所设立许可时予以核准。经预核准的律师事务所名称，自省、自治区、直辖市司法行政机关发出《律师事务所名称预核准通知书》之日起6个月内有效。有效期满，设立人未提交律师事务所设立申请的，预核准的律师事务所名称失效。在有效期内，律师事务所未经司法行政机关许可设立的，不得使用预核准的律师事务所名称。

律师事务所变更名称，应当按照规定办理名称预核准。省、自治区、直辖市司法行政机关应当根据律师事务所变更名称的申请及已预核准的律师事务所名称，办理律师事务所名称变更手续。

律师事务所只能选择、使用一个名称。并且，律师事务所使用名称，不得在核准使用的名称中或者名称后使用或者加注“律师集团”“律师联盟”等文字。

第二，住所，是指律师事务所的执业场所，律师事务所的登记住所只能有一个。住所是确定律师事务所所属地域及法律管辖的标准，通常律师事务所的住所与其办公场所应当一致。但是，实践中也有不一致的情形，此时律师事务所应当及时进行变更登记。

第三，章程，是律师事务所依法制定的、其活动应当遵循的准则。申请设立律师事务所必须要有章程。律师事务所章程自省、自治区、直辖市司法行政机关作出准予设立律师事务所决定之日起生效。

章程应当包括以下内容：律师事务所的名称和住所；律师事务所的宗旨；律师事务所的组织形式；设立资产的数额和来源；律师事务所负责人的职责以及产生、变更程序；律师事务所决策、管理机构的设置、职责；本所律师的权利与义务；律师事务所有关执业、收费、财务、分配等主要管理制度；律师事务所解散的事由、程序以及清算办法；律师事务所章程的解释、修改程序；律师事务所党组织的设置形式、地位作用、职责权限、参与本所决策、管理的工作机制和党建工作保障措施等；其他需要载明的事项。

律师事务所章程的内容不得与有关法律、法规、规章相抵触。设立合伙律师事务所的，其章程还应当载明合伙人的姓名、出资额及出资方式。

（2）有符合《律师法》规定的律师。律师事务所作为社会组织，其活动是通过成员进行的。具有律师是律师事务所从事业务活动的必要条件。

（3）有符合规定的设立人。除国资律师事务所外，律师事务所由设立人申请设立。设立人应当是具有一定的执业经历，且3年内未受过停止执业处罚的律师。

（4）有符合规定数额的资产。设立律师事务所，必须有符合国务院司法行政部门规定数额的资产。具体是：第一，设立普通合伙律师事务所，有人民币30万元以上的资产。第二，设立特殊的普通合伙律师事务所，有人民币1000万元以上的资产。第三，设立个人律师事务所，有人民币10万元以上的资产。第四，国家出资设立律师事务所，由当地县级司法行政机关筹建，申请设立许可前须经所在地县级人民政府有关部门核拨编制、提供经费保障。

对于设立律师事务所所需要的资产规模，根据规定，省、自治区、直辖市司法行政机关可以根据本地经济社会发展状况和律师业发展需要，适当调整普通合伙律师事务所、特殊的普通合伙律师事务所和个人律师事务所的设立资产数额，报司法部批准后实施。

2. 各类律师事务所设立所需要的特殊条件

（1）设立普通合伙律师事务所，除应当具备一般条件外，还应当具备下列条件：第一，有书面合伙协议；第二，有3名以上合伙人作为设立人；第三，设立人应当是具有3年以上执业经历并能够专职执业的律师；第四，有人民币30万元以上的资产。

（2）设立特殊的普通合伙律师事务所，除应当具备一般条件外，还应当具备下列条件：第一，有书面合伙协议；第二，有20名以上合伙人作为设立人；第三，设立人应当是具有3年以上执业经历并能够专职执业的律师；第四，有人民币1000万元以上的资产。

（3）设立个人律师事务所，除应当具备一般条件外，还应当具备下列条件：第一，设立人应当是具有5年以上执业经历并能够专职执业的律师；第二，有人民币10万元以上的资产。

（4）国家出资设立的律师事务所，除应当具备一般条件外，应当至少有2名符合《律师法》规定并能够专职执业的律师。

（二）设立律师事务所的许可程序

设立律师事务所，不是自然人或者社会组织的任意行为，需要经过一定的程序，经主管机构审查许可后，才可以设立。

1. 许可设立律师事务所的管辖

律师事务所的设立许可，由拟设立律师事务所所在地设区的市级或者直辖市的区（县）司法行政机关受理设立申请并进行初审；由拟设立律师事务所所在地省、自治区、直辖市司法行政机关进行最终审核，并作出是否准予设立的决定。

2. 提出申请

申请设立律师事务所，申请人应当如实填报《律师事务所设立申请登记表》，并向所在地设区的市级或者直辖市的区（县）司法行政机关提交下列材料：（1）设立申请书；（2）律师事务所的名称、章程；（3）设立人的名单、简历、身份证明、律师执业证书，律师事务所负责人人选；（4）住所证明；（5）资产证明。

此外，还应当注意以下两点：（1）设立合伙律师事务所，还应当提交合伙协议；（2）设立国资律师事务所，应当提交所在地县级人民政府有关部门出具的核拨编制、提供经费保障的批件。

3. 受理与初审

设区的市级或者直辖市的区（县）司法行政机关对申请人提出的设立律师事务所申请，应当根据下列情况分别作出处理：（1）申请材料齐全、符合法定形式的，应当受理。（2）申请材料不齐全或者不符合法定形式的，应当当场或者自收到申请材料之日起5日内一次告知申请人需要补正的全部内容。申请人按要求补正的，予以受理；逾期不告知的，自收到申请材料之日起即为受理。（3）申请事项明显不符合法定条件或者申请人拒绝补正、无法补正有关材料的，不予受理，并向申请人书面说明理由。

受理申请的司法行政机关应当在决定受理之日起20日内完成对申请材料的审查。在审查过程中，可以征求拟设立律师事务所所在地县级司法行政机关的意见；对于需要调查核实有关情况的，可以要求申请人提供有关证明材料，也可以委托县级司法行政机关进行核实。

经审查，受理申请的司法行政机关应当对设立律师事务所的申请是否符合法定条件、材料是否真实齐全出具审查意见，并将审查意见和全部申请材料报送省、自治区、直辖市司法行政机关。

4. 审核与处理

省、自治区、直辖市司法行政机关应当自收到受理申请机关报送的审查意见和全部申请材料之日起10日内予以审核，作出是否准予设立律师事务所的决定。准予设立的，应当自决定之日起10日内向申请人颁发律师事务所执业许可证。不准予设立的，应当向申请人书面说明理由。

5. 公告

审核部门对已核准成立的律师事务所应及时向社会发布公告。公告具有确立律师事务所依法成立的法律效力。

6. 救济

根据《行政复议法》《行政许可法》和《行政诉讼法》的规定，申请人对不予颁发律师事务所执业证不服的，可以在收到书面通知之日起15日内向上一级司法行政部门申请复议；对复议决定不服的，可以自收到复议决定之日起60日内向人民法院提起诉讼，也可以不经复议直接向人民法院提起诉讼。

7. 设立分所

成立3年以上并具有20名以上执业律师的合伙律师事务所，根据业务发展需要，可以在本所所在地的市、县以外的地方设立分所。设在直辖市、设区的市的合伙律师事务所也可以在本所所在城区以外的区、县设立分所。合伙律师事务所对其分所的债务承担责任。

律师事务所申请设立分所，由拟设立分所所在地设区的市级或者直辖市区（县）司法行政机关受理并进行初审，报省、自治区、直辖市司法行政机关审核，决定是否准予设立分所。申请设立分所的程序，依照设立律师事务所的程序办理。

一处分所只能使用一个名称。律师事务所分所名称应当由“总所所在地省（自治区、直辖市）行政区划地名、总所字号、分所所在地的市（含直辖市、设区的市）或者县行政区划地名（地名加括号）、律师事务所”四部分内容依次组成。

设立分所的，该律师事务所还需要报原审核其成立的司法行政部门备案。

根据我国法律规定，我国的律师事务所也可以在外国设立分支机构。我国律师事务所在外国设立分支机构的，还应当遵循所驻国的法律。

8. 律师事务所执业许可证书

律师事务所执业许可证书，又称律师事务所执业证书。律师事务所执业证书是律师事务所依法获准设立并执业的有效证件，包括律师事务所执业许可证书、律师事务所分所执业许可证书。律师事务所执业许可证书分为正本和副本，正本用于办公场所悬挂，副本用于接受查验，正本和副本具有同等的法律效力。

制作律师事务所执业证书时应印制执业证书流水号，省、自治区、直辖市司法行政机关颁发、注销或者换发、补发执业证书，应当登记执业证书流水号。

律师事务所应当妥善保管执业证书，不得变造、涂改、抵押、出借、出租和故意损毁。如有遗失或者损毁的，应当及时报告所在地县级司法行政机关，经所在地设区的市级或者直辖市区（县）司法行政机关向原审核机关申请补发或者换发。律师事务所执业许可证遗失的，应当在当地报刊上刊登遗失声明。

律师事务所被撤销许可、受到吊销执业许可证处罚的，由所在地县级司法行政机关收缴其执业许可证。

律师事务所受到停业整顿处罚的，应当自处罚决定生效后至处罚期限届满前，将执业许可证缴存其所在地县级司法行政机关。

四、律师事务所的变更和终止

（一）律师事务所的变更

律师事务所变更名称、负责人、章程、合伙协议的，应当经所在地设区的市级或者直辖市的区（县）司法行政机关审查后报原审核机关批准，具体按照律师事务所设立许可程序办理。

律师事务所变更住所、合伙人的，应当自变更之日起15日内经所在地设区的市级或者直辖市的区（县）司法行政机关报原审核机关备案。

律师事务所变更组织形式的，应当在自行依法处理好业务衔接、人员安排、资产处置、债务承担等事务，并对章程、合伙协议作出相应修改后，方可按照有关律师事务所变更的规定申请变更。

律师事务所跨县、不设区的市、市辖区变更住所，需要相应变更负责对其实施日常监督管理的司法行政机关的，应当在办理备案手续后，由其所在地设区的市级司法行政机关或者直辖市司法行政机关将有关变更情况通知律师事务所迁入地的县级司法行政机关。

律师事务所拟将住所迁移其他省、自治区、直辖市的，应当按注销原律师事务所、设立新的律师事务所的程序办理。

此外，律师事务所因分立、合并，需要对原律师事务所进行变更或者注销原律师事务所、设立新的律师事务所的，应当在自行依法处理好相关律师事务所的业务衔接、人员安排、资产处置、债务承担等事务后，提交分立协议或者合并协议等申请材料。

（二）律师事务所的终止

律师事务所有下列情形之一的，应当终止：（1）不能保持法定设立条件，经限期整改仍不符合条件的；（2）执业许可证被依法吊销的；（3）自行决定解散的；（4）法律、行政法规规定应当终止的其他情形。

此外，尚需注意以下问题：（1）律师事务所在取得设立许可后，6个月内未开业或者无正当理由停止业务活动满1年的，视为自行停办，应当终止。（2）律师事务所在受到停业整顿处罚期限未满前，不得自行决定解散。（3）律师事务所在终止事由发生后，应当向社会公告，依照有关规定进行清算，依法处置资产分割、债务清偿等事务。因被吊销执业许可证终止的，由作出该处罚决定的司法行政机关向社会公告。因其他情形终止、律师事务所拒不公告的，由设区的市级或者直辖市的区（县）司法行政机关向社会公告。（4）律师事务所自终止事由发生后，不得受理新的业务。（5）律师事务所应当在清算结束后15日内向所在地设区的市级或者直辖市的区（县）司法行政机关提交注销申请书、清算报告、本所执业许可证以及其他有关材料，由其出具审查意见后连同全部注销申请材料报原审核机关审核，办理注销手续。

五、律师事务所的执业和管理规则

《律师事务所管理办法》规定，律师事务所应当依照《律师法》和有关法律、法规、规章及行业规范，建立健全执业管理和其他各项内部管理制度，加强对本所律师执业行为的监督。

（一）律师事务所的执业行为规范

第一，律师承办业务，由律师事务所统一接受委托，与委托人签订书面委托合同。律师应当接受律师事务所的监督管理。

第二，律师事务所受理业务，应当进行利益冲突审查，不得违反规定受理与本所承办业务及其委托人有利益冲突的业务。

第三，律师事务所组织开展业务活动，应当指导本所律师依法执业，履行法律援助义务，建立承办重大疑难案件的集体研究、请示报告和检查督导制度，对律师在执业活动中遵守法律、法规、规章，遵守职业道德和执业纪律的情况进行监督，发现问题及时予以纠正。

第四，律师事务所应当按照有关规定统一收费，建立健全收费管理制度，及时查处有关违规收费的举报和投诉。

（二）律师事务所的义务

第一，律师事务所应当依法纳税。

第二，律师事务所不得从事法律服务以外的经营活动，应当在法定业务范围内开展业务活动。

第三，律师事务所应当依法履行法律援助义务，及时安排本所律师承办法律援助案件。

第四，合伙律师事务所和国资律师事务所应当按照规定为聘用的律师和辅助人员办理失业、养老、医疗等社会保险。个人律师事务所聘用律师和辅助人员的，也应当按规定为其办理社会保险。

第五，律师事务所应当按照规定，建立执业风险、事业发展、社会保障等基金。

第六，律师事务所应当与其他律师事务所公平竞争，不得以诋毁其他律师事务所、律师或者支付介绍费等不正当手段承揽业务。

（三）律师事务所的赔偿责任

律师违法执业或者因过错给当事人造成损失的，由其所在的律师事务所承担赔偿责任。律师事务所赔偿后，可以向有故意或者重大过失行为的律师追偿。

（四）律师事务所的内部管理

第一，律师事务所应当按照规定建立健全财务管理制度，建立和实行合理的分配制度及激励机制。

第二，律师事务所的负责人负责对律师事务所的业务活动和内部事务进行管理，对外代表律师事务所，依法承担对律师事务所违法行为的管理责任。

第三，合伙人会议或者律师会议为合伙律师事务所或者国资律师事务所的决策机构；个人律师事务所的重大决策应当充分听取聘用律师的意见。

第四，律师事务所根据本所章程可以设立相关管理机构或者配备专职管理人员，协助本所负责人开展日常管理工作。

第五，律师事务所应当加强对本所律师的职业道德和执业纪律教育，组织开展业务学习和经验交流活动，为律师参加业务培训和继续教育提供条件。

第六，律师事务所应当建立投诉查处制度，及时查处、纠正本所律师在执业活动中的违法违规行为，调处在执业中与委托人之间的纠纷；认为需要对被投诉律师给予行政处罚或者行业惩戒的，应当及时向所在地县级司法行政机关或者律师协会报告。

第七，律师事务所应当建立律师执业年度考核制度，按照规定对本所律师的执业表现和遵守职业道德、执业纪律的情况进行考核，评定等次，实施奖惩，建立律师执业档案和诚信档案。律师事务所应当于每年的一季度经所在地县级司法行政机关向设区的市级司法行政机关提交上一年度本所执业情况报告和律师执业考核结果，直辖市的律师事务所的执业情况报告和律师执业考核结果直接向所在地区（县）司法行政机关提交，接受司法行政机关的年度检查考核。

第八，律师事务所应当建立违规律师辞退和除名制度，对违法违规执业、违反本所章程及管理制度或者年度考核不称职的律师，可以将其辞退或者经合伙人会议通过将其除名，有关处理结果报所在地县级司法行政机关和律师协会备案。

第九，律师事务所应当建立律师表彰奖励制度，对依法、诚信、规范执业表现突出的律师予以表彰奖励。

第十，律师事务所应当通过本所网站等，公开本所律师和辅助人员的基本信息和奖惩情况。

第十一，律师事务所应当按照规定建立健全档案管理制度，对所承办业务的案卷和有关资料及时立卷归档，妥善保管。

六、司法行政机关对律师事务所的监督管理

（一）司法行政机关行使监督管理职责应当遵循的原则

各级司法行政机关是负责律师管理与监督的行政部门，其在行使管理监督职责时，应

当依法进行。特别是，《律师事务所管理办法》第70条明确规定了各级司法行政机关及其工作人员对律师事务所实施监督管理需要遵循的原则：不得妨碍律师事务所依法执业，不得侵害律师事务所的合法权益，不得索取或者收受律师事务所及其律师的财物，不得谋取其他利益。

（二）县级司法行政机关的监督管理职责

县级司法行政机关对本行政区域内的律师事务所的执业活动进行日常监督管理，履行下列职责：（1）监督律师事务所在开展业务活动过程中遵守法律、法规、规章的情况；（2）监督律师事务所执业和内部管理制度的建立和实施情况；（3）监督律师事务所保持法定设立条件以及变更报批或者备案的执行情况；（4）监督律师事务所进行清算、申请注销的情况；（5）监督律师事务所开展律师执业年度考核和上报年度执业总结的情况；（6）受理对律师事务所的举报和投诉；（7）监督律师事务所履行行政处罚和实行整改的情况；（8）司法部和省、自治区、直辖市司法行政机关规定的其他职责。

县级司法行政机关在开展日常监督管理过程中，对发现、查实的律师事务所在执业和内部管理方面存在的问题，应当对律师事务所负责人或者有关律师进行警示谈话，责令改正，并对其整改情况进行监督；对律师事务所的违法行为认为依法应当给予行政处罚的，应当向上一级司法行政机关提出处罚建议；认为需要给予行业惩戒的，移送律师协会处理。

（三）设区的市级司法行政机关的监督管理职责

设区的市级司法行政机关履行下列监督管理职责：（1）掌握本行政区域律师事务所的执业活动和组织建设、队伍建设、制度建设的情况，制定加强律师工作的措施和办法。（2）指导、监督下一级司法行政机关的日常监督管理工作，组织开展对律师事务所的专项监督检查工作，指导对律师事务所重大投诉案件的查处工作。（3）对律师事务所进行表彰。（4）依法定职权对律师事务所的违法行为实施行政处罚；对依法应当给予吊销执业许可证处罚的，向上一级司法行政机关提出处罚建议。（5）组织开展对律师事务所的年度检查考核工作。（6）受理、审查律师事务所设立、变更、设立分所、注销申请事项。（7）建立律师事务所执业档案，负责有关律师事务所的许可、变更、终止及执业档案信息的公开工作。（8）法律、法规、规章规定的其他职责。直辖市的区（县）司法行政机关负有上述有关职责。

（四）省、自治区、直辖市司法行政机关的监督管理职责

省、自治区、直辖市司法行政机关履行下列监督管理职责：（1）制定本行政区域律师事务所的发展规划和有关政策，制定律师事务所管理的规范性文件；（2）掌握本行政区域律师事务所组织建设、队伍建设、制度建设和业务开展情况；（3）监督、指导下级司法行政机关的监督管理工作，指导对律师事务所的专项监督检查和年度检查考核工作；（4）组织对律师事务所的表彰活动；（5）依法对律师事务所的严重违法行为实施吊销执业许可证的处罚，监督下一级司法行政机关的行政处罚工作，办理有关行政复议和申诉案件；（6）办理律师事务

所设立核准、变更核准或者备案、设立分所核准及执业许可证注销事项;（7）负责本行政区域律师事务所有关重大信息的公开工作;（8）法律、法规规定的其他职责。

此外，司法行政机关还应当加强对律师协会的指导、监督，支持律师协会依照《律师法》和协会章程、行业规范对律师事务所实行行业自律，建立健全行政管理与行业自律相结合的协调、协作机制。

第二节　外国律师事务所驻华代表机构及我国港澳台律师在内地（大陆）的活动

一、外国律师事务所驻华代表机构

（一）外国律师事务所驻华代表机构概述

律师制度属于广义上司法制度的范畴，通常，一国的律师只能在该国执业，不得超越一国的范围进行执业活动。但是，随着国际经济贸易和国际民事交往的发展，一国的自然人、法人或者非法人组织，需要在外国处理的事务越来越多，了解外国相关法律规定的需求也愈加强烈。所以，许多国家根据其实际情形以及国家间的关系，对此都作了一些例外规定。

我国《律师法》第58条规定，外国律师事务所在我国境内设立机构从事规定的法律服务活动的管理办法，由国务院制定。据此，国务院制定了《外国律师事务所驻华代表机构管理条例》(以下简称《代表机构条例》)。为了保证该条例的正确实施，司法部公布实施了《司法部关于执行〈外国律师事务所驻华代表机构管理条例〉的规定》(以下简称《代表机构条例规定》)。迄今为止，根据司法部的许可，已经有400多家外国律师事务所在我国设立了代表机构。

根据《代表机构条例》的规定，外国律师事务所在我国内地设立的机构称作“外国律师事务所驻华代表机构”(以下简称“代表机构”)。

（二）代表机构的界定

根据《代表机构条例规定》，外国律师事务所，是指在我国境外合法设立、由外国执业律师组成、从事中国法律事务以外的法律服务活动，并对外独立由其全部成员或部分成员承担民事责任的律师执业机构。但下列情形除外:（1）外国政府、商业组织和其他机构中的法律服务部门;（2）不共享利润、不共担风险的2个或2个以上外国执业律师或律师事务所的执业联合体。其中外国执业律师，是指合法取得外国律师执业资格、在执业资格取得国获得该国法定执业许可的人员。

可见，这里的代表机构，是符合上述条件的外国律师事务所，根据我国法律规定，经司法部许可在我国设立的代表机构，隶属于设立他的外国律师事务所。外国律师事务所对其代表机构及其代表在中国境内从事的法律服务活动承担民事责任。

（三）代表机构的设立、变更和注销

1. 代表机构的设立

外国律师事务所在华设立代表机构、派驻代表，应当提出申请，经司法部许可。并且，外国律师事务所、外国其他组织或者个人不得以咨询公司或者其他名义在中国境内从事法律服务活动。

（1）设立代表机构的条件。外国律师事务所申请在华设立代表机构、派驻代表，应当具备下列条件：①该外国律师事务所已在其本国合法执业，并且没有因违反律师职业道德、执业纪律受到处罚。②代表机构的代表应当是执业律师和执业资格取得国律师协会会员，并且已在中国境外执业不少于2年，没有受过刑事处罚或者没有因违反律师职业道德、执业纪律受过处罚；其中，首席代表已在中国境外执业不少于3年，并且是该外国律师事务所的合伙人或者是相同职位的人员。③有在华设立代表机构开展法律服务业务的实际需要。关于是否有实际需要应当根据下列因素认定：拟设代表机构住所地的社会经济发展状况；拟设代表机构住所地法律服务的发展需要；申请人的规模、成立时间、主要业务领域和专业特长、对拟设代表机构业务前景的分析、未来业务发展规划；中国法律、法规对从事特定法律服务活动或事务的限制性规定。

（2）提出申请。外国律师事务所申请在华设立代表机构，应当向拟设立的代表机构住所地的省、自治区、直辖市人民政府司法行政部门提交下列文件材料：①该外国律师事务所主要负责人签署的设立代表机构、派驻代表的申请书。拟设立的代表机构的名称应当为“××律师事务所（该律师事务所的中文译名）驻××（中国城市名）代表机构”；拟设代表机构的外国律师事务所的中文译名不得使用中国法律、法规、规章禁止或限制的名称，不得使用可能使公众产生误解的文字。②该外国律师事务所在其本国已经合法设立的证明文件。③该外国律师事务所的合伙协议或者成立章程以及负责人、合伙人名单；如果提供这些文件确有困难的，可以提供由主要负责人签署的介绍合伙协议、股东协议或者章程中涉及签订时间、发起人、组织形式、法律责任形式等内容的文件材料。④该外国律师事务所给代表机构各拟任代表的授权书，以及拟任首席代表系该律师事务所合伙人或者相同职位人员的确认书。⑤应当有拟派驻的1名首席代表和拟派驻的若干代表；代表机构各拟任代表的律师执业资格以及拟任首席代表已在中国境外执业不少于3年、其他拟任代表已在中国境外执业不少于2年的证明文件。⑥该外国律师事务所所在国的律师协会出具的该代表机构各拟任代表为本国律师协会会员的证明文件。⑦该外国律师事务所所在国的律师管理机构出具的该律师事务所以及各拟任代表没有受过刑事处罚和没有因违反律师职业道德、执业纪律受过处罚的证明文件。

前述文件材料，应当经申请人本国公证机构或者公证人公证、其本国外交主管机关或者外交主管机关授权的机关认证，并经中国驻该国使（领）馆认证。外国律师事务所提交的文件材料应当一式三份，外文材料应当附中文译文。

（3）审查与许可。省、自治区、直辖市人民政府司法行政部门应当自收到申请文件材料之日起3个月内审查完毕，并将审查意见连同文件材料报送国务院司法行政部门审核。

司法部应当在6个月内作出决定，对许可设立的代表机构发给执业执照，并对其代表发给执业证书；对不予许可的，应当书面告知其理由。

（4）注册。申请人应当自执业许可证书签发之日起30日内，持副本到代表机构住所地公安、劳动、银行、税务和中国驻外使领馆等部门办理登记和代表工作签证等手续。

申请人应当在办结上述手续后30日内，到住所地的省、自治区、直辖市司法厅（局）办理开业注册，并交纳注册费。办理开业注册手续，应当持执业执照、执业证书，并提交下列材料的复印件：①外国律师事务所驻华代表机构执业许可证（副本）；②外国律师事务所代表机构代表执业证；③经过公证的办公场所证明，包括产权证明、房屋租赁协议（期限应当在1年以上）。超过上述规定的时间未办理开业注册的，外国律师事务所驻华代表机构执业许可证和外国律师事务所代表机构代表执业证自行失效。

代表机构只有办理开业注册手续后，方可开展规定的法律服务活动。代表机构及其代表每年应当注册一次。省、自治区、直辖市人民政府司法行政部门应当自接到注册申请之日起2日内办理注册手续。

2. 代表机构的变更

外国律师事务所需要变更代表机构名称、减少代表的，应当事先向代表机构住所地的省、自治区、直辖市人民政府司法行政部门提交其主要负责人签署的申请书和有关的文件材料，经国务院司法行政部门核准，并收回不再担任代表的人员的执业证书。

代表机构合并、分立或者增加新任代表的，应当依照前述有关代表机构设立程序的规定办理许可手续。

3. 代表机构及其代表执业许可证书的撤销

代表机构的代表有下列情形之一的，由国务院司法行政部门撤销其执业许可并收回其执业证书，由省、自治区、直辖市人民政府司法行政部门相应注销其执业注册：（1）在其本国的律师执业执照已经失效的；（2）被所属的外国律师事务所取消代表资格的；（3）执业证书或者所在的代表机构的执业执照被依法吊销的。

代表机构有下列情形之一的，由国务院司法行政部门撤销其执业许可并收回其执业执照，由省、自治区、直辖市人民政府司法行政部门相应注销其执业注册：（1）所属的外国律师事务所已经解散或者被注销的；（2）所属的外国律师事务所申请将其注销的；（3）已经丧失法律规定的设立代表机构的条件的；（4）执业执照被依法吊销的。

依照前述规定注销的代表机构，应当依法进行清算；债务清偿完毕前，其财产不得转移至中国境外。代表机构被注销后，债权人有权就尚未清偿的债权向外国律师事务所追偿。

4. 代表机构的休业

代表机构因特殊情况需要休业的，所属的外国律师事务所应当向住所地的省、自治区、直辖市司法厅（局）提交其主要负责人签署的申请书，经核准后，公告休业。代表机构休业期限不超过1年。超过1年的，视为自行注销。

（四）代表机构的业务范围与执业规则

1. 代表机构的执业原则

代表机构在中国从事法律服务活动，遵循以下原则：（1）遵守中国的法律、法规和规章的原则。（2）恪守中国律师职业道德和执业纪律的原则。（3）不得损害中国国家安全和社会公共利益的原则。（4）代表机构及其代表根据中国法律从事法律服务活动，受中国法律保护的原则。

2. 代表机构的业务范围

根据法律法规的规定，代表机构及其代表，只能从事不包括中国法律事务的下列活动：（1）向当事人提供该外国律师事务所律师已获准从事律师执业业务的国家法律的咨询，以及有关国际条约、国际惯例的咨询；（2）接受当事人或者中国律师事务所的委托，办理在该外国律师事务所律师已获准从事律师执业业务的国家的法律事务；（3）代表外国当事人，委托中国律师事务所办理中国法律事务；（4）通过订立合同与中国律师事务所保持长期的委托关系办理法律事务；（5）提供有关中国法律环境影响的信息，但是不得就中国法律的适用提供具体意见或判断。代表机构办理上述事务，按照其与中国律师事务所达成的协议约定，可以直接向受委托的中国律师事务所的律师提出要求。对于规定范围以外的其他法律服务活动或者其他营利活动，代表机构及其代表不得从事。

上述代表机构不能办理的“中国法律事务”具体是：（1）以律师身份在中国境内参与诉讼活动；（2）就合同、协议、章程或其他书面文件中适用中国法律的具体问题提供意见或证明；（3）就适用中国法律的行为或事件提供意见和证明；（4）在仲裁活动中，以代理人身份对中国法律的适用发表代理意见；（5）代表委托人向中国政府机关或其他法律法规授权的具有行政管理职能的组织办理登记、变更、申请、备案手续以及其他手续。

3. 代表机构的执业规则

代表机构在中国提供法律服务，应当遵循以下规则：

（1）代表机构应当在办公场所显著位置悬挂《外国律师事务所驻华代表机构执业许可证》。代表机构应当在办公场所设置标牌，标牌上书写完整的中英文名称。

（2）代表机构不得聘用中国执业律师。有下列情形之一的，应当认定为聘用中国执业律师：①与中国执业律师达成雇佣或劳务协议；②与中国执业律师形成事实上的雇佣或劳务关系；③与中国执业律师达成共享利润、共担风险或参与管理的协议；④向中国执业律师个人支付报酬、费用或业务分成；⑤聘请中国执业律师以代表机构所属的律师事务所或代表机构的名义对外从事业务活动。

聘用的辅助人员不得为当事人提供法律服务。代表机构聘用中国籍辅助人员的，应当与住所地外国企业服务部门办理聘用关系，并到住所地的省、自治区、直辖市司法厅（局）领取雇员证。代表机构聘用外籍辅助人员的，应当按照外国人在华就业的有关规定，向住所地的省、自治区、直辖市司法厅（局）提出申请，经许可后，到有关部门办理就业和居留手续。代表机构代表及其辅助人员不得以“中国法律顾问”名义为客户提供中国法律服务。

（3）代表机构及其代表在执业活动中，不得有下列行为：①提供虚假证据、隐瞒事实或者威胁、利诱他人提供虚假证据、隐瞒事实以及妨碍对方当事人合法取得证据；②利用法律服务的便利，收受当事人的财物或者其他好处；③泄露当事人的商业秘密或者个人隐私。

（4）代表机构的代表不得同时在两个以上代表机构担任或者兼任代表。

（5）代表机构的代表每年在中国境内居留的时间不得少于6个月；少于6个月的，下一年度不予注册。

（6）代表机构进行宣传，应当遵守下列规则：①向客户表明可以在中国境内从事业务的，应当同时表明其不具有从事中国法律服务的资格、执照或能力；②向客户声明具有中国律师资格或曾经担任中国执业律师的，应当同时声明其现在不能作为中国律师执业；③在信笺、名片上进行上述宣传的，应当遵守前述规定。

（7）代表机构及其所属的律师事务所不得实施下列行为：①直接或间接地向中国律师事务所投资；②与中国律师事务所或中国律师组成共享利润或共担风险的执业联合体；③建立联合办公室或派员入驻中国律师事务所从事法律服务活动；④管理、经营、控制或享有中国律师事务所的股权性权益。

（8）代表机构依法从事的法律服务，可以向当事人收取费用。收取的费用必须在中国境内结算。代表机构应当按照中国税收法律法规的规定，依法办理税务登记，履行纳税义务。

（9）代表机构受到投诉的，代表机构应当就被投诉的行为进行澄清和说明。

（五）监督与管理

1. 监督管理机关

国务院司法行政部门和省、自治区、直辖市人民政府司法行政部门依据职责，负责对代表机构及其代表的监督管理。

2. 年度检验

代表机构应当于每年3月31日前向住所地的省、自治区、直辖市人民政府司法行政部门提交执业执照和代表执业证书的副本以及下列上一年度检验材料，接受年度检验：（1）开展法律服务活动的情况，包括委托中国律师事务所办理法律事务的情况；（2）经会计师事务所审计的代表机构年度财务报表，以及在中国境内结算和依法纳税凭证；（3）代表机构的代表变动情况和雇用中国辅助人员情况；（4）代表机构的代表在中国境内的居留情况；（5）代表机构及其代表的注册情况；（6）履行法律规定义务的其他情况。

省、自治区、直辖市人民政府司法行政部门对设在本行政区域内的代表机构进行年度检验后，应当将检验意见报送国务院司法行政部门备案。

代表机构及其代表注册与年度检验时，应当缴纳必要的费用。其标准与国务院物价行政部门核定的对中国律师事务所、执业律师的收费标准相同。

（六）法律责任

1. 刑事责任

代表机构及其代表违反中国法律规定，达到犯罪程度的，应当承担刑事责任。

（1）代表机构或者代表危害中国国家安全、公共安全或者社会管理秩序的，依照《刑法》关于危害国家安全罪、危害公共安全罪或者妨害社会管理秩序罪的规定，依法追究刑事责任，并由国务院司法行政部门吊销该代表机构的执业执照或者该代表的执业证书；尚不够刑事处罚的，依法给予治安管理处罚，并由国务院司法行政部门吊销该代表机构的执业执照或者该代表的执业证书。

（2）代表机构注销，在债务清偿完毕前将财产转移至中国境外的，由省、自治区、直辖市人民政府司法行政部门责令退回已转移的财产，用于清偿债务；严重损害他人利益的，对其首席代表和其他直接责任人员依照《刑法》关于藏匿财产罪的规定，依法追究刑事责任；尚不够刑事处罚的，由省、自治区、直辖市人民政府司法行政部门对代表机构处5万元以上30万元以下的罚款，对首席代表和其他直接责任人员各处2万元以上10万元以下的罚款。

（3）代表机构的代表提供虚假证据、隐瞒事实或者威胁、利诱他人提供虚假证据、隐瞒事实的，依照《刑法》关于妨害作证罪的规定，依法追究刑事责任，并由国务院司法行政部门吊销其执业证书。

2. 行政责任

（1）代表机构或者代表违反规定，非法从事法律服务活动或者其他营利活动的，由省、自治区、直辖市人民政府司法行政部门责令限期停业；情节严重的，由国务院司法行政部门吊销该代表机构的执业执照或者该代表的执业证书。有前述所列违法行为的，由省、自治区、直辖市人民政府司法行政部门没收违法所得，对首席代表和其他负有直接责任的代表各处5万元以上20万元以下的罚款。

（2）代表机构有下列情形之一的，由省、自治区、直辖市人民政府司法行政部门给予警告，责令限期改正；情节严重的，由省、自治区、直辖市人民政府司法行政部门责令限期停业；逾期仍不改正的，由国务院司法行政部门吊销其执业执照：①聘用中国执业律师，或者聘用的辅助人员从事法律服务的；②开展法律服务收取费用未在中国境内结算的；③未按时报送年度检验材料接受年度检验，或者未通过年度检验的。有前述第②项所列违法行为的，由省、自治区、直辖市人民政府司法行政部门对其处以应当在中国境内结算的金额1倍以上3倍以下的罚款。

（3）代表机构或者代表有下列情形之一的，由省、自治区、直辖市人民政府司法行政部门给予警告，没收违法所得；情节严重的，责令限期停业，并处2万元以上10万元以下的罚款：①同时在两个以上代表机构担任或者兼任代表的；②泄露当事人的商业秘密或者个人隐私的；③利用法律服务的便利，收受当事人财物或者其他好处的。

（4）外国律师事务所、外国律师或者外国其他组织、个人擅自在中国境内从事法律服务活动，或者已被撤销执业许可的代表机构或者代表继续在中国境内从事法律服务活动的，由省、自治区、直辖市人民政府司法行政部门予以取缔，没收违法所得，并处5万元以上30万元以下的罚款。

（5）代表机构被依法吊销执业执照的，该代表机构所属的外国律师事务所5年内不得申请在华设立代表机构；代表机构的代表被依法吊销执业证书的，该代表5年内不得在华担任代表机构的代表。

（6）代表机构的代表因危害中国国家安全、公共安全或者社会管理秩序，被依法判处刑罚的，该代表所在的代表机构所属的律师事务所不得再申请在华设立代表机构，该代表终身不得在华担任代表机构的代表。

二、港澳台律师从业者在内地（大陆）的活动

香港与澳门是我国的特别行政区，是我国领土不可分割的部分。港澳地区的律师事务所与律师在内地进行法律服务活动的问题，属于我国国内问题，并没有涉外因素。当然，根据《宪法》《香港特别行政区基本法》《澳门特别行政区基本法》的规定，香港特别行政区和澳门特别行政区目前分别实行不同于内地的法律制度，他们分别有其司法终审权，这就形成了不同的法律管辖区域。原则上内地律师、香港律师和澳门律师只能在其各自的司法管辖区域内执业，而不能跨法域执业。

不过，内地与香港、澳门之间经贸关系极为密切，而且同属一个国家，相互之间更应当在律师执业方面提供一定的便利，以更好地为社会提供必要的法律服务。为此，内地分别与香港特别行政区、澳门特别行政区签订了《〈内地与香港关于建立更紧密经贸关系的安排〉补充协议二》和《〈内地与澳门关于建立更紧密经贸关系的安排〉补充协议二》。根据上述规定，以及参照《外国律师事务所驻华代表机构管理条例》的规定，司法部分别制定了《香港、澳门特别行政区律师事务所驻内地代表机构管理办法》《香港法律执业者和澳门执业律师受聘于内地律师事务所担任法律顾问管理办法》《香港特别行政区和澳门特别行政区律师事务所与内地律师事务所联营管理办法》等，对香港特别行政区、澳门特别行政区的律师从业者在内地进行活动作出了规范。

根据这些区际司法协助的协议以及有关法律、法规的规定，香港特别行政区、澳门特别行政区的律师从业者在内地进行活动，必须采取法定的组织形式，必须依存于一定的执行职务的组织机构。当前，港澳律师从业者在内地活动的执业组织形式有三种，即：香港特别行政区、澳门特别行政区律师事务所驻内地代表机构，香港特别行政区、澳门特别行政区律师事务所与内地律师事务所联营，以及香港法律执业者、澳门执业律师受聘于内地律师事务所担任法律顾问。

相较于香港特别行政区、澳门特别行政区，目前我国台湾地区律师事务所、律师及居民在大陆地区从事法律活动的许可相对较少。近年来，为推进两岸法律界交流合作、密切两岸人员往来、深化两岸经济社会融合发展和维护两岸同胞合法权益，营造更加有利的法治环境，司法部进一步扩大了法律服务对台开放。但从实际情况看，目前台湾律师事务所及其律

师执业活动的地域范围及业务范围仍较为有限，需要实务界与理论界的共同推进。

（一）港澳地区律师事务所驻内地代表机构

由于司法部制定《香港、澳门特别行政区律师事务所驻内地代表机构管理办法》时，主要参考《外国律师事务所驻华代表机构管理条例》，所以香港特别行政区、澳门特别行政区律师事务所驻内地代表机构及其代表的有关规范，与外国律师事务所驻华代表机构及其代表的规范类似。同样规定了代表机构的设立、变更与注销，代表机构及其代表的活动原则、业务范围和行为规则，代表机构及其代表的管理监督，代表机构及其代表的法律责任。因此，有关港澳地区律师事务所驻内地代表机构及其代表的有关规范，很多可以参见前述外国律师事务所驻华代表机构及其代表的规定。

需要注意的是，《香港、澳门特别行政区律师事务所驻内地代表机构管理办法》公布后于2003年、2006年和2015年进行了3次修正，因此，下文将就该办法修改后，且与外国律师事务所驻华代表机构及其代表的相应规范不同的地方进行阐释说明。

第一，在业务范围上，港澳地区律师事务所驻内地代表机构及其代表可以按照所属港澳律师事务所与内地律师事务所达成的联营协议，与联营的内地律师事务所的律师合作，办理有关联营业务。

第二，在居留时间上，代表处的代表可以自行决定在内地居留的时间。

第三，在行政许可的作出机关上，港澳律师事务所驻内地代表机构的许可机关不再是司法部而是省、自治区、直辖市司法厅（局）。以此类推，代表机构的合并、分立、名称变更，增加信任代表或减少代表，都只需经过省、自治区、直辖市司法厅（局）核准，而不再需要经司法部核准。此外，撤销、吊销代表处、代表处代表的执业许可也只需由省、自治区、直辖市司法厅（局）作出，而不再由司法部作出。

第四，在司法行政机关作出行政许可的程序与期限上，省、自治区、直辖市司法厅（局）应当自收到申请文件材料之日起6个月内审查完毕并作出决定，对许可设立的代表处发给执业执照，并对其代表发给执业证书，同时办理注册手续；对不予许可的，应当书面告知其理由。

第五，在对违法情节严重的代表机构及其代表的处罚上。代表处或者代表有下列情形之一的，由省、自治区、直辖市司法厅（局）给予警告，没收违法所得；情节严重的，对代表处给予停业整顿6个月以下的处罚或者对代表给予停止执业1年以下的处罚，并处2万元以上10万元以下的罚款：同时在两个以上代表处担任或者兼任代表的；泄露当事人的商业秘密或者个人隐私的；利用法律服务的便利，收受当事人财物或者其他好处的。

（二）港澳地区律师事务所与内地律师事务所联营

根据《香港特别行政区和澳门特别行政区律师事务所与内地律师事务所联营管理办法》，港澳地区律师事务所与内地律师事务所联营，指的是由已在内地设立代表机构的香港、澳门律师事务所与其代表机构所在的省、自治区、直辖市区域内的1—3家内地律师事务所，按照协议约定的权利和义务，在内地进行联合经营，向委托人分别提供香港、澳门和内地法律服务。

1. 联营的形式及性质

香港、澳门律师事务所与内地律师事务所联营，不得采取合伙型联营和法人型联营。香港、澳门律师事务所与内地律师事务所在联营期间，双方的法律地位、名称和财务应当保持独立，各自独立承担民事责任。可见，香港、澳门律师事务所与内地律师事务所的联营，是一种契约型联营，联营双方之间是合同关系，双方依照合同进行活动，各自的法律主体地位是独立的，并不形成新的法律主体。

2. 设立联营

准备联营的各方，应当依法向管理机关申请并获批准。

（1）联营申请的条件。申请联营的香港、澳门律师事务所，应当符合下列条件：①根据香港、澳门有关法规登记设立；②在香港、澳门拥有或者租用业务场所从事实质性商业经营满3年；③独资经营者或者所有合伙人必须为香港、澳门注册执业律师；④主要业务范围应为在香港、澳门提供本地法律服务；⑤律师事务所及其独资经营者或者所有合伙人均须缴纳香港利得税、澳门所得补充税或者职业税；⑥已获准在内地设立代表机构；⑦申请联营前2年内未受过香港、澳门律师监管机构处罚。申请联营的内地律师事务所，应当符合下列条件：①成立满3年；②申请联营前2年内未受过行政处罚、行业惩戒。对于成立满1年并至少有1名设立人具有5年以上执业经历、住所地在广东省的内地律师事务所，也可以申请联营。内地律师事务所分所不得作为联营一方申请联营。

（2）提出申请。香港、澳门律师事务所与内地律师事务所申请联营，应当共同向内地律师事务所所在地的省级司法行政机关提交下列申请材料：①双方签署的联营申请书；②双方拟定的联营协议草案；③香港、澳门律师事务所获准在香港、澳门设立的有效登记证件的复印件，独资经营者或者负责人、所有合伙人名单，驻内地代表机构执业许可证的复印件及代表名单；前述有效登记证件的复印件，须经内地认可的公证人公证。④香港、澳门特别行政区政府有关部门出具的香港、澳门律师事务所符合香港、澳门法律服务提供者标准的证明书；⑤内地律师事务所执业许可证的复印件，负责人、所有合伙人或者合作人名单，地（市）级司法行政机关出具的该所符合相关规定条件的证明文件；⑥香港、澳门律师事务所驻内地代表机构与内地律师事务所不在同一省、自治区、直辖市的，由香港、澳门律师事务所驻内地代表机构所在地的省级司法行政机关出具的香港、澳门律师事务所符合规定条件的证明文件。⑦省级司法行政机关要求提交的其他材料。申请材料应当使用中文，一式三份。材料中如有使用外文的，应当附中文译文。

（3）审查与批准。省级司法行政机关应当自收到申请人联营申请材料之日起20日内作出准予或者不准联营的决定。20日内不能作出决定的，经本机关负责人批准，可以延长10日，并应当将延长期限的理由告知申请人。

对于符合规定条件的，应当准予联营，颁发联营许可证；对于不符合规定条件的，不准联营，并书面通知申请人。

对准予联营的，省级司法行政机关应当自颁发联营许可证之日起30日内，将准予联营的批件及有关材料报司法部备案。

3. 联营协议

香港、澳门律师事务所与内地律师事务所联营，应当以书面形式订立联营协议，作为规范双方联营活动、确定双方权利义务关系的基准。

联营协议应当包括下列内容：（1）联营双方各自的名称、住所地、独资经营者、合伙人姓名；（2）联营名称、标识；（3）联营期限；（4）联营业务范围；（5）共用办公场所和设备的安排；（6）共用行政、文秘等辅助人员的安排；（7）联营收费的分享及运营费用的分摊安排；（8）联营双方律师的执业保险及责任承担方式的安排；（9）联营的终止及清算；（10）违约责任；（11）争议解决；（12）双方商定的其他事项。联营协议应当依照内地法律的有关规定订立。联营协议经司法行政机关核准联营后生效。

4. 联营的行为规则

（1）联营的期限。香港、澳门律师事务所与内地律师事务所联营协议约定的联营期限不得少于1年。双方联营协议约定的联营期满，经双方协商可以续延。申请联营续延，应当依照前述规定的申请联营的程序办理。

拓展阅读

（2）联营名称与标识。香港、澳门律师事务所与内地律师事务所联营，可以使用双方商定并经核准的联营名称和联营标识。联营名称由香港或者澳门律师事务所名称与内地律师事务所名称加联营的字样组成。

（3）联营事务。香港、澳门律师事务所与内地律师事务所联营，可以共同以联营的名义，接受当事人的委托或者其他律师事务所的委托，采取合作方式办理各自获准从事律师执业业务的香港、澳门、内地以及中国以外的其他国家的法律事务。参与联营业务的香港、澳门律师，不得办理内地法律事务。联营双方受托办理法律事务，应当避免各自委托人之间的利益冲突。

（4）律师收费。香港、澳门律师事务所与内地律师事务所以联营名义合作办理法律事务的，可以统一向委托人收费，双方再依照联营协议进行分配；也可以根据联营中各自办理的法律事务，分别向委托人收费，但须事先告知委托人。

（5）联营宣传。香港、澳门律师事务所与内地律师事务所联营，可以共同进行业务宣传推广活动。但在进行业务宣传推广时，应当披露下列事实：①双方联营不是合伙型联营或者法人型联营；②联营的香港、澳门律师事务所及其律师不能从事内地法律事务；③进行宣传推广的律师须明示其所在律师事务所的名称。

（6）执业保险。联营双方及其参与联营业务的律师，应当分别依照香港、澳门和内地的有关规定，以各自的名义参加律师执业保险。

（7）联营的内部管理。香港、澳门律师事务所与内地律师事务所联营，可以共用办公场所、办公设备。有关费用分担由联营协议约定。香港、澳门律师事务所与内地律师事务所联营，可以共用行政、文秘等辅助人员。有关费用分担由联营协议约定。香港、澳门律师事务所与内地律师事务所联营，应当各自保持独立的财务制度和会计账簿。

5. 联营终止

香港、澳门律师事务所与内地律师事务所联营，有下列情形之一的，应当终止联营：（1）联营期满双方不再申请续延的；（2）联营双方按照协议的约定终止联营的；（3）联营一方不再存续或者破产的；（4）其他依法应当终止联营的情形。终止联营的，由省级司法行政机关办理注销手续。

6. 联营的法律责任及监督管理

（1）联营的民事赔偿责任。联营双方在开展联营业务中违法执业或者因过错给委托人造成损失的，双方应当依照联营协议，由过错方独自承担或者双方分担赔偿责任。

（2）联营的行政责任与刑事责任。香港、澳门律师事务所与内地律师事务所联营，有违反内地法律、法规和规章规定的行为的，由省级司法行政机关给予警告，责令限期改正；逾期不改正的，处1万元以下罚款；有违法所得的，处违法所得1倍以上3倍以下罚款，但罚款最高不得超过3万元。司法行政机关工作人员在行政管理活动中，有违反法律、法规和规章规定的行为的，依法给予行政处分。构成犯罪的，依法追究刑事责任。

（3）联营的监督管理。香港、澳门律师事务所与内地律师事务所联营，应当在每年3月31日前，共同向内地律师事务所所在地的省级司法行政机关提交联营职业许可证副本及规定年度检验材料，接受年度检验。无正当理由逾期不提交报告的，视为联营双方自行终止联营。

（三）港澳律师受聘于内地律师事务所担任法律顾问

根据《内地与香港关于建立更紧密经贸关系的安排》和《内地与澳门关于建立更紧密经贸关系的安排》，香港法律执业者、澳门执业律师可以受聘于内地律师事务所担任法律顾问（以下简称“港澳法律顾问”）。根据《香港法律执业者和澳门执业律师受聘于内地律师事务所担任法律顾问管理办法》的规定，香港法律执业者，是指具有香港永久性居民身份，依据香港有关法规在律师、大律师登记册上登记，并没有被暂时吊销执业资格的律师、大律师；澳门执业律师，是指具有澳门永久性居民身份，在澳门律师公会有效注册的执业律师。

1. 港澳法律顾问的业务范围

香港法律执业者、澳门执业律师受聘于内地律师事务所担任法律顾问，只能办理已获准从事律师执业业务的香港、澳门地区以及中国以外的其他国家的法律事务。港澳法律顾问不得办理内地法律事务。

2. 港澳法律顾问在内地执业的条件

香港法律执业者受聘于内地律师事务所担任法律顾问，应当依法申请领取香港法律顾问证。澳门执业律师受聘于内地律师事务所担任法律顾问，应当依法申请领取澳门法律顾问证。

（1）申请领取香港、澳门法律顾问证的条件。香港法律执业者、澳门执业律师具备下列条件的，可以向内地司法行政机关申请领取香港、澳门法律顾问证：①在香港或者澳门执业满2年；②未受过刑事处罚及未因违反律师职业道德、执业纪律受过处罚；③有内地律师事务所同意聘用。

内地律师事务所具备下列条件的，可以聘用香港法律执业者、澳门执业律师为本所香港、澳门法律顾问：①成立满3年；②专职律师不少于10人；③最近3年内未受过行政处罚、行业处分。另外，内地律师事务所聘用香港法律执业者、澳门执业律师的数量合计不得超过本所专职律师总数的1/5。

香港、澳门法律顾问与内地律师事务所应当依法签订聘用协议，规定双方的权利、义务及违约责任。

（2）提出申请。香港法律执业者、澳门执业律师申请领取香港、澳门法律顾问证，应当通过拟聘其担任法律顾问的内地律师事务所提交下列材料：①申请书；②申请人身份证明的复印件；③申请人的香港法律执业者、澳门执业律师执业资格证书的复印件；④申请人如有获准从事律师执业业务的外国律师资格的，须提交其律师执业资格证书的复印件；⑤申请人在香港或者澳门执业满2年的证明材料；⑥申请人所在的香港、澳门律师事务所出具的同意其受聘于内地律师事务所的证明；⑦香港、澳门律师监管机构出具的申请人未受过刑事处罚及未因违反律师职业道德、执业纪律受过处罚的证明材料；⑧内地律师事务所出具的拟聘用申请人的证明及本所符合聘用条件的证明材料。前述第②项、第③项、第④项、第⑤项所列证明材料，须经内地认可的公证人公证。

（3）审查与批准。内地律师事务所所在地的地（市）级司法行政机关应当自收到香港法律执业者、澳门执业律师申请材料之日起10日内完成审查，出具审查意见，并连同申请材料上报省级司法行政机关。省级司法行政机关应当自收到申请材料之日起20日内完成审核。对于符合相关规定条件的，准予在内地受聘担任法律顾问，并办理登记，向其颁发香港、澳门法律顾问证；对于不符合相关规定条件的，不准在内地受聘担任法律顾问，并书面通知申请人和拟聘其担任法律顾问的内地律师事务所。省级司法行政机关应当自向申请人颁发香港、澳门法律顾问证之日起30日内，将有关登记材料及审核意见报司法部备案。

3. 港澳法律顾问的执业规则

（1）香港法律执业者、澳门执业律师，只能受聘于内地一个律师事务所担任法律顾问，不得同时受聘于外国律师事务所，不得同时在香港、澳门律师事务所驻内地代表机构担任代表。

（2）港澳法律顾问在内地办理法律事务，应当由所在的内地律师事务所统一接受委托、统一收取费用，不得私自受理业务、私自收费。

（3）港澳法律顾问应当遵守国家法律、法规和规章，恪守律师职业道德和执业纪律，不得损害国家安全和社会公共利益。

4. 监督和管理

香港法律执业者、澳门执业律师受聘于内地律师事务所担任法律顾问，应当接受内地司法行政机关的监督和管理。香港、澳门法律顾问证，每年须经省级司法行政机关年度注册。未经注册的无效。

5. 港澳法律顾问的法律责任

（1）港澳法律顾问有下列行为之一的，由地（市）级司法行政机关给予警告，责令限期改正；逾期不改正的，处1万元以下罚款；有违法所得的，处违法所得1倍以上3倍以下罚款，但罚款最高不得超过3万元：①同时在内地两个以上律师事务所受聘的；②同时在香港、澳门律师事务所驻内地代表机构担任代表的；③同时在外国律师事务所受聘的；④私自受理业务或者私自向当事人收取费用的；⑤办理内地法律事务的；⑥其他违反法律、法规和规章应当给予处罚的行为。香港、澳门法律顾问违反上述规定情节严重的，内地律师事务所应当与其解除聘用关系。

（2）港澳法律顾问因违法行为或者过错给当事人造成损失的，由聘其担任法律顾问的内地律师事务所承担赔偿责任。律师事务所赔偿后，可以向负有直接责任的港澳法律顾问追偿部分或者全部赔偿费用。

港澳法律顾问应当在内地办理保险。

（四）台湾地区律师事务所、律师在大陆的法律执业活动

为了规范我国台湾地区律师事务所、律师及居民在大陆的法律执业活动，司法部于2017年公布了《司法部关于放宽扩大台湾地区律师事务所在大陆设立代表处地域范围等三项开放措施的通知》，对台湾律师事务所的代表处设立范围、与大陆律师事务所的合作方式以及台湾律师的执业活动作出了初步规定。

首先，扩大台湾律师事务所在大陆设立代表处的地域范围。将台湾律师事务所在大陆设立代表处的地域范围由现在的福建省福州市、厦门市扩大到福建全省、上海市、江苏省、浙江省、广东省。

其次，开放台湾律师事务所按规定以联营方式与大陆律师事务所开展合作。允许已在大陆设立代表机构，且该代表机构成立满3年的台湾律师事务所在其代表机构所在的上海市、江苏省、浙江省、福建省、广东省与大陆律师事务所联营。

最后，允许大陆律师事务所聘用台湾执业律师担任法律顾问。允许上海市、江苏省、浙江省、福建省、广东省的律师事务所聘用台湾执业律师担任律师事务所法律顾问，提供台湾地区法律咨询服务。

第三节　律师协会

一、律师协会概述

（一）律师协会的概念与性质

律师协会是指以律师和律师事务所为主要会员的社会团体组织。《律师法》第43条规定，律师协会是社会团体法人，是律师的自律性组织。《中华全国律师协会章程》第2条规定，中华全国律师协会是由律师、律师事务所组成的社会团体法人，是全国性的律师自律组织，依

法对律师行业实施管理。上述规定基本体现了律师协会的性质。

同时,《律师法》第45条规定，律师和律师事务所应当加入所在地的地方律师协会。加入地方律师协会的律师和律师事务所，同时是中华全国律师协会的会员。《中华全国律师协会章程》第8条也规定，本会会员分为团体会员和个人会员，依照《律师法》规定取得律师执业证书的律师，为本会个人会员，依法批准设立的律师事务所为本会团体会员。可见，我国的律师协会不是自愿参加的社会团体，除律师和律师事务所外，其他人都不得加入律师协会；同时，律师或者律师事务所必须加入律师协会。特殊情况是，根据《中华全国律师协会章程》第56条的规定，出于加强交流合作的需求，可以吸收香港法律执业者和澳门执业律师成为特邀会员。

律师协会作为律师的行业自律性组织，依法对律师行业实施管理，其领导机构由律师选举产生，向全体律师负责。律师协会接受司法行政机关的监督和指导，但不隶属于司法行政机关。律师协会接受民政部的登记管理，服从与配合国家对社会团体的统一管理。律师协会接受中国共产党全国律师行业委员会的领导，组织开展律师行业党的建设工作。律师协会坚持中国共产党的全面领导，根据中国共产党章程的规定，设立中国共产党的组织，开展党的活动，为党组织的活动提供必要条件。

（二）律师协会的宗旨

根据《中华全国律师协会章程》第3条的规定，中华全国律师协会的宗旨是：坚持以习近平新时代中国特色社会主义思想为指导，学习贯彻习近平法治思想，坚持中国共产党领导，团结带领会员高举中国特色社会主义伟大旗帜，增强政治意识、大局意识、核心意识、看齐意识，坚定中国特色社会主义道路自信、理论自信、制度自信、文化自信，坚决维护习近平总书记党中央的核心、全党的核心地位，坚决维护党中央权威和集中统一领导，坚持正确政治方向，忠实履行中国特色社会主义法治工作队伍的职责使命，加强律师队伍思想政治建设，把拥护中国共产党领导、拥护社会主义法治作为律师从业的基本要求，增强广大律师走中国特色社会主义法治道路的自觉性和坚定性，忠于宪法和法律，维护当事人合法权益，维护法律正确实施，维护社会公平和正义，依法依规诚信执业，认真履行社会责任，为深入推进全面依法治国、建设中国特色社会主义法治体系、建设社会主义法治国家，推进国家治理体系和治理能力现代化，把我国建设成为富强民主文明和谐美丽的社会主义现代化强国，实现中华民族伟大复兴的中国梦而奋斗。

中华全国律师协会遵守宪法、法律、法规和国家政策，自觉践行社会主义核心价值观，弘扬爱国主义精神，遵守社会道德风尚，自觉加强诚信自律建设。

（三）律师协会章程

律师协会章程是规范律师管理体制，规范律师协会的组织和活动，保障会员的合法权利的基本规则。根据《律师法》第44条的规定，全国律师协会章程由全国会员代表大会制定，报国务院司法行政部门备案。地方律师协会章程由地方会员代表大会制定，报同级司法行政部门备案，并且地方律师协会章程不得与全国律师协会章程相抵触。

现行《中华全国律师协会章程》是2021年年10月14日第十次全国律师代表大会修订并审议通过的。该章程于2021年11月4日经中华人民共和国民政部核准，予以印发。《中华全国律师协会章程》由全国律师代表大会修改。章程的修改，必须有全体代表的2/3以上（含本数）出席，并经出席代表的2/3以上（含本数）通过。出现下列情形时，应当修改章程：（1）章程的规定与宪法、律师法或有关法律、行政法规、规章规定相抵触的；（2）全国律师代表大会决定修改章程。《中华全国律师协会章程》由中华全国律师协会常务理事会负责解释。

二、律师协会的职责

根据《律师法》和《中华全国律师协会章程》的规定，律师协会履行下列职责：（1）加强律师行业管理，规范律师执业行为；（2）保障律师依法执业，维护律师的合法权益；（3）总结、交流律师工作经验；（4）制定行业规范和惩戒规则；（5）组织律师业务培训和职业道德、执业纪律教育，对律师的执业活动进行考核；（6）组织管理申请律师执业人员的实习活动，对实习人员进行考核；（7）对律师、律师事务所实施奖励和惩戒；（8）受理对律师的投诉或者举报，调解律师执业活动中发生的纠纷；（9）法律、行政法规和规章规定的其他职责。最后一项职责是为了弥补列举性规定的不足设置的，至于“其他职责”的具体内容，有待法律法规予以明确。

三、律师协会会员的权利和义务

中华律师协会会员分为个人会员和团体会员。

执业律师均是中华全国律师协会的个人会员，也是当地律师协会的个人会员。律师事务所为律师协会的团体会员。个人会员应当在本人执业注册所在地的省、自治区、直辖市律师协会办理会员登记手续。个人会员是中国共产党党员的，应当履行党员义务，享有党员权利，自觉接受党组织的监督，弘扬伟大建党精神。符合设立党组织条件的团体会员应当根据中国共产党章程的规定，设立党的组织，开展党的活动，加强党的建设。

根据《中华全国律师协会章程》的规定，会员的权利和义务具体包括以下内容。

（一）会员的权利

1. 个人会员的权利

具体包括：（1）享有表决权、选举权和被选举权；（2）享有依法执业保障权；（3）参加本会组织的学习和培训；（4）参加本会组织的专业研究和经验交流活动；（5）享受本会举办的福利；（6）使用律师协会的图书、资料、网络和信息资源；（7）提出立法、司法和行政执法的意见和建议；（8）对本会的工作进行监督，提出批评和建议；（9）通过本会向有关部门反映意见。

2. 团体会员的权利

具体包括：（1）参加本会举办的会议和其他活动；（2）使用本会的信息资源；（3）对本会工作进行民主监督，提出意见和建议。

（二）会员的义务

1. 个人会员的义务

具体包括：（1）遵守本会章程，执行本会决议；（2）遵守律师执业行为规范，遵守本会行业规则和准则；（3）接受本会的指导、监督和管理；（4）承担本会委托的工作；（5）承担律师协会委托的工作，履行律师协会规定的法律援助义务；（6）自觉维护律师职业声誉，维护会员间的团结；（7）按规定交纳会费。

2. 团体会员的义务

具体包括：（1）遵守本会章程；（2）遵守本会的行业规范，执行本会决议；（3）教育律师遵守律师执业行为规范；（4）组织律师参加本会的各项活动；（5）制定、完善内部规章制度；（6）为律师行使权利、履行义务提供必要条件；（7）组织和参加律师执业责任保险；（8）对实习律师加强管理；（9）对律师的执业活动进行考核；（10）按规定交纳会费；（11）承担本会委托的工作。

另外，经中华人民共和国司法部批准在中华人民共和国设立办事机构的外国律师事务所常驻律师和在内地设立办事机构的香港、澳门律师事务所的常驻律师，应当受中华全国律师协会和所在地律师协会的监督、管理。

四、律师协会的设置及其关系

根据《律师法》和《中华全国律师协会章程》的规定，全国设立中华全国律师协会，省、自治区、直辖市设立地方律师协会，设区的市根据需要可以设立地方律师协会。省、自治区、直辖市律师协会根据需要可以设立分会。下一级律师协会接受上一级律师协会的指导，地方律师协会的章程不能与全国律师协会的章程相抵触。

此外，律师协会要坚持党的领导，接受司法行政部门的监督、指导，接受民政部门的登记管理，在开展律师行业党建工作中接受中国共产党全国律师行业委员会的领导。

五、律师协会的组织机构

律师协会的组织机构由律师协会章程规定。根据《中华全国律师协会章程》的规定，律师协会的组织机构主要包括律师代表大会、理事会与常务理事会及负责人、监事会、秘书处、专门委员会、专业委员会。

（一）律师代表大会

律师代表大会是律师协会的最高权力机构。律师代表大会每4年举行一次。必要时，由律师协会常务理事会决定提前或延期举行。

1. 代表

全国律师代表大会代表由省、自治区、直辖市律师协会从个人会员中选举或推举产生。各省、自治区、直辖市律师协会中担任会长的执业律师为全国律师代表大会的当然代表。根据需要，中华全国律师协会可以邀请有关人士作为特邀代表参加全国律师代表大会。代表应当出席律师代表大会，并行使下列职权：（1）在代表大会上行使审议权、表决权、提案权、提议权、选举权和被选举权；（2）联系会员、反映会员呼声，维护会员权益；（3）章程规定的其他职权。

2. 全国律师代表大会的职权

全国律师代表大会的职权包括：（1）制定修改本会章程；（2）讨论并决定本会的工作方针和任务；（3）审议本会理事会的工作报告、财务报告和监事会工作报告；（4）选举、罢免理事、监事；（5）制定和修改会费标准；（6）决定终止事宜；（7）审议大会主席团提出的其他重大事宜。

（二）理事会与常务理事会及负责人

1. 理事会及其职权

中华全国律师协会理事会由全国律师代表大会选举产生。理事会是全国律师代表大会的常设机构，对全国律师代表大会负责。理事会任期4年。

理事会会议每年至少举行一次，理事会由会长召集和主持。情况特殊的，可采用通讯形式召开。副会长协助会长开展工作，必要时，可受会长委托召集和主持理事会。

第一，理事。中华全国律师协会理事应从具有良好的政治素质和职业道德，较高的业务水平，执业3年以上，具有奉献精神，热心律师行业公益活动的执业律师代表中选举产生。理事应当履行诚信和勤勉义务，维护本会利益，接受代表对其履行职责的监督和合理建议。

第二，理事会的职责。理事会的职责包括：（1）执行全国律师代表大会的决议；（2）选举和罢免会长、副会长、常务理事；（3）筹备召开全国律师代表大会；（4）向全国律师代表大会报告工作和财务状况；（5）在全国律师代表大会闭会期间，讨论决定重大事项；（6）增补或更换理事；（7）审议、批准常务理事会的年度工作报告和财务报告；（8）决定办事机构、分支机构、代表机构和实体机构的设立、变更和注销；（9）根据工作需要，决定聘请名誉会长和顾问；（10）其他应由理事会履行的职责。

2. 常务理事会

理事会全体会议选举会长、副会长及常务理事若干名组成常务理事会。常务理事人数不得超过理事人数的1/3。每届常务理事的更新应不少于1/3。常务理事会在理事会闭会期间主持本会工作，对理事会负责，按照理事会的决议研究、决定、部署本会的工作，行使如下六项职责：（1）执行全国律师代表大会的决议；（2）筹备召开全国律师代表大会；（3）在全国律师代表大会闭会期间，讨论决定重大事项；（4）增补或更换理事；（5）决定办事机构、分支机构、代表机构和实体机构的设立、变更和注销；（6）根据工作需要，决定聘请名誉会长和顾问。常务理事会会议一般3个月举行一次。情况特殊的，可采用通讯形式召开。

3. 会长办公会议

中华全国律师协会实行会长办公会议制度。会长办公会议由会长、副会长组成，由会长定期召集开会。会长办公会议负责督促、落实理事会、常务理事会决议和决定。

中华全国律师协会设会长1名，副会长若干名，每届任期4年。会长可以连选连任，但连任不得超过两届。副会长可以连选连任，但连任一般不超过两届。

会长、副会长应当具备下列条件：（1）拥护中国共产党领导，拥护社会主义法治，坚持党的路线、方针、政策，具有良好的政治素质；（2）执业10年以上，在业内具有较高的影响力；（3）最高任职年龄一般不超过70周岁；（4）身体健康，能坚持正常工作；（5）无法律法规规章和行业规范禁止任职的其他情形。

会长为中华全国律师协会法定代表人。因特殊情况，经会长委托、理事会同意，报业务主管单位审查并经社团登记管理机关批准后，可以由副会长担任法定代表人。法定代表人代表律师协会签署有关重要文件。律师协会法定代表人不得兼任其他团体法定代表人。

会长行使下列职权：（1）主持律师代表大会；（2）召集和主持理事会、常务理事会；（3）检查全国律师代表大会、理事会、常务理事会决议的落实情况；（4）行使理事会授予的其他职权。

副会长协助会长开展工作。必要时，可受会长委托，召集、主持理事会、常务理事会会议。

（三）监事会

监事会由全国律师代表大会选举产生。监事会是全国律师代表大会的监督机构，对全国律师代表大会负责。监事会与理事会任期相同。

1. 监事

中华全国监事应从具有良好的政治素质和职业道德，较高业务水平，执业10年以上，年龄一般不超过70周岁，坚持原则、公道正派的执业律师代表中选举产生。

中华全国律师协会的会长、副会长、常务理事、理事和财务管理人员不得兼任监事。监事应当遵守有关法律法规和本会章程，忠实、勤勉履行职责。

2. 监事会的组成

监事会设监事长1名，副监事长若干名，由监事会全体会议推选产生。监事长和副监事长可以连选连任，但连任不得超过两届。

3. 监事会的职责

监事会有如下职责：（1）监督理事会、常务理事会执行全国律师代表大会决议的情况；（2）监督理事、常务理事履行职责的情况，对严重违反本会章程或者全国律师代表大会决议的人员提出罢免建议；（3）检查本会财务报告，监督会费的收缴使用情况，监督预算执行及重大事项的财务收支情况；（4）指派监事列席理事会、常务理事会会议，并对决议事项提出质询或建议；（5）监督专门委员会、专业委员会履行职责的情况；（6）对理事、常务理事、财务管理人员损害本会利益的行为，要求其及时予以纠正；（7）全国律师代表大会授权其履行的其他监督职责。

监事会每年至少举行1次会议。监事会由监事长召集和主持，监事长因特殊原因不能履行职务的，由监事长指定的副监事长召集和主持。监事会会议须有2/3以上监事出席方能召开，其决议须经到会监事半数以上通过方为有效。

（四）秘书处、专门委员会、专业委员会

1. 秘书处

中华全国律师协会设秘书处，负责实施全国律师代表大会、理事会、常务理事会的各项决议、决定，承担中华全国律师协会日常工作。

中华全国律师协会秘书处设秘书长1人，副秘书长若干人。秘书长由常务理事会聘任，副秘书长由秘书长提名，常务理事会决定。秘书长在常务理事会的授权范围内，领导秘书处开展工作。秘书长、副秘书长列席理事会议、常务理事会议、会长办公会议。

秘书长履行下列职责：（1）主持秘书处日常工作；（2）组织实施律师代表大会、理事会、常务理事会的各项决议；（3）拟定秘书处机构设置方案；（4）制定、实施秘书处各项规章制度；（5）向常务理事会提请聘任或解聘副秘书长；（6）完成律师代表大会、理事会、常务理事会、会长交办的其他工作；（7）协调与司法行政等机关的关系。

2. 专门委员会

专门委员会是律师协会履行职责的专门工作机构。中华全国律师协会设立维护律师执业合法权益委员会、律师纪律委员会、规章制度委员会、财务委员会等。经常务理事会决定，可以设立其他专门委员会。

3. 专业委员会

律师协会可以设立若干专业委员会。各委员会设主任1人，副主任若干人，委员若干人。专业委员会的设置、调整和主任、副主任人选由常务理事会决定。

专业委员会按照专业委员会工作规则，组织开展理论研究和业务交流活动，起草律师有关业务规范。常务理事会可以聘请专家、学者和有关领导担任专业委员会的顾问。

六、律师协会的经费

（一）经费来源

律师协会经费来源包括：（1）会费；（2）财政拨款；（3）社会捐赠；（4）其他合法收入。

（二）会费

1. 会费的收缴及其标准

会员必须履行交纳会费的义务。各省、自治区、直辖市律师协会向本地区会员收缴会费，中华全国律师协会向各省、自治区、直辖市律师协会收缴会费。各省、自治区、直辖市律师协会向中华全国律师协会交纳会费的数额，由中华全国律师协会理事会根据国家规定的标准和各地律师人数、业务发展状况、业务总收入等确定。地方律师协会确定的会费标准，应报中华全国律师协会备案。地方律师协会负责为上一级律师协会收缴当地律师会费。

会费按年度收缴，会员必须于每年年度考核前交纳会费。各省、自治区、直辖市律师协会应于每年6月30日前向中华全国律师协会交纳会费。对截留、拖欠律师协会会费的下级律师协会及其会员可给予通报批评的处罚。

2. 会费的管理

各级律师协会应加强对会费的收缴和管理，制定会费的预、决算计划，单独建立会费收支账目，每年将会费收支情况提交会计师事务所审计，并将审计结果向理事会报告，接受会员的监督。

3. 会费的用途

会费应主要用于以下用途：（1）工作和业务研讨会议支出；（2）本会执行机构的各项支出；（3）开展律师国内和国际交流活动；（4）进行律师舆论宣传；（5）律师专门委员会、专业委员会活动的开展；（6）维护律师合法权益、奖惩会员；（7）为会员提供学习资料和培训；（8）对特殊困难会员给予补助；（9）会员福利事业；（10）党的建设工作；（11）经常务理事会通过的其他必要支出。

会费收支具体管理办法由中华全国律师协会制定，报有关部门备案。中华全国律师协会建立严格的财务管理制度，保证会计资料合法、真实、准确、完整。中华全国律师协会换届或者更换法定代表人之前必须进行财务审计，经费必须用于章程规定的业务范围和事业的发展，不得在会员中分配。中华全国律师协会终止后的剩余财产，在业务主管单位和社团登记管理机关的监督下，按照国家有关规定，用于发展与中华全国律师协会宗旨相关的事业。

复习思考题

1. 简述律师事务所的类型。
2. 设立律师事务所的条件是什么？
3. 律师事务所有什么权利和义务？
4. 什么是律师协会？

▶ 即测即评

第四章　律师的管理与约束

依法对律师实施管理，完善对律师执业活动的监督和制约，确立对律师的有效约束，是保障律师合法执业的重要途径，也是实现律师制度根本目的与任务不可或缺的手段。

第一节　律师的管理

一、律师的管理机制概述

我国的律师管理机制有一个发展过程。“文化大革命”之后，我国律师制度进入初步恢复阶段，当时的律师执业机构称法律顾问处，律师与检察人员、审判人员等都是国家法律工作者，属于“国家干部”。例如，1982年实行的《律师暂行条例》规定，法律顾问处是事业单位，受国家司法行政机关的组织领导和业务监督。在这一较长的时间里，对律师人员的调配、考核、奖惩、思想教育、专业培训，以及律师资格的授予、律师机构的设置等一系列组织建设和行政管理工作，都由各级司法行政机关负责。国家承担了对律师的具体管理工作。

随着改革开放的不断深入和社会主义市场经济的建立，这种管理体制的弊端日益突出，与律师的性质存在巨大矛盾，也与国际上对律师管理的通行做法不符，律师业务的发展受到严重制约。为此，司法部对律师管理体制逐步进行了改革，建立了司法行政机关的行政管理与律师协会的行业管理相结合的管理体制，司法行政机关从对律师工作的微观管理转变为主要进行宏观管理，即制定律师行业发展规划；起草和制定有关律师工作的法律法规和有关规章制度；审批决定律师资格的授予和撤销，审批决定律师机构的设立和注销；对律师协会活动的合法性实行监督；等等。

2007年修订《律师法》时，对有关律师管理的问题作了不少新规定。根据该法的规定，律师应当在一个律师事务所执业，律师事务所可以根据法律规定和律师事务所的章程，对律师的执业活动进行必要的管理；律师协会是律师的行业自律组织；司法行政机关依法对律师、律师事务所和律师协会进行监督、指导。可见，律师事务所、律师协会和司法行政机关都在一定范围内对律师的执业活动起到管理作用。

如前所述，律师事务所对律师执业的管理，主要体现在对律师的培训、统一收案和收取费用、督促律师依法执业、案卷管理等方面，律师事务所的这种管理有具体性和积极性的特点，但是由于其并不具有对违法执业律师的惩戒权，它的管理法律效力不强。所以，律师管理机制的重点应当是具备法律效力的律师协会与司法行政机关的管理。

2017年修正《律师法》时，在2007年《律师法》制度框架基础上，进行了部分内容的删减和增加。此外，司法部2016年修订的《律师执业管理办法》进一步细化了我国的律师管理制度。通过对比发现，我国现行律师管理制度有如下突出特点：首先，强调党的领导与拥护社会主义法治在律师从业过程中的引导作用。司法行政机关、律师协会应当通过建立健全律师表彰制度，对促进经济社会发展和国家法治建设的律师进行表彰奖励。其次，进一步细化了司法行政机关、律师协会和其他司法机关对律师的管理，包括建立律师事务所信息管理系统，以及其他有关部门对律师的违法违规行为提出建议后，司法行政机关、律师协会应当自作出处理决定之日起7日内通报建议机关。

二、司法行政机关对律师的管理

（一）司法行政机关职能部门设置

司法部和司法厅、局（处）是我国司法行政机关，它是各级政府的职能机构之一，主管律师、公证、人民调解、监狱等方面的工作。对律师工作实行行政管理是其重要职能之一。

各级司法行政机关都设有专门机构对律师工作进行监督管理：司法部设律师公证工作指导管理司；省、自治区、直辖市司法厅（局）设律师管理处；地、市司法局（处）和县、区司法局设律师管理科。这就从组织上保证了对律师管理的顺利进行。

（二）司法行政机关的管理职责

依据《律师法》和《律师执业管理办法》等有关法律法规的规定，司法行政机关对律师工作实行宏观管理，具有监督与指导的职责。

1. 县级司法行政机关的监督管理职责

县级人民政府司法行政部门对律师和律师事务所的执业活动实施日常监督管理，对检查发现的问题，责令改正；对当事人的投诉，应当及时进行调查。县级人民政府司法行政部门认为律师和律师事务所的违法行为应当给予行政处罚的，应当向上级司法行政部门提出处罚建议。

具体来说，县级司法行政机关履行下列监督管理职责：（1）检查、监督律师在执业活动中遵守法律、法规、规章和职业道德、执业纪律的情况；（2）受理对律师的举报和投诉；（3）监督律师履行行政处罚和实行整改的情况；（4）掌握律师事务所对律师执业年度考核的情况；（5）司法部和省、自治区、直辖市司法行政机关规定的其他职责。此外，县级司法行政机关发现、查实律师在执业活动中存在问题，认为需要给予行业惩戒的，移送律师协会处理。

2. 设区的市级司法行政机关的监督管理职责

设区的市级司法行政机关履行下列监督管理职责：（1）掌握本行政区域律师队伍建设和发展情况，制定加强律师队伍建设的措施和办法；（2）指导、监督下一级司法行政机关对律师执业的日常监督管理工作，组织开展对律师执业的专项检查或者专项考核工作，指导对律师重大投诉案件的查处工作；（3）对律师进行表彰；（4）依法定职权对律师的违法行为实施行政处罚，对依法应当给予吊销律师执业证书处罚的，向上一级司法行政机关提出处罚建议；（5）对律师事务所的律师执业年度考核结果实行备案监督；（6）受理、审查律师执业、变更执业机构、执业证书注销申请事项；（7）建立律师执业档案，负责有关律师执业许可、变更、注销等信息的公开工作；（8）法律、法规、规章规定的其他职责。直辖市的区（县）司法行政机关也负有前述有关职责。

3. 省、自治区、直辖市司法行政机关的监督管理职责

省、自治区、直辖市司法行政机关履行下列监督管理职责：（1）掌握、评估本行政区域律师队伍建设情况和总体执业水平，制定律师队伍的发展规划和有关政策，制定加强律师执业管理的规范性文件；（2）监督、指导下级司法行政机关对律师执业的监督管理工作，组织、指导对律师执业的专项检查或者专项考核工作；（3）组织对律师的表彰活动；（4）依法对律师的严重违法行为实施吊销律师执业证书的处罚，监督、指导下一级司法行政机关的行政处罚工作，办理有关行政复议和申诉案件；（5）办理律师执业核准、变更执业机构核准和执业证书注销事项；（6）负责有关本行政区域律师队伍、执业情况、管理事务等重大信息的公开工作；（7）法律、法规、规章规定的其他职责。

4. 司法行政机关履行职责应当遵循的原则

司法行政机关履行对于律师的监督管理职责，应当依法进行。具体来说，应当遵循下述原则：各级司法行政机关及其工作人员对律师执业实施监督管理，不得妨碍律师依法执业，不得侵害律师的合法权益，不得索取或者收受律师的财物，不得谋取其他利益。

对于司法行政部门工作人员违反法律规定，在律师管理中，滥用职权、玩忽职守，构成犯罪的，依法追究刑事责任；尚不构成犯罪的，依法给予行政处分。

（三）司法行政机关引导与促进律师积极参与国家法治建设

根据《律师执业管理办法》的规定，律师应当把拥护中国共产党领导、拥护社会主义法治作为从业的基本要求。司法行政机关作为律师行政管理的主体，应当引导与促进律师积极参与国家法治建设。司法行政机关应当建立健全律师表彰奖励制度，根据有关规定设立综合性和单项表彰项目，对为维护人民群众合法权益、促进经济社会发展和国家法治建设作出突出贡献的律师进行表彰奖励。

（四）司法行政机关对律师的间接管理

司法行政机关除了对律师可以实施直接的监督管理行为外，还可以进行间接管理，其间接管理是通过对律师事务所的监督管理以及对律师协会的监督与指导实现的，因为这二者都

对律师有一定范围内的监督管理权。

根据《律师执业管理办法》，司法行政机关应当加强对律师协会的指导、监督，支持律师协会对律师执业活动实行行业自律。同时，司法行政机关还应当建立律师和律师事务所信息管理系统，按照有关规定向社会公开律师基本信息和年度考核结果、奖惩情况。

（五）司法行政机关与其他有关部门的协作监督

司法行政机关应当及时听取其他有关部门对律师违法违规行为的监督意见，并及时予以处理和答复。人民法院、人民检察院、公安机关、国家安全机关或者其他有关部门对律师的违法违规行为向司法行政机关提出予以处罚、处分建议的，司法行政机关应当自作出处理决定之日起7日内通报建议机关。

三、律师协会对律师的管理

律师协会是律师的自律组织，应当承担对律师执业活动进行具体管理的主要职能。律师协会对律师的管理主要是通过履行前述律师协会的职责，督促会员依法履行义务，保障律师执业合法实施的，如会员的登记注册、组织会员的活动、向会员收取会费等。同时，《律师法》规定律师协会有权对律师实施奖励和惩戒，这是律师协会对律师进行管理的具体体现。

律师协会可以对模范履行会员义务并在律师事业发展中有突出贡献的会员予以奖励，对违反法律和律师行业规范的会员给予处分，可以调解会员间的纠纷、会员与当事人的纠纷。《中华全国律师协会章程》第34—40条对此作了具体规定。此外，根据《律师法》与《律师执业管理办法》的规定，律师协会还应当引导与促进律师积极参与国家法治建设，以及听取其他有关部门对律师违法违规行为的监督意见，并及时予以处理和答复。

（一）奖励和处分

律师协会可以对团体会员、个人会员进行奖励和处分。

1. 奖励

会员有下列情形之一的，由律师协会给予奖励：（1）在民主与法治建设中作出突出贡献的；（2）在维护国家和人民利益方面作出重大贡献的；（3）推进律师行业党建工作成绩突出的；（4）成功办理在全国或本地区有重大影响的案件，成绩显著的；（5）对完善立法和司法工作起到推动作用，为律师事业的改革发展作出突出贡献的；（6）其他应予奖励的情形。

2. 处分

会员有下列行为之一的，由地方律师协会给予行业纪律处分：（1）违反律师法和其他法律法规规定的；（2）违反《中华全国律师协会章程》和律师行业规范的；（3）严重违反社会公共道德，损害律师职业形象和信誉的；（4）违反律师职业道德和执业纪律的；（5）其他应受处分的违纪行为。

对于会员的违法违纪行为，律师协会有权建议有处罚权的行政部门给予行政处罚；个人会员是中国共产党党员的，或者团体会员设立党的组织的，律师协会应当建议其所属党组织依纪依规处理。律师协会作出处分决定前，应认真听取当事人的申辩。作出中止会员权利、取消会员资格的处分决定前，当事人有要求听证的权利。当事人要求听证的，律师协会应当组织听证。会员因违法违纪受到司法行政部门停止执业处罚的，在停止执业期间，不享有本会的选举权、被选举权等会员权利。

（二）纠纷调解

律师协会可以调解会员间的纠纷、会员与当事人的纠纷。律师协会的这种调解是一种民间形式的调解，不具有强制性的法律效力，也不是当事人起诉或者仲裁解决纠纷的必经程序。

律师协会调解纠纷时应当贯彻自愿与合法的原则，不得违背当事人的意志强迫进行调解。调解结果也应当基于当事人的自愿，并不得违背法律的禁止性规定，或者违背社会公共利益。

（三）引导与促进律师积极参与国家法治建设

作为律师行业管理的主体，律师协会与司法行政机关一样，应当引导与促进律师积极参与国家法治建设。律师协会应当建立健全律师表彰奖励制度，根据有关规定设立综合性和单项表彰项目，对为维护人民群众合法权益、促进经济社会发展和国家法治建设作出突出贡献的律师进行表彰奖励。

（四）司法行政机关与其他有关部门的协作监督

律师协会应当及时听取其他有关部门对律师违法违规行为的监督意见，并及时予以处理和答复。人民法院、人民检察院、公安机关、国家安全机关或者其他有关部门对律师的违法违规行为向律师协会提出予以处罚、处分建议的，律师协会应当自作出处理决定之日起7日内通报建议机关。

第二节　律师职业道德

一、律师职业道德的概念和特点

律师职业道德，是指律师在执行职务、履行职责时所应恪守的道德准则。律师的职业道德，是与律师职业的本质和律师对社会所承担的特殊责任相联系的。律师进行执业活动具有高度的专业性与自主性。律师执业不是行使国家权力，而是在当事人的委托或授权下，依据事实和法律为当事人提供法律上的帮助。律师为当事人提供法律上的帮助是依法执行职务，并不依附于任何机关或个人。律师的任务是维护法律正确实施和保障公民合法权益。这都要求律师必须具有高尚的品德，良好的素养。律师职业道德具有以下特点：

（一）职业性

律师职业道德不同于一般的道德规范，也不同于其他职业道德，是体现了律师本质属性和律师职业特点的职业道德，只为律师这个职业群体所遵守。

（二）拘束性

律师职业道德是由中华全国律师协会发布的，对于作为其会员的律师具有一定的规范效力。《律师职业道德和执业纪律规范》第45条规定，对于违反该规范的律师、律师事务所，由律师协会依照会员处分办法给予处分，情节严重的，由司法行政机关予以处罚。律师违反职业道德的，将首先受到行业内的谴责和制裁。另外，律师执行职务还受到社会公众的监督，律师违反职业道德，也会得到社会的负面评价。

（三）广泛性

律师职业道德的内容非常广泛，涉及律师执行职务的各个方面，也涉及律师执行职务时产生的各种社会关系。律师职业道德在具体表述上也比较抽象，使其不仅适用事项范围广泛，也可以适用于较长的时期，便于其随着时代的进步作出解释。

二、律师职业道德的主要内容

《律师职业道德和执业纪律规范》第4—12条集中规定了律师职业道德基本准则，主要如下：（1）律师应当忠于宪法和法律，坚持以事实为根据，以法律为准绳，严格依法执业。（2）律师应当忠于职守，坚持原则，维护国家法律与社会正义。（3）律师应当诚实守信，勤勉尽责，尽职尽责地维护委托人的合法利益。（4）律师应当敬业勤业，努力钻研业务，掌握执业所应具备的法律知识和服务技能，不断提高执业水平。（5）律师应当珍视和维护律师职业声誉，模范遵守社会公德，注重陶冶品行和职业道德修养。（6）律师应当严守国家机密，保守委托人的商业秘密及委托人的隐私。（7）律师应当尊重同行，同业互助，公平竞争，共同提高执业水平。（8）律师应当自觉履行法律援助义务，为受援人提供法律帮助。（9）律师应当遵守律师协会章程，切实履行会员义务。（10）律师应当积极参加社会公益活动。

律师职业道德的上述内容虽然较为抽象，但包含有具体内容，有的还体现在相应的法律规范之中，成为律师的法定义务。律师执行职务、进行执业活动时恪守律师职业道德，对于保障律师执业活动的合法与妥当，提高律师的职业素质和服务水平，规范律师的执业行为，保障当事人的合法权利，都具有十分重要的意义。

第三节 律师执业纪律

一、律师执业纪律的概念与分类

律师执业纪律，是指律师在执业活动中必须遵守的行为准则。律师执业纪律相比律师职业道德而言更为具化，成为律师执业中必须遵守的具体行为准则。

根据规定，律师在执业活动中违背执业纪律，将受到律师协会给予的相应处分，情节严重的还将受到司法行政机关的行政处罚。由于律师协会是法定的律师自律组织，具有行业专门性的特点，体现了律师行业的自治，所以律师执业纪律不同于一般的纪律规范，对于律师而言这些纪律规范就是律师的“法律”，对其具有规范效力，遵守执业纪律是律师的义务。此外，《律师职业道德和执业纪律规范》规定，实习律师、律师助理参照本规范执行。也就是说，即将成为律师的实习律师，以及律师事务所聘任的律师助理，在协助律师进行执业活动时，也应当遵守律师执业纪律。

《律师职业道德和执业纪律规范》第13—44条对律师执业纪律作出了具体规定。该规范按照律师执业所处的社会关系范畴，并结合律师业务的不同特点，把律师执业纪律分为如下四种类型：律师在执业机构中的纪律，律师在诉讼、仲裁活动中的纪律，律师与委托人、对方当事人的纪律，律师与同行之间的纪律。

二、律师执业纪律的内容

（一）律师在执业机构中的纪律

具体包括：（1）律师事务所是律师的执业机构，律师的执业活动必须接受律师事务所的监督和管理。（2）律师不得同时在两个或两个以上律师事务所执业。同时在一个律师事务所和一个法律服务所执业的视同在两个律师事务所执业。（3）律师不得以个人名义私自接受委托，不得私自收取费用。（4）律师不得违反律师事务所收费制度和财务纪律，挪用、私分、侵占业务收费。（5）律师因执业过错给律师事务所造成损失的，应当承担相应责任。

（二）律师在诉讼、仲裁活动中的纪律

拓展阅读

具体包括：（1）律师应当遵守法庭和仲裁庭纪律，尊重法官、仲裁员，按时提交法律文件、按时出庭。（2）律师出庭时按规定着装，举止文明礼貌，不得使用侮辱、谩骂或诽谤性语言。（3）律师不得以影响案件的审理和裁决为目的，与本案审判人员、检察人员、仲裁员在非办公场所接触，不得向上述人员馈赠钱物，也不得以许诺、回报或提供其他便利等方式与承办案件的执法人员进行交易。（4）律师不得向委托人宣传自己与有管辖权的执法人员

及有关人员有亲朋关系，不能利用这种关系招揽业务。（5）律师应依法取证，不得伪造证据，不得怂恿委托人伪造证据、提供虚假证词，不得暗示、诱导、威胁他人提供虚假证据。（6）律师不得携带犯罪嫌疑人、被告人的亲属或者其他人会见在押犯罪嫌疑人、被告人，或者借职务之便违反规定为被告人传递信件、钱物或与案情有关的信息。

（三）律师与委托人、对方当事人的纪律

具体包括：（1）律师应当充分运用自己的专业知识和技能，尽心尽职地根据法律的规定完成委托事项，最大限度地维护委托人的合法利益。（2）律师不应接受自己不能办理的法律事务。（3）律师应当遵循诚实守信的原则，客观地告知委托人所委托事项可能出现的法律风险，不得故意对可能出现的风险做不恰当的表述或做虚假承诺。（4）为维护委托人的合法权益，律师有权根据法律的要求和道德的标准，选择完成或实现委托目的的方法。对委托人拟委托的事项或者要求属于法律或律师执业规范所禁止的，律师应告知委托人，并提出修改建议或予以拒绝。（5）律师不得在同一案件中为双方当事人担任代理人。同一律师事务所不得代理诉讼案件的双方当事人，偏远地区只有一家律师事务所的除外。（6）律师应当合理开支办案费用，注意节约。（7）律师应当严格按照法律规定的期限、时效以及与委托人约定的时间，及时办理委托的事务。（8）律师应及时告知委托人有关代理工作的情况，对委托人了解委托事项情况的正当要求，应当尽快给予答复。（9）律师应当在委托授权范围内从事代理活动，如需特别授权，应当事先取得委托人的书面确认。律师不得超越委托人委托的代理权限，不得利用委托关系从事与委托代理的法律事务无关的活动。（10）律师接受委托后无正当理由不得拒绝为委托人代理。（11）律师接受委托后未经委托人同意，不得擅自转委托他人代理。（12）律师应当谨慎保管委托人提供的证据和其他法律文件，保证其不丢失或毁损。律师不得挪用或者侵占代委托人保管的财物。（13）律师不得从对方当事人处接受利益或向其要求或约定利益。（14）律师不得与对方当事人或第三人恶意串通，侵害委托人的权益。（15）律师不得非法阻止和干预对方当事人及其代理人进行的活动。（16）律师对与委托事项有关的保密信息，委托代理关系结束后仍有保密义务。（17）律师应当恪守独立履行职责的原则，不因迎合委托人或满足委托人的不当要求，丧失客观、公正的立场，不得协助委托人实施非法的或具有欺诈性的行为。

拓展阅读

（四）律师与同行之间的纪律

具体包括：（1）律师应当遵守行业竞争规范，公平竞争，自觉维护执业秩序，维护律师行业的荣誉和社会形象。（2）律师应当尊重同行，相互学习，相互帮助，共同提高执业水平，不应诋毁、损害其他律师的威信和声誉。（3）律师、律师事务所可以通过以下方式介绍自己的业务领域和专业特长：可以通过文字作品、研讨会、简介等方式以普及法律，宣传自己的专业领域，推荐自己的专业特长；提倡、鼓励律师、律师事务所参加社会公益活动。（4）律师不得以下列方式进行不正当竞争：不得以贬低同行的专业能力和水平等方式，招揽业务；不得以提供或承诺提供回扣等方式承揽业务；不得利用新闻媒介或其他手段向其提供虚假信息或夸大自己的专业能力；不得在名片上印有各种学术、学历、非律师业职称、社会职务以及所获荣誉等；不得以明显低于同业的收费水平竞争某项法律事务。

第四节　律师的法律责任

一、律师法律责任的概念和分类

律师的法律责任，是指律师或律师事务所在执行职务过程中，因违反法律规定、律师职业道德或者律师执业纪律，所应承担的不利法律后果。

律师的法律责任，按照承担责任的主体不同，可以分为律师的法律责任和律师事务所的法律责任。按照责任性质的不同，可以分为律师的民事法律责任、律师的行政法律责任和律师的刑事法律责任。不同性质的法律责任对应不同的违法行为或者不同的违法程度。

二、律师的民事法律责任

（一）律师民事法律责任的含义、性质与意义

1. 律师民事法律责任的含义

律师的民事法律责任，是指律师在执业过程中，因违法执行职务或者因自己的过错使当事人的合法权益受到侵犯的，对当事人应当承担的民事上的不利法律后果。此外，律师因超越代理权限或者没有代理权限为当事人代理事务，而侵犯了第三人的合法权益的，应当向该第三人承担民事法律责任。这是律师民事法律责任的特殊情形。

根据《民法典》第179条的规定，承担民事法律责任的方式主要有：停止侵害；排除妨碍；消除危险；返还财产；恢复原状；修理、重作、更换；继续履行；赔偿损失；支付违约金；消除影响、恢复名誉；赔礼道歉。理论上，这些承担民事法律责任的方式在律师的民事法律责任中都可能出现。不过，根据《律师法》的规定和律师执业实践，律师承担民事法律责任的主要方式是赔偿损失，另外返还财产、支付违约金、赔礼道歉也常出现。

2. 律师民事法律责任的法律性质

律师的民事法律责任在法律性质上可能有两种形态：一种是违约责任，即违反与当事人之间的合同而给当事人带来损害的；另一种是侵权责任，即律师违法侵犯当事人合法权利的。在特殊情况下，这两种责任可以发生竞合。当然，也有观点认为，律师本来就是谙熟法律知识的专业人员，应当加重其义务负担，律师的民事法律责任应当属于加重其注意义务的专家型责任。不过，由于律师收费在根本上并不按照等价原则进行，其所收费用常常远低于

其代理事务所产生的经济价值，规定律师加重注意义务的专家型责任是不公平的，也会损害律师职业的健康发展。

3. 规定律师民事法律责任的意义

规定律师的民事法律责任，可以促使律师恪尽职守、依法执业。同时，律师接受当事人的委托进行执业活动，他们之间的关系是一种委托代理的合同关系，规定律师的民事法律责任，可以促使律师依法履行自己的义务，保障当事人的合法权益。

（二）律师承担民事法律责任的条件

律师承担民事法律责任，既是民法规范的对象，也是律师法规范的对象。所以，律师承担民事法律责任，既要符合民法的规定，也要符合律师法的规定。具体来说，律师承担民事法律责任需要满足以下条件：

（1）律师违反与当事人之间的代理合同，没有履行法定义务或者约定的义务，或者其行为侵犯了当事人的合法权益。（2）当事人因律师的违约行为或者侵权行为受到了损害。（3）律师的违约行为或者侵权行为是在其执行律师职务的过程中发生的，或者与执业活动有关；非因执业活动给他人造成损失需要承担责任的，是普通类型的民事法律责任，不是律师民事法律责任。（4）律师的行为具有违法性，这种违法性既可能表现为律师违背法律规定，也可能表现为律师违背职业道德或者执业纪律规范。如果律师的行为系合法的正当执业，不违反法律规定，不违反律师职业规范，也不违反委托合同或代理授权，那么即使当事人受到损害，也不能由律师来承担民事法律责任。（5）不存在法定的免责事由。律师的执业环境复杂多样，这就使律师执业可能遭遇各种风险，当事人也可能因此遭受各种损害。因此，应当公平合理地确定他们之间的风险分担。这种免责事由可能是律师没有过错，或者是发生了不可抗力，或者是出于当事人自己的过错，具体情形需要结合具体的民事法律责任情况，根据法律来确定。

（三）承担民事法律责任的主体

律师违法执业或者因过错给当事人造成损失的，由其所在的律师事务所承担赔偿责任。律师事务所赔偿后，可以向有故意或者重大过失行为的律师追偿。律师和律师事务所不得免除或者限制因违法执业或者因过错给当事人造成损失所应当承担的民事法律责任。

据此，律师出现违法执业或者因过错给当事人造成损失时，对外承担赔偿责任的主体是律师事务所。因为一方面，与当事人签订委托协议的是律师事务所，按照国家规定的律师业务收费标准收取费用的也是律师事务所；另一方面，作为个体的律师往往履行责任的能力较律师事务所更小，当发生造成损失的事实时，规定当事人向律师事务所要求赔偿，更有利于保护当事人的合法权益。律师事务所赔偿后，可以向有故意或者重大过失行为的律师追偿，这是律师事务所与律师内部之间的权利义务关系。

（四）律师应当承担民事法律责任的行为

根据《律师法》的规定，律师应当承担民事法律责任的行为包括两类：律师违法执业给当事人造成损失的行为；律师因过错给当事人造成损失的行为。

律师违法执业行为主要是指律师违反法律规定、律师职业道德或者执业纪律的行为。律师的过错行为千差万别，通常可概括如下：（1）因超越委托权限给当事人造成损失的；（2）遗失重要证据导致无法举证或证据失效的；（3）泄露国家机密、当事人商业秘密或个人隐私的；（4）出具错误的法律意见书的；（5）应当收集的证据，由于律师的原因没有及时收集，致使证据湮灭的；（6）由于律师的原因使当事人超过诉讼时效的；（7）律师玩忽职守，草率处理案件的。

三、律师的行政法律责任

（一）律师行政法律责任的含义

律师的行政法律责任，是指对于律师或律师事务所违反法律和有关律师管理的法规、规章以及职业规范的行为，所给予的行政制裁、行政处分等行政法上的不利后果。广义上，律师或者律师事务所的纪律责任，即律师协会所给予的纪律处分，也属于行政法律责任的一种。不过，本书这里探讨的只是典型行政法律责任。

（二）律师承担行政法律责任的方式与程序

目前，根据《律师法》和其他有关法律法规的规定，律师承担行政法律责任的方式主要是给予违法的律师或者律师事务所行政处罚。

1. 行政处罚的方式

根据《律师和律师事务所违法行为处罚办法》第34条的规定，司法行政机关对律师、律师事务所的违法行为实施行政处罚，应当根据《行政处罚法》《律师法》和司法部关于行政处罚程序的规定以及本办法的规定进行。

根据《律师和律师事务所违法行为处罚办法》第31条的规定，对律师违法执业行为给予的行政处罚种类主要有：（1）警告；（2）罚款；（3）没收违法所得；（4）停止执业；（5）吊销执业证书。对律师事务所违法执业行为给予的行政处罚种类主要有：（1）警告；（2）罚款；（3）没收违法所得；（4）停业整顿；（5）吊销执业许可证书。

具体来说，针对律师和律师事务所的违法行为，选择哪一种行政处罚方式由司法行政机关依照《律师法》和《律师和律师事务所违法行为处罚办法》的有关规定，根据律师、律师事务所违法行为的事实、性质、情节以及危害程度，在法定的处罚种类及幅度的范围内进行裁量，作出具体处罚决定。对律师给予警告、停止执业、吊销律师执业证书的处罚，对律师事务所给予警告、停业整顿、吊销律师事务所执业许可证书的处罚，可以酌情并处罚款；有违法所得的，没收违法所得。

2. 决定处罚的机关

司法行政机关对律师的违法行为给予警告、罚款、没收违法所得、停止执业处罚的，由律师执业机构所在地的设区的市级或者直辖市区（县）司法行政机关实施；给予吊销执业证书处罚的，由许可该律师执业的省、自治区、直辖市司法行政机关实施。

司法行政机关对律师事务所的违法行为给予警告、罚款、没收违法所得、停业整顿处罚的，由律师事务所所在地的设区的市级或者直辖市区（县）司法行政机关实施；给予吊销执业许可证书处罚的，由许可该律师事务所设立的省、自治区、直辖市司法行政机关实施。

3. 违法行为的调查

司法行政机关实施行政处罚，应当对律师、律师事务所违法行为的事实、证据进行全面、客观、公正地调查、核实，必要时可以依法进行检查。

调查违法行为，可以要求被调查的律师、律师事务所说明情况、提交有关材料；可以调阅律师事务所有关业务案卷和档案材料；可以向有关单位、个人调查核实情况、收集证据；对可能灭失或者以后难以取得的证据，可以先行登记保存。

司法行政机关可以委托下一级司法行政机关或者违法行为发生地的司法行政机关进行调查，也可以委托律师协会协助进行调查。

4. 行政处罚的救济

律师、律师事务所对司法行政机关给予的行政处罚，享有陈述权、申辩权、要求听证权；对行政处罚决定不服的，有权依法申请行政复议或者提起行政诉讼；因司法行政机关违法给予行政处罚受到损害的，有权依法提出赔偿要求。

被处罚人对司法行政部门作出的行政处罚决定不服的，可以自收到决定之日起60日内向上一级司法行政部门申请复议，对复议决定不服的，可以自收到复议决定之日起15日内向人民法院提起诉讼，也可以直接向人民法院提起诉讼。

5. 行政处罚的执行

受到罚款处罚，不申请行政复议或者提起行政诉讼，又不履行处罚决定的，作出处罚决定的司法行政部门可以申请人民法院强制执行。

（三）律师承担行政法律责任的情形

《律师法》和相关行政法规对律师违反律师法律、法规、规章的行为及其处罚作了明确规定，具体情形如下：

《律师法》第47条规定，律师有下列行为之一的，由设区的市级或者直辖市的区人民政府司法行政部门给予警告，可以处5000元以下的罚款；有违法所得的，没收违法所得；情节严重的，给予停止执业3个月以下的处罚：（1）同时在两个以上律师事务所执业的；（2）以不正当手段承揽业务的；（3）在同一案件中为双方当事人担任代理人，或者代理与本人及其近亲属有利益冲突的法律事务的；（4）从人民法院、人民检察院离任后2年内担任诉讼代理人或者辩护人的；（5）拒绝履行法律援助义务的。

《律师法》第48条规定，律师有下列行为之一的，由设区的市级或者直辖市的区人民政府司法行政部门给予警告，可以处1万元以下的罚款；有违法所得的，没收违法所得；情节严重的，给予停止执业3个月以上6个月以下的处罚：（1）私自接受委托、收取费用，接受委托人财物或者其他利益的；（2）接受委托后，无正当理由，拒绝辩护或者代理，不按时出庭参加诉讼或者仲裁的；（3）利用提供法律服务的便利牟取当事人争议的权益的；（4）泄露商业秘密或者个人隐私的。

《律师法》第49条规定，律师有下列行为之一的，由设区的市级或者直辖市的区人民政府司法行政部门给予停止执业6个月以上1年以下的处罚，可以处5万元以下的罚款；有违法所得的，没收违法所得；情节严重的，由省、自治区、直辖市人民政府司法行政部门吊销其律师执业证书：（1）违反规定会见法官、检察官、仲裁员以及其他有关工作人员，或者以其他不正当方式影响依法办理案件的；（2）向法官、检察官、仲裁员以及其他有关工作人员行贿，介绍贿赂或者指使、诱导当事人行贿的；（3）向司法行政部门提供虚假材料或者有其他弄虚作假行为的；（4）故意提供虚假证据或者威胁、利诱他人提供虚假证据，妨碍对方当事人合法取得证据的；（5）接受对方当事人财物或者其他利益，与对方当事人或者第三人恶意串通，侵害委托人权益的；（6）扰乱法庭、仲裁庭秩序，干扰诉讼、仲裁活动的正常进行的；（7）煽动、教唆当事人采取扰乱公共秩序、危害公共安全等非法手段解决争议的；（8）发表危害国家安全、恶意诽谤他人、严重扰乱法庭秩序的言论的；（9）泄露国家秘密的。

律师因故意犯罪受到刑事处罚的，由省、自治区、直辖市人民政府司法行政部门吊销其律师执业证书。

（四）律师事务所承担行政法律责任的情形

根据《律师法》第50条的规定，律师事务所有下列行为之一的，由设区的市级或者直辖市的区人民政府司法行政部门视其情节给予警告、停业整顿1个月以上6个月以下的处罚，可以处10万元以下的罚款；有违法所得的，没收违法所得；情节特别严重的，由省、自治区、直辖市人民政府司法行政部门吊销律师事务所执业证书：（1）违反规定接受委托、收取费用的；（2）违反法定程序办理变更名称、负责人、章程、合伙协议、住所、合伙人等重大事项的；（3）从事法律服务以外的经营活动的；（4）以诋毁其他律师事务所、律师或者支付介绍费等不正当手段承揽业务的；（5）违反规定接受有利益冲突的案件的；（6）拒绝履行法律援助义务的；（7）向司法行政部门提供虚假材料或者有其他弄虚作假行为的；（8）对本所律师疏于管理，造成严重后果的。律师事务所因上述违法行为受到处罚的，对其负责人视情节轻重，给予警告或者处2万元以下的罚款。

（五）对于律师或律师事务所的从轻减轻处罚

律师、律师事务所有下列情形之一的，可以从轻或者减轻行政处罚：主动消除或者减轻违法行为危害后果的；主动供述行政机关尚未掌握的违法行为的；配合司法行政机关查处违法行为有立功表现的；受他人胁迫或诱骗实施违法行为的；其他依法应当从轻或者减轻处罚的。违法行为轻微并及时纠正，没有造成危害后果的，不予行政处罚。初次违法且危害后果轻微并及时改正的，可以不予行政处罚。当事人有证据足以证明没有主观过错的，不予行政处罚。法律、行政法规另有规定的，从其规定。

（六）对于律师和律师事务所的从重处罚

律师、律师事务所的违法行为有下列情形之一的，属于《律师法》规定的违法情节严重或者情节特别严重，应当在法定的行政处罚种类及幅度的范围内从重处罚：违法行为给当事人、第三人或者社会公共利益造成重大损失的；违法行为性质、情节恶劣，严重损害律师行业形象，造成恶劣社会影响的；同时有两项以上违法行为或者违法涉案金额巨大的；在司法行政机关查处违法行为期间，拒不纠正或者继续实施违法行为，拒绝提交、隐匿、毁灭证据或者提供虚假、伪造的证据的；其他依法应当从重处罚的。

（七）对于律师和律师事务所的加重处罚

律师因违反《律师和律师事务所违法行为处罚办法》规定，在受到警告处罚后1年内又发生应当给予警告处罚情形的，由设区的市级或者直辖市的区（县）人民政府司法行政部门给予停止执业3个月以上1年以下的处罚；在受到停止执业处罚期满后2年内又发生应当给予停止执业处罚情形的，由省、自治区、直辖市人民政府司法行政部门吊销其律师执业证书。

律师事务所因违反《律师和律师事务所违法行为处罚办法》规定，在受到停业整顿处罚期满后2年内又发生应当给予停业整顿处罚情形的，由省、自治区、直辖市人民政府司法行政部门吊销律师事务所执业证书。

四、律师的刑事法律责任

律师的刑事法律责任，是指律师在执业活动中，因其行为违反了《刑法》的有关规定而应当受到的刑事制裁。刑事责任是律师法律责任中最严厉的一种。

我国《律师法》第49条规定，律师有下列行为之一构成犯罪的，依法追究刑事责任：（1）违反规定会见法官、检察官、仲裁员以及其他有关工作人员，或者以其他不正当方式影响依法办理案件的；（2）向法官、检察官、仲裁员以及其他有关工作人员行贿，介绍贿赂或者指使、诱导当事人行贿的；（3）向司法行政部门提供虚假材料或者有其他弄虚作假行为的；（4）故意提供虚假证据或者威胁、利诱他人提供虚假证据，妨碍对方当事人合法取得证据的；（5）接受对方当事人财物或者其他利益，与对方当事人或者第三人恶意串通，侵害委托人权益的；（6）扰乱法庭、仲裁庭秩序，干扰诉讼、仲裁活动的正常进行的；（7）煽动、教唆当事人采取扰乱公共秩序、危害公共安全等非法手段解决争议的；（8）发表危害国家安全、恶意诽谤他人、严重扰乱法庭秩序的言论的；（9）泄露国家秘密的。

复习思考题

1. 司法行政机关有权对律师实施哪些管理行为？
2. 什么是律师职业道德？
3. 什么是律师执业纪律？
4. 简述律师的法律责任。

▶ 即测即评

第五章　民事诉讼中的律师代理

民事诉讼，指人民法院、当事人以及其他诉讼参与人处理民事纠纷的诉讼活动，以及在此过程中形成的民事诉讼法律关系的总和。在社会生活中，民事纠纷大量存在，民事诉讼是人民法院受理的案件中数量最多的一种。接受当事人的委托或者被依法指派，代理当事人进行民事诉讼活动，是律师的一项重要业务。目前我国有关民事诉讼中律师代理的制度规范主要规定在《民事诉讼法》《律师法》《最高人民法院关于适用〈中华人民共和国民事诉讼法〉的解释》以及《最高人民法院关于民事诉讼证据的若干规定》中。

第一节　民事诉讼中的律师代理概述

一、民事诉讼中律师代理的概念和特点

民事诉讼中的律师代理，是指律师接受被代理人的委托或者法律援助机构的指派，为了维护被代理人的合法权益，以被代理人的名义，在代理权限范围内代理被代理人进行诉讼活动的制度。民事诉讼中的律师代理有如下特点：

（一）代理人为律师

在民事诉讼中，当事人及其代理人既可以委托律师参加民事诉讼，又可以委托其近亲属、工作人员、基层法律服务工作者，以及有关的社会团体或者所在单位、社区推荐的人作为诉讼代理人参加诉讼。但是，其他人的代理不属于律师代理，不是执业律师的人也不能以律师名义代理诉讼。

（二）须有委托人的委托授权或者法律援助机构的指派

根据《民事诉讼法》《律师法》和《法律援助法》的规定，律师代理当事人进行民事诉讼活动，通常应当有当事人及其法定代理人的委托授权，否则律师就没有资格代理当事人进行民事诉讼活动。另外，我国也规定了法律援助制度，在符合法律规定的情形下，律师根据法律援助机构的指派，也可以代理当事人进行民事诉讼活动。至于法律援助的内容，将于后

文详述。

（三）代理律师必须以被代理人的名义进行诉讼活动

律师参加诉讼活动，根本上是接受当事人及其法定代理人的委托授权，在诉讼中的诉讼权利也主要取决于当事人的诉讼权利，其不是案件的当事人，所以律师必须以被代理人的名义开展诉讼活动，才能产生应有的法律效力。

（四）代理律师必须在被代理人的授权范围内进行诉讼活动

依照法律规定，律师的一切代理活动都是在委托人的授权范围内进行的，否则，代理活动都是非法的和无效的。即使在法律援助机构的指定代理中，律师也必须依据当事人的请求范围进行诉讼活动。

（五）律师合法代理的一切法律后果均由被代理人承担

在民事诉讼活动中，当事人是案件权利义务的主体，律师的代理活动是为了保护当事人的合法权益，所以律师在授权范围内实施的一切法律行为的后果，均由被代理的当事人承担。

（六）律师代理民事诉讼与一般民事代理有别

律师代理民事诉讼虽然也要有委托关系的存在，委托关系也要受民法的调整。但是，诉讼代理与一般民事代理有根本区别：前者是代理当事人实施诉讼行为，后者是代理当事人进行民事行为，调整二者的法律规范有很大差别。

（七）律师代理民事诉讼与律师刑事辩护不同

律师代理民事诉讼与律师刑事辩护在目的、法律地位与内容方面都存在很大差别。在民事诉讼代理中，律师接受当事人及其法定代理人的委托，参加民事诉讼，其权利由当事人的授权决定，处于代理人的法律地位。而在刑事诉讼中，律师担任辩护人，虽然也要有当事人的授权，但辩护律师根据事实和法律独立进行辩护，不受当事人意志的约束。

此外，律师代理民事诉讼活动的内容，还可以为律师代理其他诉讼活动提供参照。例如，律师代理刑事附带民事诉讼、律师代理行政诉讼，都可以参照律师代理民事诉讼的做法。在这个意义上，律师代理民事诉讼还有“基本性”的特点。

二、民事诉讼中律师代理的意义

在民事诉讼中实行律师代理，具有重要的意义，具体如下：

（一）能够有效地保护当事人的合法权益

民事诉讼处理的主要是民事案件，在现实社会生活中，民事案件纷繁多样，极为复杂，涉及社会主体生产、经营、生活的各个方面。在民事诉讼中，根据现行法律规定和司法实践，主要由当事人提出诉讼请求、提供证据以及其他诉讼理由，由当事人承担举证责任，这与刑事公诉案件由国家公诉机关进行控诉是根本不同的；同时，法律赋予了当事人广泛的诉讼权利，也规定了当事人需要承担一定的诉讼义务。所以，当事人实际进行诉讼的能力，对于保护自己的合法民事权益显得极为重要。

事实上，当事人的实际诉讼能力千差万别，甚至有的当事人自己缺乏必要的行为能力，无法亲自进行民事诉讼。而律师是专业的法律工作者，有丰富的法律知识和办案经验，能够正确灵活地理解和应用法律，收集有力的证据，有效地展开辩论，提出有利于当事人的代理意见和证明材料；律师代理当事人进行民事诉讼，不仅受到当事人的制约，也受到《民事诉讼法》《律师法》《律师职业道德和执业纪律规范》等法律法规的制约，其执业活动还要受到国家司法行政机关、律师协会和社会公众的监督，能够保证律师代理活动的合法性。所以，律师代理民事诉讼是最能保护当事人合法权益的一种方式，是其他方式的代理所无法比拟的。

（二）有利于人民法院正确处理案件

律师凭借自己特有的权利、地位和身份，能够比较透彻地调查案情，及时掌握案件的事实真相，做到事实清、情况明，可通过法庭辩论协助审判人员准确地判断案情。

律师代理民事诉讼，能够从正反两方面制约人民法院的审判活动，使审判人员兼听则明，以便确认双方当事人的民事权利义务关系，正确适用法律，制裁民事违法行为，及时作出正确、合法的裁判。

律师作为民事诉讼的代理人，便于掌握当事人的思想动态，了解当事人的真实愿望和要求，做好当事人的思想工作，解除其顾虑，排除种种障碍，有利于开展法庭调解工作，达成妥善解决案件的调解协议，以圆满结束诉讼。即使达不成调解协议，人民法院作出判决以后，由律师向当事人宣传法制，教育当事人守法服判，也便于减少或排除执行工作中的难题。

（三）律师代理民事诉讼有利于我国经济的良性发展

随着科技的发展与社会的进步，在我国仍需大力发展经济、保持经济稳步增长的背景下，多种形式的经济联合体大量涌现，互联网经济、虚拟经济、人工智能产业等也在快速发展。可以想象，由此产生的诉讼活动是高度复杂的，无论是公民个人，还是法人单位，都可能无法胜任，更需要借助熟悉我国法律制度、拥有专门法律知识的律师来进行。因此，为了在日益复杂多样的经济活动中保护国家、集体和个人的权益，需要由律师代理诉讼。

同时，社会经济生活的复杂性与有效进行的需求，也决定了不可能要求当事人事事亲力亲为，允许律师代理民事诉讼，也充分满足了社会经济发展的需要。

（四）有利于国际交往的良性开展

世界各国的法律一般都规定了律师制度及律师代理民事诉讼制度，我国规定律师代理民事诉讼制度是与国际接轨的需要。早在21世纪初，我国加入世界贸易组织后，根据《世界贸易组织协定》的精神，保障民事主体在民事诉讼中获得法律帮助，就成为我国应当承担的一项义务。当今世界，国与国之间的政治、经济、文化交往越来越多。随着国际旅行的便利与互联网的发展，不同国家的公民、法人、非法人组织在经济活动与日常生活中产生接触与互动的可能性越来越高，也更可能在民事活动中产生冲突与纠纷。

我国作为世界第二大经济体，自然将开展更高频率的国际交往与国际经济活动。因此，为了维护我国公民、法人和非法人组织在对外民事活动中的合法利益，保障国际交流、经济往来的安全性，有必要规定律师代理民事诉讼制度。此外，考虑到律师制度与律师代理民事诉讼制度在世界各国的普遍性，为了在必要时与其他国家有效对话，我国选择由律师代理民事诉讼也是十分必要的。

三、律师代理民事案件的范围

根据《民事诉讼法》和《律师法》的规定，律师在民事诉讼中代理案件的范围是相当广泛的。从案件内容来看，根据民法典和商法的规定，涉及当事人财产关系和人身关系方面的案件，涉及婚姻家庭、收养、继承、扶养、抚养、赡养关系的案件，涉及劳动法律关系的案件，某些涉及知识产权法律关系的案件，某些涉及经济法律关系的案件等，都可以由律师代理。

从适用的程序来看，无论是普通程序、简易程序，还是特别程序、督促程序、海事诉讼特别程序等，都可以由律师代理参加。

从法律程序阶段来看，律师既可以在第一审程序中担任诉讼代理人，也可以在第二审程序中担任诉讼代理人，还可以在审判监督程序中担任诉讼代理人。此外，在人民法院对已经发生法律效力的判决、裁定、调解协议及其他具有法律效力的法律文书，依照法定程序实行强制执行的阶段，律师也可以担任诉讼代理人。

可见，律师代理民事诉讼的范围是非常广泛的，目前我国《民事诉讼法》所规定的各类民事案件及依照民事诉讼程序审理的各类案件，都可以由律师代理。

第二节　民事诉讼中的律师代理关系及代理权限

一、民事诉讼中的律师代理关系

民事诉讼中的律师代理关系，指根据法律规定，律师接受当事人或者他的法定代理人的委托，代理其进行民事诉讼活动所形成的权利义务关系。律师代理关系的产生，通常基于当事人或者他的法定代理人的委托。此外，确立律师代理关系后，在代理过程中出现法定或者约定事由的，代理关系也可能发生变更或者消灭。

（一）代理关系的成立

律师代理的成立，指在民事诉讼中，基于法定事由，律师与被代理人之间形成代理关系，代理律师成为被代理人的代理人。根据《民事诉讼法》和《律师法》的规定，成立代理关系，主要基于当事人及其法定代理人的委托。具体如下：

1. 当事人及其法定代理人提出委托

根据法律规定，有权委托律师参加民事诉讼的，是当事人及其法定代理人。

当事人是指民事权利义务关系与他人发生争议，以自己的名义参加民事诉讼程序，并受民事裁判约束的人，包括自然人、法人或非法人组织。在民事诉讼中，依据诉讼地位，当事人既可能是原告，也可能是被告，还可能是诉讼第三人、共同诉讼人、诉讼代表人等。

对于自然人来说，其可以自行委托代理律师；当事人是限制民事行为能力人或者无民事行为能力人的，应当由其法定代理人委托代理律师。对于法人或者非法人组织来说，委托代理律师由其意思机关进行，一般是法人的法定代表人或者非法人组织的负责人，以及法人或者非法人组织授权的人。

当事人及其法定代理人委托律师参与民事诉讼的，时间上没有限制，既可以在起诉之前委托，也可以在诉讼进行过程中委托。

2. 律师事务所统一接受委托

根据法律规定，律师不能私自接受委托。当事人及其法定代理人提出委托的，由律师事务所统一接受委托。律师应当对当事人提出委托的事项进行审查，没有违法事项的，可以接受委托；如果发现当事人委托事项违法，不应当接受委托。如果发现当事人的要求不合理，应当向当事人进行说明，当事人坚持己见的，律师可以拒绝接受委托。

3. 签订委托协议

律师或者律师事务所对当事人提出的委托进行审查之后，认为符合法律规定条件的，可以由律师事务所与当事人或者其法定代理人签订委托代理的协议。委托代理的协议应当写明双方当事人、委托代理的事项、代理的权限、代理关系的终止以及纠纷的解决等内容。委托协议签订后，代理关系即成立。

4. 当事人或者其法定代理人授权

根据《民事诉讼法》的规定，委托诉讼代理人的人数为1—2人。签订代理协议后，接受委托的律师事务所应当指派1—2名执业律师代理当事人进行诉讼活动；双方在协议中也可以约定进行代理活动的具体律师，通常律师事务所应当指派当事人选定的律师。具体律师确定后，当事人或者他的法定代理人应当签署委托授权书，授权律师进行民事诉讼活动。律师根据当事人或者他的法定代理人的授权，成为代理律师。

（二）代理关系的变更或者终止

在律师代理民事诉讼的过程中，代理关系可能因法定或者约定的事由变更或者终止。被代理人要求更换律师、变更代理权限、变更代理事项的范围的，都会导致代理关系发生变化；被代理人要求解除代理协议、代理事项办理完毕等，都可以使代理关系终止。不过，在诉讼进行过程中，当事人或者他的法定代理人更换代理律师的，应当及时通知受理案件的人民法院。

通常情形，代理关系成立的，律师不应拒绝继续代理，但是，如果律师发现当事人的委托事项非法或者不合理的，可以拒绝代理。律师拒绝代理的，代理关系即终止。

二、民事诉讼中的律师代理权限

根据《民事诉讼法》的规定，在民事诉讼中，当事人享有广泛的诉讼权利。代理律师作为当事人的代理人，除了依法享有执行职务的人身权利和财产权利外，在民事诉讼中，作为代理人，能够行使的诉讼权利范围取决于当事人或者他的法定代理人的授权。同时，代理律师在代理活动中，也应当遵循《民事诉讼法》《律师法》《律师职业道德和执业纪律规范》的规定，负有一定的义务。因此，代理律师的权限，指的就是代理律师在民事诉讼中实施一定诉讼行为的权利范围及其限度。

需要说明的是，代理律师虽然是根据当事人的授权进行诉讼活动的，但其不是当事人的附庸，具有独立的诉讼地位，可以在代理权限范围内独立地代为或代受诉讼行为。不过，与法定诉讼代理人不同，委托诉讼代理人无论有多大代理权限，在诉讼中他始终居于诉讼代理人地位，不能相当于当事人。

（一）一般授权代理与特别授权代理

民事诉讼中，通常根据当事人及其法定代理人授予代理律师进行民事诉讼的权利范围，分为一般授权代理和特别授权代理。

当事人在民事诉讼中的权利大体可分为两大类：第一类是纯程序性质的或者与实体权利关系不那么密切的诉讼权利，如申请回避、提出管辖权异议、申请复议、陈述案情、提供证据、进行质证和辩论等权利；第二类是实体权利或与实体权利紧密相关的诉讼权利，如承认、变更、放弃诉讼请求，进行和解，提出反诉或者上诉等权利。这两类权利在性质上有很大区别。当事人或者他的法定代理人在授予代理权时，可以只授予第一类权利而保留第二类权利，也可以在授予第一类权利的同时，把第二类权利中的部分或全部授予诉讼代理人。

第二类权利对当事人的利益关系重大，因此《民事诉讼法》对这类权利明确规定诉讼代理人除非经过当事人的特别授权，不得在诉讼中行使。对需要特别授权的事项，当事人在授权委托书中必须具体写明。有的授权委托书在“代理权限”项中只概括地写上“全权代理”，对这种不规范的授权，《最高人民法院关于适用〈中华人民共和国民事诉讼法〉的解释》第89条明确规定，授权委托书仅写“全权代理”而无具体授权的，诉讼代理人无权代为承认、放弃、变更诉讼请求，进行和解，提起反诉或者上诉。此外，当事人在授权委托书中没有写明代理人在执行程序中有代理权及具体的代理事项的，代理人在执行程序中便没有代理权，不能代理当事人直接领取或者处分标的物。

据此，当事人或者他的法定代理人仅授予代理律师第一类诉讼权利的，就称为一般授权代理；不仅授予第一类诉讼权利，还授予第二类诉讼权利的，称作特别授权代理。

（二）代理权限的变更与消灭

正如委托代理关系在诉讼过程中可能会发生变化，基于特定原因，委托人也可能变更代理权限的范围或者取消委托，从而使代理权限发生变化。代理权限的变化有时与代理关系变化相一致，有时并不一致。是否变更代理权，是当事人的权利，可以由当事人单方面作出决定，但当事人在作出变更或解除代理权的决定后，必须用书面形式告知人民法院，并由人民法院通知对方当事人。代理律师在代理权变更或解除前实施的诉讼行为，其效力不受代理权变更或解除的影响。

1. 代理权限的变更

在诉讼过程中，当事人或者他的法定代理人可以将代理律师的代理权限从一般授权代理变更为特别授权代理，也可以由特别授权代理变更为一般授权代理；可以收回代理律师一部分代理权限，也可以依法授予代理律师其他代理权限。

2. 代理权限的消灭

（1）诉讼结束。当事人是针对特定的审级委托代理律师进行诉讼的，因而代理律师的任务仅限于该审级，该审级终结，代理权便因诉讼任务的完成而消灭。当事人如要原来的诉讼代理律师继续代理，须另行授权委托。

（2）代理律师死亡或者丧失诉讼行为能力。

（3）代理律师辞去委托或被代理人取消委托。取消委托是单方的行为，无需征得对方同意。代理律师辞去委托的，应当有拒绝继续代理的合法事由。

第三节　第一审程序的律师代理

律师既可以接受原告一方的委托，也可以接受被告一方的委托。律师接受当事人的委托后，就成为当事人的代理律师，应当根据法律规定、有关职业道德和执业纪律规范，以及当事人的授权，积极开展业务活动，维护当事人的合法权益。

一、准备起诉或者应诉

律师接受当事人的委托之后，应当告知当事人参加民事诉讼的一些必要准备工作，如向人民法院提交起诉状或者答辩状，收集必要的证据材料以支持自己的诉讼主张。还要告知当事人或者他的法定代理人参加民事诉讼所享有的诉讼权利和负有的诉讼义务，以及诉讼可能存在的风险。

对于接受原告委托的，应当与原告充分交流，了解案情，了解原告的诉讼请求，与原告共同分析案情，指导、帮助原告收集和提供证据，确定管辖的法院，为起诉做好必要的准备。

对于接受被告委托的，应当在阅读起诉状副本和审查原告在起诉阶段提交的证据的基础上，与被告共同分析案情，分析原告诉讼请求依赖的事实与理由，收集必要的证据，为反驳原告的诉讼请求、保护己方的合法权利做好准备。告知被告可以提出反诉，问清其是否愿意提出反诉。

二、开庭审理前的准备工作

（一）代理撰写起诉书或答辩状

律师通过调查、审核和判断证据，对案情有了全面了解后，应当为当事人撰写有理有据的起诉状或答辩状。

在书写起诉状或答辩状时，应当注意其格式与写作方法。例如，起诉状除首部和尾部外，要着重写明以下内容：原告请求法院解决的事项，被告侵犯原告的具体行为，双方争议的权益的性质，造成的后果和应承担的民事责任。答辩状除首部和尾部外，要着重写明被告承认原告的哪些诉讼请求，反对原告的哪些诉讼请求。对于反对的部分，要针对原告诉状中提出的事实和理由，提出相反的事实、证据和理由，证明自己的主张和观点是正确并合法的。

作为被告一方的代理律师，还要注意受理的人民法院是否有管辖权，如该人民法院没有管辖权，应当帮助或者代理被告提出管辖权异议。如果被告可以提起反诉，根据被告的授权要为被告书写反诉状。反诉状的写法与起诉状基本相同。

（二）收集与提供证据

律师为了进一步掌握案件的事实，明晰案件的起因、发展和结果，明确双方争执的关键所在，除向委托人做详细的调查外，还必须向知情人调查各种证据，积极主动地协助当事人收集和查证各种证据。因客观原因不能自行收集证据的，必要时可申请法院调查收集。代理律师还应当依法查阅、复制、摘抄对方当事人提供的证据材料及其他材料。

律师需要在举证期限内向法院提供证据，举证期限可以由双方当事人协商，并经人民法院准许。需要延长举证期限的，律师也应及时向法院申请。在确定举证时限时，律师应注意法院或对方当事人及其诉讼代理人有无违法行为。律师应在举证期限内向法院提供证据，避免因逾期举证导致证据失权。一旦逾期举证，律师需要及时向法院说明理由，最大限度地减少逾期举证给当事人造成的损失。同时，律师一旦发现对方当事人及其诉讼代理人存在逾期举证的情况，要根据己方的诉讼策略，必要时及时向法院提出异议。

如果人民法院决定组织证据交换，律师可以积极参与证据交换时间的确定，在必要时依照法律规定申请延期举证，同时应准备好向法院提供的证据。此外，代理律师还要充分注意不能因为举证时限造成己方的举证失权，以及在增加、变更诉讼请求或者提起反诉上的失权，避免因此而可能造成的不利法律后果。

（三）准备代理意见

代理意见是代理律师在开庭审理中，根据法庭调查的情况，对案件事实与法律适用发表的见解。书面的代理意见又称代理词。

准备代理意见时，通常应当做比较广泛的书面准备，即根据本案的实际情况和自己的诉讼经验，尽可能预料到案件审理中可能发现的问题，全面准备代理意见。当然，也可以只准备代理词的大纲，在开庭审理结束后，再根据案件审理情况，书写代理词。

（四）其他准备工作

根据法院通知的合议庭或者独任审判员的组成情况，以及担任本案书记员的情况，发现有回避事由的，应提出回避申请。

根据法院通知开庭的时间与地点，在征询当事人的意见的基础上，做好参加法庭审理的准备。

另外，还应当注意法院有无程序违法或者侵犯委托人合法权益的行为，如有，应当依法要求法院予以纠正。

三、开庭审理中的律师代理

根据《民事诉讼法》的规定，一审程序分为普通程序和简易程序；审理方式分为公开审理和不公开审理。在开庭审理前，代理律师应当注意法院决定适用的审理程序和方式是否合法，不合法的，应当要求法院予以纠正，并要求延期审理。另外，根据法律规定，可以根据当事人的意愿和案件的实际情况，申请法院采用简易程序审理；在涉及商业秘密或者当事人离婚案件时，申请法院采用不公开审理的方式。

普通程序是民事诉讼的基础性程序，其开庭审理分为宣布开庭、法庭调查、法庭辩论、评议与宣判四个阶段。每个阶段都有各自的特点与任务，相应地，代理律师也各有其业务活动。

（一）宣布开庭阶段的律师代理

在宣布开庭阶段，代理律师主要注意法庭组成人员是否合法，是否有需要申请回避的审判人员、书记人员、翻译人员、鉴定人员、勘验人员等。另外，也要注意核对对方当事人的身份以及当事人的代理人的代理权限。

（二）法庭调查阶段的律师代理

1. 代理宣读起诉状或者答辩状

法庭调查阶段，根据律师与委托人的分工，可以由律师宣读起诉状，也可以由委托人宣读起诉状，律师补充说明诉讼请求。代理被告参加诉讼的，也可以做类似的分工，即由律师宣读答辩状，或者由委托人宣读答辩状，律师补充说明答辩的事实与理由。对于诉讼请求或者答辩意见，如果审判长询问、要求做进一步明确的，律师应当圆满、准确地回答审判人员的提问。

2. 质证

质证是律师参加法庭调查的一项重要任务。代理律师应当在法官主持下，根据先由原告方提出证据、再由被告方提出证据、最后由第三人提出证据的顺序，对证人证言、书证、物证、视听资料、电子数据、鉴定意见、勘验笔录等证据逐一进行审查，提出质问，发表意见，就证据的真实性、合法性以及与待证事实的关联性提出见解。质证原则上应该公开进行，但涉及国家秘密、商业秘密、个人隐私或者法律规定应当保密的证据，不得公开质证。

代理律师在质证阶段应当注意以下问题：经审判长许可，必要时及时对证人所证明的主要问题及其事实真相进行发问；对鉴定人作出的鉴定意见及其主要问题提出质问，发现有足够的证据证明鉴定人不具备鉴定证据的专门性知识，鉴定意见不具有科学依据，或者鉴定程序严重违法等情形的，有权请求人民法院重新鉴定；对于有符合法律规定的情形，允许提出新证据的，律师应当及时提出；对于审判人员认定的争议法律关系与起诉时主张的争议法律关系不一致的，及时申请中止审理，重新举证。

此外，还应当特别注意对方当事人及其代理人提出的证据中是否有不是在举证时限届满前提供给法院且不属于证据失权例外情况的证据，这样的证据不应当组织质证，不能成为裁判的根据。

3. 确定争议焦点

在此阶段，通过双方分别提出诉讼请求和答辩意见，在质证的基础上，确定双方争议的焦点，即双方围绕什么问题产生了争议，对哪些事实有争议。争议焦点可以由审判人员在双方主张的基础上总结，对于审判人员的总结，律师认为不正确或者不全面的，应当及时向法庭提出。

（三）法庭辩论阶段的律师代理

法庭辩论是民事诉讼中极为重要的阶段，是在法庭调查的基础上，双方在审判人员的主持下，围绕争议的焦点，就本案的法律理由和法律适用问题，发表意见。通过法庭辩论，可以进一步判明案件中的真实与虚假、正确与错误、合法与非法，对人民法院作出公正的裁判起着重要作用。律师在法庭辩论阶段的主要任务是发表代理词和反驳对方的要求和主张，充分论证己方诉讼请求的正确性和合法性，否定对方的无理要求和违法论点，以使审判人员接受自己的观点，否定对方的观点，从而作出有利于己方的裁判。

根据《民事诉讼法》第144条的规定，法庭辩论按照下列顺序进行：原告及其诉讼代理人发言；被告及其诉讼代理人答辩；第三人及其诉讼代理人发言或者答辩；互相辩论。因此，律师应当根据法律规定，利用辩论发言的机会，充分论证己方观点的正确和对方观点的错误。

依照法律规定，双方辩论结束以后，审判长根据先原告、后被告、再第三人的顺序，让他们陈述最后的意见，代理律师应根据当事人的授权，做简洁、有力、明确的发言，利用庭审的最后机会，论证己方的主张。

（四）评议与宣判阶段的律师代理

评议与宣判阶段，代理律师的主要工作是认真听取宣判，向当事人说明和解释判决或者裁定的内容，询问当事人是否提出上诉。可以根据当事人的授权，接受法院送达裁判。

代理律师认为裁判正确，而当事人要求上诉的，可以向当事人提出裁判正确合法的意见，但是不能强迫当事人放弃上诉的诉讼权利。

另外，在此阶段，发现侵犯当事人权利的现象的，代理律师应及时提出并要求纠正。

（五）律师代理民事诉讼的其他问题

1. 诉讼调解中的律师代理

所谓诉讼调解，是指人民法院在查明事实、分清是非和当事人自愿的基础上，依据国家的法律和政策，双方达成调解协议，从而解决纠纷的制度。根据《民事诉讼法》第96条的规定，诉讼调解必须遵循当事人自愿，合法，查明事实、分清是非的原则。只要判决没有宣告，诉讼调解在诉讼的任何阶段都可以进行。

在诉讼调解中，最为核心的要素是当事人自愿原则，只要不违背法律的禁止性规定，不侵犯国家、集体和第三人合法权利，双方都可以达成调解协议，以解决纠纷。律师谙熟法律，又是一方当事人的代理人，容易取得当事人的信任，所以，律师在遵循法律规定的基础上，应根据案件审理的实际情况，充分尊重当事人的意见与维护被代理人的合法权益，积极主动地促使当事人达成调解协议。

当然，在诉讼调解中，律师也应当注意法院有没有强迫调解、侵犯被代理人合法权益的情况。发现存在强迫调解情形的，应当不予同意，并代理或者帮助当事人提出控告。

2. 诉讼和解中的律师代理

在诉讼进行中，代理律师可以根据案件审理的实际情况，在与对方协商的基础上，达成和解协议，申请撤诉，以结束诉讼。

上述诉讼调解和诉讼和解，都不得违背当事人的意愿，都需要根据当事人的特别授权进行。没有当事人的特别授权，律师不得进行调解或者和解。

另外，律师在代理活动中，除了要严格依照法律规定，还要注意自己行为的合法性、文明性和道德性。不仅要遵守法律规定，也要求忠于职守、诚恳敬业，对委托人、对方当事人及其代理人、审判人员与其他诉讼参与人，都要采取友善的语言和态度。既要维护被代理人的合法权益，又要避免制造对立情绪，防止矛盾激化。

第四节　第二审程序和再审程序中的律师代理

一、第二审程序中的律师代理

第二审程序，又称上诉审程序，是当事人对第一审人民法院以普通程序或者简易程序作出的判决、裁定不服，依法提起上诉而引起的审判程序。依法提起上诉，既是原审原告的合法权利，也是原审被告的合法权利，任何人都无权干涉。在我国，法律只是对第二审程序的特别部分作了规定，其他内容适用第一审普通程序的相关规定。这也决定了，第二审程序的律师代理与第一审程序有相同的地方，也有不同之处。本节只对第二审程序律师代理的特别部分加以阐述。

（一）提起上诉前的准备

根据《民事诉讼法》的规定，上诉人应当是原审的原告、被告、有独立请求权的第三人以及判决承担义务的无独立请求权的第三人。上诉应当在裁定送达后10日内或者判决送达之后15日内提出。所以，在当事人委托律师提起上诉时，律师应当首先审查当事人的上诉请求是否符合上述条件。

对于符合条件的上诉要求，律师应当进一步审查原裁判的内容及作出裁判依据的事实和理由。如果原裁判确实正确、合法，又没有程序违法事实的，不应当接受委托，代理当事人提起上诉。同时，应当向当事人进行解释，说服当事人接受裁判，不要做无谓的缠诉、滥诉，但是不能强迫当事人放弃上诉。

律师接受委托的，应当参照前述代理一审程序的要求，与当事人或者他的法定代理人签订委托代理协议，取得当事人或者他的法定代理人的授权，根据第二审审理程序的特点，进行必要的准备。

《民事诉讼法》及其司法解释规定，第二审程序审理范围限于当事人提起上诉请求的有关事实和法律适用，同时，对一审判决违反法律禁止性规定、损害国家利益、社会公共利益或者他人合法权益的，第二审法院也应当审理；第二审中当事人提出的证据应当限于第一审程序审理结束后新发现的证据。因此，代理律师应当充分了解案情和一审的裁判情况，仔细审阅一审裁判文书和有关诉讼材料，找出一审裁判中违法或者违背客观事实的情况，并根据当事人提供的情况，并与当事人共同寻找新证据。具体内容如下：

1. 找出一审裁判认定事实和理由上的错误

作为代理律师，首先要审查判断原裁判在认定事实上是否有错误。例如，当事人的陈述和证人证言是否可靠，书证、物证、视听资料是否与案件的事实相符；鉴定意见和勘验笔录的科学性与可靠性如何；裁判认定的事实与法庭调查核实的证据有无矛盾；根据现有证据能否必然得出裁判中认定的事实；等等。

2. 找出一审裁判在适用法律上的错误

一审裁判虽然在认定事实上没有错误，但在适用法律上有错误的，也是二审改判的原因。律师可以原审裁判适用法律错误为由，要求全部改判或者部分改判，促使二审法院发现一审裁判的错误，更好地维护当事人的合法权益。

3. 找出一审裁判违背法定程序的错误

如果一审审判程序违背了法定的诉讼程序，侵犯了当事人合法权益，既可能影响裁判结果的正确性，也可能影响司法的公正和权威，是二审人民法院撤销原判、发回原审人民法院重新审理的事由。为了保障当事人的合法权利，维护司法公正，律师也应当就此依法帮助或者代理当事人提出上诉。

4. 找出能够说明原一审裁判错误的新证据

基于种种原因，在一审程序中，对于当事人有利的证据可能没有发现。如果在二审程序中能找到这些证据，对维护当事人的合法权益将有很大帮助。另外，在寻找新证据的同时，还应当注意寻找能够证明这些证据是新证据的证据材料。

（二）提起上诉

根据法律规定，提起上诉要采取书面形式。律师接受被代理人的委托并做了必要的准备后，应在法定的上诉期限内写好上诉状。

上诉状的写法与起诉状类似，但是，要注意上诉状应当包括原审法院的名称、案件的编号和案由、上诉的请求和理由等内容。

上诉应当通过原审法院提出，并按对方当事人或者诉讼代理人的人数提交上诉状副本。

（三）第二审审判中的律师代理

第二审人民法院经审查立案后，即进入第二审程序。在第二审程序中，被上诉人有权委托代理律师参加诉讼。根据法律规定，既没有提出上诉也不是上诉人上诉请求针对的当事人，二审中依原审诉讼地位列明，所以，这些人也有权委托律师代理诉讼。被上诉人、其他当事人委托律师代理二审程序的，代理律师应当为维护被代理人的合法权益做必要的准备，如熟悉案情、调查证据或事实等，被上诉人的代理律师要为被上诉人书写答辩状。

第二审人民法院审理上诉案件有开庭审理和径行判决两种方式。开庭审理即在第二审人民法院合议庭的主持下，双方当事人被通知到庭，经过法庭调查和法庭辩论，作出判决的审理方式。径行判决是指第二审人民法院合议庭认为不需要组织法庭开庭审理，经过审阅案卷材料和当事人的有关请求与答辩意见，并听取当事人的意见，即可以查清事实的，不开庭审理而直接作出裁判、结束二审程序的诉讼活动。代理律师在二审中除了可以参照代理一审程序的做法以外，还应当注意以下问题：

第一，注意第二审人民法院的审判组织形式是否合法。组成合议庭的，必须由审判员组成，人民陪审员不能参加二审合议庭，且合议庭人数必须是单数。由审判员一人独任审理的，必须是第一审适用简易程序审结或者当事人不服裁定提起上诉的第二审民事案件，且案件事实清楚、权利义务关系明确，并经双方当事人同意。

第二，径行判决的，代理律师应当通过提交上诉状或者答辩状、书面代理词的机会，充分阐述己方的意见，指出应当改判或者维持原判的理由、事实与法律意见。案件事实复杂，或者二审中有当事人提出新证据的，代理律师应建议开庭审理，而不是径行判决。

第三，开庭审理的，代理律师除按照一审开庭审理的做法进行代理活动外，还应当特别指出撤销或者维持一审判决的理由，当事人提出的新证据成立或者不成立的理由，或者提出的新证据符合或者不符合新证据要求的理由。

第四，在二审程序中，双方当事人也可以进行调解。代理律师可以根据案件情形和最大限度维护被代理人合法利益的原则，在取得当事人同意的前提下与对方达成调解协议。

在调解时，代理律师应当注意以下几种情况：(1）当事人在一审中已经提出的诉讼请求，原审法院未审理、判决的，第二审法院可以根据当事人自愿的原则进行调解，调解不成的，发回重审；二审法院准备直接改判或者维持原判的，应当指出其错误所在，要求二审法院依法发回重审。(2）必须参加诉讼的当事人在一审中未参加诉讼的，第二审法院可以根据自愿原则进行调解，调解不成的，发回重审，但发回重审的调解书不列应当追加的当事人。(3）在第二审程序中，原审原告增加独立的诉讼请求或原审被告提出反诉的，第二审法院可根据当事人自愿的原则进行调解，调解不成的，告知当事人另行起诉。(4）一审判决不准离婚的案件，上诉后，第二审法院认为应当判决离婚的，可以根据当事人自愿的原则，与子女抚养、财产分割问题一并进行调解，调解不成的，发回重审。(5）当事人在二审中也可以达成和解协议，代理律师可以根据当事人的授权或者同意，请求法院根据和解协议制作调解书送达；也可以因和解而申请撤诉，对于符合撤诉条件的，法院应当准许。

第五，二审裁判经送达当事人即生效，此时应当主动做好被代理人的思想工作，劝其服判息讼。如果代理律师认定二审裁判确有错误的，可以向当事人作出说明，告知其可以申请再审，或者向人民检察院反映，请求人民检察院提出抗诉。

二、再审程序中的律师代理

再审程序中的律师代理，是指律师根据当事人的委托，依法担任再审程序案件当事人的代理人，进行民事诉讼活动的行为。根据我国《民事诉讼法》及《最高人民法院关于适用〈中华人民共和国民事诉讼法〉的解释》的规定，根据审判监督程序提起再审的案件，根据原生效裁判作出的程序不同，以及是否属于上级人民法院提审，分别适用第一审民事诉讼程序或者第二审民事诉讼程序。此处仅阐述再审程序中律师代理的特殊部分，其他内容参见前述第一审程序或者第二审程序的代理。

（一）当事人申请再审中的律师代理

《民事诉讼法》第210条规定，当事人对已经发生法律效力的判决、裁定，认为有错误的，可以向上一级人民法院申请再审；当事人一方人数众多或者当事人双方为公民的案件，也可以向原审人民法院申请再审。当事人申请再审的，不停止判决、裁定的执行。律师可以以委托人的名义，代表委托人的合法意志，依据案件的事实和有关法律，代替委托人书写再审申请书。

根据法律规定，当事人申请再审的，要符合法定条件，代理律师需要从以下几个方面进行审查，以确保再审申请符合法律的要求：

第一，申请再审的主体必须合法。有权提出再审申请的，只能是原审中的当事人及其法定代理人，即原审中的原告、被告，有独立请求权的第三人，判决其承担义务的无独立请求权的第三人，上诉人和被上诉人，以及他们的法定代理人。

第二，申请再审的对象必须是已经发生法律效力的判决、裁定和调解书。这里的裁定限于不予受理和驳回起诉的裁定。

第三，申请再审必须在法定期限内提出。根据《民事诉讼法》的规定，当事人申请再审，应当在判决、裁定发生法律效力后6个月内提出。但存在如下情形之一的，自知道或应当知道之日起6个月内提出：有新的证据，足以推翻原判决、裁定的；原判决、裁定认定事实的主要证据是伪造的；据以作出原判决、裁定的法律文书被撤销或者变更的；审判人员审理该案件时有贪污受贿，徇私舞弊，枉法裁判行为的。当事人对已经发生法律效力的调解书申请再审，应当在调解书发生法律效力后6个月内提出。

第四，申请再审必须具有法定的事实和理由。这些事实和理由是：（1）有新的证据，足以推翻原判决、裁定的；（2）原判决、裁定认定的基本事实缺乏证据证明的；（3）原判决、裁定认定事实的主要证据是伪造的；（4）原判决、裁定认定事实的主要证据未经质证的；（5）对审理案件需要的主要证据，当事人因客观原因不能自行收集，书面申请人民法院调查收集，人民法院未调查收集的；（6）原判决、裁定适用法律确有错误的；（7）审判组织的组成不合法或者依法应当回避的审判人员没有回避的；（8）无诉讼行为能力人未经法定代理人代为诉讼或者应当参加诉讼的当事人，因不能归责于本人或者其诉讼代理人的事由，未参加诉讼的；（9）违反法律规定，剥夺当事人辩论权利的；（10）未经传票传唤，缺席判决的；（11）原判决、裁定遗漏或者超出诉讼请求的；（12）据以作出原判决、裁定的法律文书被撤销或者变更的；（13）审判人员审理该案件时有贪污受贿，徇私舞弊，枉法裁判行为的。

第五，再审申请被驳回后再次提出申请的，或对再审判决、裁定提出再审申请的，人民法院不予受理。对此情形，人民法院应当告知当事人可以向人民检察院申请再审检察建议或者抗诉。但针对人民检察院提出再审检察建议或者抗诉之后再审作出的判决、裁定申请再审的，人民法院不予受理。在人民检察院对当事人的申请作出不予提出再审检察建议或者抗诉决定后又提出申请的，人民法院不予受理。

（二）再审审判中的律师代理

根据《民事诉讼法》的规定，凡是决定按照审判监督程序再审的案件，原来是第一审的，按照第一审程序审判，律师的代理与第一审程序中的代理基本上相同。原来是第二审的，或者是上级人民法院提审的，按照第二审程序审判，律师的代理基本上与第二审程序的代理相同。不过，由于再审审判是以存在原生效裁判为前提的，所以代理律师还应当注意下列问题：

第一，双方当事人可以通过达成调解协议解决纠纷，但是，双方当事人不能因和解而撤回起诉或者撤回上诉。

第二，代理律师应当根据其代理的当事人所处的原告（或上诉人）或者被告（或被上诉人）的地位不同，从维护被代理人的合法权利、保障法律正确实施的角度出发，请求撤销或者维持原第一审或者第二审的生效裁判。

第三，依照第一审程序审理之后作出的裁判，是一审裁判，代理律师应当告知当事人其依法享有上诉权；依照第二审程序审理之后作出的裁判，是生效裁判，当事人不能提出上诉。

第五节 涉外民事诉讼中的律师代理

一、律师代理涉外民事诉讼的概念

涉外民事案件，是指具有涉外因素的民事纠纷，即民事案件法律关系的主体、客体或者引起双方权利义务关系发生变动的法律事实发生在外国。涉外民事诉讼，指人民法院依法审理涉外民事案件所适用的程序。涉外民事诉讼中的律师代理，是指律师代理涉外民事诉讼的当事人进行诉讼活动，提供法律服务，维护当事人的合法权益的行为。

二、律师代理涉外民事诉讼应坚持的基本原则

（一）优先适用涉外程序特别规定的原则

《民事诉讼法》第270条规定："在中华人民共和国领域内进行涉外民事诉讼，适用本编规定。本编没有规定的，适用本法其他有关规定。"可见，涉外民事诉讼程序不是一种完整的民事诉讼程序，严格来说，其只能称作"涉外民事诉讼程序的特别规定"。人民法院审理一审涉外民事案件，通常应当按照第一审普通程序；对于少数由基层人民法院受理的简单涉外民事案件，也可以按照简易程序审理；对于上诉案件，则按照第二审程序审理；只是在法

律适用上，涉外程序中有规定的应当优先适用。

（二）同等和对等的原则

根据《民事诉讼法》第5条的规定，外国人、无国籍人、外国企业和组织在人民法院起诉、应诉，同我国公民、法人或其他组织有同等的诉讼权利义务；但是，外国法院对我国公民、法人或其他组织的民事诉讼权利加以限制的，我国人民法院对该国公民、企业和组织的民事诉讼权利，实行对等原则。

因此，我国律师代理外国人和无国籍人参加涉外民事诉讼，同我国公民委托的代理律师有同等的诉讼权利和义务。代理律师作为涉外民事诉讼中我国的公民、法人或其他组织一方的代理人，发现参加诉讼的外国人所属国对中国人在该国进行诉讼的权利加以限制的，应当向人民法院提出，对该外国人进行同等的限制。

（三）委托中国律师代理的原则

外国当事人需要委托律师的，必须委托中国的律师，外国的律师不得在我国代理诉讼和出庭。

（四）坚持我国法院管辖权的原则

我国人民法院专属管辖的案件，任何国家的法院都无权管辖。中国公民一方居住在国内，另一方居住在国外，不论哪一方向人民法院提起离婚诉讼，国内一方住所地的人民法院都具有管辖权。国外一方当事人在居住国法院提起诉讼，另外一方向我国人民法院提起诉讼的，受诉人民法院有权受理。我国人民法院和外国法院都具有管辖权的案件，一方当事人向外国法院提起诉讼，而另一方向我国法院提起诉讼的，人民法院可以受理。判决后，外国法院申请或者当事人向人民法院请求人民法院承认和执行外国法院对本案件作出的判决、裁定的，不予准许。但是，双方共同参加或者缔结的国际条约另有规定的除外。

（五）使用我国通用语言文字的原则

外国人、外国企业和组织，或者无国籍人，在我国起诉、应诉时，必须使用中国通用的语言文字。当事人要求提供翻译的，可以提供，费用由当事人承担。

（六）司法豁免原则

所谓司法豁免权，是指一个国家或者国际组织派驻他国的外交代表享有的免除驻在国司法管辖的权利。司法豁免权包括刑事司法豁免权和民事司法豁免权两个方面。对享有外交特权与豁免权的外国人、外国组织以及国际组织提起民事诉讼，应当依照我国缔结或参加的国际公约以及我国有关法律的规定办理。

民事司法豁免是一种有限的豁免，即享有司法豁免权的人所属国主管机关宣布放弃司法豁免的，或享有司法豁免权的人因私人事务涉及诉讼的，或享有司法豁免权的人向驻在国起诉引起反诉的，均不享有司法豁免权。

三、律师代理涉外民事诉讼应注意的问题

由于涉外民事诉讼既可能是一审程序，又可能是二审程序，所以律师代理涉外民事诉讼可以相应参照一审程序代理或者二审程序代理的内容。除此之外，还应当注意下述问题。

（一）委托授权手续的公证和认证

根据《民事诉讼法》第275条的规定，在我国领域内没有住所的外国人、无国籍人、外国企业和组织委托我国律师代理诉讼的，从我国领域外寄交或者托交的授权委托书，应当经所在国公证机关证明，并经我国驻该国使领馆认证，或者履行我国与该所在国订立的有关条约中规定的证明手续后，才具有效力。该外国人所属国与我国没有外交关系的，应当将经过公证证明的委托授权手续交与我国有外交关系的国家驻该国使领馆，再由该外国使领馆转交我国驻该国使领馆认证。

（二）关于涉外民事诉讼程序的诉讼期间

受送达人所在国的法律允许邮寄送达的，可以邮寄送达，自邮寄之日起满3个月，送达回证没有退回，但根据各种情况足以认定已经送达的，期间届满之日视为送达；对于涉外民事诉讼程序中的公告送达，规定自公告之日起满3个月，即视为送达。

被告在我国领域内没有住所的，人民法院应当将起诉状副本送达被告，并通知被告在收到起诉状副本后30日内提出答辩状。被告申请延期的，是否准许，由人民法院决定。

在我国领域内没有住所的当事人，不服第一审人民法院判决、裁定的，有权在判决书、裁定书送达之日起30日内提起上诉。被上诉人在收到上诉状副本后，应当在30日内提出答辩状。当事人不能在法定期间提起上诉或者提出答辩状，申请延期的，是否准许，由人民法院决定。

涉外财产保全，当事人既可以在诉讼开始后提出申请，也可以在诉前申请，但是人民法院不能依职权进行保全。当事人申请诉讼前财产保全的，人民法院裁定准许后，申请人应当在30日内提起诉讼；逾期不起诉的，人民法院应当解除财产保全。

人民法院审理涉外民事案件的期限不受《民事诉讼法》关于第一审普通程序和第二审程序审理期限规定的限制。

复习思考题

1. 民事诉讼中律师代理的特点是什么？
2. 简述代理律师的权限。

3. 简述第一审程序律师代理的主要工作。

▶ 即测即评

第六章　刑事诉讼中的律师业务

根据《宪法》《律师法》《刑事诉讼法》和其他有关法律的规定，担任刑事诉讼中犯罪嫌疑人、被告人的辩护人，刑事被害人及其亲属的代理人，依法维护他们的合法权益，是律师的基本业务之一。

第一节　刑事诉讼中的律师辩护

一、刑事诉讼中的律师辩护概述

（一）刑事辩护制度

1. 辩护与辩护权

《宪法》第130条规定，被告人有权获得辩护。《刑事诉讼法》《律师法》等对此又作了详尽规定。可见，辩护权是法律赋予犯罪嫌疑人、被告人针对指控进行辩解和反驳，以维护自己合法权益的一种诉讼权利，是犯罪嫌疑人、被告人诉讼权利的核心。

具体来说，刑事诉讼中的辩护，有两种基本含义：一是指犯罪嫌疑人、被告人及其辩护人根据事实和法律，收集、提出犯罪嫌疑人、被告人无罪、罪轻或者减轻、免除其刑事责任以及维护其诉讼权利的材料和意见，维护犯罪嫌疑人、被告人合法权益的诉讼行为；二是指与控诉职能、审判职能相对应的辩护职能。

根据法律的有关规定，犯罪嫌疑人、被告人辩护权的内容主要是：（1）在刑事诉讼的各个阶段，犯罪嫌疑人、被告人有权自行辩护。（2）犯罪嫌疑人自被侦查机关第一次讯问或者采取强制措施之日起，有权委托辩护人；在侦查期间，只能委托律师作为辩护人。被告人有权随时委托辩护人。（3）公安机关、人民法院和人民检察院应当依法保障犯罪嫌疑人、被告人依法获得辩护的权利：侦查机关在第一次讯问犯罪嫌疑人或者对犯罪嫌疑人采取强制措施的时候，应当告知犯罪嫌疑人有权委托辩护人；人民检察院自收到移送审查起诉的案件材料之日起3日以内，应当告知犯罪嫌疑人有权委托辩护人；人民法院自受理案件之日起3日以内，应当告知被告人有权委托辩护人。犯罪嫌疑人、被告人在押期间要求委托辩护人的，人民法院、人民检察院和公安机关应当及时转达其要求。(4)申请指派辩护。犯罪嫌疑人、被告人因经济困难或者其他原因没有委托辩护人的，法律援助机构应当依据本人及其近亲属的申请，为其指派辩护律师。(5)强制指派辩护。犯罪嫌疑人、被告人是盲、聋、哑人，未成年人，尚未完全丧失辨认或者控制自己行为能力的精神病人，以及可能被判处无期徒刑、死刑而没有委托辩护人的，人民法院、人民检察院和公安机关应当通知法律援助机构指派律师为其提供辩护。(6)高级人民法院复核死刑案件，被告人没有委托辩护人的，应当通知法律援助机构指派律师为其提供辩护。(7)在审判过程中，被告人可以拒绝辩护人继续为其辩护，也可以另行委托辩护人辩护。在审查起诉阶段，犯罪嫌疑人同样应当享有拒绝辩护或者变更辩护的权利。

辩护权行使的方式主要是：(1)自行辩护，即犯罪嫌疑人、被告人在整个诉讼过程中都可以行使辩护权，为自己进行辩护。(2)委托辩护，即犯罪嫌疑人、被告人或其近亲属等与律师及其他有资格担当辩护人的公民订立委托协议，委托他们为其进行辩护。(3)指派辩护，即出现法律明确规定的几种情况时，人民法院、人民检察院、公安机关在法律规定的范围内，为没有委托辩护人的犯罪嫌疑人、被告人指派承担法律援助义务的律师为其提供辩护，或者法律援助机构依据本人及其亲属的申请，对符合法律援助条件的犯罪嫌疑人、被告人，指派律师为其提供辩护。这项制度也被称为刑事法律援助制度。

2. 辩护人的范围

辩护人，是指接受犯罪嫌疑人、被告人及其近亲属的委托，或者人民法院的指定，帮助犯罪嫌疑人、被告人行使辩护权以维护其合法权益的人。根据《刑事诉讼法》第33条的规定，在我国可以担任辩护人的人员有：(1)律师。(2)人民团体或者犯罪嫌疑人、被告人所在单位推荐的人。(3)犯罪嫌疑人、被告人的监护人、亲友。

犯罪嫌疑人、被告人可以委托1—2人作为辩护人。根据《公安机关办理刑事案件程序规定》的规定，同案的犯罪嫌疑人，或者两名以上未同案处理但实施的犯罪存在关联的犯罪嫌疑人，不得聘请同一名律师作为辩护人。

3. 律师辩护

律师辩护是指律师接受犯罪嫌疑人、被告人及其近亲属的委托，或者人民法院的指定，参加刑事诉讼，依法为犯罪嫌疑人、被告人进行的辩护。

根据《刑事诉讼法》的规定，被告人有权随时委托辩护人；犯罪嫌疑人自被侦查机关第一次讯问或者采取强制措施之日起有权委托辩护人，但在侦查期间只能委托律师作为辩护人。当犯罪嫌疑人、被告人符合指派辩护的条件时，由承担法律援助义务的律师为他们进行辩护。

犯罪嫌疑人、被告人没有委托辩护律师，法律援助机构也没有进行指派的，可以由法律援助机构派驻的值班律师代为提供法律帮助。值班律师的法律帮助从严格意义上讲，并不属于律师辩护。不过，从广义上讲，值班律师制度也是辩护制度的体现。人民法院、人民检察院、看守所等机关应当告知犯罪嫌疑人、被告人有权约见值班律师，并提供相应的便利。

根据不同的标准，可以把律师辩护分成不同的类型。例如，以辩护所处的程序阶段不同，可以分为侦查阶段的律师辩护、审查起诉阶段的律师辩护和审判阶段的律师辩护；以辩护所处的程序性质不同，可以分为一审程序的律师辩护、二审程序的律师辩护和再审程序的律师辩护。

（二）律师担任辩护人的法律地位与意义

1. 律师担任辩护人的法律地位

根据法律规定，律师可以在刑事诉讼中担任辩护人。律师在刑事诉讼中担任辩护人时，是当事人以外的其他诉讼参与人。律师是法律专业人员，其执业活动受到法律法规、律师职业道德和执业纪律的约束，受到司法行政机关、律师协会和社会公众等的监督，且其在执业活动中享有广泛的权利，能更好地保护犯罪嫌疑人、被告人的合法权益，实现辩护制度的价值与目的，故法律赋予辩护律师以独立的诉讼地位，具体表现如下：

（1）律师依法进行辩护，不受犯罪嫌疑人、被告人意志的约束。律师虽然是受犯罪嫌疑人、被告人及其近亲属的委托，或者司法机关的指定担任犯罪嫌疑人、被告人的辩护人的，但是，他是根据事实和法律，依法为犯罪嫌疑人、被告人进行辩护的，辩护内容不取决于委托他的人的意志。也就是说，律师辩护权要以犯罪嫌疑人、被告人的授权为基础，但是，在获得授权后，即依法独立进行辩护。

拓展阅读

（2）律师依法进行辩护，不受公诉人的意志约束。辩护律师履行的辩护职能，在性质上与公诉人履行的控诉职能是对立统一的关系。控辩双方进行诉讼活动，都要坚持以事实为根据、以法律为准绳，既要惩罚犯罪，又要避免伤害无辜，既要维护社会主义法制，又要维护犯罪嫌疑人、被告人的合法权益。在法庭审理过程中，双方各司其职，各负其责，独立履行职责。辩护律师依法进行辩护，不受公诉人意志左右，不受公诉人非法干涉。

（3）律师依法进行辩护，不受审判人员的意志约束。在法庭上，律师应当遵守法庭纪律，服从审判人员指挥。但是，律师如何进行辩护，取决于自己对案件事实的认识和对法律的理解，律师根据自己的执业技能制定辩护策略，发表辩护意见，不受审判人员的意志左右。审判人员应当充分保障辩护律师的诉讼权利。律师对于法庭审理过程中的违法行为有权要求纠正，对于审判人员侵犯其诉讼权利和其他合法权利的行为，有权提出控告。

2. 律师担任辩护人的意义

律师作为辩护人，参加刑事诉讼，依法独立进行辩护，具有重要的意义，主要体现如下：

（1）有助于司法机关全面客观地了解案件事实，正确适用法律，公正处理案件。

（2）弥补犯罪嫌疑人、被告人辩护能力的不足，维护犯罪嫌疑人、被告人的合法权益。在刑事诉讼中，因为各种原因，犯罪嫌疑人、被告人自行辩护具有很大的局限性；其他人作为辩护人时所享有的诉讼权利不如辩护律师广泛，还缺乏律师的专业能力和制约机制，同样有较大的局限性。而律师作为辩护人则能很好地克服这些不足。

（3）律师是法律专业人员，谙熟国家法律规定，由其担任辩护人依法为犯罪嫌疑人、被告人辩护，也是把具体法律规定应用到具体案件事实的活动，还能对犯罪嫌疑人、被告人和社会上的其他人进行生动具体的法治教育。

（三）律师担任辩护人的辩护职责

律师担任辩护人进行辩护，不仅要遵循《刑事诉讼法》《刑法》等的规定，还要遵循《律师法》《律师职业道德和执业纪律规范》等的规定。根据上述规定，律师的辩护职责包括以下内容：

第一，律师进行辩护活动的内容，是收集、提出犯罪嫌疑人、被告人无罪、罪轻或者减轻、免除其刑事责任的材料和意见，以维护其诉讼权利与其他合法权益。具体包括三个方面：（1）实体辩护，主要是就案件事实、证据和法律适用的问题，收集、提出犯罪嫌疑人、被告人无罪、罪轻或者减轻、免除其刑事责任的材料和意见。（2）程序辩护，即提出维护犯罪嫌疑人、被告人诉讼权利的材料和意见，如保护犯罪嫌疑人、被告人不被刑讯逼供，对犯罪嫌疑人、被告人及时变更强制措施，等等。（3）提供法律帮助。律师作为具有法律专业知识的人，在担任辩护人时，除了从实体和程序上为犯罪嫌疑人、被告人进行辩护外，还需要为他们提供法律咨询、代写文书、提供诉讼建议等法律帮助。

第二，律师为犯罪嫌疑人、被告人辩护，应当依据事实和法律进行，不得捏造事实，歪曲法律；不得故意提供虚假证据或威胁、利诱他人提供虚假证据以及妨碍对方当事人合法取得证据；不得以不正当方式影响法官、检察官以及其他工作人员依法办理案件；不得从事法律、法规、规章及行业规范禁止的行为。

第三，律师必须维护犯罪嫌疑人、被告人的合法权益。无论犯罪嫌疑人、被告人实施的罪行轻重、品行如何、社会舆论如何，其都享有一定的合法权益，辩护律师应该依法维护，不能感情用事。没有法律规定的事由，辩护律师不能拒绝辩护。对于辩护律师在执行职务中发现的，犯罪嫌疑人、被告人没有供认，司法机关也没有发现的罪行，律师不得向司法机关检举揭发，一般也不应当辞去委托而去检举揭发，这是职业道德和执业纪律的要求。当然，律师维护的只是犯罪嫌疑人、被告人的合法权益，而不是他的一切利益，更不能是他的非法利益。

当然，辩护律师的保密义务也不是绝对的，为了国家、集体与他人利益的安全，当辩护律师在执业活动中知悉委托人或者其他人，准备或者正在实施危害国家安全、公共安全以及严重危害他人人身安全的犯罪的，应当及时告知司法机关。

（四）律师担任辩护人的权利和义务

律师担任辩护人参加刑事诉讼，根据法律规定享有一定的诉讼权利，也负有一定的诉讼义务。

1. 律师担任辩护人的诉讼权利

（1）依法执行辩护业务受国家法律保护，不受任何单位、个人非法干涉的权利。这是律师履行辩护职责的重要保障，是律师依法行使其他诉讼权利的基础。辩护律师的辩护言论受法律保护，不受追究。

（2）收集与本案有关材料的权利。这是辩护律师特有的一项权利，其他辩护人一般情况下不能享有。辩护律师可以经证人、有关单位和个人同意，向他们收集、调取相关材料，当以上主体不同意配合时，可以申请人民法院收集、调取相关材料或通知证人出庭作证。人民法院认为确有必要的，应当同意。

（3）查阅、摘抄、复制本案案卷材料的权利。辩护律师自人民检察院对案件审查起诉之日起，可以查阅、摘抄、复制本案的案卷材料。其他辩护人经人民法院、人民检察院许可，也可以查阅、摘抄、复制上述材料。

（4）同在押的或被监视居住的犯罪嫌疑人、被告人会见和通信的权利。辩护律师依法要求会见在押的犯罪嫌疑人、被告人的，看守所应当及时安排会见，至迟不得超过48小时。在侦查期间，辩护律师要求会见在押的危害国家安全犯罪、恐怖活动犯罪案件犯罪嫌疑人的，应当经侦查机关许可，侦查机关应事先通知看守所。

辩护律师会见在押的、被监视居住的犯罪嫌疑人、被告人，可以了解案件有关情况，提供法律咨询等。自案件移送审查起诉之日起，可以向犯罪嫌疑人、被告人核实有关证据。辩护律师会见犯罪嫌疑人、被告人时不被监听。

（5）出庭、参加诉讼的权利。这些权利主要有：第一，开庭3天之前得到出庭辩护通知书的权利；第二，在法庭中有相应座位的权利；第三，向法庭提供证据的权利；第四，质证的权利；第五，发表书面或者口头辩护意见的权利；第六，提出通知新的证人到庭、调取新的证据、重新鉴定或者勘验申请的权利。

（6）委托事项违法，委托人利用律师提供的服务从事违法活动或者委托人隐瞒主要事实的，律师有权拒绝辩护。

（7）其他诉讼权利，即根据犯罪嫌疑人、被告人的授权和法律规定，律师在刑事诉讼中享有的其他权利。例如，经被告人同意，可以在法定上诉期限内，对各级人民法院判处的第一审判决、裁定提出上诉；对公安机关、人民检察院、人民法院采取强制措施超过法定期限的，可以代犯罪嫌疑人、被告人要求变更或者解除强制措施等；对司法机关及其工作人员违法办案，侵犯当事人人身权利、财产权利的行为依法提出控告等。

2. 辩护律师的诉讼义务

（1）根据事实和法律，依法执行职务，维护犯罪嫌疑人、被告人的合法权益。辩护人接受委托后，应当及时告知办案机关。

（2）对于在执业活动中知悉的国家秘密、商业秘密以及当事人的隐私，应当予以保密。

（3）按时出庭，遵守法庭规则，在庭审中服从审判长的指挥。

（4）律师不得帮助犯罪嫌疑人、被告人隐匿、毁灭有罪、罪重证据，伪造无罪、罪轻证据或者帮助其串供；不得威胁、引诱证人改变真实证言或者作伪证；不能进行其他干扰司法机关诉讼活动的行为。

（5）律师不得违反规定会见检察官、法官，不得向其请客送礼、行贿，或指使、诱导当事人行贿。

（6）辩护律师会见在押的犯罪嫌疑人、被告人时，要严格遵守监所的有关规定。

（7）辩护人收集的有关犯罪嫌疑人不在犯罪现场、未达到刑事责任年龄、属于依法不负刑事责任的精神病人的证据，应当及时告知公安机关、检察院。

二、审查起诉阶段的律师辩护

（一）委托律师辩护

在审查起诉阶段，犯罪嫌疑人有权委托律师辩护。律师接受委托必须具备以下条件：（1）在时间上，自被侦查机关第一次讯问或者采取强制措施之日起，犯罪嫌疑人就有权委托辩护人。（2）委托人须符合规定的范围：犯罪嫌疑人可以自行委托；当犯罪嫌疑人是未成年人或间歇性精神病人时，由犯罪嫌疑人的法定代理人进行委托；在犯罪嫌疑人被采取强制措施、限制人身自由的情况下，由犯罪嫌疑人的近亲属代为委托。为了保障犯罪嫌疑人获得律师帮助的权利，在特殊情况下也可以由犯罪嫌疑人委托其法定代理人、近亲属以外的其他公民代为委托辩护律师。犯罪嫌疑人的近亲属或其他公民代为委托辩护律师时，必须征得犯罪嫌疑人的同意，持有犯罪嫌疑人授权委托辩护人的证明。在司法实践中，在押的犯罪嫌疑人要求委托辩护人的，人民检察院可以要求他指定他人为其办理委托事宜，由人民检察院通知他指定的人办理。（3）委托事项合法，委托人没有提出影响律师违法执行职务的不合理要求。《律师法》第32条规定，委托事项违法，委托人利用律师提供的服务从事违法活动或者委托人隐瞒与案件有关的重要事实的，律师可以拒绝辩护。实践中，有的委托人在办理委托手续时，对律师隐瞒事实真相，或者提出一些不合理要求，要求律师去做违背法律、执业纪律和职业道德的事，如必须做无罪辩护，让律师伪造证据，要律师向办案人员请客送礼或行贿，等等。这样的要求是非法的，律师不能接受其委托。

符合上述条件的，须由律师事务所统一接受委托，统一收费，由委托人与律师事务所签订委托合同，律师个人不得自行接受委托。

律师接受委托之后，因为一些约定或者法定事由的出现，也可能变更或者解除委托关系。委托关系的变更，由双方商定，变更的要求可由委托方提出，也可由受托方提出。变更的情形主要有以下几种：（1）委托人提出增加、减少或更换辩护律师。如果要求变更的理由正当，一般应予准许，并办理相关手续；但如要求变更的理由不成立或要求不合理，可以向委托人进行解释，协议不成，可以解除委托关系。（2）受托方提出更换承办律师或变动律师数量，应当征得委托人的同意。如果原承办律师因某种原因不能继续履行职务，可以提出变更。委托人同意的，律师事务所可另行指派其他律师；如果不同意，可解除委托协议。委托关系变更后，应及时通知承办案件的检察机关。委托关系的解除情形主要有以下几种：（1）委托人拒绝律师继续辩护的；（2）因法定事由出现律师拒绝辩护的；（3）程序终结的；（4）约定的辩护活动完成的。

（二）辩护律师在审查起诉阶段的活动

在审查起诉阶段，为了履行自己的职责，保护当事人的合法权益，律师应当进行一系列的执业活动。结合法律规定与律师执业的实践，辩护律师在审查起诉阶段的活动主要如下：

1. 向犯罪嫌疑人了解案件情况

犯罪嫌疑人往往对自己是否实施了犯罪行为、犯罪行为的具体情节等有比较真实的了解，向犯罪嫌疑人了解案件情况是律师进行辩护的起点。辩护律师应当向犯罪嫌疑人充分说明自己的职责及有关法律规定，使其能够消除顾虑、如实陈述案情。

对于案件事实与法律适用，以及辩护权的行使，辩护律师也应当充分了解犯罪嫌疑人的意见，了解案件的证据与证据线索，为调查核实案情做好准备。同时，对于司法机关暂时还没有掌握的犯罪嫌疑人的犯罪情节或者其他犯罪行为，辩护律师应当向犯罪嫌疑人阐明法律规定，以帮助犯罪嫌疑人争取宽大处理的机会。

犯罪嫌疑人在押的，辩护律师应当依法与其会见。会见在押犯罪嫌疑人应按法律规定的程序和手续进行，辩护律师须持律师事务所证明、律师执业证书和委托书，或者法律援助公函，到看守所办理相应手续。对于会见在押犯罪嫌疑人的律师人数，法律没有作明确限制，实践中为了更好地保障律师的执业活动，一般以2名律师为宜。辩护律师在会见在押的犯罪嫌疑人时，除做好上述工作以外，还应当在不是犯罪嫌疑人亲自委托律师的情况下，向犯罪嫌疑人说明自己的身份和基本情况，询问犯罪嫌疑人对律师辩护的意见，并就律师辩护征得犯罪嫌疑人的同意。犯罪嫌疑人不同意该律师为其辩护的，委托关系即行终止。

辩护律师自接受委托后，在整个审查起诉阶段均可与在押的犯罪嫌疑人会见。关于会见犯罪嫌疑人的时间和次数，法律未作任何限制，视案件情况和工作需要确定。会见在押犯罪嫌疑人的场所，由看守部门指定并作出相应安排。看守部门应对律师会见在押犯罪嫌疑人提供必要的方便，不得以任何借口推脱或阻挠、干扰会见的进行，也不得监听。

2. 查阅、摘抄、复制有关诉讼材料

辩护律师在起诉阶段可以查阅、摘抄、复制的诉讼材料主要是诉讼文书和技术性鉴定材料。诉讼文书一般有立案决定书、拘留证、提请批准逮捕书、批准逮捕决定书、逮捕证、搜查证、起诉意见书等。技术性鉴定材料主要包括法医鉴定、司法精神病鉴定和物证技术鉴定等。这些诉讼材料对于证明犯罪嫌疑人的犯罪事实是否成立、证据是否充分、法律适用是否正确等具有重要作用。了解这些情况，是辩护律师依法进行辩护的基础。

3. 调查取证

根据法律规定，辩护律师经证人或其他有关单位和个人同意，可以向他们收集与案件有关的材料，也可以申请人民检察院或人民法院收集、调取证据。调查取证是辩护律师执行辩护业务的一项法定权利，也是查明案件事实真相的重要手段。

辩护律师在调查取证时应当注意以下事项：（1）辩护律师调查时须出示律师事务所的调查证明和律师执业证书。（2）辩护律师进行调查要获得有关单位和个人的同意。有关单位和个人拒绝会见或拒绝提供材料的，辩护律师有权申请人民检察院收集调取。辩护律师认为必要时也可径行申请人民检察院调取。（3）辩护律师向被害人或其近亲属、被害人提供的证人调查收集证据，必须经上述人员同意并经人民检察院同意。（4）辩护律师向有关单位或个人调查，必须说明调查的目的和要求，遵守法律的有关规定。严禁以引诱、威胁、欺骗等非法手段收集证据。律师要忠于事实真相，不得隐瞒事实，伪造证据。（5）律师调查应针对不同对象注意调查的方式方法。调查应做好调查笔录，由被调查人核对无误后签名或盖章。

4. 提出辩护意见

辩护律师会见犯罪嫌疑人并进行必要的调查核实后，应当从案件事实和适用法律的角度，向审查起诉机关提出自己的辩护意见。

三、审判阶段的律师辩护

（一）律师接受委托辩护或指定辩护

根据法律规定，在审判阶段律师担任辩护人的，主要有两种情形，即接受被告人委托或者法院指派担任辩护人。

在审判阶段委托辩护律师包括自诉案件的被告人委托律师和公诉案件的被告人委托律师，还有一些公诉案件在侦查阶段或审查起诉阶段就委托了辩护律师，并延续至审判阶段。审判阶段委托辩护律师的相关问题，与审查起诉阶段委托辩护律师基本相同，可见前述。

律师接受法院指派担任辩护人，是审判阶段辩护的一个特点。指派辩护律师，需要遵循以下规定：

第一，接受指派的律师必须是承担法律援助义务的律师。

第二，审判阶段指派辩护律师需要基于以下法定情形：（1）犯罪嫌疑人、被告人因经济困难或者其他原因没有委托辩护人的，法律援助机构应当依据本人及其近亲属的申请，为其指派辩护律师。（2）犯罪嫌疑人、被告人是盲、聋、哑人，未成年人，尚未完全丧失辨认或者控制自己行为能力的精神病人，以及可能被判处无期徒刑、死刑而没有委托辩护人的，人民法院、人民检察院和公安机关应当通知法律援助机构指派律师为其提供辩护。（3）高级人民法院复核死刑案件，被告人没有委托辩护人的，应当通知法律援助机构指派律师为其提供辩护。

第三，辩护权本质上是被告人的诉讼权利，所以被告人有权拒绝法院为其指派的辩护律师。如果被告人对法院为其指派辩护律师表示拒绝的，法院应当向被告人说明律师辩护的意义和法律的相关规定，经说明被告人仍然坚持拒绝的，人民法院应当准许，不再指派律师辩护。

第四，人民法院指派律师辩护的，法律援助机构应当提供法律援助，并选派律师担任被告人的辩护人。

第五，指派的辩护律师与委托辩护律师具有同等的法律地位，有同样的诉讼权利和诉讼义务。

在诉讼过程中，被告人要求增加辩护律师的，不予允许；要求变更律师的，由人民法院或者法律援助机构审查决定；被告人拒绝辩护律师继续辩护，经说明后仍然坚持的，辩护关系解除。通常情况下，被指定的辩护律师不能拒绝辩护，但如果被指定的辩护律师确实不能履行职务，由人民法院或者法律援助机构更换律师。

（二）辩护律师出庭前的准备

1. 征询被告人的意见

辩护律师在开庭审理之前，应当向被告人征询意见。如果被告人在押，应当会见并征询意见。此时会见在押被告人的手续与前述相同。根据法律规定，结合律师执业实践，辩护律师征询被告人的意见应当从以下方面进行：

（1）应向被告人核实起诉书在表述案情和援引证据方面可能存在的问题，询问被告人是否还有新的证据，要求被告人进一步提供可供律师调查核实的线索。

（2）听取被告人本人对指控犯罪的辩护意见，询问其对起诉书认定事实和适用法律方面的意见和看法。

（3）向被告人告知律师的辩护准备工作和初步的辩护要点，听取被告人意见，研究律师与被告人在法庭审理时的分工和协调。辩护律师应当注意其独立为被告人辩护的职责，如果被告人与辩护律师的意见不一致，可以作出解释。如果分歧较大，律师可以坚持自己的观点，将有分歧的事项交给被告人自行辩护，但是，辩护律师不可发表对被告人不利的见解。

（4）向被告人说明法律规定，交代法庭审理中的注意事项，使被告人了解自己的诉讼权利和诉讼义务，告知其如实回答讯问，依法为自己进行辩护。

2. 查阅、摘抄、复制诉讼材料

本阶段，辩护律师应当查阅、摘抄、复制的诉讼材料主要是起诉书、起诉的证据目录、证人名单、主要证据的复印件或照片。

3. 调查核实证据

在前述审查起诉阶段调查取证的基础上，辩护律师可以进行进一步的必要调查，收集证据，核查有关事实。如果辩护律师没有参加审查起诉阶段的程序，更应当进行必要的调查核实证据的活动。该阶段调查核实证据的有关规定与审查起诉阶段基本相同，不同的是，律师在调查中，有关单位和个人拒绝会见或者拒绝提供与本案有关材料的，律师可以申请人民法院调取，或者申请人民法院通知证人出庭作证；律师向被害人或者其近亲属、被害人提供的证人进行调查，需经人民法院许可并经上述人员同意。

4. 其他出庭准备

除做好上述工作外，律师在出庭前，还应当确定辩护方案，构思辩护要点，撰写辩护材料，以及根据案件实际情况做好其他必要的准备工作。

（三）律师出庭辩护

律师出庭辩护，是指辩护律师参加法庭审判程序，在开庭审理过程中为被告人进行辩护。出庭辩护是律师辩护的集中体现，也是辩护工作的重点。开庭审理一般包括宣布开庭、法庭调查、法庭辩论、被告人最后陈述、评议和宣判五个阶段，每个阶段辩护律师都需要履行一定的职责。

1. 宣布开庭阶段的律师工作

（1）要注意合议庭的组成是否符合法律规定，或者独任审判员的任职是否符合法律规定。如果出现违法情形，应向法庭提出，要求纠正。

（2）要注意法庭组成人员、书记员、公诉人、翻译人员是否存在回避情形。存在回避情形的，应当告知被告人有权对上述人员申请回避，或者直接提出回避申请。

（3）要注意采取公开或者不公开审判是否符合法律规定，如果采取的开庭审理方式违法，应当及时要求法庭纠正。

（4）要注意有关诉讼参与人特别是证人是否到庭。如果那些与案件结果有重要影响且必须出庭作证的证人没有到庭，律师应当向法庭再次提出申请，必要时可以申请延期审理。对于已经到庭的证人，应注意法庭是否对证人采取了隔离措施，防止证人旁听审理情况或者相互影响。

2. 法庭调查阶段的律师工作

（1）听取公诉人、自诉人宣读起诉书或自诉状。

（2）听取被告人、被害人就起诉书指控的犯罪进行的陈述。

（3）听取公诉人对被告人的讯问，注意公诉人在发问中有无指供、诱供、逼供等违法情形。发现存在违法情形的，要及时提请法庭予以纠正。对被告人有利的情节，公诉人没有涉及的，辩护律师要利用自己询问的机会适时发问。

（4）听取控诉方证人、鉴定人作证和公诉人、被害人及其诉讼代理人对证人、鉴定人的发问，对控方证人、鉴定人的作证当庭质证，核实证人证言的真实性和作证证人的可靠性。

（5）对当庭出示的物证，当庭宣读的未到庭的证人证言笔录、鉴定意见，勘验检查笔录和其他作为证据的文书发表意见。发现证据的来源、证据的形式、证据的效力、证据内容等方面存在矛盾、不合理之处的，应当向法庭提出。

（6）申请传唤辩方证人、鉴定人出庭作证并进行提问，向法庭展示能够证明被告人无罪、罪轻或者应当或可以从轻、减轻或免除刑罚的情节；向法庭出示物证书证，请求宣读未到庭的证人证言、鉴定意见。在有法律规定时，申请传唤新的证人到庭，申请调取新的物证，申请重新鉴定或勘验。

3. 法庭辩论阶段的律师工作

（1）听取公诉人发表的公诉词以及被害人及其诉讼代理人的发言，找到重点，有的放矢地发表辩护意见。

（2）听取被告人的供述和辩护意见。被告人自行发表的辩护意见正确的，要在发表辩护意见时予以支持；不赞成被告人发表的辩护意见的，通常不要公开予以反驳，但对于被告人的口误、错误地对不利于己的事实予以承认的情形，应当在发表辩护意见时予以纠正。

（3）发表辩护意见。律师发表的辩护意见也称辩护词。律师应当根据事先准备的情况，结合法庭调查的情况及上述人发表的意见，就案件的事实、法律适用以及有无犯罪或者犯罪情节，进行全面阐述。

（4）控辩双方相互辩论。经过上述第一轮发言后，控辩双方可以有针对性地展开相互辩论，律师可以对控方有矛盾或者不正确的意见予以驳斥，也可以发表新的意见，为被告人进行辩护。

4. 被告人最后陈述阶段的律师工作

在此阶段，律师应当注意保障被告人最后陈述权利的行使，对限制被告人最后陈述权利的行为要求予以纠正。如果被告人在最后陈述中提出了合理的新的事实与理由，应当申请法庭重新恢复法庭调查和法庭辩论。

5. 评议和宣判阶段的律师工作

评议秘密进行，律师无权参与该阶段活动。在此阶段，律师的主要工作是参加法庭宣判，注意听取或者阅读裁判内容；及时会见被告人，征询被告人的意见，向被告人进行必要的说明和解释，询问被告人是否上诉，被告人决定或者同意上诉的，律师可以协助其提出上诉。

上述对律师在审判阶段辩护工作的阐述，是以刑事公诉案件且公诉人出庭的情形为基础的。对于公诉人不出庭的公诉案件和自诉案件，辩护律师的工作内容基本相同。不过，刑事自诉案件的法庭审判有其独特之处，如双方当事人可以和解，原告可以撤诉，被告人可以提出反诉，除了《刑事诉讼法》第210条第3项规定的“被害人有证据表明对被告人侵犯自己人身、财产权利的行为应当依法追究刑事责任，而公安机关或者人民检察院不予追究被告人刑事责任的案件”，人民法院审理自诉案件可以调解。因此，律师担任自诉案件被告人的辩护人，要在参照前述公诉案件辩护工作的基础上，针对自诉案件的特点，适当调整辩护工作。例如，积极配合法院做好对当事人的调解工作，促成控辩双方达成调解协议；对当事人进行法治教育，化解矛盾，使双方当事人相互谅解，增进团结，促进当事人和解撤诉；具备反诉条件的，积极支持被告人提起反诉，维护被告人的合法权益。

四、二审、再审程序中的律师辩护

（一）二审程序中的律师辩护

律师担任第二审程序的上诉人的辩护人，或者担任二审程序中其他同案被告人的辩护人，或者抗诉案件二审程序的被告人的辩护人时，应当根据二审程序的特点，注意做好以下方面的工作：

第一，第二审辩护除了针对原起诉书指控的罪名和事实外，主要针对的是第一审法院的判决意见，包括第一审判决认定事实是否准确，适用法律是否正确，判处刑罚是否适当，程序是否合法。如果二审的提起是基于检察机关的抗诉，还要针对检察院的抗诉发表意见。

第二，会见被告人、查阅案卷材料、调查取证，都要有重点、有目的地围绕原审判决存在的错误或者检察院抗诉的问题进行。

第三，要认真研究原审中被告人和辩护人提出的辩护意见，总结经验教训。正确的要坚持，合理的要维护，错误的要纠正，不足之处要加以补救。

第四，辩护不受上诉范围或抗诉理由的限制，对案件事实的认定、证据的收集判断、实体法的适用和诉讼程序的运作，只要存在问题或者错误，辩护律师都应依法在二审的辩护意见中予以反映。

第五，如果二审不开庭，辩护律师更要重视辩护词的撰写，通过辩护词充分全面地表达辩护意见。

第六，注意维护被告人上诉不加刑的法定权利，防止二审法院对提出上诉的被告人加重刑罚或者变相加刑。

（二）再审程序的律师辩护

按照审判监督程序提起再审的案件，要么适用一审程序，要么适用二审程序，辩护律师可以根据适用的程序不同，开展相应的辩护工作，具体内容可以参见前述部分。

另外，启动再审程序要以原审裁判存在错误为前提，再审程序既可能是当事人申诉引起的，也可能是法院自行发现决定再审引起的，还可能是检察院抗诉引起的。所以，律师进行辩护工作时注意以下几点：

第一，律师要针对引起再审的不同原因展开辩护工作。如果是当事人申诉引起的再审，应当在提出申诉的基础上，进一步调查收集证据，维护当事人的合法权益；如果是检察院抗诉引起的，应当注意审查检察院抗诉书中认定的事实、援引的证据，有针对性地进行辩护。

第二，若再审是由原生效裁判错误引起的，辩护律师要依法查阅、复制、摘抄原审有关案卷材料，充分理解案情，探寻原生效裁判是否确有错误、错误的根源是什么、错误的地方是什么。

第三，再审程序中被告人因执行原生效裁判被羁押的，律师应当到监狱等关押被告人的场所会见被告人，向其说明法律规定和案件提起再审的情形，并询问被告人的意见。

第二节　刑事诉讼中的律师代理

一、刑事诉讼中的律师代理概述

（一）刑事诉讼中律师代理的概念

刑事诉讼中的律师代理，是指律师接受自诉案件的自诉人及其法定代理人、公诉案件的被害人及其法定代理人或近亲属、附带民事诉讼的当事人及其法定代理人的委托，为被代理人提供法律帮助，参加诉讼活动，维护被代理人的合法权益，保证国家法律正确实施的制度。

（二）刑事诉讼中律师代理的特征

刑事诉讼中的律师代理具有以下特征：（1）只能发生在刑事诉讼过程中。虽然与刑事案件有关，但不是代理参加诉讼活动的，不是诉讼代理。（2）被代理人是自诉案件的自诉人及其法定代理人，或者是公诉案件的被害人及其法定代理人或近亲属，或者是附带民事诉讼的当事人及其法定代理人。如果受被告人委托为被告人辩护，是辩护人，而不是代理人。（3）须办理委托手续，在授权范围内进行活动。（4）代理人是律师。

（三）刑事诉讼中律师代理的分类

一般而言，可以根据刑事案件适用的程序和被代理人的情况，把刑事诉讼中的律师代理分为自诉案件中的律师代理、公诉案件中的律师代理和刑事附带民事诉讼案件中的律师代理。

（四）代理律师的委托

根据《刑事诉讼法》第47条的规定，委托人委托代理律师的，参照前述委托辩护律师的规定，具体如下：（1）委托人须符合规定的范围，即只能由自诉案件的自诉人及其法定代理人、公诉案件的被害人及其法定代理人或近亲属、附带民事诉讼的当事人及其法定代理人委托。（2）在时间上，自案件移送审查起诉之日起，公诉案件的被害人及其法定代理人或近亲属、附带民事诉讼的当事人及其法定代理人有权委托代理律师。自诉案件的自诉人及其法定代理人、附带民事诉讼的当事人及其法定代理人的有权随时委托代理律师。（3）委托事项须合法，委托人没有提出影响律师违法执行职务的不合理要求。

此外，律师不得个人接受委托，应当由律师事务所统一接受委托，统一收取代理费用。

二、自诉案件的律师代理

（一）自诉案件律师代理的含义

自诉案件的律师代理，是指律师接受自诉案件自诉人的委托担任代理人，在代理权限内进行的诉讼活动。

在我国，自诉案件是指被害人及其法定代理人、近亲属向人民法院起诉，要求追究被告人的刑事责任，由人民法院直接受理的刑事案件。自诉案件有以下三类：（1）告诉才处理的案件。（2）被害人有证据证明的轻微刑事案件。（3）被害人有证据证明对被告人侵犯自己人身、财产权利的行为应当依法追究刑事责任，而公安机关或者人民检察院不予追究被告人刑事责任的案件。

此外，根据《刑事诉讼法》第173条的规定，自诉案件的被告人在诉讼过程中可以对自诉人提起反诉。反诉是独立之诉，在反诉过程中，反诉人也可以委托律师代理诉讼。

（二）自诉案件代理律师的代理工作

被害人及其法定代理人、近亲属委托律师担任刑事自诉案件的代理人的，在办理委托手续之前，律师通常应对委托人准备起诉的内容进行审查，审查后发现符合自诉案件条件的，可以接受委托；认为不符合自诉案件条件的，应当向当事人说明，或者建议当事人依其他途径解决，不应当接受委托。

律师接受委托，办理委托手续之后，应当根据委托人的授权和法律规定，积极进行代理活动，维护被代理人的合法权益。概括来说，其代理工作的内容主要有以下几项：

1. 与委托人进行充分的沟通

律师应当与委托人进行充分的沟通，了解案情和案件线索，征询委托人的意见，并向当事人解释有关法律规定，促使当事人积极维护自己的合法权益，依法行使权利、履行义务。

2. 撰写自诉状，提起诉讼

律师接受委托后，应为委托人代写刑事自诉状，向有管辖权的人民法院提起诉讼。在自诉状中，应当写明被告人犯罪的事实和证据，以及要求对被告人定罪量刑的法律依据。

3. 出庭前的准备工作

（1）调查收集证据。在自诉案件中，自诉人指控被告人犯罪必须承担举证责任。为此，代理律师要进行必要的调查收集证据的工作，帮助自诉人尽可能收集到充分的证据。

（2）准备代理意见，分析诉讼中可能遇到的问题，考虑应当采取的诉讼策略，等等。

4. 出庭参加诉讼

代理律师参加开庭审理活动，根据当事人的授权依法进行代理活动。代理律师出庭参加诉讼的，应当关注审理程序是否合法，有无侵犯自诉人合法权利的情况，发现存在上述情况的，应当要求法庭予以纠正。除此之外，代理律师还应当进行以下工作：

（1）确定自诉人是否出席开庭审理。自诉人负有控诉义务和举证责任，亲自参加开庭审理对于维护其自身合法权利有重要作用。但是，自诉人往往是被害人，其遭受犯罪侵害，心理上可能受到打击，不愿出席开庭审理；或者有的自诉人欠缺行为能力或者实际诉讼能力，出席开庭审理作用不大。所以，代理律师要根据不同情况，分别向自诉人或者委托人进行必要的说明，并确认自己获得的是一般授权代理还是特别授权代理。

（2）在法庭调解阶段，履行控诉职能。代理律师要宣读起诉状，向法庭提供证据，并依法进行质证活动，证实犯罪。

（3）法庭辩论阶段，代理律师要发表代理意见，与对方当事人及辩护人进行辩论，支持己方主张。发表的代理意见应富有条理、观点明确、论证确实有力。

（4）若被告人提起反诉，根据委托人的委托授权，可以担任辩护律师，承担辩护职责。

（5）注意有无调解或者和解的可能。根据《刑事诉讼法》的规定，自诉人在宣告判决前，可以同被告人自行和解或者撤回起诉；人民法院审理自诉案件除法定不许调解的案件以外，可以调解。如果通过和解或者调解能够维护被代理人的合法权益，可以向被代理人说明，促使当事人以和解或者调解方式结束案件。

5. 一审裁判作出后的工作

一审裁判作出之后，代理律师应当对裁判的内容和有关法律规定对被代理人进行必要的说明。如果自诉人不服，经自诉人同意，代理律师可以协助或代理自诉人提起上诉。如果自诉人对正确的一审裁判不服，律师应当向其说明情况及上诉可能的后果，但是不得阻止自诉人提起上诉。

（三）对自诉案件提起上诉的律师代理

对一审未生效裁判，自诉人或者被告人都有权提起上诉。当事人提起上诉引起二审程序的，原自诉人既可能是上诉人，也可能是被上诉人，其都有权委托律师代理二审程序。律师代理二审程序的工作内容，可以参照一审自诉案件。但是，二审程序有其自身的特点，代理律师应当针对这些特点执行自己的职务，这些不同于一审自诉案件的代理工作主要是：

第一，代理或者协助自诉人提出上诉。上诉不同于一审的起诉，还包含着对一审裁判的否定。所以，不仅要明确案件事实情况，还要研究一审裁判的内容，指出其错误所在。提起上诉应当书写上诉状，并在法定的上诉期间提交。

第二，了解自诉人不服一审裁判的原因，分析一审裁判未支持自诉人主张的原因，进一步调查收集证据及有关案件事实。

第三，如果对方提起上诉，应当了解对方提起上诉的理由和证据，并有针对性地进行反驳，以维护被代理人的合法权益。

三、公诉案件的律师代理

（一）公诉案件律师代理的含义与意义

公诉案件中的律师代理，是指律师接受公诉案件被害人或者他的法定代理人、近亲属的委托，担任被害人或者已经死亡的被害人的近亲属的代理人，为维护被代理人的合法权益而进行的诉讼活动。

公诉案件虽然是由人民检察院作为国家公诉机关提起诉讼，但是，被害人由于受到犯罪行为的侵害，更加具有维护自己权利的动机。并且，一般情况下，被害人也比较了解案件的真实情况。所以，我国《刑事诉讼法》规定被害人具有刑事诉讼当事人的法律地位，享有广泛的诉讼权利，有权参加到控诉一方，协助公诉机关行使控诉职能。但是，公诉案件的被害人因受到犯罪行为的侵害，在很多情形下，其可能全部或部分丧失行使诉讼权利的实际能力；还有的不懂法律知识，不善于运用自己的诉讼权利。在实践中，还有的被害人对公诉的罪名、法律适用等持有不同意见，甚至对司法机关有所疑虑；根据《刑事诉讼法》的规定，有些公诉案件被害人还可以不出庭。上述种种情况说明，律师作为被害人的代理人参加诉讼，为其提供法律帮助，对于维护其合法权益具有重要意义；代理律师在代理过程中，也会向被害人说明相关法律规定，打消其疑虑，对于增强司法公信力，稳定社会秩序，也具有重要意义。

（二）代理律师的权限与法律地位

在公诉案件中，被害人的代理律师与辩护律师不同，其不像辩护律师那样具有独立的辩护人地位，其代理权限取决于被害人的授权。

1. 代理律师的权限

代理律师在刑事公诉案件中代理被害人参加诉讼，根据《律师法》《刑事诉讼法》等法律的规定，享有执行职务所必需的人身权利、财产权利、诉讼权利。其中，其在诉讼中的诉讼权利是由被害人所享有的诉讼权利以及被害人的授权决定的，也就是说，代理律师根据被害人的授权，可以行使或者帮助被害人行使下列属于被害人的诉讼权利：

（1）对侵犯被害人权利的犯罪行为，有权提出申诉或者控告。

（2）有权要求有关司法机关依法予以处理，对有关机关不立案的决定有权申请复议；对公安机关应当立案而不立案的，有权向人民检察院提出，请求人民检察院要求公安机关立案。

（3）在审查起诉阶段，有权对案件事实的认定和法律适用向人民检察院提出意见，人民检察院应当听取这些意见。

（4）对人民检察院决定不起诉的案件，如果不服，可以向上一级人民检察院申诉，请求提起公诉，人民检察院应当将复查结果告知被害人；人民检察院维持不起诉决定的，可以代理或帮助被害人向人民法院起诉。也可不经申诉，直接向法院起诉。

（5）对于有证据证明对被告人侵犯自己人身、财产权利的行为应当依法追究刑事责任，而公安机关或人民检察院不予追究的案件，有权向人民法院提起自诉。

（6）不服地方各级法院第一审判决的，有权请求人民检察院提起抗诉。

（7）对审判人员、检察人员、侦查人员、鉴定人、翻译人员、书记员、勘验人员等，有权申请回避；对驳回申请回避的决定，有权申请复议。

（8）有权参加法庭调查，进行质证活动。

（9）有权进行法庭辩论。

（10）代理或者帮助被害人行使其他属于被害人的诉讼权利。

2. 代理律师的法律地位

在公诉案件中，代理律师处于被害人的诉讼代理人的地位。一方面，参加到控诉一方，起着辅助控诉的作用。被害人的代理律师与公诉人同属控诉一方，共同行使控诉犯罪的职能。双方就要求法庭根据事实和法律追究被告人的刑事责任而言，诉讼方向是一致的。另一方面，代理律师不是公诉人，不具有公诉人那样的诉讼地位，只处于控诉一方当事人的辅助人地位。他的诉讼职责不同于公诉人，公诉人代表国家追诉犯罪，主要维护国家和社会的整体利益，同时也要维护犯罪嫌疑人、被告人的合法权益，要对全案事实和法律适用负责；而代理律师只代表被害人，着眼于维护被害人的合法权益。

（三）代理律师的活动内容

公诉案件的代理律师接受被害人一方的委托后，根据法律规定及被害人一方的授权，可以进行以下活动：

1. 与被害人一方进行充分沟通

律师接受委托担任被害人的代理人后，应当与被害人一方充分进行沟通，听取被害人一方的意见，向被害人一方了解案件情况。应当为被害人一方提供法律咨询，从事实的认定、证据的判断和法律的适用等各个方面分析案情，包括案件的性质和行为人是否应承担的刑事责任；告知被害人其在诉讼中享有哪些权利、履行哪些义务，应当与检察机关如何配合等；指导被害人一方做好协助指控被告人犯罪的准备工作。

2. 审查起诉阶段的代理活动

公诉案件被害人的代理律师在审查起诉阶段即开始参加诉讼。此时，代理律师的活动与辩护律师类似，应当做好查阅、摘抄、复制本案诉讼文书、技术性鉴定资料的工作，并且根据《刑事诉讼法》《律师法》以及公安司法机关的有关规定，调查收集本案的必要材料，从维护被害人利益和使法律正确实施的角度向人民检察院提出代理意见，帮助他们正确作出提起公诉的决定。

3. 出庭前的准备活动

在开庭前，代理律师应当到法院查阅、摘抄、复制与本案有关的指控材料，进行必要的补充调查、收集证据工作，拟定法庭调查提纲，准备好代理意见。根据案件的性质，如果涉及被害人隐私的，代理律师可以建议人民法院不公开审理。

代理律师接到人民法院的开庭通知后因故不能出庭的，应当与人民法院协商延期审理，或者在取得委托人同意后更换其他律师出庭。代理律师接到开庭通知时间距离开庭时间不足3日的，可以向人民法院提出异议，并要求延期审理。

4. 出庭参加诉讼

律师接到人民法院的出庭通知书后，应当与委托人就出庭事宜进行交流。被害人被犯罪行为侵害致伤、致残，身患重病行动不便的，经其授权，可由律师代理出庭参加诉讼。

在法庭调查阶段，代理律师应当注意公诉人、审判人员对被告人的讯问，注意公诉人、辩护人对证人的发问，必要时可以直接对被告人、证人、鉴定人进行发问，对辩护方出示的证据进行质证，以协助法庭全面查明案情，正确判断证据。代理律师还应根据法庭调查的情况，及时修改、补充代理词。

在法庭辩论阶段，在公诉人、被害人发言后，代理律师应当发表代理词，全面阐述自己的代理意见和主张，驳斥被告人及其辩护人的辩解。由于被害人与公诉人同属控诉一方，因此代理律师应与公诉人密切配合，以共同完成控诉犯罪、惩罚犯罪的任务。但如果代理律师与公诉人意见不一致，或者由于各自立场、角度不同而在有些问题上看法有分歧，代理律师可以发表自己的独立见解，以更好地维护被害人的合法权益，维护法律的正确实施。

5. 庭后工作

法庭审理结束后，代理律师应与被害人认真阅读法庭笔录，发现有遗漏或差错的，可以要求补充或更正，经确认无误后签名或盖章。代理律师应及时整理辩论意见和证据材料，尽快向法庭提供书面代理意见。人民法院作出一审判决、裁定后，代理律师要征询委托人对判决、裁定的意见。如果判决、裁定有错误或被害人及其法定代理人不服，代理律师可以应被害人及其法定代理人的要求，在其收到判决、裁定后5日内起草抗诉申请书，与相关证据一并送交人民检察院，请求人民检察院提出抗诉。人民检察院经审查决定不予抗诉的，代理律师可以建议被害人及其法定代理人提出申诉。代理律师认为判决、裁定正确且适当的，应当向被害人一方说明，说服被害人一方接受，但是不能阻止被害人一方行使申诉权利。

四、刑事附带民事诉讼的律师代理

（一）刑事附带民事诉讼律师代理的概念

刑事附带民事诉讼，是指在刑事诉讼过程中，人民法院根据被害人等的申请，在确定被告人刑事责任的同时，为解决被告人的犯罪行为所造成的物质损失的赔偿而进行的诉讼活动。它是一种特殊的民事诉讼，它由被告人的犯罪行为引起，和解决被告人刑事责任的审判程序一同进行，由同一审判组织处理，法院在审理时应适用民事诉讼的原则和程序，如通常由附带民事诉讼的原告负举证责任、法院可以调解等。

刑事附带民事诉讼的律师代理，是指律师接受刑事附带民事诉讼当事人及其法定代理人的委托担任诉讼代理人，为维护附带民事诉讼当事人的合法权益而进行的诉讼活动。

根据法律规定，附带民事诉讼的当事人及其法定代理人随时可以委托代理人，既包括附带民事诉讼原告的代理人，也包括附带民事诉讼被告的代理人。公诉案件被害人、自诉案件自诉人提起附带民事诉讼的，他们的刑事案件代理律师可以同时接受委托作为附带民事诉讼原告的代理律师；刑事诉讼被告作为附带民事诉讼被告的，其辩护律师可以接受委托同时作为他的附带民事诉讼代理律师。律师在附带民事诉讼中的代理，实质上是一种民事代理，应适用民事诉讼律师代理的相关内容。但附带民事诉讼又有其特殊性，此处只阐述附带民事诉讼律师代理的特殊部分，其他与民事诉讼一致的内容，参见民事诉讼律师代理。

（二）担任附带民事诉讼原告人的代理人

律师接受委托，担任附带民事诉讼原告人的代理人，主要从事以下工作：

第一，进行有关的准备活动。例如，和原告进行沟通，了解刑事诉讼的情况，听取原告的意见，审查、阅读本案的有关诉讼材料，向原告说明有关法律规定，分析案情。

第二，帮助委托人撰写附带民事起诉状，其基本内容包括附带民事诉讼原告人、被告人的基本情况，附带民事诉讼的具体诉讼请求，基本的事实和理由，相关的证据材料、证人名单住址，以及致送人民法院的名称。

第三，向人民法院提起附带民事诉讼。代理律师可以协同或经委托人授权代理委托人向人民法院提起附带民事诉讼。起诉时应当携带原告人身份证明、附带民事诉讼起诉状、相关证据材料、授权委托书、律师事务所出具的出庭函等文件材料。

第四，调查收集证据，申请财产保全等。

第五，参加法庭审理，就附带民事诉讼部分进行质证、辩论等。

第六，与对方就附带民事诉讼部分达成调解或者和解协议。

第七，一审裁判作出后，向原告进行必要的说明，告知其可以单独就附带民事诉讼判决部分提起上诉。

（三）担任附带民事诉讼被告人的代理人

刑事公诉案件或者自诉案件刑事附带民事诉讼的被告人可以委托律师代理其参加诉讼。律师担任附带民事诉讼的被告人的代理人的情形与工作内容，与附带民事诉讼原告的律师有相似的地方。不过，基于其自身特点，还有以下内容需要注意：

第一，收到起诉状副本后，审查所列附带民事诉讼被告是否正确。有时附带民事诉讼被告与刑事被告人并不一致，如作为未成年刑事被告人的监护人而成为附带民事诉讼被告的，或者有共同实施犯罪行为的人因情节轻微未被提起公诉的，等等。如果有不正确之处，应当向法院提出申请，要求予以更换或者追加。

第二，根据事实和法律，帮助被代理人书写答辩状。

第三，一审判决作出后，告知被代理人其可以就附带民事判决部分单独提起上诉。

第三节　刑事诉讼中的其他律师业务

一、侦查阶段律师法律帮助

（一）侦查阶段律师法律帮助的概念与意义

侦查阶段的律师法律帮助，是指在刑事公诉案件的侦查阶段，律师接受犯罪嫌疑人的委托为其提供法律咨询，代理申诉、控告，申请取保候审等活动。《刑事诉讼法》对律师在侦查阶段为犯罪嫌疑人提供法律帮助的范围作了明确规定：辩护律师在侦查期间可以为犯罪嫌疑人提供法律帮助；代理申诉、控告；申请变更强制措施；向侦查机关了解犯罪嫌疑人涉嫌的罪名和案件有关情况，提出意见。

律师在侦查阶段为犯罪嫌疑人提供法律帮助，是司法公正、诉讼民主的重要表现，也是保障犯罪嫌疑人合法权益的实际需要。在侦查阶段，由于犯罪嫌疑人常常被适用强制措施，人身自由受到不同程度的限制，加之他们中的绝大多数人往往缺乏法律知识，不知道或者不能够正确运用法律维护自己的合法权益，所以迫切需要律师提供法律上的帮助。另外，律师在侦查阶段介入刑事诉讼，可以有效防止办案人员刑讯逼供和以威胁、引诱、欺骗及其他非法方法收集证据，切实维护犯罪嫌疑人的合法权益，减少冤假错案的发生。因此，侦查阶段的律师法律帮助具有重要意义。

（二）律师接受委托

根据《刑事诉讼法》的规定，犯罪嫌疑人在被侦查机关第一次讯问后或采取强制措施之日起，可以委托律师提供法律帮助，侦查机关应当告知其有权聘请律师提供法律帮助。在押的犯罪嫌疑人提出聘请律师的，看守所应当及时将其请求转达办理案件的侦查机关。

对于涉及国家秘密的案件，犯罪嫌疑人或者其亲属提出聘请律师要求的，侦查机关应当在3日内作出是否批准的决定。如果侦查机关作出不批准的决定，应告知犯罪嫌疑人或者其亲属并说明理由。不涉及国家秘密的案件，犯罪嫌疑人聘请律师，不需要经侦查机关批准。

犯罪嫌疑人可以自己聘请律师，也可以委托其亲属代为聘请。犯罪嫌疑人是未成年人或者盲、聋、哑人的，可以由其法定代理人代为聘请律师。犯罪嫌疑人提出明确的律师事务所名称或者律师姓名，直接委托的，侦查机关应当将犯罪嫌疑人的委托意见及时传递到该律师事务所；犯罪嫌疑人提出由亲属代为委托的，应当将委托意见及时传递到该亲属；犯罪嫌疑人提出聘请律师，但没有具体委托对象或者代为委托的人的，侦查机关应当通知当地律师协会或者司法行政机关为其推荐律师。委托意见可以书面方式提出，也可以口头方式提出。口头提出的，应当记明笔录，由犯罪嫌疑人签名或者盖章。

（三）侦查阶段律师法律帮助的内容

1. 为犯罪嫌疑人提供法律咨询

律师介入诉讼后，可以有针对性地向犯罪嫌疑人讲解法律的有关规定，阐述国家的刑事政策，帮助犯罪嫌疑人分析自己的行为，从而作出正确的评价和抉择。同时，由于犯罪嫌疑人大多对自己在诉讼中依法享有的权利和应履行的义务不太了解，不能正确运用法律保障自己的合法权益，律师可以提供这方面的咨询。

2. 代理犯罪嫌疑人提出申诉和控告

《刑事诉讼法》第14条规定，诉讼参与人对于审判人员、检察人员和侦查人员侵犯公民诉讼权利和人身侮辱的行为，有权提出控告。律师可代理犯罪嫌疑人提出申诉和控告。

3. 会见在押的犯罪嫌疑人

受委托的律师要求会见在押犯罪嫌疑人的，应当事先告知侦查机关，并提交犯罪嫌疑人或其亲属的委托书、律师执业证书和律师事务所证明。侦查机关应当确定会见的日期和地点。根据法律规定，犯罪嫌疑人被侦查机关第一次询问或采取强制措施之日起，受委托的律师凭律师执业证书、律师事务所证明和委托书或者法律援助公函，有权会见犯罪嫌疑人并了解有关案件情况。

危害国家安全犯罪、恐怖活动犯罪案件，在侦查期间辩护律师会见在押的犯罪嫌疑人的，应当经侦查机关许可。上述案件，侦查机关应当事先通知看守所。律师提出会见犯罪嫌疑人的，应当在48小时内安排会见。

律师会见在押的犯罪嫌疑人，侦查机关不得监听。受委托的律师会见在押犯罪嫌疑人，应当遵守监管场所和有关机关关于会见的规定。律师询问犯罪嫌疑人的内容，应限于了解涉嫌的罪名和有关案件情况。受委托的律师对在会见犯罪嫌疑人过程中了解的案件情况应当保密。

4. 为犯罪嫌疑人申请取保候审

在侦查过程中，受聘请的律师发现犯罪嫌疑人有下列情形之一的，可以为其申请取保候审：涉嫌情节较轻，可能判处管制、拘役或者独立适用附加刑的；可能判处有期徒刑以上刑罚，但根据案件性质和犯罪嫌疑人人身危险程度采取取保候审、监视居住不致发生社会危险性的；患有严重疾病的；正在怀孕或者哺乳自己婴儿的妇女；拘留后需要逮捕但证据不足的；拘留、逮捕超过羁押期限的。

被逮捕的犯罪嫌疑人符合取保候审条件并有符合条件的保证人或能按照规定交纳保证金的，受委托的律师可以向公安机关为其申请取保候审。受委托的律师可以与犯罪嫌疑人亲属联系落实保证人或保证金，帮助办理取保候审的手续，告知犯罪嫌疑人在取保候审期间应当遵守的义务以及违反规定应当承担的法律后果。公安机关接到律师为被逮捕的犯罪嫌疑人提出的取保候审申请后，应当在3日内作出是否同意的答复。同意的，依法办理取保候审手续；不同意的，应当告知申请人，并说明不同意的理由。

二、律师代理申诉

根据《律师法》和《刑事诉讼法》的规定，在刑事诉讼中，律师可以代理犯罪嫌疑人、被告人提出申诉，也可以代理被害人提出申诉。

（一）对不起诉决定不服的申诉

根据《刑事诉讼法》第177条、第181条的规定，对于人民检察院以犯罪嫌疑人犯罪情节轻微，依照刑法规定不需要判处刑罚或者免除刑罚为由，予以不起诉处理的，被不起诉人如果不服，可以自收到决定书后7日以内向人民检察院申诉。人民检察院应当作出复查决定，通知被不起诉的人。据此，当在审查起诉终结出现上述情况时，辩护律师如果认为人民检察院决定不起诉的理由不当，应当积极协助被不起诉人向人民检察院提出申诉，说明申诉理由，要求人民检察院纠正错误的决定，以体现辩护权对公诉权的制约，维护犯罪嫌疑人的合法权益。

（二）对生效裁判不服的申诉

《刑事诉讼法》第252条规定，当事人及其法定代理人、近亲属，对已经发生法律效力的判决、裁定不服的，可以向人民检察院或者人民法院提出申诉。《律师法》第28条规定，律师可以代理各类案件的申诉。因此，如果当事人及其法定代理人、近亲属对生效裁判不服，可以委托律师向有关司法机关提出申诉。

（三）律师代理申诉的工作内容

申诉权是当事人的一项基本权利，也是《刑事诉讼法》规定的诉讼权利之一。律师代理申诉的工作内容与前述律师代理刑事案件的其他工作内容类似，但基于刑事申诉的特点，律师代理刑事申诉时应当注意下列问题：

1. 接受委托前应当进行必要的审查

当事人准备提出申诉的对象，都是司法机关已经生效的处理决定或者生效裁判，这些处理决定或者生效裁判都是司法机关依法作出的。所以，律师接受委托前应当进行必要的审查，询问委托人有关情况，了解基本案情，认真审阅有关案卷材料，分析案件事实和法律适用问题，避免错误申诉。如果发现司法机关的决定或者生效裁判没有错误，应当向当事人作出解释和说明，说服当事人服判息讼，不要滥诉、缠诉。当然，发现司法机关的处理决定或者生效裁判确有错误的，律师应当坚持法律正义，接受委托，代理委托人进行申诉。

2. 查阅有关案卷材料，调查收集有关事实和证据

律师经过初步审查，发现有必要进行申诉的，在接受委托后，应当根据法律规定查阅案卷材料，调查收集有关事实和证据，为申诉做好准备。

3. 提交申诉书

律师在充分了解案情，调查收集事实与证据的基础上，应当根据有关法律规定，为委托人书写申诉书，并依法定程序帮助委托人或者代理委托人向有关司法机关提出。在提交申诉书时，应当附必要的证明材料，向接受申诉的司法机关说明事实和理由，并根据法律规定，依法请求司法机关及时处理申诉。

此外，还应当注意的是，在司法机关处理申诉的过程中，原生效法律文书仍然有效，不停止有关裁判的执行。律师不仅应当保证自己没有过激的行为，还应当向当事人说明有关法律规定，避免当事人作出不符合法律规定的行为。

4. 司法机关作出有关决定后的工作

司法机关经过审查，接受了有关申诉请求，并发动审判监督程序，引起案件再审的，律师应当向委托人作出说明，告知当事人积极准备参加诉讼，并可根据委托人的委托授权，担任再审案件的辩护人或者代理人。

司法机关经过审查，维持原来处理决定的，律师应当向委托人作出解释，做好当事人的工作，使其接受处理结果。

复习思考题

1. 刑事诉讼一审公诉案件律师辩护的主要工作有哪些？
2. 什么是刑事自诉案件的律师代理？

3. 公诉案件律师代理的业务范围是什么？
4. 什么是侦查阶段的律师法律帮助？

▶ 即测即评

第七章　行政诉讼中的律师代理

行政诉讼是与刑事诉讼、民事诉讼并列的一种重要的诉讼程序制度。根据《律师法》《行政诉讼法》的规定，律师有权接受行政诉讼当事人的委托，根据当事人的授权，进行行政诉讼活动，维护当事人的合法权益。

第一节　行政诉讼中的律师代理概述

一、行政诉讼中律师代理的概念和特点

行政诉讼中的律师代理，是指律师接受行政诉讼当事人及其法定代理人的委托，以被代理人的名义，在受委托的权限范围内依法进行诉讼活动，维护其合法权益的制度。和民事诉讼中律师代理相比，律师代理行政诉讼有如下特点：

（一）被告的恒定性

在行政诉讼中，被告恒定是行政机关。而在民事诉讼中，任何主体，只要其民事权利义务关系与他人发生争议，都可能成为被告。

（二）原告、被告诉讼权利义务的差异性

在行政诉讼中，原告、被告的诉讼权利与诉讼义务是不同的，实施具体行政行为的行政机关不享有起诉权和反诉权，但负举证责任。而民事诉讼中，双方当事人的诉讼权利是平等的。这也就决定了代理律师在行政诉讼中的代理权限区别于民事诉讼，诉讼权利也相应不同。

（三）代理行政诉讼案件范围的限定性

国家行政机关享有广泛的行政权力，在行政管理过程中实施大量的行政行为。但是，并不是所有的行政行为都是可以被诉的，行政诉讼法规定只有行政机关和行政机关工作人员的具体行政行为侵犯公民、法人或者其他组织的合法权益时，才能被诉。也就是说行政诉讼只

针对具体行政行为，同时，法律还规定了一定范围内的具体行政行为不受司法管辖。因此，律师代理行政诉讼的案件范围是有限的。这与民事诉讼不同，原则上，只要是民事实体法调整的民事权利义务关系发生了争议，当事人就可以委托律师提起民事诉讼。

（四）行政诉讼程序进行的特定性

对于行政机关的具体行政行为，法律规定当事人有权申请行政复议。人民法院审理行政案件，有时要求以当事人申请行政复议为前提。还有的行政案件，法律规定行政复议和行政诉讼由当事人选择，一旦选择行政复议，行政复议机关作出复议决定后，当事人就不得再提起行政诉讼。而民事诉讼，除了劳动争议案件要以劳动争议仲裁为前提以外，其他的民事案件的审理都不需要有诉讼之外的前置程序，也没有规定关于当事人民事争议的行政处理和行政复议程序。这就决定了代理律师进行行政诉讼活动时，在程序上有不同于民事诉讼的特点。

此外，除非有法律规定的特别事由，诉讼期间不停止具体行政行为的执行。这也决定了律师代理行政诉讼具有紧迫性的特点。

二、律师代理行政诉讼的案件范围

律师代理行政诉讼的案件范围，从积极的角度是指律师可以代理哪些行政案件，从消极的角度是指律师不可以代理哪些行政案件。根据法律规定，凡是行政相对人有权提起行政诉讼的案件，律师都可以代理；凡是法律规定当事人无权提起行政诉讼的案件，律师就无权代理。

（一）律师可以代理的行政案件范围

根据《行政诉讼法》第2、11条，以及《最高人民法院关于执行〈中华人民共和国行政诉讼法〉若干问题的解释》（以下简称《行政诉讼解释》）第1条的规定，公民、法人或者其他组织认为行政机关和行政机关工作人员的具体行政行为侵犯其合法权益的，有权向人民法院提起诉讼，即行政诉讼针对的都是行政机关的具体行政行为，具体包括：

1. 行政处罚案件

行政处罚指行政机关依法对违反行政管理秩序的公民、法人或者其他组织，以减损权益或者增加义务的方式予以惩戒的行为，如拘留、罚款、吊销许可证和执照、责令停产停业、没收财物等行政处罚措施。受到行政处罚的当事人，对行政处罚不服的，可以自行提起行政诉讼，也可以委托律师代理提起行政诉讼。

2. 行政强制案件

根据《行政强制法》第2条的规定，行政强制包括行政强制措施和行政强制执行。相应地，行政强制案件也分为行政强制措施案件与行政强制执行案件两种。

行政强制措施是指行政机关在行政管理过程中，为制止违法行为、防止证据损毁、避免危害发生、控制危险扩大等，依法对公民的人身自由实施暂时性限制，或者对公民、法人或者其他组织的财物实施暂时性控制的行为。行政强制措施一般可分为限制人身自由的强制措施，以及限制财产流通和使用的强制措施，如对财产的查封、扣押、冻结等。

行政强制执行，是指行政机关或者行政机关申请人民法院，对不履行行政决定的公民、法人或者其他组织，依法强制履行义务的行为。行政强制执行的方式多种多样，包括但不限于加处罚款或者滞纳金，划拨存款、汇款，拍卖或者依法处理查封、扣押的场所、设施或者财物，排除妨碍、恢复原状，代履行等。

3. 行政许可案件

行政许可，是指行政机关根据公民、法人或者其他组织的申请，经依法审查，准予其从事特定活动的行为。依法核发许可证是行政机关的职责；对于符合条件的申请人，行政机关应予核发，不得推诿或拒绝。当事人申请行政许可，行政机关拒绝许可，或者在法定期限内不予答复，或者对行政机关作出的有关行政许可的其他决定不服的，可以依法提起行政诉讼。

4. 确认自然资源所有权或使用权的案件

自然资源权属制度是关于土地、矿藏、水流、森林、山岭、草原、荒地、滩涂、海域等自然资源归谁所有、由谁使用以及由此产生的一系列法律后果的制度。健全国家自然资源资产管理体制是健全自然资源产权制度的一项重大改革，也是建立系统完备的生态文明制度体系的内在要求。在我国，由自然资源主管部门裁决有关自然资源权属的争议。对于行政机关作出的关于确认土地、矿藏、水流、森林、山岭、草原、荒地、滩涂、海域等自然资源的所有权或者使用权的决定不服的，当事人有权提起行政诉讼。

5. 对征收、征用决定及其补偿决定不服的案件

国家基于公共利益的需要，可以依照法律规定对公民的私有财产实行征收或者征用并给予补偿。行政征收，是指行政主体凭借国家行政权，基于国家和社会公共利益的需要，依法向行政相对人强制地、无偿地征收税费或者实物的行政行为。行政征用，是指行政主体基于国家和社会公共利益的需要，有偿或无偿地将个人或集体的动产、不动产收归公用的措施。依据《宪法》规定，国家可以基于公共利益的需要，依照法律规定对土地实行征收或者征用并给予补偿。行政机关一旦运用行政权开展征收和征用，将直接作用于行政相对人，对行政相对人的财产产生极大的影响。因此，当事人对行政机关作出的征收、征用决定及其补偿决定不服的，有权提起行政诉讼。

6. 行政机关不履行保护人身权、财产权法定职责的案件

在我国，许多行政机关负有保护公民、法人或其他组织人身权、财产权的职责，如公安机关有保护广大人民群众生命财产安全的职责等。负有这样法定职责的行政机关，相对人请求其履行法定职责拒绝履行或不予答复的，相对人有权提起行政诉讼。

7. 行政机关侵犯法律规定的经营自主权和合法的承包经营权的案件

经营自主权，是指依照法律规定，权利人对自己合法拥有或者使用的财产进行支配和应用，根据市场要求进行人、财、物的调配，以实现自己经济目的的权利。享有经营自主权的

主要是企业和其他经济组织，包括国有企业、集体企业、合资企业、外资企业、私营企业和个体经营户、个体承包户等。

合法的承包经营权，主要是指自然人或集体经济组织在法律和合同规定的范围内，对于集体所有的财产享有的占有、使用和收益的权利。日常生活中所说的承包经营权一般是指农村土地承包经营权，属他物权中的用益物权，其性质为：（1）承包经营权以承包合同为根据而产生。（2）承包经营权的主体存在行政隶属关系。发包人一般是集体经济组织，承包方一般是自然人或集体经济组织。（3）承包经营权的内容由承包合同确定，一般只有占有、使用、收益权，而没有处分权。（4）承包经营权是一种有期限的财产权，承包合同规定的承包期一旦届满，承包经营权消灭，承包经营人应将承包财产返还发包人。

8. 行政机关滥用行政权力排除或者限制竞争的案件

现有的市场经济体制，要求确保各类市场主体平等参与市场，并通过公平竞争实现优胜劣汰。行政机关滥用行政权力排除或者限制公平竞争，将直接破坏正常的市场竞争秩序，损害市场主体的合法权益。为此，《行政诉讼法》将“行政机关滥用行政权力排除或者限制竞争的行为”明确纳入受案范围，表明人民法院可通过对相关行政行为的司法审查，维护市场主体的公平竞争权。

9. 行政机关违法要求履行义务的案件

当事人认为行政机关违法要求其履行义务的，也可以提起行政诉讼。行政机关违法要求履行义务的主要表现形式有：（1）法律法规没有设定义务的；（2）公民、法人或其他组织已经履行义务，但行政机关仍要求其履行义务的；（3）行政机关在要求履行义务时违反法定程序，如收费不给法定收据，任意改变履行义务的期限的；（4）行政机关要求履行义务超出法律法规规定的条件、种类、幅度的。

10. 行政机关没有依法发给抚恤金、最低生活保障或社会保险的案件

抚恤金，是国家规定对某些伤残人员或死亡人员遗属发放的慰抚性费用，或保障其生活的专项费用，主要分为两种：一种是伤残抚恤金，发放给革命残废军人、因公致残的职工及其他人员；另一种是遗属抚恤金，发放给革命烈士、牺牲人员或其他死亡人员的遗属。最低生活保障是国家为了解决公民生活困难而设立的一种社会救济制度，是国家对家庭人均收入低于当地政府公告的最低生活标准的人口给予一定现金资助，以保证该家庭成员基本生活所需的社会保障制度。社会保险也是一种社会救济制度，旨在为失去劳动能力、暂时失去劳动岗位或因健康原因遭受损失的人口提供收入或补偿，具体包括养老保险、医疗保险、失业保险、工伤保险、生育保险五种。当事人认为其有权获得抚恤金、最低生活保障待遇或者社会保险待遇，而行政机关没有依法发给的，可以依法提起行政诉讼。

11. 行政机关不履行行政协议的案件

当事人认为行政机关不依法履行、未按照约定履行或者违法变更、解除行政协议的，有权提起行政诉讼。根据《最高人民法院关于审理行政协议案件若干问题的规定》第2、3条的规定，公民、法人或其他组织可以提起行政诉讼的行政协议有如下几类：（1）政府特许经营协议；（2）土地、房屋等征收征用补偿协议；（3）矿业权等国有自然资源使用权出让协议；

（4）政府投资的保障性住房的租赁、买卖等协议；（5）符合该规定第1条的政府与社会资本合作协议；（6）其他行政协议。但行政机关之间因公务协助等事由而订立的协议、行政机关与其工作人员订立的劳动人事协议不属于行政诉讼的受案范围。

12. 认为行政机关侵犯其他人身权、财产权的案件

这是一个概括性规定，指除上述案件以外，对于其他侵犯公民、法人或其他组织人身权、财产权的具体行政行为，当事人都可以提起行政诉讼，以避免对当事人权利保护的不周延。当然，其具体内容还有待法律作出明确规范。

13. 其他法律法规规定可以起诉的行政案件

这是兜底条款，指《行政诉讼法》未予列举但其他法律法规规定可以提起行政诉讼的案件，从而对于公民、法人和其他组织权利的保护更加周全。

（二）律师不可以代理的行政争议

《行政诉讼法》第13条规定，对一定范围的行政争议，当事人不得提起行政诉讼，即公民、法人或其他组织对于行政机关的特定行政行为，认为侵犯或者影响了自己的权利，产生争议或者不服的，不得提起行政诉讼，而应通过其他途径解决。

1. 国防、外交等国家行为

国家行为涉及一国公共安全、国家安危等重大事项，往往具有战略性、急迫性，有时还涉及国家秘密。所以，国家行为属于政治性行为的范畴，其对应的后果是实施机关的政治责任，不得由司法机关予以审查。这也是各国的通用做法。根据《行政诉讼解释》，在我国，这些国家行为是指国务院、中央军事委员会、国防部、外交部等根据宪法和法律的授权，以国家的名义实施的有关国防和外交事务的行为，以及经宪法和法律授权的国家机关宣布紧急状态、实施戒严和总动员等行为。

2. 行政法规、规章或者行政机关制定、发布的具有普遍约束力的决定、命令

行政法规、规章或行政机关制定、发布的具有普遍约束力的决定、命令，虽然是行政机关实施某种行政行为的结果，但是其具有普遍适用性和反复性，是行政立法行为，属于抽象行政行为的范畴，当事人不能对其提起行政诉讼。

3. 行政机关对行政机关工作人员的奖惩、任免等决定

行政机关对行政机关工作人员的奖惩、任免等决定，是指行政机关作出的涉及该行政机关公务员权利义务的决定。这是行政机关的内部管理事项，不通过行政诉讼程序解决。

4. 法律规定由行政机关最终裁决的具体行政行为

法律规定由行政机关最终裁决的具体行政行为，是指根据法律规定，该具体行政行为由行政机关作出最终裁决，不受司法机关的司法审查，因此，对此类行为不能提起行政诉讼。这里的法律，是指全国人民代表大会及其常务委员会制定的规范性文件，而不包括行政机关自己制定的行政法规、部门规章等。

5. 其他不需要通过行政诉讼解决的事项

根据《行政诉讼解释》第1条的规定，对行政机关的下列行为，也不能提起行政诉讼：

（1）公安、国家安全等机关依照《刑事诉讼法》的明确授权实施的行为；（2）调解行为以及法律规定的仲裁行为；（3）行政指导行为；（4）驳回当事人对行政行为提起申诉的重复处理行为；（5）行政机关作出的不产生外部法律效力的行为；（6）行政机关为作出行政行为而实施的准备、论证、研究、层报、咨询等过程性行为；（7）行政机关根据人民法院的生效裁判、协助执行通知书作出的执行行为，但行政机关扩大执行范围或者采取违法方式实施的除外；（8）上级行政机关基于内部层级监督关系对下级行政机关作出的听取报告、执法检查、督促履责等行为；（9）行政机关针对信访事项作出的登记、受理、交办、转送、复查、复核意见等行为；（10）对公民、法人或者其他组织权利义务不产生实际影响的行为。

三、律师代理行政诉讼的法律地位及其权限

（一）律师代理行政诉讼的法律地位

律师代理诉讼的目的，在于协助当事人实现其诉讼权利和履行其诉讼义务，所以律师在诉讼中享有的诉讼权利，取决于当事人的授权，当事人没有授予的权利，代理律师不得行使；对行政诉讼程序发生或者终止，以及对诉讼结果具有重大影响的诉讼权利的行使，需要有当事人的特别授权。

拓展阅读

同时，律师接受当事人的委托，代理当事人进行诉讼时，还享有法律授予的执行职务所必需的权利。代理律师有权根据自己的职业素养、专业知识、诉讼技巧与能力实施诉讼活动，具有相对独立性。可见，在行政诉讼中，代理律师居于代理人的法律地位，同时又有一定的独立性。

（二）代理律师的权限

根据《行政诉讼法》的规定，代理律师在行政诉讼中享有的一系列诉讼权利，与民事诉讼中的权利类似。第一类是纯程序性质的或者与实体审判结果不那么密切的诉讼权利，如申请回避、提出管辖权异议、申请复议、陈述案情、提供证据、进行质证和辩论等权利。第二类是实体权利或与实体结果紧密相关的诉讼权利，如承认、变更、放弃诉讼请求，起诉或者上诉等权利。参照《民事诉讼法》的规定，代理律师在行政诉讼中的代理，根据当事人的授权情况，也分为一般授权代理和特别授权代理，当事人或他的法定代理人在授予代理权时，可以只授予第一类权利而保留第二类权利，也可以在授予第一权利的同时，把第二类权利中的部分或全部授予诉讼代理人。对于只授权第一类权利的，称作一般授权代理。对于同时授权第二类权利的，称作特别授权代理。当事人没有特别授权的第二类权利，代理律师不得行使。

第二节　行政诉讼中律师的代理活动

行政诉讼中的律师代理与民事诉讼中的律师代理有许多相似之处，但基于行政诉讼的特点，代理律师在行政诉讼中的活动与民事诉讼中的律师代理也存在不同的地方。为了避免重复，本节仅阐述行政诉讼中律师代理区别于民事诉讼的方面，至于其他内容可以参照前述关于民事诉讼中律师代理的规定。

一、接受委托

行政诉讼中律师接受委托与民事诉讼类似，但律师代理行政案件，要根据行政诉讼的特点，注意审查以下事项：

（一）委托人委托的案件是否属于行政诉讼受案范围

案件是否属于行政案件以及是否属于法院可以受理的行政案件，是律师首先要审查的问题。凡不属于行政案件或者虽是行政案件但不属于人民法院受理范围的，律师应告知当事人通过其他途径解决，而不能提起行政诉讼。

对于行政案件，包括一审、二审、再审或者强制执行案件，都可以委托律师代理。

（二）是否已经申请行政复议

委托人已经申请行政复议，并且行政复议机关已经依法受理的，律师应当告知委托人在法定行政复议期限内不得向人民法院提起行政诉讼。

（三）是否属于必须先经行政复议程序的案件

如果法律法规规定要先经行政复议才可提起行政诉讼，应从其规定。

（四）委托人是否有权委托代理律师

按照《行政诉讼法》第31条的规定，当事人、法定代理人可以委托1—2人代为诉讼。这里的当事人包括原告、被告、共同诉讼人和第三人。

1. 原告

原告即对具体行政行为不服而向人民法院提起行政诉讼的与该具体行政行为有法律上的利害关系的公民、法人或其他组织。原告一般是具体行政行为的相对人，既可以是中国人，也可以是外国人、无国籍人。

根据《行政诉讼解释》的规定，以下几种人也可以成为原告：（1）被诉的具体行政行为涉及其相邻权或者公平竞争权的；（2）与被诉的行政复议决定有法律上利害关系或者在复议程序中被追加为第三人的；（3）要求主管行政机关依法追究加害人法律责任的；（4）与撤销或者变更具体行政行为有法律上利害关系的；（5）为维护自身合法权益向行政机关投诉，具有处理投诉职责的行政机关作出或者未作出处理的；（6）联营企业、中外合资或者合作企业的联营、合资、合作各方；（7）非国有企业被行政机关注销、撤销、合并、强令兼并、出售、分立或者改变企业隶属关系的，该企业或者其法定代表人；（8）股份制企业的股东大会、股东会、董事会等认为行政机关作出的具体行政行为侵犯企业经营自主权的。

2. 被告

被告即被原告指控的、由人民法院通知其应诉的行政机关或法律法规授权的组织。

3. 共同诉讼人

共同诉讼人是指一方或双方为两人以上的当事人，分为共同原告或共同被告。共同原告或共同被告都可以委托律师代为诉讼。

4. 第三人

第三人即同提起诉讼的具体行政行为有利害关系的其他公民、法人或其他组织。实践中，行政诉讼的第三人包括：（1）行政处罚案件中的受害人或被处罚人；（2）行政处罚案件中的共同被处罚人；（3）行政确权案件、侵权赔偿案件、补偿裁决案件中的被裁决人；（4）征用土地或房屋拆迁行政案件中的建设单位；（5）两个或两个以上行政机关基于同一事实、针对同一对象作出了相互关联或相互矛盾的行政行为，其中一个行为被诉的，其他行政机关应当作为第三人参加诉讼；（6）越权之诉中的被越权行政机关。

5. 行政相对人以外的人

《行政诉讼法》第25条规定，有权提起诉讼的公民死亡，其近亲属可以提起诉讼。有权提起诉讼的法人或者其他组织终止，承继其权利的法人或者其他组织可以提起诉讼。公民因被限制人身自由而不能提起诉讼的，其近亲属可以依其口头或者书面委托以该公民的名义提起诉讼。近亲属起诉时无法与被限制人身自由的公民取得联系的，近亲属可以先行起诉，并在诉讼中补充提交委托证明。这里的近亲属，包括配偶、父母、子女、兄弟姐妹、祖父母、外祖父母、孙子女、外孙子女和其他具有扶养、赡养关系的亲属。

6. 当事人的法定代理人

当事人为公民，且该公民为无民事行为能力人或者限制民事行为能力人的，由其法定代理人委托代理律师。

（五）起诉期限是否届满

行政诉讼的起诉期限不同于民事诉讼中的诉讼时效。民事诉讼中诉讼时效的经过是当事人胜诉权消灭的事由，并不影响当事人起诉，但是，在行政诉讼中，起诉期限已过的，人民法院不再受理。

1. 起诉期限的一般规定

（1）对于经过复议的行政案件，申请人不服复议决定的，可以在收到复议决定书之日起15日内向人民法院提起诉讼。复议机关逾期不作决定的，申请人可以在复议期满之日起15日内向人民法院提起诉讼。

（2）公民、法人或者其他组织直接向人民法院提起诉讼的，应当自知道或者应当知道作出行政行为之日起6个月内提出。

（3）公民、法人或者其他组织申请行政机关履行保护其人身权、财产权等合法权益的法定职责，行政机关在接到申请之日起2个月内不履行的，公民、法人或者其他组织应当在行政机关履行法定职责期限届满之日起6个月内提出。

（4）公民、法人或者其他组织在紧急情况下请求行政机关履行保护其人身权、财产权等合法权益的法定职责，行政机关不履行的，提起诉讼不受规定期限的限制。

（5）其他法律对于起诉期限作了特别规定的，适用其他法律规定。

2. 起诉期限的特别规定

根据《行政诉讼解释》第63条的规定，行政机关作出行政行为时，没有制作或者没有送达法律文书，公民、法人或者其他组织只要能证明行政行为存在，并在法定期限内起诉的，人民法院应当依法受理。

3. 起诉期限的扣除与延长

起诉期限的扣除与延长是指出现法定事由时，经过的期限不计入起诉期限，或者延长诉讼期限的情形。主要有以下两种情形：

（1）由于不可抗力或不属于起诉人自身的原因超过起诉期限的，被耽误的时间不计算在起诉期间内。

（2）公民、法人或者其他组织因不可抗力或者其他不属于自身的原因之外的其他特殊情况耽误法定期限的，在障碍消除后的10日内，可以申请延长期限，是否延长由人民法院决定。

4. 最长起诉期限

最长起诉期限是指当事人起诉最长可以经过的期间，超过该期间的，无论基于何种事由，人民法院都不再受理。

（1）行政机关作出行政行为时，未告知公民、法人或者其他组织起诉期限的，起诉期限从公民、法人或者其他组织知道或者应当知道起诉期限之日起计算，但从知道或者应当知道行政行为内容之日起最长不得超过1年。复议决定未告知公民、法人或者其他组织起诉期限的，适用以上规定。

（2）公民、法人或者其他组织不知道行政机关作出的行政行为内容的，其起诉期限从知道或者应当知道该具体行政行为内容之日起计算。因不动产提起诉讼的案件自行政行为作出之日起超过20年，其他案件自行政行为作出之日起超过5年提起诉讼的，人民法院不予受理。

二、代理起诉或应诉

（一）代理原告起诉

1. 确定起诉的内容

（1）关于被告。一般而言，行政诉讼的被告是作出行政行为的行政机关或者法律法规授权组织。行政机关成为被告的情形主要包括：

第一，直接向人民法院起诉的，作出行政行为的行政机关是被告。

第二，经复议的案件，复议机关决定维持原行政行为的，作出原行政行为的行政机关和复议机关为共同被告；复议机关改变原行政行为的，复议机关为被告；复议机关在法定期间内不作复议决定，当事人对原行政行为不服提起诉讼的，以作出原行政行为的行政机关为被告，对复议机关不作为不服提起诉讼的，以复议机关为被告。

第三，两个以上行政机关作出同一行政行为的，共同作出行政行为的行政机关为共同被告。

第四，由行政机关委托的组织所作出的行政行为，委托的行政机关为被告；行政机关在没有法律、法规或者规章规定的情况下，授权其内设机构、派出机构或者其他组织行使行政职权的，应当视为委托，以该行政机关为被告。

第五，行政机关被撤销的，继续行使其职权的行政机关为被告。没有继续行使其职权的行政机关的，以其所属的人民政府为被告；实行垂直领导的，以垂直领导的上一级行政机关为被告。

第六，不服经上级行政机关批准的行政行为的，应当以在对外发生法律效力的文书上署名的机关为被告。

第七，行政机关组建并赋予行政管理职能但不具有独立承担法律责任能力的机构，以自己的名义作出行政行为的，以组建该机构的行政机关为被告。行政机关的内设机构或者派出机构在没有法律、法规或者规章授权的情况下，以自己的名义作出行政行为的，以该行政机关为被告。

第八，法律、法规或者规章授权行使行政职权的行政机关内设机构、派出机构或者其他组织，超出法定授权范围实施行政行为，当事人不服提起诉讼的，应当以实施该行为的机构或者组织为被告。

第九，对由国务院、省级人民政府批准设立的开发区管理机构作出的行政行为不服提起诉讼的，以该开发区管理机构为被告。

第十，对由国务院、省级人民政府批准设立的开发区管理机构所属职能部门作出的行政行为不服提起诉讼的，以其职能部门为被告。

第十一，对其他开发区管理机构所属职能部门作出的行政行为不服提起诉讼的，以开发区管理机构为被告；开发区管理机构没有行政主体资格的，以设立该机构的地方人民政府为被告。

第十二，对村民委员会或者居民委员会依据法律、法规、规章的授权履行行政管理职责的行为不服提起诉讼的，以村民委员会或者居民委员会为被告；对村民委员会、居民委员会受行政机关委托作出的行为不服提起诉讼的，以委托的行政机关为被告。

第十三，对高等学校等事业单位以及律师协会、注册会计师协会等行业协会依据法律、法规、规章的授权实施的行政行为不服提起诉讼的，以该事业单位、行业协会为被告。

第十四，对高等学校等事业单位以及律师协会、注册会计师协会等行业协会受行政机关委托作出的行为不服提起诉讼的，以委托的行政机关为被告。

第十五，市、县级人民政府确定的房屋征收部门组织实施房屋征收与补偿工作过程中作出行政行为，被征收人不服提起诉讼的，以房屋征收部门为被告；征收实施单位受房屋征收部门委托，在委托范围内从事的行为，被征收人不服提起诉讼的，应当以房屋征收部门为被告。

（2）关于诉讼请求。行政诉讼的诉讼请求一般是要求撤销（包括全部撤销和部分撤销）行政行为。凡当事人认为行政机关的行政行为有下列情形之一的，均可要求撤销该行政行为，并可要求重新作出具体行政行为：①主要证据不足；②适用法律法规有错误；③违反法定程序；④超越职权；⑤滥用职权；⑥明显不当。

行政处罚明显不当，或者其他行政行为涉及对款额的确定、认定确有错误的，可以请求变更行政处罚决定；行政机关不履行法定职责的，可以要求法院判决行政机关履行有关职责。行政行为给当事人造成损害的，当事人可一并或单独提出行政赔偿请求。

2. 向有管辖权的法院提起诉讼

（1）确定管辖法院的一般原则，是由“最初作出行政行为的行政机关所在地”的人民法院管辖；经过复议的案件，也可由复议机关所在地的人民法院管辖。

（2）地域管辖方面，对不动产诉讼，由不动产所在地人民法院管辖；对限制人身自由的行政强制措施不服提起的行政诉讼，由被告所在地或者原告所在地人民法院管辖。这里的原告所在地，包括原告的户籍所在地、经常居住地和被限制人身自由地。行政机关基于同一事实既对人身又对财产实施行政处罚或者采取行政强制措施的，被限制人身自由的公民、被扣押或者没收财产的公民、法人或者其他组织对上述行为均不服的，既可以向被告所在地人民法院提起诉讼，也可以向原告所在地人民法院提起诉讼，受诉人民法院可一并管辖。

（3）级别管辖方面，一审案件主要由基层人民法院管辖，中级法院管辖以下案件：①对国务院部门或者县级以上地方人民政府所作的行政行为提起诉讼的案件；②海关处理的案件；③本辖区内重大、复杂的案件，主要有社会影响重大的共同诉讼案件，涉外或者涉及香港特别行政区、澳门特别行政区、台湾地区的案件，以及其他重大、复杂案件；④其他法律规定由中级人民法院管辖的案件。

（二）代理被告应诉

律师代理行政机关应诉的，很多方面与代理民事被告相同。但是，根据《行政诉讼法》《行政诉讼解释》的规定，提供作出行政行为的证据和规范性文件，是行政诉讼被告的义务。被告不提供或者无正当理由逾期提供证据的，视为没有相应证据，将可能败诉。具体包括：

第一，被告应当在收到起诉状副本之日起15日内向人民法院提交作出行政行为的证据和所依据的规范性文件，提交答辩状。

第二，被告在作出行政行为时已经收集了证据，但因不可抗力等正当事由不能提供的，经人民法院准许，可以延期提供。原告或者第三人提出了其在行政处理程序中没有提出的理由或者证据的，经人民法院准许，被告可以补充证据。

第三，被告申请延期提供证据的，应当在收到起诉状副本之日起15日内以书面方式向人民法院提出。人民法院准许延期提供的，被告应当在正当事由消除后15日内提供证据。逾期提供的，视为被诉行政行为没有相应的证据。

代理律师应当会同当事人，依据上述规定提交答辩状、相应证据及法律法规依据。

三、审前准备与开庭审理中的代理活动

（一）为原告代理

作为行政诉讼中原告的代理律师，在开庭审理之前与开庭审理之中，除与民事诉讼相似之处外，还应注意以下几点：

第一，行政诉讼中被告负有举证责任，但是，对下列证据，原告有举证责任：（1）符合起诉法定条件的证据材料，但是，被告认为原告起诉超过法定期限的，由被告承担举证责任。（2）在起诉被告不作为的案件中，原告应当提供其在行政程序中曾经提出申请的证据材料。但有下列情形的除外：被告应当依职权主动履行法定职责的；原告因正当理由不能提供证据的。（3）在行政赔偿、补偿诉讼中，证明被诉行政行为造成损害的事实证据。（4）其他应当由原告负责举证的证据，具体由审理法院根据法律规定和案件实际自由裁量决定。

第二，原告可以提供证明被诉行政行为违法的证据。原告提供的证据不成立的，不免除被告对被诉具体行政行为合法性的举证责任。

第三，要符合举证期限的规定。原告应当在开庭审理前或者人民法院指定的交换证据清单之日提供证据。因正当事由申请延期提供证据的，经人民法院准许，可以在法庭调查中提供。逾期提供证据的，人民法院应当责令其说明理由；拒不说明理由或者理由不成立的，视为放弃举证权利。原告在第一审程序中无正当事由未提供而在第二审程序中提供的证据，人民法院不予接纳。作为原告的代理律师，应当根据上述规定积极进行举证，以维护被代理人的合法权利。

第四，在举证期限内，对于不能自行收集，但能够提供确切线索的下列证据材料，可以申请人民法院调取：（1）由国家机关保存而须由人民法院调取的证据；（2）涉及国家秘密、商业秘密、个人隐私的证据材料；（3）确因客观原因不能自行收集的其他证据材料。

同时应当注意，人民法院不得为证明被诉行政行为的合法性，调取被告在作出具体行政行为时未收集的证据。否则，人民法院的审判就是不合法的，代理律师应当要求纠正，也可以在上诉时提出。

第五，人民法院对起诉行政机关没有依法支付抚恤金、最低生活保障金和工伤、医疗社会保险金的案件，权利义务关系明确、不先予执行将严重影响原告生活的，可以根据原告的申请，裁定先予执行。

（二）为被告代理

作为被告的代理律师，应当充分注意到《行政诉讼法》关于被告承担举证责任的规定，以及《行政诉讼解释》对被告举证责任的具体与强化。所以，除了在应诉阶段依法提交答辩状与证据以外，还应当注意以下问题：

第一，注意《行政诉讼法》《行政诉讼解释》等关于原告承担举证责任的情形。

第二，在诉讼过程中，被告及其代理律师不得自行向原告和证人收集证据。被告及其诉讼代理律师在作出行政行为后自行收集的证据，以及被告严重违反法定程序收集的证据，不能作为认定被诉具体行政行为合法的根据。

第三，原告或者第三人提出其在行政处理程序中没有提出的理由或者证据的，经人民法院准许，被告可以补充证据。

（三）双方代理律师都应当注意的问题

在行政诉讼中，双方代理律师还应当注意下列问题：

第一，对当事人无争议，但涉及国家利益、公共利益或者他人合法权益的事实，人民法院有权责令当事人提供或者补充有关证据。代理律师及被代理人应当根据人民法院的要求，提供证据。

第二，可以申请人民法院勘验现场。对勘验结论有异议的，可以在举证期限内申请重新勘验，是否准许由人民法院决定。

第三，人民法院审理行政案件，不适用调解。但是，行政赔偿、补偿以及行政机关行使法律、法规规定的自由裁量权的案件可以调解。

以上情形针对的是律师代理一审行政案件的业务活动，律师代理二审行政案件、再审行政案件或者涉外行政案件的，可以参照上述内容及有关民事诉讼的内容进行。

复习思考题

1. 什么是行政诉讼中的律师代理？
2. 简述行政诉讼代理律师的权限。

▶ 即测即评

第八章　律师的非诉讼法律业务

第一节　律师的非诉讼法律业务概述

一、律师非诉讼法律业务的概念和特点

非诉讼法律业务，是指无需通过诉讼程序处理的有法律意义的事务。根据《律师法》的规定，律师根据委托人的授权参加民事诉讼、刑事诉讼和行政诉讼，在民事诉讼、刑事诉讼和行政诉讼中担任代理人或者辩护人，是律师的基本业务活动之一。律师还可以根据其他主体的授权，代理或者协助被代理人参加仲裁或者调解活动，处理双方当事人的争议；或者参加其他有法律意义的活动，形成、变更或者消灭一定的法律关系，维护当事人的合法权益。这些活动，与律师按照三大诉讼法的规定，代理参加诉讼程序、实施诉讼行为或者担任辩护人，在内容上有着较大差别。律师根据当事人的授权办理的这些有法律意义的非诉讼法律业务，统一称为律师的非诉讼法律业务。当前，随着我国社会经济的发展，进行各种非诉讼法律业务，已经成为律师的主要活动之一。律师的非诉讼法律业务具有以下特点：

（一）与律师代理非诉讼程序不同

律师根据当事人的授权，依法代理参加人民法院审理的非诉讼程序，如代理参加公示催告程序、督促程序、破产还债程序等，不同于非诉讼法律业务。因为非诉讼程序仍然是按照《民事诉讼法》的规定由人民法院审理的案件，律师代理的活动仍是一种诉讼活动，与律师的非诉讼法律业务有着根本区别。

（二）律师的非诉讼法律业务必须合法

根据《律师法》的规定，律师必须依法执业，办理的事务必须合法，不得违背法律规定，也不得违背律师职业道德和执业纪律规范。

（三）律师的非诉讼法律业务具有多样性

律师的非诉讼法律业务复杂多样，可以是代理当事人参加处理某种争议的仲裁程序、调解活动；也可以是代理当事人完成某项有法律意义的行为，如签订合同；还可以是受当事人委托见证某项事件。所以，严格意义上讲，律师的非诉讼法律业务并不是一个很精确的概念，是相对律师诉讼业务而言的。

二、律师非诉讼法律业务的范围与分类

（一）律师非诉讼法律业务的范围

根据《律师法》第28条的规定，律师的非诉讼法律业务主要包括以下内容：接受当事人的委托，参加调解、仲裁活动；接受非诉讼法律业务当事人的委托，提供法律服务；解答有关法律的询问、代写诉讼文书和有关法律事务的其他文书。

（二）律师非诉讼法律业务的分类

根据律师办理的非诉讼法律业务是否存在纠纷，可将其分为解决纠纷的非诉讼法律业务和办理无争议的非诉讼法律业务。

根据律师办理诉讼外法律事务的工作方式的不同，可将其分为代理类、调查类、见证类和咨询类非诉讼法律业务。律师办理代理类非诉讼法律业务，是指律师根据当事人的委托，在所受委托权限范围内，代表当事人进行本来应当由当事人进行的法律行为。律师办理调查类非诉讼法律业务，是指律师根据当事人的委托或请求，查明某项法律事实，或者收集某些材料，并将其告知或送交当事人。律师办理见证类非诉讼法律业务，是指律师根据当事人的请求及其提供的有关材料，依法审查并证明法律行为、有法律意义的文书及法律事实的真实性和合法性，并签署证明性意见。律师办理咨询类非诉讼法律业务，是指律师根据当事人提供的事实和材料，依照有关法律的规定，以口头或书面的形式回答当事人有关法律问题的询问，为其解决问题指明方向，提出建议，以保证其活动合法有效。

根据律师办理非诉讼法律业务的内容的不同，可将其分为财产权益方面的非诉讼法律业务和非财产权益方面的非诉讼法律业务。

根据是否具有涉外因素，可将其分为国内的非诉讼法律业务和涉外的非诉讼法律业务。

三、律师办理非诉讼法律业务的代理关系与代理权限

（一）代理关系

律师办理非诉讼法律业务，应当有委托人的委托授权。代理关系成立后，基于双方约定

的事由或者法律规定的原因，可以发生变更或者消灭。

1. 代理关系的成立

代理关系因签订代理协议、委托人授予律师相应的权限而成立。委托人准备委托律师代理非诉讼法律业务的，应当向律师提出，经律师或者律师事务所审查，认为委托事务合法，可以代理的，签订代理协议。根据律师事务所的指派，或者律师事务所与委托人的商定，确定代理律师人选，由委托人授权，律师即成为委托人的代理人，可以根据代理人的授权依法执业。

2. 代理关系的变更与消灭

根据双方的协商，可以变更代理关系，如更换律师、变更代理的非诉讼事务等。委托人解除委托，或者代理律师辞去委托的，代理关系消灭。基于特定原因，代理律师无法代理当事人办理事务的，或者代理的事务已经结束的，代理关系也消灭。

（二）代理权限

代理律师的代理权限是指代理律师根据委托人的授权和法律规定，进行相关非诉讼法律业务的权限范围。代理人的权限主要取决于被代理人的授权，只要是被代理人所享有的权利，法律没有规定不允许委托他人行使的，都可以授权代理律师实施，被代理人授予代理律师的权限范围，应当在授权书中写明。代理律师依法实施的行为，在代理权限范围内其后果由被代理人承担。由此可见，代理律师受委托办理非诉讼法律业务的，处于代理人的法律地位。

除了当事人授予代理律师进行某些活动的权利以外，代理律师还享有法律法规赋予他执行职务的律师权利；除了当事人通过协议约定的代理律师所负有的义务外，代理律师还负有相关法律、《律师职业道德和执业纪律规范》所规定的义务。

第二节　律师的仲裁业务

一、我国仲裁制度的含义

仲裁，即民商事仲裁，是指当事人根据双方当事人自愿达成的有效仲裁协议，将争议提交依法成立的仲裁委员会裁决，从而解决争议的一项法律制度。

在我国，仲裁委员会是民间机构，与行政机关没有隶属关系，其依据法律和仲裁程序规则作出的仲裁裁决，具有和生效判决类似的法律效力，都能终局性地解决当事人之间的纠纷，有给付内容的，可以成为强制执行的根据。对于平等主体之间的合同纠纷和其他财产权益纠纷，只要不是以一定人身关系为基础的，当事人在纠纷发生前或者发生后，都可以协议将该纠纷提交仲裁。仲裁实行一裁终局，以及不公开审理为原则、公开审理为例外的制度。

此外，我国还有与仲裁制度性质不同的劳动仲裁。

二、律师代理仲裁的主要内容

（一）代理律师的权限

《仲裁法》第29条规定，当事人及其法定代理人可以委托律师进行仲裁活动，委托律师进行仲裁活动的，应当向仲裁委员会提交授权委托书。授权委托书应当载明委托事项和权限。和律师代理民事诉讼类似，代理律师的权限分为一般授权代理和特别授权代理，仅授予代理律师一般仲裁程序权利的代理为一般授权代理，授权代理律师代为承认、放弃、变更仲裁请求，进行和解，提出反请求的，为特别授权代理。如果代理权限不明，只能认为是一般授权代理。

代理权限若有变更或者解除，委托人应当书面告知仲裁委员会或者仲裁庭，仲裁委员会或者仲裁庭应当再通知对方当事人。

（二）仲裁程序中的代理活动

仲裁程序与目前的民事诉讼程序在许多方面相似，律师代理仲裁活动可以参照代理民事诉讼的内容。不过，根据仲裁程序的特点，律师代理仲裁案件，还应当特别注意以下内容，依法进行代理活动。

1. 关于仲裁协议

与民事诉讼管辖权的法定性不同，有效的仲裁协议是仲裁机构取得管辖权的前提。有效的仲裁协议应符合下列条件：（1）采取书面形式订立，既可以是单独的仲裁协议，也可以是合同中的仲裁条款；（2）请求仲裁的意思表示明确；（3）仲裁事项明确，指当事人明确约定提交仲裁解决争议的事项范围；（4）选定仲裁委员会。

仲裁协议有下列情形的，仲裁协议无效：（1）约定的仲裁事项超出法律规定的仲裁范围的；（2）无民事行为能力人或者限制民事行为能力人订立的仲裁协议；（3）一方采取胁迫手段，迫使对方订立仲裁协议的。仲裁协议无效的，仲裁机构无权受理。

当事人对于仲裁协议是否有效存在争议的，既可以向仲裁机构申请解决，也可以申请人民法院解决。有管辖权的人民法院是仲裁机构所在地的人民法院，选择涉外仲裁机构仲裁的，涉外仲裁机构所在地的中级人民法院有管辖权。对于仲裁协议效力的争议，当事人既向仲裁机构申请解决，又向法院申请解决的，由法院审理。对于仲裁协议的效力有异议的，应当在首次开庭前提出。另外，当事人没有对仲裁协议的效力提出异议，但仲裁机构发现仲裁协议无效的，不予受理，或者由仲裁庭作出对本案没有管辖权的裁决。

有效的仲裁协议因下述情形而失效：（1）视为放弃而失效。《仲裁法》第26条规定，当事人达成仲裁协议，一方向人民法院起诉未声明有仲裁协议，人民法院受理后，另一方在首次开庭前提交仲裁协议的，人民法院应当驳回起诉，但仲裁协议无效的除外；另一方在首次开庭前未对人民法院受理该案提出异议的，视为放弃仲裁协议，人民法院应当继续审理。

（2）仲裁裁决被撤销或者被不予执行而失效。《仲裁法》第58条规定，当事人提出证据证明裁决有下列情形之一的，可以向仲裁委员会所在地的中级人民法院申请撤销裁决：（1）没有仲裁协议的；（2）裁决的事项不属于仲裁协议的范围或者仲裁委员会无权仲裁的；（3）仲裁庭的组成或者仲裁的程序违反法定程序的；（4）裁决所根据的证据是伪造的；（5）对方当事人隐瞒了足以影响公正裁决的证据的；（6）仲裁员在仲裁该案时有索贿受贿，徇私舞弊，枉法裁决行为的。人民法院经组成合议庭审查核实裁决有前款规定情形之一的，应当裁定撤销。人民法院认定该裁决违背社会公共利益的，应当裁定撤销。根据《仲裁法》第63条和《民事诉讼法》第248条的规定，在存在当事人可以申请撤销仲裁裁决的6种情形之一，或是人民法院认定该裁决违背社会公共利益时，裁定不予执行。

无论仲裁协议失效还是被确认无效，当事人就该纠纷重新达成仲裁协议的，均既可以根据新的仲裁协议申请仲裁，也可以向人民法院起诉。

2. 关于仲裁的事项范围

（1）平等主体的公民、法人或其他组织之间发生的合同纠纷和其他财产权益纠纷，可以仲裁。

（2）下列纠纷不能仲裁：第一，婚姻、收养、监护、扶养、继承纠纷；第二，依法应当由行政机关处理的行政争议。

（3）劳动争议和农业集体经济组织内部的农业承包合同纠纷的仲裁，另行规定。

综合而言，可以仲裁的事项属于当事人之间的民事争议，并且不以一定的身份关系为基础，具有争议主体的平等性、争议事项的可处分性和争议内容的财产性的特点。

3. 关于仲裁庭的组成

《仲裁法》第30条规定，仲裁庭可以由3名仲裁员或者1名仲裁员组成。由3名仲裁员组成的，设首席仲裁员。当事人收到仲裁委员会的仲裁规则和仲裁员名册后，应当按照约定的仲裁庭的组成形式和仲裁员的选择方式，在仲裁规则规定的期限内选出仲裁员。当事人没有在仲裁规则规定的期限内约定仲裁庭的组成方式和选择仲裁员的，由仲裁委员会主任指定。

（1）合议仲裁庭仲裁员的确定。当事人约定由3名仲裁员组成仲裁庭的，应当各自选定或者各自委托仲裁委员会主任指定1名仲裁员，第三名仲裁员由当事人共同选定或者共同委托仲裁委员会主任指定。第三名仲裁员是首席仲裁员。当事人为三方或三方以上，约定由3名仲裁员组成合议仲裁庭的，当事人应当共同选择3名仲裁员，并选定其中1名为首席仲裁员；或者共同委托仲裁委员会主任指定2名仲裁员和首席仲裁员。当事人没有在仲裁规则规定的期限内约定仲裁庭的组成方式或者选定仲裁员的，由仲裁委员会主任指定。

（2）独任仲裁庭仲裁员的确定。当事人约定由1名仲裁员成立仲裁庭的，应当由当事人共同选定或者共同委托仲裁委员会主任指定仲裁员。当事人没有在仲裁规则规定的期限内约定仲裁庭的组成方式或者选定仲裁员的，由仲裁委员会主任指定。

合议仲裁庭或独任仲裁庭成立后，仲裁委员会应当将仲裁庭的组成情况书面通知当事人。

4. 裁决作出后的律师代理

在我国，仲裁实行一裁终局。裁决作出后，代理律师应当告知当事人有关法律规定，使其自觉履行裁决确定的义务。对方不履行义务的，权利人可以委托律师代理申请执行仲裁裁决。

仲裁当事人认为仲裁裁决有错误的，可以通过撤销仲裁裁决程序和不予执行仲裁裁决程序予以救济。当事人可以委托律师代理申请撤销仲裁裁决，也可以委托律师代理申请不予执行仲裁裁决。

裁决有下列情形之一的，可以委托律师代理申请撤销裁决：（1）没有仲裁协议的；（2）裁决的事项不属于仲裁协议的范围或者仲裁委员会无权仲裁的；（3）仲裁庭的组成或者仲裁的程序违反法定程序的；（4）裁决所依据的证据是伪造的；（5）对方当事人隐瞒了足以影响公正裁决的证据的；（6）仲裁员在仲裁该案时有索贿受贿、徇私舞弊、枉法裁决行为的。律师代理申请撤销仲裁裁决，应自收到裁决书之日起6个月内，向仲裁委员会所在地的中级人民法院提出。

仲裁裁决具备下列情形之一的，可以委托律师代理申请不予执行裁决：（1）当事人在合同中没有订立仲裁条款或者事后没有达成书面仲裁协议的；（2）裁决的事项不属于仲裁协议的范围或者仲裁机构无权仲裁的；（3）仲裁庭的组成或者仲裁的程序违反法定程序的；（4）认定事实的主要证据不足的；（5）适用法律确有错误的；（6）仲裁员在仲裁该案时有贪污受贿、徇私舞弊、枉法裁决行为的；（7）违背社会公共利益的。

第三节 调解中的律师业务

一、调解的概念与种类

调解，是指发生纠纷的当事人，在纠纷以外的第三人协调、劝说下，在自愿的基础上，达成协议，从而解决纠纷的活动。调解在我国社会生活中具有重要地位，特别是对于民间纠纷的解决发挥着重要作用。

目前，根据我国法律规定，调解的种类主要有人民调解、法院调解、行政调解三种。当然，如果把以双方当事人自愿为前提，通过一定形式达成协议解决纠纷的活动都视为调解，那么调解的种类将非常繁多，律师也可以接受当事人的委托授权，以调解人的身份促成当事人和解。但是，根据法律规定，对于民事纠纷，我们通常所说的调解主要是人民调解和法院调解。法院调解是诉讼程序中的调解，律师代理法院调解的有关内容已经在前文述及，所以本节主要阐述人民调解。

二、人民调解中的律师业务

（一）人民调解的概念与性质

人民调解就是人民调解委员会的调解，指的是对于基层群众之间发生的一些民间纠纷，在人民调解委员会的主持下，争议的当事人自愿达成协议，从而解决纠纷的活动。

我国的人民调解制度主要由《人民调解法》《村民委员会组织法》《城市居民委员会组织法》《民事诉讼法》《人民调解委员会组织条例》《人民调解工作若干规定》《最高人民法院关于人民调解协议司法确认程序的若干规定》等法律法规和司法解释规定。根据这些法律法规和司法解释的规定，人民调解委员会是村民委员会和居民委员会下设的调解民间纠纷的群众性组织，在基层人民政府和基层人民法院指导下工作。村民委员会是为了保障农村村民实行自治，由村民群众依法办理自己的事情，发展农村基层民主，维护村民的合法权益，促进农村社会主义物质文明和精神文明建设，根据《宪法》所设立的村民自我管理、自我教育、自我服务的基层群众性自治组织。居民委员会是为了加强城市居民委员会的建设，由城市居民群众依法办理群众自己的事情，促进城市基层社会主义民主和城市社会主义物质文明、精神文明建设的发展，根据《宪法》所设立的居民自我管理、自我教育、自我服务的基层群众性自治组织。这也决定了农村村民委员会、城市居民委员会设立的人民调解委员会的性质。

另外，《人民调解工作若干规定》第10条还规定了其他形式的人民调解委员会，即乡镇、街道设立的人民调解委员会，企业事业单位根据需要设立的人民调解委员会，以及根据需要设立的区域性、行业性的人民调解委员会。《人民调解工作若干规定》同时规定，人民调解委员会的设立及其组成人员，应当向所在地乡镇、街道司法所（科）备案，而乡镇、街道人民调解委员会的设立及其组成人员，应当向县级司法行政机关备案。并在第15条规定，人民调解员除由村民委员会成员、居民委员会成员或者企业事业单位有关负责人兼任的以外，一般由本村民区、居民区或者企业事业单位的群众选举产生，也可以由村民委员会、居民委员会或者企业事业单位聘任。乡镇、街道人民调解委员会委员由乡镇、街道司法所（科）聘任。区域性、行业性的人民调解委员会委员，由设立该人民调解委员会的组织聘任。

根据上述规定可见，农村村民委员会、城市居民委员会设立的人民调解委员会具有民间性、群众性和自治性，而乡镇、街道设立的人民调解委员会，企业事业单位根据需要设立的人民调解委员会，以及根据需要设立的区域性、行业性的人民调解委员会则只有民间性、群众性，而不具有自治性。

具体来说：民间性是指人民调解只能解决一定范围内的民间纠纷，其调解职能的发挥还取决于纠纷当事人的意志，其没有法定的强制管辖权，也不能采取强制措施，其调解行为属于民间活动，而不是一种司法活动。群众性是指人民调解是基层群众实行社会主义民主的具体形式之一，是我国社会主义制度的构成部分，是一种群众性的有组织活动，不是任意的个人意志。自治性是指人民调解是基层人民群众依法调解一定范围的民间纠纷的活动，其调解活动并不听命于行政机关或者司法机关，不是为了履行政府的命令，是群众自己解决发生在群众之间的纠纷的一种制度形式。

（二）人民调解中律师活动的主要内容

人民调解中律师的活动主要包括两类：一类是律师作为争议当事人的代理人，代理一方当事人参加调解活动，其进行调解活动的权利由当事人授予；另一类是受人民调解委员会的邀请，协助人民调解委员会进行调解工作。

1. 代理当事人进行调解活动

代理当事人进行调解活动的，可以参照民事诉讼程序中律师代理法院调解的内容。另外，根据人民调解的自身特点，还需要注意以下问题。

（1）主持人民调解程序主体的民间性。人民调解程序是由人民调解员主持的。此处的人民调解员是人民调解委员会委员、调解员的统称。

主持调解的人民调解员一般为1人，由人民调解委员会指定。根据需要，人民调解委员会可以指定或由当事人选择1名或数名人民调解员进行调解。当事人对调解主持人提出回避要求的，人民调解委员会应当予以调换。

律师在代理当事人参加调解时，应当注意有没有需要提出回避申请的调解员。如果有，应当协助当事人及时提出，对人民调解委员会不尊重当事人权利的现象也应提出纠正。

（2）人民调解的原则。人民调解委员会的调解工作应当遵守以下原则：①不违背法律、法规和国家政策；②在当事人自愿、平等的基础上进行调解；③尊重当事人的权利，不得因调解而阻止当事人依法通过仲裁、行政、司法等途径维护自己的权利。根据这些原则，代理律师应当告知当事人其所享有的权利，一方面依法促使当事人达成调解，另一方面在达不成调解时，依法退出调解，以便及时通过其他途径维护自己的合法权益。

（3）调解期限。根据规定，人民调解委员会调解纠纷，一般在1个月内完结。超过调解期限的，应当向人民调解委员会提出，也可以由当事人退出调解。

（4）人民调解协议的效力。经人民调解委员会调解达成调解协议的，可以制作调解协议书。当事人认为无需制作调解协议书的，可以采取口头协议方式，人民调解员应当记录协议内容。口头调解协议自各方当事人达成协议之日起生效。经人民调解委员会调解达成的调解协议，具有法律约束力，当事人应当按照约定履行。人民调解委员会应当对调解协议的履行情况进行监督，督促当事人履行约定的义务。

经人民调解委员会调解达成调解协议后，双方当事人认为有必要的，可以自调解协议生效之日起30日内共同向人民院申请司法确认，人民法院应当及时对调解协议进行审查，依法确认调解协议的效力。人民法院依法确认调解协议有效，一方当事人拒绝履行或者未全部履行的，对方当事人可以向人民法院申请强制执行。人民法院依法确认调解协议无效的，当事人可以通过人民调解方式变更原调解协议或者达成新的调解协议，也可以向人民法院提起诉讼。

经人民调解委员会调解达成调解协议后，当事人之间就调解协议的履行或者调解协议的内容发生争议的，一方当事人可以向人民法院提起诉讼。调解协议的诉讼时效，也适用民事实体法的规定。但是，原纠纷的诉讼时效因人民调解委员会调解而中断。调解协议被撤销或者被认定无效后，当事人以原纠纷起诉的，诉讼时效自调解协议被撤销或者被认定无效的判决生效之日起重新计算。

针对这一特点，达成调解协议的，律师应当告知当事人按照约定履行自己的义务，不得擅自变更或者解除调解协议。当然，也可以不履行调解协议而向人民法院起诉。但是，如果调解协议应当得到维持，人民法院可以通过审判予以确定，而不是按照调解协议达成前当事人之间原有的权利义务关系状态履行，这与没有经过调解直接向人民法院起诉有所不同。

此外，人民调解委员会调解民间纠纷不得收费。人民调解委员会向当事人收取费用的，代理律师应当提出纠正。

2. 根据邀请参与调解

拓展阅读

《人民调解法》第20条规定，人民调解委员会调解纠纷，根据需要，在征得当事人的同意后，可以邀请当事人的亲属、邻里、同事等参与调解，也可以邀请具有专门知识、特定经验的人员或者有关社会组织的人员参与调解。据此，人民调解委员会可以通过律师事务所邀请律师参与调解活动。

至于被邀请的律师居于何种地位，具体进行哪些工作，法律法规没有作出明确规定。根据《律师法》的规定，结合律师业务的特点，律师被邀请参加人民调解的，应当起到协助人民调解员调解纠纷的作用，处于辅助调解人的地位。据此，律师可以进行下列活动：（1）结合当事人之间的争议，向当事人说明有关法律、法规和政策；（2）告知当事人所享有的权利及所负有的义务；（3）分析当事人如果起诉，根据法律规定，法院可能的判决结果；（4）当事人准备达成调解协议的，帮助起草调解协议；（5）达成了调解协议的，告知调解协议的效力，以促使当事人自觉履行义务，及时解决纠纷。

第四节　律师法律咨询与代书业务

一、律师法律咨询

（一）律师法律咨询概述

律师法律咨询，是指律师就当事人提出的法律问题，给予解答、作出说明、提出建议以及提供解决问题方案的一种业务活动。实践中律师法律咨询是律师极为常见和普遍的业务活动。做好律师法律咨询工作，可以对当事人起到有效的法治宣传和教育作用，能够及时化解当事人之间的矛盾和纠纷，消除社会的不安定因素；通过法律咨询，可以提高当事人的法律意识，及时保护受到侵犯的合法权益，对于惩治和预防违法犯罪具有重要意义；法律咨询也往往成为律师进一步开展业务的前奏，有助于律师业务的发展。

律师法律咨询的内容十分广泛，凡是涉及法律规范的社会关系，当事人都可以向律师咨询。例如，关于婚姻、家庭关系、劳动关系、消费者权益保护、医疗事故、交通事故、人身权利和公民基本权利、购房纠纷、相邻关系、各种诉讼程序的基本常识等诉讼方面的问题和非诉讼方面的问题等。此外，咨询的内容既可以是国内法方面的问题，也可以是国外法方面的问题，既可以是实体法问题，也可以是程序法问题，还可以是其他非诉讼法律事务问题。

法律咨询的形式灵活多样。律师解答法律咨询，既可以采用书面解答的形式，也可以采用口头解答形式，还可以通过电话、电传解答，甚至通过电视、电台、报纸、网络等公众媒体进行解答。律师咨询的场所也多种多样，既可以在律师事务所向来访者解答，又可以根据法律规定和律师事务所的安排，到街头设点解答。

（二）律师法律咨询的原则

律师法律咨询的原则，是指律师解答询问者提出的问题应当遵循的工作准则。虽然律师法律咨询没有法律效力，是一种民间性的法律解释活动，但是，律师是依法执业、为社会提供法律服务的专业人员，这就决定了律师法律咨询必须遵循一定的原则。根据《律师法》《律师职业道德和执业纪律规范》，律师进行法律咨询，要遵守以下原则：

1. 以事实为根据、以法律为准绳的原则

律师一定要在准确、全面和深入掌握客观事实和分析适用法律的基础上，客观、公正地表达自己的法律意见和建议。要告知当事人讲实话，不要只表述对自己有利的事实和只提供对自己有利的证据。

2. 维护当事人合法权益的原则

律师应当区分当事人的正当要求和不正当要求。对于当事人的正当要求，律师应当为其提供多种形式的法律帮助，在法律允许的范围内作出最大的努力，尽可能提出最好的方案，以维护当事人的合法权益。当然，对于不利于当事人的问题，律师也不能隐瞒。对于当事人的不合法要求，律师应尽量说服其放弃。

3. 维护法律秩序和法律正义的原则

律师在解答咨询者提出的问题时，应当询问其事实真相，帮助其辨明是非曲直，多做说服教育和调停工作，促进纠纷得到正确、合理解决，防止矛盾激化，尽力避免造成损失，以维护正常的社会秩序。同时，对于合法权利受到侵犯的当事人，应告知其所享有的权利，支持其通过合法途径保护自己的合法权益，伸张法律正义。

二、律师代书

（一）律师代书概述

代书是律师根据委托人提供的事实和证据，以委托人的名义，依据法律代替委托人书写诉讼文书和其他法律事务文书的一项业务活动。律师代写的法律文书本质上是委托人单方意志的体现，不具有法律效力。

（二）律师代书的范围

根据法律事务文书的用途与内容，律师代写的法律事务文书，主要是诉讼文书和非诉讼文书。

1. 诉讼文书

诉讼文书是指在各个诉讼阶段为完成一定的诉讼行为而制作的有关法律文书。诉讼文书适用于刑事、民事和行政诉讼的各个阶段，如起诉状、上诉状、申诉状、答辩状、反诉状、回避申请书、财产保全申请书等。

2. 非诉讼文书

非诉讼文书是指诉讼文书以外的其他有关法律事务的文书。常见有合同文书、法律意见书、声明书、申请复议书、仲裁申请书、收养协议书、遗嘱等。

（三）律师代书的基本要求

代书也是律师常见的一项业务，往往与律师接受委托人的授权，办理的法律事务密切联系在一起。在有的情况下，当事人不要求律师办理其他事务，仅要求律师代为书写法律文书。根据律师职业的规范要求和特性，律师代书，应当遵循以下要求：

1. 代书的范围限于法律事务文书

法律事务文书范围十分广泛，表现形式多种多样。但是，其内容都应当是现行法律规制的、具有法律意义的事务，如果不属于法律事务的范畴，就不应当是律师代书的范围。

2. 代书须有事实依据

律师书写法律文书，是一种严肃的执业活动，必须要有事实依据。当事人如果不提供事实依据，或者当事人提供的事实依据明显不能成立的，律师应当拒绝代书。

3. 代书应当合法

代书虽然不具有法律效力，但是律师的行为应当遵循其职业的要求，代写的法律文书应当符合法律规定，其内容不得违背法律。

4. 代书内容应当观点明确、论证充分

律师代书的内容应当在当事人提供事实依据的基础上，明确、全面，把事实讲清楚，把问题说明白，突出主题，把当事人的要求或者有争议的焦点清晰表达出来。代书的内容还应当论证充分、合乎逻辑。

5. 代书应当符合法律文书格式的要求

很多法律文书，根据法律规定或者习惯做法，有其特有的格式，比如起诉状、上诉状、合同书等。律师代写法律文书时，应当符合这些文书的格式与规范要求。

第五节　律师办理其他非诉讼业务

一、律师见证

（一）律师见证的概念和特点

律师见证，是指律师接受当事人的委托，以律师事务所的名义，依法对其亲眼所见的法律事实或法律行为的真实性、合法性进行证明的一种业务活动。

律师见证具有以下特点：（1）律师见证的证明主体是律师。（2）律师见证是一种法律适用，是律师根据现行法律对法律事实或法律行为的真实性、合法性进行确认。（3）律师见证要求律师在法律事实或法律行为发生时亲眼所见，在时间和空间上有着严格的限制，区别于公证可以对以前发生的事件先行调查而后出证的做法。对于已经发生或将要发生的事情，律师都不能见证。（4）律师见证必须基于当事人的委托，见证律师既不是代理人，也不是调解人，而是中证人，具有作证和法律监督的双重性质。（5）见证律师出具的见证书起证明作用，是书证的一种。（6）律师见证具有民间性，不属于有权机关的证明活动，也不具有公证证明、国家机关的法律文书那样的证据效力。

（二）律师见证的范围

根据律师执业实践，律师见证的范围应当限于民事法律行为，即能够引起民事法律关系发生、变更或者消灭的合法行为。对于有关身份关系的民事法律行为，如结婚，不宜由律师见证。另外，律师见证的范围不包括不以人的意志为转移的法律事件，如死亡、出生等。

（三）律师见证的业务内容与法律责任

律师见证必须有当事人的委托，律师对当事人委托见证的事项与当事人的资格条件进行审查，认为可以见证的，应当由律师事务所与委托人统一签订委托合同。委托既可以是单方委托，也可以是双方委托。

律师接受见证委托以后，要审查见证事项是否可行，见证事项有无违反法律和社会公共利益之处，见证所需材料是否完整齐备，以及当事人意思表示是否真实清楚。对不符合见证要求者，可不予见证。经过审查，认为符合见证条件的，见证律师应如约到见证现场进行见证，并出具见证书；或者在双方当事人所签订的法律文书中，写上律师的法律见证意见，由见证律师签名并加盖律师事务所的公章。

律师见证要承担法律责任，见证律师必须按照见证规则办事；当事人一方或双方当事人违约，发生纠纷诉诸法院时，见证律师有出庭作证的义务。律师若对明显失实或违法的文书予以见证，由此给对方当事人造成经济损失的，应当承担法律责任。

二、代理资信调查

所谓资信调查，是指对往来客户的资金能力、商业信誉进行的调查。

律师资信调查的内容主要包括以下方面：（1）被调查者的民事主体资格；（2）被调查者的经济情况；（3）被调查者的商业信誉，如产品质量、履约能力、履约率等。

律师进行资信调查，可以作为委托人的代理人，以委托人的名义进行，也可以直接以律师事务所的名义进行。调查既可以通过被调查者所在地的商务机构、金融机构、咨询机构或我国驻外使领馆进行，也可以通过当地的律师（或法律服务）机构进行，还可以直接要求被调查者提供有关证明文件（如银行的资金证明等）。

律师应根据了解到的资信情况，向委托人写出书面调查报告。书写调查报告要做到材料翔实、数字准确，对于无法明确的问题，应予以说明，切不可凭主观推理猜测而错误地影响委托人的经营决策。

三、律师代理合同业务

律师代理合同业务，是指律师接受当事人的委托授权，代理当事人或者协助当事人进行合同的谈判、签订、履行、变更等有关合同事务的活动。在代理合同业务中，律师作为委托人的代理人，受被代理人目的的制约；同时，律师必须依法执业，委托人委托事项违法的，律师应当拒绝代理。

律师代理合同业务，既可能作为被代理人的代理人参加活动，包括合同内容形成和变更、合同的签订与解除等；也可能作为被代理人的辅助人参加活动，主要是对被代理人进行合同事务提供法律上的帮助。

律师代理进行合同业务，应当注意以下几点：（1）合同的签约、履约和解除都要符合法律规定，不能违背法律的禁止性规定或者社会公德，也不能侵犯国家、集体和第三人的合法权益；（2）参与合同事务，应当进行必要的事实调查，掌握合同事务所有情况，做到有的放矢，充分维护被代理人的合法权益；（3）根据有关事实和法律规定，对于合同事务的结果做合理的预测，向被代理人指出利益与风险所在，供被代理人决策时参考；（4）对于签订合同、履行义务或者解除合同，以及进行其他重要事项，应当有委托人的明确授权，不要超越代理权，即使上述事项律师获得了授权，在允许的条件下也要与被代理人及时沟通，听取被代理人的意见；（5）拟定行动方案，控制行动的进程，涉及与对方有较大争议的情形时，应当有策略地做好协商工作，尽量达到被代理人的要求。

四、律师代理招标、投标业务

招标是指订立合同的一方当事人（即招标人），通过一定的方式，公布一定的标准和条件，向公众发出的以订立合同为目的的意思表示。招标人可以向相对的几个人发出招标通知，也可以通过广告形式向不特定的社会全体发出招标的意思表示。投标是指投标人（又称出标人）按照招标人提出的要求，在规定期限内向招标人发出的以订立合同为目的的意思表示。中标是从投标人中确定中标人，也就是招标人对某一投标人的标书予以承诺。中标需在开标的基础上进行。为了保障公平竞争，开标需公开进行；开标后，招标人需进行评标，从中选出条件最优者，最终作出选择决定，确定中标人。

（一）代理招标人的主要业务内容

律师接受招标人的委托，为其提供法律服务，主要应做好以下工作：（1）协助委托人，做好招标前的准备工作；（2）准备招标文件；（3）做好招标的宣传组织工作；（4）在招标实施过程中，协助委托人进行资格审查、评标等工作；（5）签订合同并协助履行，解决产生的纠纷。

律师在代理、参与招标时应当注意下列事项：（1）招标人的招标虽是以订立合同为目的的行为，但它并不包含合同的全部内容；（2）招标人在发出招标公告前或公告后需制定标底，该标底不能公开，故招标意思表示不具有要约的效力；（3）招标人对他人的投标可以接受，也可以不接受，即招标不发生必须与投标人订立合同的效力；（4）如果招标人在招标公告中明确表示与报价最优者签订合同，则招标人负有在投标人中与条件最优者签约的义务。

（二）代理投标人的主要业务内容

律师接受投标人的委托，为其提供法律服务，应做好以下工作：（1）收集招标的信息和资料，认真分析研究，提高投标竞争力；（2）准备投标所需文件，针对招标邀请书，作出正确的权衡，提出合理报价；（3）参加开标，总结未中标的原因，为以后投标积累经验；（4）中标后，参加与招标方的项目谈判、签约和履行工作，解决发生的纠纷，为委托人提供法律帮助。

五、律师专利法律业务

律师专利法律业务，是指律师接受当事人的委托，以委托人的名义在代理权限范围内实施的代理专利申请、代理专利的转让许可、代理宣告专利无效等专利事务行为。根据2018年修订的《专利代理条例》第30条的规定，律师事务所申请开办专利代理业务的，已无需经过主管机关同意与专利管理机关的审查。律师事务所只需要依据《律师法》《民事诉讼法》等法律、行政法规开展与专利有关的业务即可。

律师代理专利申请，是指律师代委托人起草专利申请书、权利要求书等文件，向有关专利管理机关递交，并在专利审查过程中提供有关证明文件、陈述意见、进行答辩等。律师代理专利的转让许可，是指律师在授权范围内代理当事人起草专利权的转让合同或专利使用许可合同，参加专利权的转让或专利的使用许可谈判，办理专利权转让的有关法律手续，代理当事人向专利局办理登记和公告事务以及备案等法律事务。律师代理宣告专利无效，是指律师根据被代理人的授权，针对国务院专利行政部门授予并公告的专利，认为其不符合《专利法》及其实施细则的规定的，向国务院专利复审委员会宣告该公告的专利无效。

六、律师商标法律业务

2012年发布的《律师事务所从事商标代理业务管理办法》（以下简称《商标代理业务管理办法》）对律师和律师事务所从事商标法律业务的执业行为进行了规范，以维护商标代理法律服务秩序，保障委托人的合法权益。律师事务所及其律师从事商标代理业务，应当依法、诚信、尽责执业，恪守律师职业道德和执业纪律，接受当事人和社会的监督。工商行政管理机关和司法行政机关依法对律师事务所及其律师从事商标代理业务活动进行监督管理。

根据《商标代理业务管理办法》第5条①的规定，律师事务所接受当事人委托，指派律师办理的商标代理业务主要有如下八种类型：（1）代理商标注册申请、变更、续展、转让、补证、质权登记、许可合同备案、异议、注销、撤销以及马德里国际注册等国家工商行政管理总局商标局（以下简称“商标局”）主管的有关商标事宜；（2）代理商标注册驳回复审、异议复审、撤销复审及注册商标争议案件等国家工商行政管理总局商标评审委员会（以下简称“商评委”）主管的有关商标事宜；（3）代理其他商标国际注册有关事宜；（4）代理商标侵权证据调查、商标侵权投诉；（5）代理商标行政复议、诉讼案件；（6）代理参加商标纠纷调解、仲裁等活动；（7）担任商标法律顾问，提供商标法律咨询，代写商标法律事务文书；（8）代理其他商标法律事务。律师事务所从事（1）（2）项商标代理业务，应当向商标局办理备案。

根据法律法规，律师承办商标代理业务，也应当由律师事务所统一接受委托，由律师事务所与委托人签订书面委托合同，按照国家规定统一收取费用并如实入账。律师事务所受理商标代理业务，应该依照有关规定进行利益冲突审查，不得违反规定受理与本所承办的法律事务及其委托人有利益冲突的商标代理业务。律师承办商标代理业务，应当按照委托合同约定，严格履行代理职责，及时向委托人通报委托事项办理进展情况，无正当理由不得拖延、拒绝代理。委托事项违法，委托人利用律师提供的服务从事违法活动，委托人故意隐瞒重要事实、隐匿证据或者提供虚假、伪造证据的，律师有权拒绝代理。

同时，律师事务所及其律师在承办商标代理业务时，需要遵守下列执业原则：（1）律师事务所及其律师承办商标代理业务，必须自己办理，不得委托其他单位或者个人代为办理，不得与非法律服务机构、非商标代理组织合作办理。（2）律师事务所及其律师承办商标代理业务应当遵守律师执业保密规定，未经委托人同意，不得将代理事项及相关信息泄露给其他单位或者个人。（3）律师事务所及其律师不得以诋毁其他律师事务所和律师、商标代理组织

① 本条中涉及的国家工商行政管理总局商标局及国家工商行政管理总局商标评审委员会现已根据2018年《党和国家机构方案》整合为国家知识产权局商标局。

和商标代理人或者支付介绍费等不正当手段承揽商标代理业务。（4）律师事务所及其律师承办商标代理业务，不得利用提供法律服务的便利牟取当事人争议的权益，不得接受对方当事人的财物或者其他利益，不得与对方当事人或者第三人恶意串通，侵害委托人权益。

律师事务所及其律师从事商标代理业务依照法律法规由商标管理机关、司法行政机关、律师协会进行监督管理。一旦发现律师事务所或律师在执业过程中有违反法律、法规和规章行为，可由商标管理机关、司法行政机关依据有关法律、法规和规章的规定实施处罚；有违反律师行业规范行为的，由律师协会给予相应的行业惩戒。律师事务所依法受到停业整顿处罚的，在其停业整顿期间，商标局或者商评委可以暂停受理该律师事务所新的商标代理业务。

七、律师证券法律业务

律师证券法律业务，是指律师事务所接受当事人委托，为其证券发行、上市和交易等证券业务活动，提供的制作、出具法律意见书等文件的法律服务。目前，根据《行政许可法》《律师法》《律师事务所从事证券法律业务管理办法》的规定，执业律师即可从事证券法律业务。律师从事证券法律业务，应当注意下述问题。

（一）律师证券法律业务的范围

律师从事证券法律业务，可以为下列事项出具法律意见：（1）首次公开发行股票及上市；（2）上市公司发行证券及上市；（3）上市公司的收购、重大资产重组及股份回购；（4）上市公司实行股权激励计划；（5）上市公司召开股东大会；（6）境内企业直接或者间接到境外发行证券、将其证券在境外上市交易；（7）证券公司、证券投资基金管理公司及其分支机构的设立、变更、解散、终止；（8）证券投资基金的募集、证券公司集合资产管理计划的设立；（9）证券衍生品种的发行及上市；（10）中国证监会规定的其他事项。

此外，律师事务所可以接受当事人的委托，组织制作与证券业务活动相关的法律文件。

（二）对律师从事证券业务的管理与监督

中国证监会及其派出机构、司法部及地方司法行政机关依法对律师事务所从事证券法律业务进行监督管理。律师协会依照章程和律师行业规范对律师事务所从事证券法律业务进行自律管理。

（三）律师从事证券业务的原则与基本行为准则

1. 从事证券业务的原则

律师事务所及其指派的律师从事证券法律业务，应当遵守法律、行政法规及相关规定，遵循诚实、守信、独立、勤勉、尽责的原则，恪守律师职业道德和执业纪律，严格履行法定职责，保证其所出具文件的真实性、准确性、完整性。

2. 从事证券业务的基本行为准则

律师事务所及其指派的律师从事证券法律业务，应当按照依法制定的业务规则，勤勉尽责，审慎履行核查和验证义务。律师进行核查和验证，可以采用面谈、书面审查、实地调查、查询和函证、计算、复核等方法。

律师事务所及其指派的律师从事证券法律业务，应当依法对所依据的文件资料内容的真实性、准确性、完整性进行核查和验证；在进行核查和验证前，应当编制核查和验证计划，明确需要核查和验证的事项，并根据业务的进展情况，对其予以适当调整。

律师进行核查和验证，需要会计师事务所、资产评估机构等证券服务机构作出判断的，应当直接委托或者要求委托人委托会计师事务所、资产评估机构等证券服务机构出具意见。

律师在从事证券法律业务时，委托人应当向其提供真实、完整的有关材料，不得拒绝、隐匿、谎报。律师发现委托人提供的材料有虚假记载、误导性陈述、重大遗漏，或者委托人有重大违法行为的，应当要求委托人纠正、补充；委托人拒不纠正、补充的，律师可以拒绝继续接受委托，同时应当按照规定向有关方面履行报告义务。

（四）律师出具法律意见的基本要求

法律意见是律师事务所及其指派的律师针对委托人委托事项的合法性，出具的明确结论性意见，是委托人、投资者和中国证监会及其派出机构确认相关事项是否合法的重要依据。法律意见应当由律师在核查和验证所依据的文件资料内容的真实性、准确性、完整性的基础上，依据法律、行政法规及相关规定作出。

法律意见书应当列明相关材料、事实、具体核查和验证结果、国家有关规定和结论性意见。不得使用“基本符合”“未发现”等含糊措辞。

有下列情形之一的，律师应当在法律意见中予以说明，并充分揭示其对相关事项的影响程度及其风险：（1）委托人的全部或者部分事项不符合中国证监会规定；（2）事实不清楚，材料不充分，不能全面反映委托人情况；（3）核查和验证范围受到客观条件的限制，无法取得应有证据；（4）律师已要求委托人纠正、补充而委托人未予纠正、补充；（5）律师已依法履行勤勉尽责义务，仍不能对全部或者部分事项作出准确判断；（6）律师认为应当予以说明的其他情形。

律师出具的法律意见应当经所在律师事务所讨论复核，并制作相关记录作为工作底稿留存。所出具的法律意见应当由2名执业律师和所在律师事务所负责人签名，加盖该律师事务所印章，并签署日期。

法律意见书等文件在报送中国证监会及其派出机构后，发生重大事项或者律师发现需要补充意见的，应当及时提出补充意见。

（五）律师从事证券业务的执业限制

同一律师事务所不得同时为同一证券发行的发行人和保荐人、承销的证券公司出具法律意见，不得同时为同一收购行为的收购人和被收购的上市公司出具法律意见，不得在其他同一证券业务活动中为具有利害关系的不同当事人出具法律意见。

律师担任公司及其关联方董事、监事、高级管理人员，或者存在其他影响律师独立性的情形的，该律师所在律师事务所不得接受所任职公司的委托，为该公司提供证券法律服务。

八、律师代理发表有法律意义的声明

律师代理发表具有法律意义的声明，是指律师接受当事人的委托，在授权范围内，为制止侵权行为的继续发生，证明某种法律事实是否存在或终止某种法律行为，而以律师的名义，在电视、广播、报刊等传播媒介上，对某一法律事件或法律事实表明立场和主张的业务活动。

律师在进行这项业务活动时，必须有委托人的明确授权。在发表声明前，应当对委托发表声明的事项进行调查核实，以确认其真实性。发现声明的事项不真实或者可能侵犯他人合法权益的，律师应当拒绝发表声明。

委托人要求声明的内容违背法律法规规定或者违背社会公共道德的，律师应说服当事人改变声明内容，或者放弃发表声明，委托人仍然坚持的，律师应当拒绝发表声明。

复习思考题

1. 简述律师代理非诉讼法律业务的范围与权限。
2. 律师代理仲裁应当注意哪些问题？
3. 律师代书应当注意哪些问题？
4. 律师从事证券法律业务应当注意什么？

▶ 即测即评

第九章　法律顾问

担任当事人的法律顾问，为当事人提供综合性的法律服务，是我国《律师法》规定的律师的一项重要业务。

第一节　律师担任法律顾问概述

一、律师担任法律顾问的含义与特点

《律师法》第28条规定，律师可以接受自然人、法人和非法人组织的委托，担任法律顾问。可见，法律顾问指的就是受当事人的聘请，以自己的专业知识与技能，解答当事人有关法律的问题，依法为当事人提供法律服务的人员。法律顾问不限于律师，只要是具有法律专业知识，能够为聘请单位或个人提供法律服务的人，均可应聘担任法律顾问。

与其他人员担任法律顾问不同，律师担任法律顾问是律师以其独立的律师身份在当事人的授权范围内依法进行活动，而其他人员担任法律顾问，有时可能就是受聘单位内部称作法律顾问的工作人员。概括而言，律师担任法律顾问，具有以下特点：

（一）具有律师的身份

不具有律师身份的人，虽然也可以担任法律顾问，但其不能以律师的名义担任法律顾问。以前具有律师身份，后来基于种种原因丧失律师身份的，也不能以律师的名义担任法律顾问。

（二）以存在聘任关系和授权为前提

无论是自然人、法人还是非法人组织，聘请律师担任法律顾问的，均应当与律师事务所签订聘任合同，并授予聘请律师相应的权利。双方之间的法律关系是平等的，双方的权利义务均在合同中约定，顾问律师受其所在的律师事务所领导、监督、派遣，不是聘方成员，与聘方没有行政隶属关系，不存在谁领导谁的问题。

（三）相对独立的法律地位

律师受聘担任法律顾问，进行业务活动，虽然基于当事人的授权，但其根据法律规定和自己的专业技能，依法为当事人提供服务，业务活动不受聘方的意志所控制。同时，顾问律师执行律师业务，受国家法律保护，任何单位和个人不得干涉，不得非法侵犯律师的合法权益。所以，律师担任法律顾问具有相对独立的法律地位。

（四）服务内容和方式的多样性

律师担任法律顾问，为聘方提供的法律服务方式多种多样，既可能是根据聘方的要求，在一段时间内对聘方的有关法律事务提供综合性法律服务，如回答聘方的法律咨询，分析有关行为的法律后果，草拟、审查、修改合同，对聘方重大问题的决策提出法律建议和法律依据，在授权范围内参与项目谈判和纠纷的调解、诉讼和仲裁活动等；也可能是对聘方的某一专门性问题，在一定时间内提供专业法律意见，协助完成该项事务。无论采取何种方式，律师担任法律顾问，都应当依法维护聘方的合法权利，避免和减少发生法律纠纷，防止出现危害聘方合法权益的事件。

二、律师担任法律顾问的种类

律师受聘担任法律顾问，根据不同的标准，可以分作不同的种类。

按照期限的不同，可以将其分为常年法律顾问和临时法律顾问。常年法律顾问，是指根据双方聘任合同的约定，律师在较长时间内担任聘方法律顾问。临时法律顾问，是指为了进行或者完成某项法律事务而聘任律师提供法律帮助，事务完成后聘任关系即告终结。

按照受聘顾问律师处理业务的范围，可以将其分为普通法律顾问和专项法律顾问。普通法律顾问指受聘律师在聘期内为聘方一定范围内的法律事务提供法律服务，这些事务可能包括许多内容，受聘律师提供的法律服务具有综合性。专项法律顾问，是指受聘律师根据合同约定专门服务于特定法律事务，工作内容具有特定性。

按照聘方的身份特征，可以将其分为自然人的法律顾问、法人的法律顾问、非法人组织的法律顾问。

按照顾问律师的工作内容是否包括代理诉讼，可以将其分为包含代理诉讼的法律顾问和不包含代理诉讼的法律顾问。

三、聘请律师担任法律顾问的程序

（一）有权聘请律师担任法律顾问的主体

根据《律师法》的规定，有权聘请律师担任法律顾问的是自然人、法人或者非法人组织，包括外国人。法人或者非法人组织内部的工作部门完成某些事务，需要聘请律师担任法律顾问的，应当由其所属的单位进行。自然人是无民事行为能力人或者限制行为能力人的，可由其法定代理人聘请法律顾问；自然人行动不便的，可以通过其特别授权的人聘请法律顾问。

（二）聘请方与律师事务所订立合同

聘请方聘请律师担任法律顾问的，双方应当签订法律顾问合同，以明确双方的权利义务、服务的内容与期限等内容。根据规定，应当由律师事务所统一收案，所以，聘请法律顾问合同应当由聘请方与律师事务所签订。

对于聘请方提出聘请律师的要求，律师事务所经审查后认为聘请方的主体资格符合要求，委托从事的服务内容符合法律规定的，可以同意签订聘请法律顾问合同。双方就合同具体内容进行协商，达成一致意见后，可以签订正式合同。合同可以包括以下内容：双方聘请法律顾问的表示，律师提供法律服务的职责范围，律师的工作时间和方式，聘请方为顾问律师提供的必要工作条件和物质保证，收费数额和付费方式，合同的生效时间、服务期限、违约责任及处理，等等。

合同成立并生效后，双方即确定了聘请律师担任法律顾问的关系。合同关系成立后，双方可以协商变更合同，如更换顾问律师、改变服务期限等，也可以协商解除合同。合同期满，双方可以续签，没有续签的，合同关系终止。

（三）签发证书或者聘书

双方确定合同关系后，律师事务所应当指派律师担任聘方的法律顾问，或者根据聘方的要求，双方商定律师人选。

顾问律师确定后，聘方可以向顾问律师签发法律顾问证书或者聘书，以明确顾问律师的身份与权限。聘方也可以向顾问律师签发授权书，明确聘任的律师与权限。

四、顾问律师的工作内容

《律师法》第29条概括规定了顾问律师的工作内容，即：律师担任法律顾问的，应当按照约定为委托人就有关法律问题提供意见，草拟、审查法律文书，代理参加诉讼、调解或者仲裁活动，办理委托的其他法律事务，维护委托人的合法权益。

在具体实践中，顾问律师的工作内容与工作方式多种多样，双方可以通过合同加以明确。在顾问律师执行职务时，根据当事人的授权与事务的具体情况，在不违背合同与法律规定的情形下，可以采取最能维护当事人合法权益的方式进行。

第二节　律师担任政府法律顾问

一、律师担任政府法律顾问的含义

律师担任政府法律顾问，是指律师接受政府的聘请，根据合同的约定，依法为政府提供综合性法律服务的一种业务活动。这里的政府，是指各级人民政府及其行政主管部门，即依照法律规定行使行政管理职能的国家机关。

律师担任政府法律顾问，可以促使政府在法律规定的权限内行使管理职能，促进政府工作的法律化、制度化，有利于促进依法行政。

二、律师担任政府法律顾问的任务和业务范围

（一）律师担任政府法律顾问的任务

根据《司法部关于律师担任政府法律顾问的若干规定》的规定，律师担任政府法律顾问的任务，是为政府在法律规定的权限内行使管理职能提供法律服务，促进政府工作的法律化、制度化。与企业不同，政府是国家权力的执行机关，应行使行政管理权，而不是追求经济利益。因此，律师担任政府法律顾问，主要不是维护政府机关的合法权益，而应当把促进政府工作法律化、制度化放在首位。当然，政府除了具备行政管理职能以外，还会进行政府采购或者作为平等的法律关系主体与其他主体发生关系，顾问律师此时应当依法维护政府机关的合法权益。

（二）律师担任政府法律顾问的业务范围

律师担任政府法律顾问，受政府委托办理下列法律事务：（1）就政府的重大决策提供法律方面的意见，或者应政府要求，对决策进行法律论证。（2）对政府起草或者拟发布的规范性文件，从法律方面提出修改和补充建议。（3）参与处理涉及政府的尚未形成诉讼的民事纠纷、经济纠纷、行政纠纷和其他重大纠纷。（4）代理政府参加诉讼，维护政府依法行使行政职权和维护政府机关的合法权益。（5）协助政府审查重大的经济合同、经济项目以及重要的法律文书。（6）协助政府进行法制宣传教育。（7）向政府提供国家有关法律信息，就政府行政管理中的法律问题提出建议。（8）办理政府委托办理的其他法律事务。

三、律师担任政府法律顾问的权利与义务

律师担任政府法律顾问，除了依据《律师法》《律师职业道德和执业纪律规范》，享有一定的权利和负有一定的义务外，还要遵循《司法部关于律师担任政府法律顾问的若干规定》

的特别规定。具体来说，律师担任政府法律顾问的权利和义务如下。

（一）律师担任政府法律顾问的权利

律师担任政府法律顾问，主要享有以下权利：（1）查阅有关文件及资料的权利。这里所讲的文件及资料，是指与顾问律师承办的某项法律事务有关的文件及资料，而非政府机关的所有文件及资料。（2）参加政府召开的有关会议的权利。（3）获得履行政府法律顾问职责所必需的其他工作条件和便利的权利，如必要的通信、交通条件及办公环境，或者某些工作上的便利条件。

（二）律师担任政府法律顾问的义务

律师担任政府法律顾问，应承担如下义务：（1）对工作中接触、了解到的机密和不宜公开的情况，负有保守秘密的义务。（2）不得在政诉讼中担任政府对方当事人的代理人。（3）不得办理有损于政府利益或者违反政府决定的事务。（4）不得利用政府法律顾问的身份，代理他人办理法律事务。

此外，律师担任政府法律顾问，具有独立的身份，根据政府的授权以及法律规定进行活动，不同于政府的公职律师。

第三节 律师担任企业法律顾问

一、律师担任企业法律顾问的含义

律师担任企业法律顾问，是指律师接受企业的聘请，按照合同约定的期限、方式和工作范围，为聘请企业提供法律服务的活动。这里所称的企业，既包括具备法人主体资格的国有企业、集体企业、私营企业、中外合资企业、中外合作企业、外商独资企业，又包括不具备法人资格的其他组织。其他组织，是指合法成立，有一定的组织机构和财产，但又不具备法人资格的组织。其他组织包括:（1）依法登记，领取营业执照的私营独资企业、合伙企业（包括合伙型联营企业）和组织；（2）依法登记领取我国营业执照的中外合作经营企业、外资企业；（3）企业法人依法设立并领取营业执照的分支机构；（4）社会团体法人依法设立并办理登记的分支机构、代表机构；（5）中国人民银行、各专业银行设在各地的分支机构；（6）中国人民保险公司设在各地的分支机构；（7）经核准登记领取营业执照的乡镇、街道、村办企业；（8）法人的清算组织。

律师担任企业法律顾问，对于依法保障企业的合法权益，避免不必要的经营风险，促进企业的依法经营，具有重要的意义。

二、律师担任企业法律顾问的任务和业务范围

（一）律师担任企业法律顾问的任务

根据《司法部关于律师担任企业法律顾问的若干规定》，律师担任企业法律顾问的任务是：为企业依法治厂，按照法律、法规进行生产、经营、管理或其他活动提供法律服务，受企业委托办理有关法律事务，维护企业的合法权益，促进企业深化改革，扩大开放，转换企业经营机制，提高企业经济效益，推进企业生产、经营的发展。

（二）律师担任企业法律顾问的业务范围

律师担任企业法律顾问，受企业委托办理下列法律事务：（1）就企业生产、经营、管理方面的重大决策提出法律意见，从法律方面进行论证，提供法律依据；（2）草拟、修改、审查企业在生产、经营、管理及对外联系活动中的合同、协议以及其他有关法律事务文书和规章制度；（3）办理企业的非诉讼法律事务；（4）代理企业参加民事、经济、行政诉讼和仲裁，行政复议；（5）参加经济项目谈判，审查或准备谈判所需的各类法律文件；（6）提供与企业活动有关的法律信息；（7）就企业深化改革、扩大开放，发展外向型经济，转换企业经营机制，提高企业经济效益，加强生产、经营、管理和对外联系中的有关问题，提出法律意见；（8）协助企业对干部职工进行法制宣传教育和法律培训；（9）对企业内部的法律工作人员的工作进行指导；（10）其他法律事务。

三、律师担任企业法律顾问的权利和义务

（一）律师担任企业法律顾问的权利

律师担任企业法律顾问，享有以下权利：（1）查阅与承办法律事务有关的企业文件和资料。（2）了解企业的生产、经营、管理和对外联系活动中的有关情况。（3）列席企业领导人召集的生产、经营、管理和对外活动中的有关会议。（4）获得履行企业法律顾问职责所必需的办公、交通及其他工作条件和便利。（5）按照《律师业务收费管理办法》和《律师业务收费标准》的规定，由律师事务所向聘请企业收取法律顾问费用。

（二）律师担任企业法律顾问的义务

在享有一定权利的同时，担任企业法律顾问的律师应当承担以下义务：（1）及时承办聘请企业委托办理的有关法律事务，认真履行职责。（2）坚持以事实为根据，以法律为准绳的原则，对聘请单位的违法行为，应当予以劝阻纠正。（3）不得从事有损于聘方合法权益的活动，不得在民事、经济、诉讼或仲裁活动中担任对立一方当事人的代理人。（4）担任企业

法律顾问的律师在其受聘的两个（或两个以上）企业之间发生争议时，应当进行调解，但律师不得代理任何一方参加诉讼或仲裁。（5）对在法律顾问工作中接触、了解到的有关企业生产、经营、管理和对外联系活动中的业务秘密，负有保守秘密的义务。（6）应根据合同、协议规定和企业的委托授权进行工作，不得超越委托代理权限。（7）应当建立律师事务所与聘请单位定期联系、律师与聘请单位法定代表人定期会见等制度。（8）受聘律师因故不能履行企业法律顾问职责时，受聘律师事务所应当与聘请单位协商，另行指派律师接替。（9）律师事务所对律师担任企业法律顾问工作，应定期进行检查和考核，以保证工作的质量。

另外，律师担任企业法律顾问与公司律师是不同的，顾问律师是以独立的律师身份为企业提供服务的。

第四节　律师担任社会团体、事业单位和自然人的法律顾问

一、律师担任社会团体和事业单位的法律顾问

在我国，根据《民法典》对法人的分类，法人包括营利法人、非营利法人、特别法人和非法人组织。社会团体和事业单位指的是依法登记成立，具有法人资格的群众性组织，如工会、妇联、侨联、基金会等。

律师担任社会团体和事业单位的法律顾问，是律师接受这些单位的聘请，根据这些单位的性质、特点与活动情况，向其提供法律咨询和法律帮助的一项业务活动。

律师担任社会团体和事业单位的法律顾问，有利于维护聘方的合法权益，协助聘方加强内部管理，增强聘方人员的法治观念和法律意识，提高工作效率。

二、律师担任自然人的法律顾问

律师担任自然人的法律顾问，是指律师受自然人聘请，根据合同约定，向聘请自然人提供法律服务的一项业务活动。这里的自然人包括中国公民、外国人、无国籍人；既包括社会知名人士，也包括一般公民，还包括个体工商户、农村承包经营户等。律师担任自然人法律顾问的主要任务是保护自然人的合法权益，帮助公民遵纪守法，依法办事。

三、律师担任社会团体、事业单位和自然人的法律顾问应当注意的问题

律师担任社会团体、事业单位和自然人的法律顾问，可以参照《司法部关于律师担任企业法律顾问的若干规定》的相关内容。另外，根据社会团体、事业单位和自然人可能面对

的法律事务的特点，律师担任社会团体、事业单位和自然人的法律顾问时，还应当注意以下问题：

（一）审查社会团体、事业单位和自然人所委托法律事务的合法性

在我国，社会团体、事业单位往往是带有公益性的社会组织，有的还具有行业监督和行业管理的职能，有的事业单位根据法律法规或者行政机关的授权，可以在一定范围内行使行政管理职能。所以，对于社会团体、事业单位委托的法律事务，顾问律师应当审查其是否合法，是否符合设立该组织的目的，对于不合法的应当要求纠正。同时，对于侵犯这些单位权利、影响这些单位职能实现的行为，顾问律师应当通过合法途径，积极维护这些单位的合法权益。

自然人的情况更是千差万别，自然人的要求也多种多样，所以对自然人委托办理的法律事务不仅要注意审查其合法性，还要与其充分交流，使其理解法律定，选择更合理、更有效的方式维护自己的合法权益。

（二）应当由律师事务所统一收案

实践中，可能基于公益目的，在社会团体、事业单位委托律师担任法律顾问时，律师并不收取费用；自然人聘请律师担任法律顾问，也有不收费的情况。但是，无论是否收费，都应当由律师事务所统一收案，签订律师顾问合同，律师不得不经律师事务所同意担任法律顾问。

律师提供服务的内容、期限、方式、双方的权利义务关系、违约责任以及争议的解决，都应在合同中写明。

（三）不得强迫聘请人进行或者不进行某种行为

律师担任社会团体、事业单位和自然人的法律顾问，在处理法律事务或者回答有关法律咨询时，应当以说服、劝解为主，不得强迫聘请人接受自己的观点，更不能强迫当事人进行或者不进行某种行为。其应当按照保密的原则，恪尽职守，最大可能地维护当事人的合法权利。不能因为当事人的观点与自己的观点不一致，采取损害当事人利益的行为。

尤其是在聘请人为自然人时，律师更应当注意行为方式，不得利用自己的优势强迫自然人作为或者不作为。当然，聘请人准备进行的行为违背法律规定，可能给国家、社会或者他人造成损害的，顾问律师应当辞去聘请。

复习思考题

1. 简述律师担任法律顾问的含义与种类。
2. 律师担任政府法律顾问的业务范围是什么？

3. 律师担任企业法律顾问有哪些权利和义务？

第十章　律师酬金制度和法律援助

律师以其依法提供的法律服务，维护当事人的合法权益，保障国家法律的正确实施。而律师不是国家公职人员，为了保障律师执行职务的必要物质基础，在一定程度上体现律师劳动的价值，法律规定律师提供法律服务可以收费；同时，为了保障社会的公平正义，保证经济困难的社会主体也能得到律师的帮助，法律又规定了法律援助制度，规定律师在一定条件下为当事人免费提供法律服务。律师酬金制度与律师法律援助制度体现了不同的制度价值，具有不同的内涵，但是他们之间又有着密切联系。

第一节　律师酬金制度

一、律师酬金制度的含义及特点

律师酬金制度，又称律师收费制度，是指律师因其提供法律服务而收取一定报酬的制度。律师酬金仅指律师提供法律服务时按照一定标准和程序向当事人收取的法律服务费用，而不包括律师个人实际的收益分配。前者主要由《律师法》调整，后者主要由《劳动法》等法律调整。根据我国法律法规的规定以及律师的性质，律师酬金具备以下特性：

（一）保障性

律师提供法律服务，是执业律师依据法律规定和当事人的授权执行职务的活动，目的是保护当事人的合法权益，保障国家法律的正确实施，本质上不能是一种商业经营活动。但律师作为向社会提供法律服务的专业人员，并不是国家公职人员，不依靠国家财政支持，所以为了保障律师执业的必要物质基础，法律规定律师提供法律服务可以收取费用。

（二）适度的商业性

虽然律师提供法律服务本质上不应当是商业经营活动，作为法律专业人士，所有的律师都应当为当事人提供同样高质量的法律服务，律师酬金不是等价有偿商业原则的体现。但是，律师服务水平是有差别的，为了提高律师的法律服务水平与质量，法律赋予律师酬金一定的商业性，酬金在一定程度上由市场确定。另外，我国对于律师收费征收营业税，也体现了律师酬金具有一定的商业性。

当然，商业化程度过高的律师酬金制度，将会影响律师职业的性质与律师制度的正当性，国家必须予以调控。

（三）补偿性

有些国家规定，在诉讼中，如果对方当事人败诉，一方当事人支付的律师费用由对方承担。但在我国，根据法律规定，律师费用属于当事人其他损失的范畴。在仲裁实践中，仲裁机构经常会支持胜诉方当事人请求败诉方当事人赔偿律师费用的主张。在审判实践中，律师费属于违约方拒绝履行合同给守约方造成的实际损失，由违约方承担。因此，律师收取的费用，有时还属于当事人损失的范畴，应当由当事人予以赔偿，带有损失补偿性的特点。

二、律师收费的法律依据与原则

在我国，随着对律师性质认识的深入，律师收费制度经历了一个发展过程。在改革开放初期，律师收费强调律师的公益性，基本不体现商业性特点，收费标准非常低。随着市场经济的发展，实践中律师收费的商业化色彩日益浓厚，1997年颁发的《律师服务收费管理暂行办法》，对协议收费和风险代理收费虽没有作出明确规定，但默许其在实践中存在。2006年颁布的《律师服务收费管理办法》，对律师收费的公益性与商业性作了一定程度的平衡。2021年12月印发的《关于进一步规范律师服务收费的意见》，进一步规范了律师收费制度。

根据《律师法》《律师服务收费管理办法》和《关于进一步规范律师服务收费的意见》的规定，律师收费应当遵循以下原则：

（一）统一收费的原则

律师都有执业机构，即律师事务所。律师为委托人提供法律服务，由律师事务所与委托人签订协议，依照规定的收费标准向委托人收取律师服务费并向委托人出具收费票据。律师个人不得私自收费。

（二）公开公平、自愿有偿、诚实信用的原则

律师事务所应当采取张贴、印制服务指南等方式，公示律师服务收费项目、收费标准和收费方式，接受委托人的监督。律师事务所向委托人收取律师费，应当及时向委托人开具合法票据。

律师事务所制定的律师服务费标准，应当每年向所在设区的市或者直辖市的区（县）律师协会备案，备案后1年内原则上不得变更。新设律师事务所在取得执业许可证书10个工作日内，应当制定律师服务费标准并向所在设区的市或者直辖市的区（县）律师协会备案。律师事务所不得超出该所在律师协会备案的律师服务费标准收费。

（三）政府指导价和市场调节价结合的原则

对于一定范围内的法律服务实行政府指导价，由政府确定收费标准，律师提供服务按照标准收费。根据规定，律师事务所依法提供的下列法律服务实行政府指导价：（1）代理民事诉讼案件；（2）代理行政诉讼案件；（3）代理国家赔偿案件；（4）为刑事案件犯罪嫌疑人提供法律咨询、代理申诉和控告、申请取保候审，担任被告人的辩护人或自诉人、被害人的诉讼代理人；（5）代理各类诉讼案件的申诉。律师事务所提供其他法律服务的收费实行市场调节价。

（四）按标准收费与协商收费相结合的原则

对于实行市场调节的律师服务收费，由律师事务所与委托人协商确定。律师事务所与委托人协商律师服务收费应当考虑以下主要因素：（1）耗费的工作时间；（2）法律事务的难易程度；（3）委托人的承受能力；（4）律师可能承担的风险和责任；（5）律师的社会信誉和工作水平等。

按照政府指导价确定的标准收费的，双方可以在政府指导价的基准价和浮动幅度范围内具体协商确定收费数额；双方也可以协商不采用，而采用风险代理收费方式。

收费方式、结算方式、付款的时间与地点，也由双方协商确定。

（五）风险代理收费及其限制

风险代理收费，又称胜诉酬金制度，是指对于一定范围内的诉讼或者仲裁案件，双方协商按照诉讼结果决定收费的方式。这种收费方式，律师往往在代理之初不收取费用，而是等到案件办结以后，按照达到当事人目的的程度，以较高的数额标准收取律师费；如果完全没有达到当事人的目的，则不收取费用。

根据现行规定，办理涉及财产关系的民事案件时，委托人被告知政府指导价后仍要求实行风险代理的，律师事务所可以实行风险代理收费，但下列情形不得实行或者变相实行风险代理：（1）婚姻、继承案件；（2）请求给予社会保险待遇或者最低生活保障待遇的；（3）请求给付赡养费、抚养费、扶养费、抚恤金、救济金、工伤赔偿的；（4）请求支付劳动报酬的等。此外，禁止刑事诉讼案件、行政诉讼案件、国家赔偿案件以及群体性诉讼案件实行风险代理收费。

律师事务所和律师不得滥用专业优势地位，对律师事务所与当事人各自承担的风险责任作出明显不合理的约定，不得在风险代理合同中排除或者限制当事人上诉、撤诉、调解、和解等诉讼权利，或者对当事人行使上述权利设置惩罚性赔偿等不合理的条件。

实行风险代理收费，律师事务所应当与委托人签订风险代理收费合同，约定双方应承担的风险责任、收费方式、收费数额或比例。律师事务所与当事人约定风险代理收费的，可以按照固定的金额收费，也可以按照当事人最终实现的债权或者减免的债务金额的一定比例收费。实行风险代理收费，最高收费金额不得高于收费合同约定标的额的30%。

（六）接受监督的原则

律师事务所收费应当接受政府价格部门与司法行政机关的监督和管理，严格执行价格主管部门会同同级司法行政部门制定的律师服务收费管理办法和收费标准，并公示律师服务收费管理办法和收费标准等信息，接受社会监督。

三、律师收费的范围与方式

（一）律师收费的范围

根据法律规定，律师提供服务收取的费用包括律师服务费和异地办案差旅费。其中，律师事务所在提供法律服务过程中代委托人支付的诉讼费、仲裁费、鉴定费、公证费和查档费，不属于律师服务费，是代委托人支付的费用，由委托人另行支付。

律师事务所需要预收异地办案差旅费的，应当向委托人提供费用概算，经协商一致，由双方签字确认。确需变更费用概算的，律师事务所必须事先征得委托人的书面同意。结算代委托人支付的费用和异地办案差旅费的，律师事务所应当向委托人提供代其支付的费用和异地办案差旅费清单及有效凭证。不能提供有效凭证的部分，委托人可不予支付。

除前述所列费用外，律师事务所及承办律师不得以任何名义向委托人收取其他费用。

（二）律师收费的方式

律师服务收费可以根据不同的服务内容，采取计件收费、按标的额比例收费和计时收费等方式。计件收费一般适用于不涉及财产关系的法律事务，按标的额比例收费适用于涉及财产关系的法律事务，计时收费可适用于全部法律事务。

四、律师收费的减免与退还

律师事务所对确有经济困难，但又不符合法律援助条件的委托人，可以减收或者免收律师服务费。律师事务所办理涉及农民工、残疾人等特定群体或者与公益活动有关的法律服务事项，可以酌情减免律师服务费。

委托人因律师过错而提出终止委托关系的，律师事务所应当退还预收的全部律师服务费；非因律师过错而终止委托关系的，律师事务所已经收取的律师服务费不予退还。律师事务所因委托人过错或委托人的要求超出合理范围而终止委托关系的，律师事务所应当根据承办该项法律事务的实际支出进行相应的扣除，余额部分退还委托人。律师事务所无故终止委托关系的，律师事务所应当退还收取的全部律师服务费，给委托人造成损失的，根据有关规定，律师事务所负责赔偿。

第二节　律师法律援助

一、律师法律援助的概念和意义

法律援助，是指国家为经济困难的公民和符合法定条件的其他当事人，无偿提供法律咨询、代理、刑事辩护等法律服务的制度。法律援助是公共法律服务体系的组成部分。律师法律援助，指的就是律师为受援人提供专业法律服务，而不向受援人收取任何费用的制度。目前，我国的法律援助主要规定在《法律援助法》和《法律援助条例》中。

律师法律援助，是现代国家的一种法律保障制度，是社会经济和民主法治发展到一定阶段的产物，对保障法律基本正义，为全体社会成员提供平等的司法保障，切实使经济状况较差的公民平等地实现自己的合法权益，加强社会主义民主，健全社会主义法制，具有重要意义。

拓展阅读

二、律师法律援助的对象

根据我国法律的有关规定，律师法律援助的对象有两类：

（一）中华人民共和国公民

凡具有中华人民共和国国籍的公民，符合法律规定的条件的，都可以申请法律援助。根据需要满足的条件不同，法律援助可分为一般法律援助和特殊法律援助两种。

所谓一般法律援助，是指通常情形下，一般公民申请法律援助所需具备的条件。这些条件具体如下：（1）申请法律援助的事项具有合法性，即申请援助的事项属于法律保护的权利或者法律允许的权利；（2）为主张、确认、维护、保障自己的合法权益，需要法律援助；（3）因经济困难确无能力或无完全能力支付法律服务的费用。所谓特殊法律援助，是指不以满足一般法律援助的条件为前提，只要是法律明确规定的案件当事人，即可获得法律援助。在我国，这种特殊法律援助只出现在刑事案件中。

（二）外国人和无国籍人

外国人和无国籍人可以成为我国法律援助的对象，不过，其不能成为一般法律援助的对象，只能是特殊法律援助的对象。外国人或者无国籍人作为刑事诉讼的被告人、被害人，根据我国《刑事诉讼法》的规定和有关国际条约，在符合法定条件时，有权获得法律援助。

三、律师法律援助的事务与审查确定

根据《法律援助法》和《法律援助条例》的规定，符合法定条件的公民，可以获得法律咨询、代理、刑事辩护等无偿法律服务。可见，我国律师法律援助的事务范围极为广泛，既包括诉讼事务，又包括非诉讼事务。

根据法律规定，当事人申请律师法律援助，应当提出申请，然后由法律援助机构审查，对符合条件的予以同意，指派律师进行法律援助；人民法院、人民检察院或公安机关也可通知法律援助机构指派律师进行法律援助。

（一）申请提供法律援助

1. 可以申请法律援助的情形

（1）在刑事诉讼中有下列情形之一的，公民可以向法律援助机构申请法律援助：①犯罪嫌疑人在被侦查机关第一次讯问后或者采取强制措施之日起，因经济困难没有聘请律师的；②公诉案件中的被害人及其法定代理人或者近亲属，自案件移送审查起诉之日起，因经济困难没有委托诉讼代理人的；③自诉案件的自诉人及其法定代理人，自案件被人民法院受理之日起，因经济困难没有委托诉讼代理人的。

（2）公民对下列需要代理的事项，因经济困难没有委托代理人的，可以向法律援助机构申请法律援助：①依法请求国家赔偿；②请求给予社会保险待遇或者社会救助；③请求发给抚恤金；④请求给付赡养费、抚养费、扶养费；⑤请求确认劳动关系或者支付劳动报酬；⑥请求认定公民无民事行为能力或者限制民事行为能力；⑦请求工伤事故、交通事故、食品药品安全事故、医疗事故人身损害赔偿；⑧请求环境污染、生态破坏损害赔偿；⑨法律、法规、规章规定的其他情形。经济困难的公民，没有委托代理人的，可以向法律援助机构就下列事项申请进行法律咨询的法律援助：①依法请求国家赔偿；②请求给予社会保险待遇或者最低生活保障待遇。

（3）以下情形，当事人申请法律援助不受经济困难条件的限制：①英雄烈士近亲属为维护英雄烈士的人格权益；②因见义勇为行为主张相关民事权益；③再审改判无罪请求国家赔偿；④遭受虐待、遗弃或者家庭暴力的受害人主张相关权益；⑤法律、法规、规章规定的其他情形。

2. 申请人提出申请

公民申请法律援助的应当向法律援助机构提出，应当采用书面形式，填写申请表；以书面形式提出申请确有困难的，可以口头申请，由法律援助机构工作人员做书面记录。公民申请代理、刑事辩护的法律援助应当提交下列证件、证明材料：（1）身份证件或者其他有效的身份证明，代理申请人还应当提交有代理权的证明；（2）经济困难的证明；（3）与所申请法律援助事项有关的案件材料。

被羁押的犯罪嫌疑人、被告人、服刑人员，以及强制隔离戒毒人员等申请法律援助的，由办案机关、监管场所在24小时内转交法律援助机构。犯罪嫌疑人、被告人通过值班律师提出代理、刑事辩护等法律援助申请的，值班律师应当在24小时内将申请转交法律援助机构。被羁押的犯罪嫌疑人、被告人、服刑人员，以及强制隔离戒毒人员，可以由其法定代理人或者近亲属代为提出法律援助申请。

申请人为无民事行为能力人或者限制民事行为能力人的，由其法定代理人代为提出申请。法定代理人侵犯无民事行为能力人、限制民事行为能力人合法权益的，其他法定代理人或者近亲属可以代为提出法律援助申请。

3. 审查与决定

法律援助机构收到法律援助申请后，应当自收到法律援助申请之日起7日内进行审查，并作出是否给予法律援助的决定。

认为申请人提交的证件、证明材料不齐全的，法律援助机构应当一次性告知申请人需要补充的材料或者要求申请人作出说明。申请人未按要求补充材料或者作出说明的，视为撤回申请；认为申请人提交的证件、证明材料需要查证的，由法律援助机构向有关机关、单位查证。法律援助机构核查申请人的经济困难状况，可以通过信息共享查询，或者由申请人进行个人诚信承诺。法律援助机构开展核查工作，有关部门、单位、村民委员会、居民委员会和个人应当予以配合。

决定给予法律援助的，应当自作出决定之日起3日内指派法律援助人员为受援人提供法律援助；决定不给予法律援助的，应当书面告知申请人，并说明理由。

申请人对法律援助机构作出的不符合法律援助条件的通知有异议的，可以向确定该法律援助机构的司法行政部门提出，司法行政部门应当在收到异议之日起5日内进行审查，经审查认为申请人符合法律援助条件的，应当以书面形式责令法律援助机构及时对该申请人提供法律援助。申请人、受援人对司法行政部门维持法律援助机构决定不服的，可以依法申请行政复议或者提起行政诉讼。

（二）人民法院、人民检察院、公安机关指定辩护的法律援助

公诉人出庭公诉的案件，被告人因经济困难或者其他原因没有委托辩护人，人民法院为被告人指定辩护时，法律援助机构应当提供法律援助。

犯罪嫌疑人、被告人属于下列人员之一，没有委托辩护人的，人民法院、人民检察院、公安机关应当通知法律援助机构指派律师担任辩护人，不受经济困难条件的限制：（1）未成年人；（2）视力、听力、言语残疾人；（3）不能完全辨认自己行为的成年人；（4）可能被判处无期徒刑、死刑的人；（5）申请法律援助的死刑复核案件被告人；（6）缺席审判案件的被告人；（7）法律法规规定的其他人员。

其他适用普通程序审理的刑事案件，被告人没有委托辩护人的，人民法院可以通知法律援助机构指派律师担任辩护人。

强制医疗案件的被申请人或者被告人没有委托诉讼代理人的，人民法院应当通知法律援助机构指派律师为其提供法律援助，不受经济困难条件的限制。

由人民法院指定辩护的案件，人民法院在开庭10日前将指定辩护通知书和起诉书副本或者判决书副本送交其所在地的法律援助机构；人民法院不在其所在地审判的，可以将指定辩护通知书和起诉书副本或者判决书副本送交审判地的法律援助机构。

四、律师实施法律援助

（一）律师代理诉讼案件或者担任辩诉人的法律援助

公民申请法律援助经审查同意，或者人民法院指定法律援助的，法律援助机构可以指派律师事务所安排律师办理法律援助案件。人民法院、人民检察院或公安机关指定辩护的，法律援助机构应当在收到通知后3日内指派律师，并通知人民法院、人民检察院、公安机关。

对可能被判处无期徒刑、死刑的人，以及死刑复核案件的被告人，法律援助机构收到人民法院、人民检察院、公安机关通知后，应当指派具有3年以上相关执业经历的律师担任辩护人。

拓展阅读

受指派办理法律援助案件的律师应当依法办理有关法律援助事项，为当事人提供法律援助。法律援助律师无正当理由不得拒绝、拖延或者终止提供法律援助服务，应按照规定向受援人通报法律援助事项办理情况，不得损害受援人合法权益。受指派办理法律援助案件的律师在案件结案时，应当向法律援助机构报告，提交有关的法律文书副本或者复印件、办案情况报告等材料。

法律援助机构应当依照有关规定及时向法律援助人员支付法律援助补贴。法律援助补贴的标准，由省、自治区、直辖市人民政府司法行政部门会同同级财政部门，根据当地经济发展水平和法律援助的服务类型、承办成本、基本劳务费用等确定，并实行动态调整。法律援助补贴免征增值税和个人所得税。

人民法院应当根据情况对受援人缓收、减收或者免收诉讼费用；对法律援助人员复制相关材料等费用予以免收或者减收。公证机构、司法鉴定机构应当对受援人减收或者免收公证费、鉴定费。

（二）律师提供法律咨询的法律援助

法律援助机构对公民申请的法律咨询服务，应当即时办理；疑难复杂的，可以预约择时办理。法律援助机构指定律师进行法律咨询的，律师应当按照前述规定办理。

五、值班律师的法律帮助

值班律师是指法律援助机构在看守所、人民检察院、人民法院等场所设立法律援助工作站，通过派驻或安排的方式，为没有辩护人的犯罪嫌疑人、被告人提供法律帮助的律师。值班律师工作应当坚持依法、公平、公正、效率的原则，提供符合标准的法律服务。在我国，值班律师不是犯罪嫌疑人、被告人的辩护律师，他们承担的工作主要包括提供法律咨询、程序选择建议等法律帮助，属于广义上法律援助的范畴。

法律援助机构广泛设置值班律师是我国刑事诉讼制度改革的重要组成部分，值班律师的出现进一步保障了犯罪嫌疑人和被告人的合法权利，有助于《刑事诉讼法》的正确实施和法院的公正审判。目前，我国值班律师制度主要规定在《刑事诉讼法》《法律援助法》和《法律援助值班律师工作办法》中。

（一）值班律师的工作职责

根据法律法规，值班律师应当依法为没有辩护人的犯罪嫌疑人、被告人提供法律咨询、程序选择建议、申请变更强制措施、对案件处理提出意见等法律帮助。根据《法律援助值班律师工作办法》第6条的规定，在一般刑事案件与认罪认罚案件中，值班律师的工作职责不同。

1. 一般刑事案件中值班律师的工作职责

值班律师在一般刑事案件中的提供的法律帮助包括如下六种类型：提供法律咨询；提供程序选择建议；对案件处理提出意见；帮助犯罪嫌疑人、被告人申请变更强制措施和申请法律援助；法律法规规定的其他事项。

值班律师提供法律咨询时，应当告知犯罪嫌疑人、被告人有关法律帮助的相关规定，结合案件所在的诉讼阶段解释相关诉讼权利和程序规定，解答犯罪嫌疑人、被告人咨询的法律问题。值班律师提供法律咨询的，应当记录犯罪嫌疑人、被告人涉嫌的罪名、咨询的法律问题、提供的法律解答。

2. 认罪认罚案件中值班律师的工作职责

在认罪认罚案件中，值班律师还应当提供以下三种法律帮助：向犯罪嫌疑人、被告人释明认罪认罚的性质和法律规定；对人民检察院指控罪名、量刑建议、诉讼程序适用等事项提出意见；犯罪嫌疑人签署认罪认罚具结书时在场。

为认罪认罚案件的犯罪嫌疑人、被告人提供法律帮助的，值班律师应当了解他们对被指控的犯罪事实和罪名是否有异议。值班律师应告知犯罪嫌疑人、被告人被指控罪名的法定量刑幅度，释明从宽从重处罚的情节以及认罪认罚的从宽幅度，并结合案件情况提供程序选择建议。

犯罪嫌疑人、被告人提出申请羁押必要性审查的，值班律师应当告知其取保候审、监视居住、逮捕等强制措施的适用条件和相关法律规定、人民检察院进行羁押必要性审查的程序；犯罪嫌疑人、被告人已经被逮捕的，值班律师可以帮助其向人民检察院提出羁押必要性审查申请，并协助提供相关材料。

犯罪嫌疑人签署认罪认罚具结书时，值班律师对犯罪嫌疑人认罪认罚自愿性、人民检察院量刑建议、程序适用等均无异议的，应当在具结书上签名，同时留存一份复印件归档。犯罪嫌疑人拒绝值班律师帮助的，值班律师无需在具结书上签字，应当将犯罪嫌疑人签字拒绝法律帮助的书面材料留存一份归档。

（二）值班律师的权利

1. 向检察院提出建议的权利

值班律师可以在提供法律帮助的过程中，就一些特定事项向人民检察院提出法律意见。

人民检察院就值班律师提出的意见应当记录在案并附卷，未采纳值班律师意见的，应当说明理由。这些事项主要是：涉嫌的犯罪事实、指控罪名及适用的法律规定；从轻、减轻或者免除处罚等从宽处罚的建议；认罪认罚后案件审理适用的程序；其他需要提出意见的事项。

值班律师对人民检察院量刑建议、程序适用有异议的，在确认犯罪嫌疑人系自愿认罪认罚后，应当在具结书上签字，同时可以向人民检察院提出法律意见。

2. 会见权

值班律师办理案件时，可以应犯罪嫌疑人、被告人的约见进行会见，也可以经办案机关允许主动会见。值班律师会见权的行使参照《刑事诉讼法》关于辩护律师会见权的规定。

3. 了解相关情况的权利

侦查阶段，值班律师可以向侦查机关了解犯罪嫌疑人涉嫌的罪名及案件有关情况。

4. 阅卷权

值班律师自人民检察院对案件审查起诉之日起可以查阅案卷材料、了解案情。

（三）值班律师提供法律帮助的工作程序

公安机关、人民检察院、人民法院应当在侦查、审查起诉和审判各阶段分别告知没有辩护人的犯罪嫌疑人、被告人有权约见值班律师获得法律帮助，并为其约见值班律师提供便利。看守所应当将值班律师制度相关内容纳入在押人员权利义务告知书，在犯罪嫌疑人、被告人入所时告知其有权获得值班律师的法律帮助。

犯罪嫌疑人、被告人要求约见值班律师的，可以书面或者口头申请。

犯罪嫌疑人、被告人明确拒绝值班律师帮助的，相应的通知机关应记录在案。同时，前一诉讼程序犯罪嫌疑人、被告人明确拒绝值班律师法律帮助的，后一诉讼程序的办案机关仍需告知其有权获得值班律师法律帮助的权利，有关情况应当记录在案。

公安机关、人民检察院、人民法院需要法律援助机构通知值班律师为犯罪嫌疑人、被告人提供法律帮助的，应当向法律援助机构出具法律帮助通知书，并附相关法律文书。除通知值班律师到羁押场所提供法律帮助的情形外，人民检察院、人民法院可以与法律援助机构协商，简化通知方式和通知手续。

公安机关、人民检察院、人民法院应当在确定的法律帮助日期前3个工作日，将法律帮助通知书送达法律援助机构，或者直接送达现场值班律师。该期间没有安排现场值班律师的，法律援助机构应当自收到法律帮助通知书之日起2个工作日内确定值班律师，并通知公安机关、人民检察院、人民法院。公安机关、人民检察院、人民法院和法律援助机构之间的送达及通知方式，可以协商简化。适用速裁程序的案件、法律援助机构需要跨地区调配律师等特殊情形的通知和指派时限，不受限制。

值班律师在人民检察院、人民法院现场值班的，应当按照法律援助机构的安排，或者人民检察院、人民法院送达的通知，及时为犯罪嫌疑人、被告人提供法律帮助。犯罪嫌疑人、被告人提出法律帮助申请，看守所转交给现场值班律师的，值班律师应当根据看守所的安排及时提供法律帮助。值班律师通过电话、网络值班的，应当及时提供法律帮助，疑难案件可以另行预约咨询时间。

（四）值班律师的工作保障

人民法院、人民检察院、公安机关应当保障值班律师依法提供法律帮助，告知没有辩护人的犯罪嫌疑人、被告人有权约见值班律师，并依法为值班律师了解案件有关情况、阅卷、会见等提供便利。

在看守所、人民检察院、人民法院设立的法律援助工作站，由同级司法行政机关所属的法律援助机构负责派驻并管理。看守所、人民检察院、人民法院应当为法律援助工作站提供必要办公场所和设施，有条件的可以设置认罪认罚等案件专门办公区域，为值班律师设立专门会见室。

司法行政机关应当会同财政部门，根据直接费用、基本劳务费等因素合理制定值班律师法律帮助补贴标准，并纳入预算予以保障。值班律师提供法律咨询、转交法律援助申请等法律帮助的补贴标准按工作日计算；为认罪认罚案件的犯罪嫌疑人、被告人提供法律帮助的补贴标准，由各地结合本地实际情况按件或按工作日计算。法律援助机构应当根据值班律师履行工作职责情况，按照规定支付值班律师法律帮助补贴。

司法行政机关应当加强对值班律师的监督管理，对表现突出的值班律师给予表彰；对违法违纪的值班律师，依职权或移送有权处理机关依法依规处理。

法律援助机构应当向律师协会通报值班律师履行职责情况。律师协会应当将值班律师履行职责、获得表彰情况纳入律师年度考核及律师诚信服务记录，对违反职业道德和执业纪律的值班律师依法依规处理。

复习思考题

1. 什么是律师酬金制度？
2. 简述律师收费的范围、方式及其减免与退还。
3. 律师法律援助的对象与事务有哪些？
4. 如何获得律师的法律援助？

▶ 即测即评

第十一章　涉外及涉我国港澳台地区的律师业务

第一节　涉外及涉我国港澳台地区律师业务概述

一、涉外及涉我国港澳台地区律师业务的含义

涉外律师业务，是指律师办理具有涉外因素的业务。所谓涉外因素主要包括以下三个方面的内容：（1）律师提供法律服务的主体具有涉外因素，即委托律师提供法律帮助的当事人是外国人、无国籍人、外国企业或组织；（2）律师法律服务的客体具有涉外因素，即需要律师提供法律帮助的标的物在国外；（3）律师法律服务的内容有涉外因素，即当事人之间法律关系的发生、变更或消灭的事实存在于外国。具体来说，涉外律师业务分为涉外的诉讼业务和涉外的非诉讼业务。外国人或者无国籍人在我国进行活动，应当遵循我国法律的规定，但根据国际条约与国际惯例，在特殊情形下遵循特别规定。所以，涉外律师业务，实际上应当是律师在办理涉外的诉讼业务或者非诉讼业务时，不同于国内诉讼业务或者非诉讼业务的特别部分。

涉港澳台地区律师业务，是指律师办理的业务中有涉及我国香港特别行政区、澳门特别行政区和台湾地区的因素。香港特别行政区、澳门特别行政区和台湾地区是我国领土不可分割的部分。不过，基于多方面因素，我国内地（大陆）与香港特别行政区、澳门特别行政区及台湾地区实行不同的法律制度，各自都有其司法终审权。所以，律师在办理涉我国港澳台地区律师业务时，应当首先遵循我国有关法律法规以及我国内地（大陆）与港澳台地区之间的区际协定，在上述法律法规及区际协定没有规定时，可以参照办理涉外律师业务的相关内容。

本部分内容以阐述律师涉外业务为主，涉港澳台律师业务可以参照其规定，当涉港澳台律师业务有不同规定时予以特别指出。

二、律师办理涉外业务的原则

（一）国家主权原则

国家主权原则主要体现在：（1）坚持我国司法管辖权；（2）在我国领域内进行活动，应当遵守我国法律；（3）外国国家机关不得在我国进行调查取证或者对任何主体采取强制措施；（4）外国司法裁判或者仲裁裁决，非经我国人民法院根据我国参加的国际条约与我国法律规定，进行审查并承认其效力的，在我国无效。

（二）同等和对等原则

同等原则，又称国民待遇原则，是指外国人、无国籍人、外国组织在我国领域内，向人民法院起诉、应诉，同我国公民、组织有同等的诉讼权利和义务。对等原则，是指外国法院对中国公民、组织的诉讼权利加以限制的，我国人民法院对该国的公民、组织的诉讼权利也相应的予以限制。同等原则和对等原则是一个问题的两个方面，体现的是国家主权和国际关系中国与国之间的平等地位。

（三）适用国际条约和国际惯例原则

对于我国缔结或参加的国际条约，我国有信守的义务。在国际条约与国内法律不一致时，处理国际事务应优先适用国际条约，但声明保留的条款除外。

（四）使用我国通用的语言、文字原则

在我国进行诉讼，或者进行需要我国国家机关认可其效力的法律事务，应当使用中国的语言、文字，外国当事人有权向人民法院申请提供翻译，人民法院应当提供翻译，但费用由外国当事人自己负担。

（五）委托中国律师代理法律事务的原则

根据我国法律规定，外国当事人在我国人民法院起诉、应诉，需要委托律师代理诉讼的，或者进行涉及中国法律问题的法律事务的，必须委托我国的律师，而不能委托任何外国的律师代理其在人民法院进行诉讼活动。

第二节　律师的涉外及涉我国港澳台地区诉讼业务

一、律师的涉外及涉我国港澳台地区诉讼业务的含义

律师的涉外诉讼业务，是指律师办理涉外刑事案件、民事案件、行政案件的法律事务。律师的涉港澳台诉讼业务，是指律师办理涉及我国港澳台地区的诉讼法律事务。

律师的涉外诉讼业务，包括涉外刑事诉讼中的律师业务、涉外行政诉讼中的律师业务和涉外民事诉讼中的律师业务。本书“民事诉讼中的律师代理”一章已经阐述了律师代理涉外民事诉讼的活动，此处只阐述涉外刑事诉讼中的律师业务和涉外行政诉讼中的律师业务。

二、涉外刑事诉讼中的律师业务

涉外刑事诉讼，通常是指当事人中有外国人或者无国籍人的刑事案件。但是，根据《刑法》和《刑事诉讼法》的规定，犯罪事实发生在国外的，如外国人在国外对中国人实施犯罪行为的，或者中国人在外国犯罪的，也可能在国内受到刑事追究。

实践中，涉外刑事诉讼中的律师业务，主要指的是律师担任外国一方当事人的代理人或者辩护律师，为外国人提供法律帮助。律师可以接受外国犯罪嫌疑人、被告人的委托担任辩护人，或者接受自诉案件外国自诉人、公诉案件外国被害人、刑事附带民事诉讼外国当事人的委托担任代理人。律师担任外国当事人的辩护人或者代理人，参加刑事诉讼程序的，除非该外国人所属国限制我国公民在该国进行诉讼的权利，否则与担任中国当事人的辩护人或者代理人的诉讼权利、诉讼义务相同，有同等的法律地位。所以其辩护活动或者代理活动与代理中国的当事人相似，可以参照前述国内的律师刑事诉讼业务办理。

拓展阅读

此外，还应当按照涉外刑事诉讼的特点，做好以下工作：（1）律师担任外国当事人的辩护人或者代理人应当有合法的委托。一般是由该外国人自行委托，其已经被羁押或者因受到犯罪行为的侵害无法自行委托的，可以由其亲属代为委托，或者其所属外国驻华使（领）馆授权的外交代表代为委托。（2）审查外国犯罪嫌疑人、被告人是否享有刑事豁免权。《刑事诉讼法》规定，享有外交特权和豁免权的外国人犯罪应当追究刑事责任的，通过外交途径解决。（3）注意外国当事人要求翻译的权利是否受到保护，外国当事人要求提供翻译的，应当向司法机关提出。

三、涉外行政诉讼中的律师业务

根据行政诉讼的特点，涉外行政诉讼指的是原告或者第三人中有外国人，提起行政诉讼针对的具体行政行为发生在我国领域内的行政诉讼。

律师办理涉外行政诉讼与办理一般行政诉讼基本相同，根据涉外行政诉讼的特点，需要注意以下几个方面：（1）委托代理应当合法。外国当事人委托律师代理行政诉讼的，通常由其本人或者他的法定代理人提出，符合法定条件的其他近亲属也可以提出；本人不能自行委托或者自行委托有困难的，其所属外国的驻华使（领）馆可以授权其本馆官员以外交代表身份代为委托；其居住在国外，从国外寄交委托代理手续的，应当像在涉外民事诉讼中的代理那样履行公证和认证程序。（2）注意保障外国当事人要求翻译的权利。（3）不在中国领域居住的一方外国当事人，应当保障其合法的上诉权，其上诉期限应当参照民事诉讼的有关规定，为30日。

第三节　律师的涉外及涉我国港澳台地区非诉讼业务

一、律师的涉外及涉我国港澳台地区仲裁业务

律师的涉外及涉我国港澳台地区仲裁业务，是指律师代理具有涉外因素或者涉及我国港澳台地区的因素的仲裁案件。律师的涉外及涉我国港澳台地区仲裁业务与律师的国内仲裁业务在许多方面相同，但还要根据律师的涉外及涉我国港澳台地区仲裁业务的特点，注意以下问题：（1）在我国进行仲裁的，应当适用我国《仲裁法》与选定的仲裁机构的仲裁规则。（2）当事人在合同中约定适用外国实体法的，如果该约定有效，应当按照当事人约定的实体法，但是当事人应当提供该外国法及其中文译文。（3）在仲裁程序中，申请证据保全的，由证据所在地中级人民法院管辖；申请财产保全的，由被申请人所在地或者财产所在地中级人民法院管辖。（4）裁决作出后，需要在国外强制执行的，由当事人直接向有管辖权的外国法院申请承认和执行。（5）外国仲裁机构作出的发生法律效力的裁决，被执行人或者其财产在我国，当事人向人民法院申请承认和执行的，应当直接向被执行人住所地或者其财产所在地的中级人民法院申请承认和执行。

二、为外商投资企业办理登记法律事务

外商投资，是指外国的自然人、企业或者其他组织直接或间接在中国境内进行的投资活动。外商投资企业，则是指全部或者部分由外国投资者投资，依照中国法律在中国境内登记注册设立的企业。在中国境内设立外商独资、合资、合营企业，应当经中国有关行政机关批准。外国投资人一方可以委托中国律师代理向中国有关机关提出申请、办理登记的法律事务。

根据我国《外商投资法》《外商投资法实施条例》《市场主体登记管理条例》以及《公司法》《合伙企业法》等的规定，外商投资企业的登记注册，由国务院市场监督管理部门或者其授权的地方人民政府市场监督管理部门依法办理；外国投资者在依法需要取得许可的行业、领

域进行投资的，应当依法办理相关许可手续；外商投资企业的组织形式、组织机构及其活动准则，适用《公司法》《合伙企业法》等法律的规定。

根据我国《市场主体登记管理条例》的规定，外商投资企业的一般登记事项包括：（1）名称；（2）主体类型；（3）经营范围；（4）住所或者主要经营场所；（5）注册资本或者出资额；（6）法定代表人、执行事务合伙人或者负责人姓名。除了以上规定外，还应当根据要设立的外商投资企业的性质，登记如下事项：（1）有限责任公司股东、股份有限公司发起人、非公司企业法人出资人的姓名或者名称；（2）个人独资企业的投资人姓名及居所；（3）合伙企业的合伙人名称或者姓名、住所、承担责任方式；（4）个体工商户的经营者姓名、住所、经营场所；（5）法律、行政法规规定的其他事项。

对于以下事项，外商投资企业需要向登记机关办理备案：（1）章程或者合伙协议；（2）经营期限或者合伙期限；（3）有限责任公司股东或者股份有限公司发起人认缴的出资数额，合伙企业合伙人认缴或者实际缴付的出资数额、缴付期限和出资方式；（4）公司董事、监事、高级管理人员；（5）农民专业合作社（联合社）成员；（6）参加经营的个体工商户家庭成员姓名；（7）市场主体登记联络员、外商投资企业法律文件送达接受人；（8）公司、合伙企业等市场主体受益所有人相关信息；（9）法律、行政法规规定的其他事项。

外商投资企业只能登记一个名称，由申请人依法自主申报，经登记的市场主体名称受法律保护。根据规定，外商投资企业只能登记一个住所或者主要经营场所。

此外，律师还可以根据当事人的授权，代理或者协助当事人进行货物进出口业务、国际金融证券业务等。

复习思考题

1. 律师办理涉外业务的原则是什么？
2. 律师办理涉外刑事诉讼业务应当注意什么问题？
3. 律师办理涉外及涉我国港澳台地区仲裁业务应当注意哪些问题？

▶ 即测即评

下　篇
公证制度

第十二章　公证制度概述

第一节　公证的含义、性质和作用

一、公证与公证制度的含义

（一）公证的概念

根据《公证法》第2条的规定，公证是公证机构根据自然人、法人或其他组织的申请，依照法定程序对民事行为、有法律意义的事实和文书的真实性、合法性进行证明的活动。公证制度是规范公证证明活动以及公证活动中形成的各种法律关系的法律规范的总称，是公证机构和公证人员以及其他公证参与人办理公证事项必须遵循的行为规范。

（二）公证活动与其他相关活动的关系

1. 公证与认证的关系

认证，是指根据一国法律规定，由国家授权的机构，或者根据当事人的协商，确认某一行为或者事项为真实的活动。在我国，认证主要指的是外交使领馆的认证。公证与认证在某些方面有密切的联系，又有严格区别。公证在本国可以直接发生证明效力，但如果是发往外国的公证文书，公证使用国要求认证的，就需要经过外交或者领事机关认证属实可靠后方能发生作用。因为，使用国并不了解他国公证组织及其人员的公证情况，所以必须经原公证国的外事部门认证公证机构和公证人员的签名和盖章属实，再经使用国的外事部门认证制作国外事部门的签字和盖章属实后，方可生效。可见，没有认证，公证便无法在外国发生法律效力，公证是认证的基础和前提，认证是对公证的证实和鉴别。

2. 公证与合同鉴证的关系

在我国，合同鉴证指的是市场监督管理机关根据双方当事人的申请，对合同双方订立的合同的真实性、合法性进行全面的审查、鉴别和核实并予以证明，借以促进合同履行的一种活动。

公证的业务范围比合同鉴证要广泛得多，经当事人申请，公证机构也可对合同作出公证。公证与合同鉴证虽然都可以证明合同的真实性、合法性，但二者是不同的：（1）行为主体不同。公证的行为主体是国家公证机构，鉴证的行为主体是国家市场监督管理机关。（2）作用不同。公证仅能证明合同的真实性与合法性，合同鉴证还有促进合同履行的作用。（3）对象不同。公证的对象是一切法律行为及有法律意义的事实和文书，合同鉴证的对象只有合同。（4）二者依据的法律不同，产生的法律效力也不同。

3. 公证与签证的关系

签证是指一国国内或者驻国外的主管机关，在本国人或者外国人出入国境或过境时，在其所持的证件（护照、过境通知书、边境公务通知证等）上办理签注、盖印等手续，证明其所持手续合法、有效，准其出入境或者过境的一种活动。按照国际惯例，作为一个主权国家，对于本国人或者外国人的证件不符合本国法律所规定的条件的，主管机关有权拒绝签证，不准其出境、入境或者过境。

根据签证的含义，签证和公证虽然都具有证明作用，但二者在行为的性质、后果、针对的事项范围等方面都存在本质差别。

二、公证的性质

公证的性质，是指公证内在的和固有的联系性、规律性，是公证活动区别于其他活动的根本。根据我国《公证法》的规定，公证的性质如下：

（一）公证是证明活动

对证明对象的真实性与合法性加以证实是公证的本质特征。公证不是在当事人之间产生实体权利义务关系的行为，而是对当事人之间存在的实体权利义务关系加以证明的活动，具有程序性特点。

（二）公证是特殊的证明活动

公证证明的事项应当真实、合法，不能对违法行为进行证明，也不能对违反社会公德的行为进行证明。在我国，虽然任何人都要遵守法律规定，不能进行违法行为，但是，对于公证之外的证明活动，则无法要求其证明必须真实、合法。

（三）公证是非商业性的证明活动

公证活动关系到公共利益，能够减少诉讼，预防纠纷，保护公民、法人和其他组织的合法权益，因此，公证机构承担着一定的社会公益职能。倘若公证活动是以营利为目的商业活动，势必会为了追求经济利益与公证机构追求正义的社会职能相背离，失去其公信力。因此，公证不能是商业活动。

（四）公证是证明效力高的证明活动

公证的证明不同于一般证明。对于公证证明，只要没有相反证据足以推翻其证明效力，就应当确定其证明力。一般自然人、法人或其他组织的证明不具备公证证明的效力，对其应当辨别真伪，审查其效力。通常，一般证明不能得到国际与国内的普遍接受和认可，而公证证明具有普遍的效力。我国公证机构出具的公证文书，可以持往国外使用，国外的公证证明文书依有关规定也可以在我国使用。

三、公证的作用

《公证法》第1条规定，公证机构和公证员依法履行公证职责，预防纠纷，保障自然人、法人或者其他组织的合法权益。由此可见，公证在我国具有以下作用：

（一）保障自然人、法人或其他组织的合法权益

公证通过对当事人申请的公证事项的真实性、合法性依法予以确认，并出具公证书，赋予其法律上的证明效力，使其受到国家法律的保护。

（二）预防纠纷

拓展阅读

对当事人申请公证的事项，公证机构发现不真实、不合法的，应向当事人阐明法律规定和利害关系，进行法治宣传教育，修正其行为的偏差，帮助当事人改正。这样，就排除了隐患，制止了违法现象的发生，使公民和法人的民事法律行为从一开始就置于公证制度的保护和监督之下。这对于稳定当事人之间的民事、经济法律关系，监督民事、经济活动依法进行，保证民事流转、经济流转的合法与安全，保障国家、集体和个人合法权益的实现，均十分重要。

由于公证书具有特定的证据效力，即使事后当事人之间发生了纠纷，也有利于人民法院迅速、及时地查清案件事实，正确合法地解决民事纠纷和经济纠纷。

（三）证明法律行为、具有法律意义的事实和文书的真实性与合法性

证明法律行为、具有法律意义的事实和文书的真实性与合法性，是公证固有的作用。公证的事项应当符合以下要求：（1）必须是客观存在的事实，而且该事实的内容与所证明的内容是一致的。（2）公证证明的法律行为或具有法律意义的事实和文书必须符合我国法律、法规及有关政策的规定。否则，对不真实、不合法的申请事项，公证机构有权拒绝公证。

第二节　我国公证制度的历史发展

一、新中国公证制度的确立

新中国成立后，1951年9月中央人民政府委员会第十二次会议颁发《人民法院暂行组织条例》，规定“公证及其他法令所定非讼事件”由县级人民法院和中央及大行政区直辖市人民法院管辖。同时，还颁布了《北京市人民法院公证暂行办法》和《中南区公证试行办法》。自此，我国在大中城市和部分县城相继建立了公证组织，办理有关公证业务，有效地维护了国家和公民的合法权益。

1955年4月，司法部召开了第一次全国性的公证工作会议，确定了公证工作的重点，明确了公证工作的任务，讨论了存在的问题，部署了日后的任务。1956年1月，司法部在《关于公证业务范围问题的通知》中指出，公证工作“应该大力加强并开展有关公民权利义务关系方面的公证业务”。于是公证工作普遍加强了对遗嘱、继承、收养子女、房屋租赁和买卖、委托书、亲属关系、失踪、死亡等方面的证明业务。当时确定在30万以上人口的市设立公证处，不满30万人口的市和侨眷较多的县可在人民法院附设公证室。截至1957年底，全国已有52个市建立了公证处，有500多个市、县人民法院设立了公证室，专职公证干部已有900多人。1957年，全国办理公证业务近30万件。这一时期公证制度得到了初步发展，在法治建设中发挥了重要作用。

二、公证制度的削弱和破坏

在“左”倾思想的影响下，1959年全国司法行政机关被取消，随之各地的公证处也都被撤销。除了基于国际惯例和对外交往的需要，必须由个别大城市的人民法院办理少量对外应用文书的公证业务外，其他公证业务大都停顿。

“文化大革命”期间，将公证制度视为修正主义的制度；把办理公民财产的公证视为扩大资产阶级法权，为复辟资本主义鸣锣开道；把办理涉外公证视为为里通外国开方便之门，致使在国外求学、就业的华侨不敢申请公证证明，国内的眷属与亲友因恐受株连而不敢代办此类证明，导致公民域外的合法财产和国家的某些外汇得不到保障，给国家、集体和个人造成了巨大损害。

三、公证制度的恢复与发展

1978年党的十一届三中全会以后，我国实行改革开放，国际关系发生了重大变化，对外经济交往日益发展，随之而来的涉外公证事务迅速恢复与增加。仅1979年一年，根据北京、上海、天津、广东、福建、江苏、辽宁、新疆等22个省、市、自治区的统计，办理涉外公证文书近15万件。

1982年4月，国务院正式颁布了《公证暂行条例》，自发布之日起实施。《公证暂行条例》对公证的性质、任务、原则、制度、业务范围、组织领导及管辖、程序等作了系统且完整的规定。公证机构的体制发生了重大变化，不再附设于人民法院，被规定为国家公证机关。为了有利于《公证暂行条例》的贯彻实施，司法部于1982年3月发布了《关于办理几项主要公证行为的试行办法》，对办理继承、遗嘱、收养子女、委托书、公证合同等公证的法律依据和程序作了统一部署。

经过几年的公证实践，在总结经验的基础上，司法部于1986年12月颁布了《办理公证程序试行细则》，于1991年4月颁布了《公证程序规则（试行）》。《公证程序规则（试行）》共12章63条，对《办理公证程序试行细则》作了根本性的修改，新增加了四项基本原则、特别程序和复议程序等重要内容。为了进一步发展和完善公证制度，2002年6月司法部又颁布了《公证程序规则》，同时颁布了《公证书格式》《公证处内部使用文书格式》和《公证费收费标准与管理办法》等一系列配套文件，使公证工作走上了健康发展的道路，在改革开放中发挥了应有的作用，为制定公证法典奠定了基础。

四、公证法的制定和实施

《公证暂行条例》颁布以来，一些社会团体、专家学者都提出适时制定公证法典。司法部多次组织制定公证法的研讨活动，并受国务院委托拟订《公证法草案》，2005年8月，十届全国人大常委会第十七次会议审议通过了《公证法》，并定于2006年3月1日起施行。

《公证法》的制定进一步完善了我国公证制度的法律体系，是公证制度发展史上的重大事件，确立了具有中国特色公证机构的基本原则、程序、制度和框架，增强了我国公证的效力和信任度，对公证事业的健康发展具有深远的现实意义和历史意义。随着《公证员执业管理办法》《公证程序规则》的颁布实施，我国基本形成了公证法律法规的完整体系。

第三节　公证法律关系

一、公证法律关系的概念、特征与要素

（一）公证法律关系的概念

公证的法律关系，指的是受公证法调整的，公证机构、公证当事人、公证利害关系人及其他公证参与人，在办理公证事项、进行公证活动过程中所形成的，以公证法上的权利、义务为内容的法律关系。

（二）公证法律关系的特征

公证法律关系具有以下特征：（1）公证法律关系是由公证法调整的社会关系，这就决定了公证法律关系与其他法律关系在属性上的不同；（2）公证法律关系存在于公证机构、公证当事人、公证利害关系人和其他公证参与人之间，而且公证机构永远是公证法律关系的一方主体，公证当事人等公证参与人为另一方主体；（3）公证法律关系的内容是公证法上的权利和义务。

（三）公证法律关系的要素

公证法律关系的要素，是指构成公证法律关系不可缺少的因素与条件，公证法律关系的要素是判断、确认、识别公证法律关系的基础。公证法律关系与其他法律关系相似，其构成要素有主体、客体和内容。

二、公证法律关系的主体

公证法律关系的主体有公证机构、公证当事人、公证代理人、公证利害关系人和其他公证参与人。

（一）公证机构

公证机构是依法设立，不以营利为目的，依法独立行使公证职能、承担民事责任的证明机构。公证机构是公证证明活动的主持者。

（二）公证当事人和公证代理人

公证当事人是指与公证事项有利害关系并以自己的名义向公证机构提出公证申请，在公证活动中享有权利和承担义务的自然人、法人或者其他组织。法人申办公证，应当由其法定代表人代表。其他组织申办公证，应当由其负责人代表。

公证代理人，是指根据公证当事人的委托或者法律规定，代理公证当事人参与活动的人。公证代理人是以自己的名义参加公证程序的，但公证程序的法律后果不由其承担，而由被代理的当事人承担。公证代理人分为委托代理人和法定代理人。无民事行为能力人或者限制民事行为能力人申办公证，应当由其监护人作为法定代理人。委托代理人是指接受公证当事人或者他的法定代理人委托申办公证的人。

（三）公证利害关系人

公证利害关系人是根据法律规定，与公证事项有法律上或者事实上的利害关系，因公证机构向其核实有关情况而参与公证程序，享有一定权利和负有一定义务的主体。

（四）其他公证参与人

其他公证参与人，是指根据法律规定，在办理公证事项过程中，为便于调查核实有关情况，保障公证程序顺利进行，而参与公证程序活动的人。

其他公证参与人有证人、翻译人员、勘验人员、鉴定人员和其他协助人。证人，是了解公证事项的有关事实，公证机构依法向其了解、核实、收集有关证据和事实，而参与公证活动的人。随着我国民商事国际交往日益增多，涉外公证业务也逐年增加。精准、高效的涉外公证文书翻译成为涉外公证业务的重要环节。翻译人员，就是在涉外公证工作中承担涉外公证文书翻译工作的人。勘验是公证机构主持检验、勘查有关现场、物品的活动。勘验人员，是指受公证机构委派，进行现场勘验核实或者物品检验的人员。鉴定人员，是指受公证机构委托，对有关专门性问题进行鉴定、检验检测，并出具鉴定意见的专业人员。其他协助人，是指了解相关情况，或者持有证明有关公证事项事实的书证、物证、视听资料等证明材料，因公证机构向其核实或者收集相关证据而参与公证活动的有关单位或者个人。

上述公证法律关系主体中，公证机构和当事人对公证法律关系的产生、发展和终结具有关键作用，如只有当事人申请办理公证事项和公证机构受理申请，才能启动公证程序，产生公证法律关系。

三、公证法律关系的内容

公证法律关系的内容，是公证法律关系的主体所享有的权利和所负有的义务。为了保障公证依法顺利进行，在公证活动中，每一个参与公证活动的人，都享有一定的权利，也负有一定的义务。

公证机构的权利是对当事人的申请进行审查和受理，收取公证费用，主持公证活动，调查、核实有关事实情况，收集证据，依法作出公证证明，出具公证文书。公证机构的义务主要是依法进行公证活动，保障公证当事人与公证参与人的合法权利，保守执业秘密。

公证当事人的权利主要是申请公证，向公证机构提出说明和证据材料，要求公证机构依法作出公证，申请公证人员回避，申请复查，对公证机构及其公证人员的行为提出投诉等。其义务主要是遵守公证法的规定，依法参加公证活动，不得妨碍公证的正常进行。

公证代理人进行公证活动主要取决于当事人的授权，他的权利和义务也相应取决于当事人的授权，主要是代理当事人参加公证活动、提交证据材料，保守当事人的秘密，遵守公证程序规则等。

公证利害关系人、证人、其他协助人的权利主要是其合法的人身权利和财产权利不因参加公证活动而受到侵犯。义务主要是不得非法妨碍正常的公证活动；对于公证机构了解、核实有关情况与收集证据的要求，应当予以配合，但认为侵犯了自己合法权利的，也可以予以拒绝。

公证利害关系人认为公证机构的公证不真实或者违法的，有权要求公证机构复查，也可以向司法行政机关、公证协会投诉，对于有关事项发生民事争议的，可以提起民事诉讼。

鉴定人应当根据公证机构的委托，依据法律规定和其职业道德规范等进行鉴定，并有权要求支付鉴定费用，获得有关鉴定资料，也可以拒绝鉴定。

翻译人员和勘验人员应当根据公证机构的委派，依法履行职责，并有权获得相应的报酬。

四、公证法律关系的客体

公证法律关系的客体，是公证机构、公证当事人以及其他公证参与人之间的权利义务所指向的对象。

公证是对公证事项的合法性与真实性进行证明的活动，所以，公证法律关系的主体进行公证活动，所指向的是公证事项的真实性与合法性。也就是说，公证法律关系的客体是公证事项的真实性与合法性。

需要明确的是，公证事项即公证证明的业务范围，它是公证的对象，而不是公证法律关系的客体。根据《公证法》的规定，公证的对象是法律行为、具有法律意义的事实和文书。

第四节　当代中国公证制度的法律渊源及其效力范围

一、当代中国公证制度的法律渊源

公证法有狭义和广义之分，狭义的公证法指公证法典，即我国于2005年8月制定的《公证法》；广义的公证法指的是规范公证活动、调整参与公证活动的各主体之间法律关系的所有法律规范的总称，包括《公证法》《公证程序规则》《公证员执业管理办法》以及其他法律法规中涉及公证程序的规范。

公证制度的法律渊源，即公证法的形式，它和广义的公证法基本相同。目前，我国公证法的法律渊源，除了《公证法》《公证程序规则》《公证员执业管理办法》以外，还有司法部发布的关于公证程序的部门规章、通知等，如《提存公证规则》《招标投标公证程序细则》《房屋拆迁证据保全公证程序细则》《公证机构办理抵押登记办法》等；公证协会章程中的有关内容，公证协会发布的规范性文件如《公证员职业道德基本准则》等；以及其他法律法规中关于公证的规定，如《民事诉讼法》关于公证文书证据效力的规定，关于执行公证机构依法赋予强制执行效力的债权文书的规定等。

二、公证法与相邻部门法的关系

（一）公证法与民商法的关系

1. 民商法是公证制度的基础

公证证明的事项大多数是民商法规范的对象，公证既要遵循公证程序规范，还必须遵循民商法规范。所以，民商法是公证制度赖以存在的基础。

2. 公证法是正确实施民商法的重要保证

公证法可以使公民、法人和其他组织清楚地认识到如何有效地保护自身的合法权利，并依法自觉履行自己应尽的义务。公证活动可以调整和规范公民、法人和其他组织的民事、经济和商事活动，使其法治化和制度化，并且切实有效地保证民事法律行为的真实和有效。

3. 公证法与民商法是不同的法律规范

公证法是规范公证活动、调整参与公证活动的各主体之间法律关系的所有法律规范的总和。民商法是调整平等主体之间的财产关系和人身关系的法律关系的总和。两者调整对象是不同的。

从规范内容上来看，公证法着重解决公证机构及其他参与主体在公证活动中的程序、制度和原则问题，应属程序法的范畴；民商法是解决平等主体之间的权利义务关系，属实体法的范畴。

公证机构是受理公证申请并依法作出公证的专门证明机构，是由国家依法设立的，反映了公证活动的国家证明力与公益性，故公证法应属公法范畴；而民商法规定的是平等主体之间的人身关系和财产关系，可以由当事人根据意思自治原则处分其实体权利，属于私法范畴。

（二）公证法与民事诉讼法的关系

1. 公证法与民事诉讼法的区别

（1）规范的内容与目的不同。公证法规范的是公证证明活动，旨在预防纠纷；民事诉讼法规范的是诉讼活动，旨在解决纠纷、保护已受到侵害的合法权益。

（2）性质不同。公证属于非诉讼活动，是证明行为；民事诉讼是司法活动，是国家行使审判权的体现。

（3）产生的法律后果不同。公证证明活动，是对法律行为、具有法律意义的文书或事实的真实性、合法性加以认可，赋予其法律上的证明效力的活动。民事诉讼是人民法院通过审判活动，对当事人争议的法律关系作出判决或者达成调解协议，从而终局地解决纠纷、确定当事人之间的权利义务关系的活动，证明力只是判决延伸的法律效果。

（4）程序不同。公证虽然要遵循一定的程序规定，但是公证机构不是国家行政机关或者司法机关，不具有实施强制措施的权力；而民事诉讼则不同，人民法院为了保障诉讼程序的合法进行，有权依法采取必要的强制措施。在公证活动中，当事人、公证事项的利害关系人认为公证书有错误的，可以向公证机构提出更改错误的复查，也可以向人民法院提起民事诉讼。在民事诉讼中，当事人不服一审法院的裁判的，有权提起上诉，以引起第二审程序的发生；对于生效裁判，必须遵守，不服的只能通过申请再审或者申诉解决，而无法通过通常的诉讼程序解决。

2. 公证法与民事诉讼法的联系

（1）公证法与民事诉讼法都是程序法，在许多法律制度上有相近之处，如都要遵循客观事实的原则、独立从事职业活动的原则、回避原则等，两者可以相互借鉴。

（2）公证法有利于减轻人民法院的负担，能起到预防纠纷和减少诉讼的作用。

（3）经过公证的法律行为、事实和文书可以直接作为定案的依据。

（4）由公证赋予强制执行效力的债权文书，能够依照民事强制执行程序由人民法院执行。

三、公证法的效力范围

公证法的效力范围是指公证法在适用过程中对什么人、什么事发生效力，在什么时间、什么空间发生效力。公证制度在根本上体现了国家证明力，属于一国法律制度的范畴，原则上只能在一国领域内产生法律效力。我国公证法没有对其效力作专门规定，参照其他法律规定和一般法理，我国公证法的效力范围如下。

（一）对人的效力

对人的效力，是指公证法对哪些人具有拘束力。在我国领域内进行公证活动的，都应当遵循我国公证法。所以，公证法对我国的自然人、法人和其他组织具有法律效力；外国自然人、法人和其他组织或者无国籍人，在我国进行公证活动的，也适用我国公证法。

（二）对事的效力

对事的效力，是指哪些事项适用公证法的规定。根据《公证法》第1条的规定，概括地说，公证法主要规范公证活动以及因这些活动所产生的法律关系。此外，公证法也规范对公证机构活动的管理与监督的有关内容。

（三）空间上的效力

空间上的效力，是指公证法在什么地域范围内发生效力。凡在中华人民共和国领域内进行相关活动的，均适用公证法。中华人民共和国领域包括领土、领海、领空，以及领土伸延的范围，包括我国驻外使领馆、我国的航空器和船舶。香港特别行政区、澳门特别行政区和台湾地区都是我国的领土，但是由于各自实行不同的法律制度，根据法律规定，公证法目前并不适用于这些地域。

在我国领域外进行的公证活动和有关的公证事项，并不适用我国公证法。不过，我国公证机构作出的公证文书，在符合有关国际条约或者外国法律的规定时，可在我国领域外具有效力。我国内地（大陆）公证机构制作的公证文书，在符合香港特别行政区、澳门特别行政区和我国台湾地区的规定时，在这些地区也具有效力。

（四）时间上的效力

时间上的效力，是指公证法在什么时间之内具有拘束力。我国现行《公证法》于2006年3月1日起实施，至被明令废止之前一直是有效的。

第五节 党的二十大与公证法

党的二十大报告是中国共产党对国家治理的总体要求，涵盖了政治、经济、文化等多个领域。公证法作为对公证证明活动以及在此过程中形成的各类法律关系进行规范的法律，是中国特色社会主义法治体系的重要组成部分，集中体现了党的二十大精神。

一、体现法治建设的总体要求

党的二十大强调“坚持全面依法治国，推进法治中国建设”。法治是指国家和社会按照法律规定的程序和原则进行治理，是确保社会正常、规范运行的重要手段之一。公证法的制定和实施，正是为了在法律框架内规范公证活动，保障公证机构和公证员依法履行职责，预防纠纷，保障自然人、法人或者其他组织的合法权益。

首先，公证法的实施有助于社会法治观念的强化。公证法通过规范公证行为，保证公证机构和公证员依法提供公证服务，依据客观、公正原则，证明事实与行为的真实性、合法性，维护了公民和法人的合法权益。这一过程有助于增强全社会法治观念，促使各方在法治框架内行事。

其次，公证法的实施有助于社会法治框架的建构。公证法规范了公证制度的各个环节，包括公证的条件、程序、效力等，构建了关于公证活动的清晰法治框架。这一框架明确了公证在法治体系中的法律地位，为社会治理提供了法律保障。

最后，公证法的实施有助于社会公正的实现。法治建设强调在法治框架内进行治理，法律事实、法律行为真实、合法是实现社会公正的前提。公证法通过明确公证的程序和条件，强调公证员对法律事实、法律行为的证明具有法律效力，在一定程度上保障了自然人、法人或其他组织的合法权益，确保了民商事活动的有序性，为社会公正的实现提供了法律保障。

总之，在法治中国建设中，公证法通过规范公证员的行为、明确公证程序，为自然人、法人或其他组织的权益保障提供法律依据。公证法的实施有助于构建法治环境，推动国家治理体系和治理能力现代化，与党的二十大报告中法治中国建设的要求相一致。

二、促进社会治理体系建设

党的二十大强调“完善社会治理体系”。社会治理是指在法治基础上，通过各种手段和途径对社会进行有序的管理和引导，实现社会秩序的良好运转。公证法的颁布与实施，与社会治理体系建设的布局相一致，促进了社会治理体系建设。

首先，公证法规范的公证活动为社会治理提供了法律手段。社会治理体系建设涉及对社会关系的调控、公平正义的维护、社会秩序的管理等多个方面。公证机构作为社会治理体系的组成部分，对相关法律事实和行为的真实性、合法性予以证明，并赋予其相应的法律效力，有助于社会治理体系的健全和完善。

其次，公证法通过规范公证活动有助于实现社会的公平、公正。社会治理的目标之一是维护社会秩序和社会稳定。公证法通过规范公证制度，明确公证文书的法律效力，有助于促进民商事行为合法、合规开展，保障当事人合法权益，维护社会秩序和稳定，实现社会公平、公正。

最后，公证法通过为公证活动提供制度保障，有助于在法治轨道上推动社会治理。公证法规定了公证机构的组织形式、公证员的资格要求、公证的程序和效力等，为公证活动提供了明确的法律框架，有助于在法治的轨道上推进多层次、多领域的依法治理，提升社会治理法治化水平。

三、促进公共服务体系建设

党的二十大强调“健全基本公共服务体系，提高公共服务水平”。公证服务作为法律服务的一种，是公共服务体系的重要组成部分，对于公共服务体系建设具有积极的促进作用。

首先，公证机构通过为自然人、法人或其他组织提供法律认证和证明服务，保障当事人的合法权益，再加上公证机构分布广泛，也便于公众便捷、高效地获取服务，有助于实现党的二十大强调的“健全基本公共服务体系，提高公共服务水平”目标，降低了公众获取法律服务的门槛。

其次，公证机构通过为不同层次的公众提供多样性、多元化的公证服务，适应了社会多层次、多样性的法律服务需求，有助于构建全方位、多层次的公共服务体系。

复习思考题

1. 什么是公证？公证的性质是什么？
2. 简述公证法律关系的概念与要素。
3. 简述当代中国公证制度的法律渊源。

4. 简述公证法的效力范围。

▶ 即测即评

第十三章 公证机构、公证员和公证协会

第一节 公证机构

一、公证机构的概念与性质

根据《公证法》的规定，公证机构是指依法设立，不以营利为目的，依法独立行使公证职能、承担民事责任的证明机构。

在我国，公证机构的性质经历了一个发展过程，国民政府统治时期，1935年司法院颁布的《公证暂行规则》规定，由法院的推事专办或兼办公证事务。新中国成立前，先获得解放的一些大城市，由设在法院的公证机构承办公证业务。新中国成立初期，公证业务仍然由法院承办。20世纪50年代，经国务院批准，开始在地方设立由司法行政机关主管的公证处。1959年，由于司法部被撤销，公证业务又归属法院管理。“文化大革命”时期，公证业务几近停滞。“文化大革命”后期，设在法院的公证工作逐步恢复。“文化大革命”结束以后，公证工作在法院全面恢复。1980年，根据司法部的规定，国家在直辖市、省辖市、县设立归属司法行政机关管理的公证处，暂时不设公证处的市、县由所在地的基层人民法院设公证员，或者由审判员兼办公证事务。1982年，《公证暂行条例》规定“公证处是国家公证机关”。2005年公布的《公证法》则规定公证机构是“证明机构”，并沿用至今。结合公证法对公证机构职能的规定与公证实践，我国的公证机构是事业单位法人，是履行证明职能的组织，不是行使行政管理职权的行政机关，不是行使国家司法权的司法机关，也不是以营利为目的的法律服务部门。具体来说，对当前我国公证机构的性质应当作如下认识。

（一）公证机构是非营利性法人

公证机构依法设立，对外独立承担民事责任，具备法律规定的法人条件。同时，《公证法》规定其活动不以营利为目的，是非营利性法人。根据我国公证实践以及司法部关于设立公证机构的一些文件，我国现在的公证机构有从行政机构改制而来的事业单位法人，也有在设立之初即按照事业单位核定编制的事业单位法人，还有根据《司法部律师公证工作指导司

关于开展合作制公证处试点工作的通知》设立的带有企业法人属性的合作制公证处。

当然，2000年司法部出台的《关于深化公证工作改革的方案》规定不再增设合作制公证处，并要求符合条件的行政体制公证处改为事业体制。因此，目前我国的公证处是执行国家公证职能、自主开展业务、独立承担责任、按市场规律和自律机制运行的公益性、非营利的事业法人。2016年全国范围内铺开的司法改革也涉及对公证机构的改革，《司法部、中央编办、财政部关于推进公证机构改革发展有关问题的通知》，进一步明确了要抓紧将行政体制的公证机构转为事业体制，并将事业体制公证机构划入从事公益服务的事业单位，坚持公证机构公益性、非营利性事业法人的属性。

（二）公证机构是国家依法设立的机构

在我国，国家依法设立的履行公证职能的公证机构称作“某某公证处”。关于履行公证职能的组织形式，综观世界各国的规定，基本上采取公证机构和公证人两种形式。西方国家多采用公证人的形式，公证人由国家任命，经过政府同意，公证人设立公证人事务所从事公证事务。我国依法设立公证机构，体现国家证明的公信力。

（三）公证机构是履行证明职能的机构

在我国，公证机构履行的是具有社会公信力的证明职能，公证证明文书是国家专门机构出具的证明文书。在我国，除了驻外使（领）馆可以办理特别范围内的公证事务外，通常公证职能由公证机构行使，其他任何个人、团体、机关都无权出具公证文书。

（四）公证机构依法独立行使证明职能

根据《公证法》的规定，公证机构依法独立行使证明职能，不隶属于任何行政机关，也不受行政机关的命令，其公证活动，不受任何机关、团体、组织或个人的非法干预。

（五）公证机构统一行使证明职能

公证机构统一代表国家行使证明职能。根据《公证法》第45条的规定，除我国驻外使（领）馆可以依《公证法》的规定或者我国缔结或者参加的国际条约的规定，办理特殊范围的公证以外，其他任何机关、团体、组织和个人都无权进行公证。

二、公证机构的设置

（一）设置公证机构的原则

《公证法》第7条规定，公证机构按照统筹规划、合理布局的原则，可以在县、不设区的市、设区的市、直辖市或者市辖区设立；在设区的市、直辖市可以设立一个或者若干个公证机构。公证机构不按行政区划层层设立。

《公证机构执业管理办法》规定，省、自治区、直辖市司法行政机关应当按照公证机构设立原则，综合考虑当地经济社会发展程度、人口数量、交通状况和对公证业务的实际需求等情况，拟定本行政区域公证机构设置方案，并可以根据当地情况和公证需求的变化对设置方案进行调整。公证机构设置方案及其调整方案，应当报司法部核定。公证机构设置方案包括：设置方案拟定的依据，公证机构设置和布局的安排，公证执业区域划分的安排，公证机构设置总量及地区分布的安排。

《司法部关于贯彻实施〈中华人民共和国公证法〉的若干意见》规定，司法部、省、自治区司法厅不再设立公证处。设区的市、直辖市市区范围内只能在一个层级设立公证处。《司法部关于民族自治州公证处设置问题的批复》规定，民族自治州公证机构的设置，应当根据法律的相关规定，比照设区的市公证机构设置办理，民族自治县可以设立公证机构。

（二）设立公证机构的条件

1. 有自己的名称

一个具体的公证处应当有自己的名称，以区别于其他公证处。根据规定，公证机构统称公证处，根据公证机构设置的不同情况，分别采用下列方式冠名：（1）在县、不设区的市设立公证机构的，冠名方式为：省（自治区、直辖市）名称+本县、市名称+公证处；（2）在设区的市或其市辖区设立公证机构的，冠名方式为：省（自治区）名称+本市名称+字号+公证处；（3）在直辖市或其市辖区设立公证机构的，冠名方式为：直辖市名称+字号+公证处。公证机构的名称，应当使用全国通用的文字，并符合国家有关规定。民族自治地方的公证机构的名称，可以同时使用当地通用的民族文字。公证机构名称中的字号，应当由两个以上文字组成，并不得与所在省、自治区、直辖市内设立的其他公证机构的名称中的字号相同或者近似。其名称，由省、自治区、直辖市司法行政机关在办理该公证机构设立或者变更审批时予以核定。公证机构对经核定的名称享有专用权。

2. 有固定的场所

公证处应当有自己固定的办公场所，其办公场所可以为租赁场所，也可以是公证处自己所有的处所。

3. 有两名以上公证员

有两名以上公证员是组成一个公证处的最低要求，这一方面是为了保障公证行为的公信力，保障公证行为的真实性；另一方面也是开展业务的需要。

4. 有开展公证业务所必需的资金

公证处开展公证业务必须有自己的办公场所、办公设备等，因此需要具备必要的资金。另外，公证机构独立承担民事责任，也要求公证处有一定的资金。根据《公证机构执业管理办法》的规定，公证机构的开办资金数额，由省级司法行政机关确定。

（三）设置公证机构的审批程序

设立公证机构应当履行法定的程序。《公证法》第9条规定：“设立公证机构，由所在地的司法行政部门报省、自治区、直辖市人民政府司法行政部门按照规定程序批准后，颁发公证机构执业证书。”可见，我国对公证机构的设置采取许可设立主义，即设立公证机构除了应当具备法定条件外，还要经过行政主管机关的批准。具体审批程序如下：

1. 组建与审批机关

根据规定，设立公证机构，由所在地司法行政机关组建，逐级报省、自治区、直辖市司法行政机关审批。

2. 提出申请

根据《公证机构执业管理办法》的规定，申请设置公证机构应当提交下列材料：（1）设立公证机构的申请和组建报告；（2）拟采用的公证机构的名称；（3）拟任公证员名单、简历、居民身份证复印件和符合担任公证员条件的证明材料；（4）拟推选的公证机构负责人的情况说明；（5）开办资金证明；（6）办公场所证明；等等。

3. 审批与备案

省、自治区、直辖市司法行政机关应当自收到申请材料之日起30日内，完成审核，作出批准设立或者不予批准设立的决定。批准设立的，颁发公证机构执业证书。批准设立公证机构的决定应当报司法部备案。

公证机构执业证书是公证机构获准设立和执业的凭证，应当载明下列内容：公证机构名称、负责人、办公场所、执业区域、证书编号、颁证日期、审批机关等。公证机构执业证书分为正本和副本。正本用于在办公场所悬挂，副本用于接受查验。正本和副本具有同等法律效力。公证机构执业证书由司法部统一制作，证书编号办法由司法部制定。公证机构执业证书不得涂改、出借、抵押或者转让。公证机构执业证书损毁或者遗失的，由该公证机构报经所在地司法行政机关，逐级向省、自治区、直辖市司法行政机关申请换发或者补发。未批准设立的，作出的决定应告知申请人。

三、公证机构的人员组成

公证机构通常由公证员、公证员业务辅助人组成，此外还设有一些必不可少的其他辅助工作人员。

《公证法》第10条和《公证机构执业管理办法》第12条规定了公证机构负责人的任职条件、产生方式及程序。公证机构的负责人通常是指公证处的主任、副主任，他们负责公证处的各项行政事务工作及公证业务工作，公证处的主任为其法定代表人。公证机构的负责人应当具有3年以上的执业经历。这项规定其实包含两个条件：（1）应当具有公证员资格；（2）具有3年以上的公证员执业经历。

公证机构的负责人在有3年以上执业经历的公证员中推选产生，并报司法行政机关备案。

四、公证机构的变更

公证机构设立后，可以依法变更。公证机构变更名称、办公场所，或根据当地公证机构设置调整方案予以分立、合并或者变更执业区域的，应当由所在地司法行政机关审核后，逐级报省、自治区、直辖市司法行政机关办理变更核准手续。核准变更的，应当报司法部备案。公证机构变更负责人的，经所在地司法行政机关核准后，逐级报省、自治区、直辖市司法行政机关备案。

公证机构变更名称、办公场所、负责人、执业区域或者分立、合并的，应当在报请核准的同时，申请换发公证机构执业证书。省、自治区、直辖市司法行政机关对经批准设立的公证机构以及公证机构重要的变更事项，应当在作出批准决定后20日内，在省级报刊上予以公告。

五、公证机构的职责

公证机构领取执业证书后，即可依法开展公证活动，并按照规定收取费用。同时，公证机构还应当负有一定的管理职责和义务，以保证公证活动合法进行。

（一）公证机构的义务

公证机构不得有下列行为：（1）为不真实、不合法的事项出具公证书；（2）毁损、篡改公证文书或者公证档案；（3）以诋毁其他公证机构、公证员或者支付回扣、佣金等不正当手段争揽公证业务；（4）泄露在执业活动中知悉的国家秘密、商业秘密或者个人隐私；（5）违反规定的收费标准收取公证费；（6）法律、法规、国务院司法行政部门规定禁止的其他行为。此外，公证机构应当参加公证执业责任保险，以增加自身抵御执业风险的能力。

（二）公证机构应当加强内部管理

公证机构应当建立健全业务、公证档案、财务、资产等管理制度，对公证员的执业行为进行监督，建立执业过错责任追究制度。

第二节　公证员

一、公证员的概念和条件

公证员是符合法律规定的条件，经法定任职程序，取得公证员执业证书，在公证机构从事公证业务的执业人员。进行具体公证活动，在公证文书上署名的必须是公证员。

（一）公证员的必备条件

根据《公证法》和《公证员执业管理办法》的规定，我国的公证员应当具备以下五个条件：

1. 国籍条件

担任我国公证员的必须是中华人民共和国公民，即应当具有中国国籍。外国人、无国籍人不得从事我国的公证业务。

2. 年龄条件

我国《公证法》规定公证员的年龄应当在25周岁以上65周岁以下。

3. 品德条件

公证员从事的是经过国家授权行使证明权的职业，公证员出具的公证文书具有法律效力，公证行为本身具有严肃性、真实性，这些都要求公证员必须具备优良的品德和较高的素质，以保障其出具的公证文书的真实性和准确性。我国《公证法》要求公证员具备的道德品质条件为：公道正派，遵纪守法，品行良好。

4. 职业资格条件

《公证法》要求公证员应当通过国家统一法律职业资格考试取得法律职业资格。根据该项条件的要求，公证员实质上还应当具备一定的学历条件。因为根据《国家统一法律职业资格考试实施办法》及其他相关规定，全国除少数地区或符合《国家统一法律职业资格考试实施办法》第22条规定的例外条件的，有资格参加法律职业资格考试的，要么是具备全日制普通高等学校法学类本科学历并获得学士及以上学位，要么是全日制普通高等学校非法学类本科及以上学历，并获得法律硕士、法学硕士及以上学位，或者是全日制普通高等学校非法学类本科及以上学历并获得相应学位且从事法律工作满3年。

5. 实习或从业条件

我国《公证法》第18条规定，担任公证员应当在公证机构实习2年以上，如果是具有3年以上其他法律职业经历的，要求在公证机构实习1年以上。

（二）公证员的排除条件

我国《公证法》一方面规定了担任公证员的必备条件，另一方面又规定了不得担任公证员的排除条件。《公证法》第20条和《公证员执业管理办法》第9条规定，有下列情形之一的不得担任公证员：（1）无民事行为能力者或者限制民事行为能力的人；（2）因故意犯罪或者职务过失犯罪受过刑事处罚的人；（3）被开除公职的人；（4）被吊销公证员、律师执业证书的人。2017年修正的《公证法》强调了被吊销律师执业证书的人也不得担任公证员，进一步反映了我国法律职业共同体在准入机制、排除条件和职业伦理上的同一性，有利于我国法律职业的良性发展。

（三）公证员任职资格取得

从1990年起，我国部分省市开始实行公证员资格考试，1991年在全国实行公证员资格统一司法考试。2001年《国家司法考试实施办法（试行）》实施，我国开始实行全国统一司法考试。为提高公证员从业人员的法律专业素质，促进公证员的法律职业化发展，2005年司法部停止了全国统一公证员资格考试，要求公证员必须通过国家司法考试。2018年国家统一司法考试改为国家统一法律职业资格考试之后，公证员则必须通过法律职业资格考试取得法律职业资格。

此外，《公证法》第19条还规定：从事法学教育、研究工作，具有高级职称的人员，或者具有本科以上学历，从事审判、检察、法制工作、法律服务满10年的公务员、律师，已经离开原工作岗位，经考核合格的，可以担任公证员。据此，曾经从事法律职业的人员，符合上述规定，经考核合格的，也可担任公证员。

据此，公证员任职资格的取得方式有两种：一是通过国家统一法律职业资格考试，二是曾经从事法律职业且考核合格。

二、公证员的任免

（一）公证员的任命

具备了担任公证员的资格，并不自然成为公证员，成为公证员要求经过任命程序，被依法任命后才可以取得公证员的身份。

根据法律规定，符合条件的中国公民，经过下列程序获得批准，持有公证员执业证书，即成为公证员，可以从事公证执业。其具体程序为：（1）符合任职条件的人员提出申请。（2）经公证机构推荐，即公证处同意接纳时，可以进行报请审批任命程序。（3）由所在地的司法行政部门出具审查意见或考核意见，逐级报请省级人民政府司法行政机关审核，并附具必备材料。（4）省级人民政府司法行政机关审核同意后，要求填写公证员任职申报表，报请司法部任命。（5）司法部收到报请任命公证员的材料之日起20日内，制作并下达任命决定。（6）省级司法行政机关应当自收到司法部任命决定的10日内，向申请人颁发公证员执业证书。

此外，公证员变更执业机构的，不需要重新任命，但应当核准变更。公证员变更执业机构，应当经所在公证机构同意和拟任用该公证员的公证机构推荐，报所在地司法行政机关同意后，报省、自治区、直辖市司法行政机关办理变更核准手续。公证员跨省、自治区、直辖市变更执业机构的，经所在的省、自治区、直辖市司法行政机关核准后，由拟任用该公证员的公证机构所在的省、自治区、直辖市司法行政机关办理变更核准手续。

（二）公证员职务的免除

公证员有违法行为，或者出现法律规定的情形，不应当或者不适宜担任公证员职务的，应当依法定程序予以免除。

1. 免除公证员职务的情形

在我国，免除公证员职务的法定情形如下：（1）丧失中华人民共和国国籍。（2）年满65周岁或者因健康原因不能继续履行职务。为保障公证员具备良好的从业条件，当公证员年满65周岁，或者因健康原因不能继续履行职务时，应当免除其公证员职务。（3）自愿辞去公证员职务。公证员不愿从事公证员职务，或者另外有重要职务担当等原因时，可以辞去公证员职务，自愿辞职的也需要依法履行免除其公证员职务的程序。（4）被吊销公证员执业证书。公证员有规定的违法情形的，可以撤销其公证员资格，被吊销公证员资格的，其公证员职务被免除。

2. 免除公证员职务的程序

根据规定，免除公证员职务的程序如下：（1）由该公证员所属公证机构所在地的司法行政部门上报省级司法行政部门，再由接受上报的省级司法行政部门提请司法部依职权予以免除。被吊销公证员执业证书的，由省、自治区、直辖市司法行政机关直接提请司法部予以免职。（2）提请免职，应当提交公证员免职报审表和符合法定免职事由的相关证明材料。司法部应当自收到提请免职材料之日起20日内，制作并下达公证员免职决定。（3）公证员依法免职的，司法行政机关应当发布公告。

（三）公证员任免的公告

省、自治区、直辖市司法行政机关对报请司法部予以任命、免职或者经核准变更执业机构的公证员，应当在收到任免决定或者作出准予变更决定后20日内，在省级报刊上予以公告。司法部对决定予以任命或者免职的公证员，应当定期在全国性报刊上予以公告，并定期编制全国公证员名录。

三、公证员的权利和义务

担任公证员，依法应当享有执行职务和职务保障的必要权利；同时，为保障其依法执业，公证员也负有一定的义务。

（一）公证员的权利

1. 获得劳动报酬，享受保险和福利待遇

公证活动的非营利性与公证员有权获得工资福利和保险待遇并不冲突，公证员付出一定的劳动，依法应当获得工资福利和保险待遇，这是公民的基本权利。

2. 提出辞职的权利

《公证法》规定，公证员有辞职的权利。公证员辞职的，由其原从业的公证机构所在地的司法行政部门报省、自治区、直辖市人民政府司法行政部门提请国务院司法行政部门予以免职。

3. 提出申诉或控告的权利

作为公证员，有义务依法履行公证职责，也有权利维护自身各项合法权益。当其自身合法权益受到侵害，或者对涉及自身合法权益的处理不服时，有权提出申诉或控告。有关部门应当保障公证员的申诉或控告权的行使。

4. 非因法定事由和非经法定程序不得被免除或处罚的权利

公证员是经法定程序，由我国国务院司法行政部门任命的依法从事公证职业的专业工作者，非经法定程序，基于法定事由，任何人任何部门都无权随意免除其职务。公证员还应当遵守行业规范，若有违反，应当依照法定程序接受处罚。任何人、任何机构，不得非法处罚公证员。

5. 依法办理公证事务的权利

公证员从事公证执业活动，享有办理公证事务的必要权利，如调查权、检验权、询问权，并有权依法制作和出具公证书。这些权利都是保障公证活动进行的重要基础，任何人不得非法剥夺和干预公证员依法进行公证活动的权利。

（二）公证员的义务

公证员的义务是指由法律规范设定的，在执业中公证员必须遵守的各项行为准则。公证是国家证明职能的体现，是一项严肃的活动。规定公证员的义务，是保障公证合法的前提。

1. 遵纪守法的义务

公证职业的法律性、严肃性、社会性等要求公证员本身必须遵纪守法，公证员遵纪守法是公证工作的保障，是公证工作取得和保持社会公信力的保障。遵纪守法不仅是公证员的基本义务，也是作为一名公证员应当具备的条件。遵纪守法的含义比较广泛，其中的“纪”主要指行业纪律等，“法”应当包括法律、法规等所有法律规范。

2. 恪守职业道德的义务

公证活动是一项高度职业化的行为，职业道德是其职业生存和职业健康发展的重要依托。同时，公证工作的性质也决定了公证活动必须遵循一定的职业道德。因此，公证员应当遵循公证员职业道德，这种职业道德具有一定的规范效力。

3. 保守执业秘密的义务

公证员在公证活动中，可能会接触许多涉及当事人商业秘密、个人隐私的事务，甚至会接触到国家机密。公证员不得泄露在执业活动中知悉的国家秘密、商业秘密或者个人隐私。此外，《公证程序规则》第6条还规定，该项义务也适用于“公证机构的其他工作人员以及依据本规定接触到公证业务的相关人员”，即涉及公证事务的鉴定人、翻译人员、见证人和其他公证参与人员，都有保守秘密的义务。

4. 依法履行公证职责的义务

公证员履行职责，必须遵循法律规定，依法定程序办理公证，保护当事人合法权益。具体来说，公证员不得有下列行为：（1）同时在两个以上公证机构执业；（2）从事有报酬的其他职业；（3）为本人及近亲属办理公证或者办理与本人及近亲属有利害关系的公证；（4）私自出具公证书；（5）为不真实、不合法的事项出具公证书；（6）侵占、挪用公证费或者侵占、盗窃公证专用物品；（7）毁损、篡改公证文书或者公证档案；（8）法律、法规和司法部规定禁止的其他行为。

第三节　公证协会

一、公证协会的概念、性质和设置

根据《公证法》第4条的规定，公证协会是以公证机构和公证员为主要会员，依法成立的具有公证业自律职能的社会团体法人。根据法律法规的规定，公证机构和公证员应当加入地方和全国的公证协会。

公证协会的性质是公证业的自律性组织，是社会团体法人，依据章程开展活动，对公证机构、公证员的执业活动进行监督。中国公证协会章程由会员代表大会制定，报国务院司法行政部门备案。

在设置上，全国设立中国公证协会，省、自治区、直辖市设立地方公证协会。

二、公证协会的组织机构

公证协会是公证业的自律性组织，依据章程开展活动，对公证机构、公证员的执业活动进行监督。我国的公证协会是社会团体法人，为完善公证协会职能、提高公证行业自律管理水平、促进公证行业健康发展，其出台了相应的章程，其中最具代表性的是2017年2月由中国公证协会第八次代表大会修订的《中国公证协会章程》。

（一）全国会员代表大会

中国公证协会设会员代表大会作为其最高权力机关，该代表大会每4年举行一次。因特殊情况需提前或延期举行的，须由理事会表决通过，报司法部审查并经民政部批准同意。但延期最长不超过1年。会员代表大会根据协会章程享有下列职权：（1）制定或修改本会的章程；（2）讨论决定本会的工作方针和任务；（3）选举和罢免理事会理事；（4）审议和通过理事会的工作报告和财务报告；（5）行使会员代表大会认为应当由其行使的职权。会员代表大会须有2/3以上会员代表出席方能召开，决定重要事项时须经出席人数2/3以上通过。

（二）理事会

全国会员代表大会设有理事会，作为大会闭会期间的执行机构，对全国会员代表大会负责。理事会由全国会员代表选举若干人组成，理事会会议每年举行一次，根据需要还可以提前或推后。理事会负有以下职责：（1）执行会员代表大会决议；（2）向会员代表大会报告工作;（3）选举常务理事并从中选举会长、副会长;（4）根据需要，增补或罢免个别常务理事;（5）决定设置或撤销本协会的工作委员会、专业委员会;（6）制定会员奖励、行业处分规则;（7）制定本协会的办事规则和年度工作计划。

理事会会议每年举行一次，根据需要可以提前或推后。理事会须有2/3以上理事出席方能召开，其决议须经到会理事2/3以上表决通过方能生效。

（三）常务理事会

中国公证协会设立常务理事会，常务理事会由理事会选举产生，在理事会闭会期间行使除“向会员代表大会报告工作”“选举常务理事并从中选举会长、副会长”以及“根据需要，增补或罢免个别常务理事”以外的职权，并决定聘任或解聘协会秘书长，对理事会负责。

常务理事会会议每年不得少于两次，听取并审议会长、副会长、秘书长及秘书处的工作报告，研究决定重要事宜。常务理事会须有2/3以上常务理事出席方能召开，其决议须经到会常务理事2/3以上表决通过方能生效。

（四）中国公证协会会长、副会长和秘书长、副秘书长

担任会长、副会长必须具备下列条件:（1）坚持党的路线、方针、政策，有良好政治素质;（2）在本协会业务领域内有较大影响;（3）会长、副会长最高任职年龄不超过70周岁;（4）身体健康，能坚持正常工作;（5）未受过剥夺政治权利的刑事处罚的。会长、副会长任期4年，可连选连任，但会长任期不得超过两届。

会长为中国公证员协会法定代表人，不得兼任其他团体法定代表人。会长行使下列职权:（1）召集和主持常务理事会;（2）检查会员代表大会、常务理事会决议的落实情况;（3）代表本协会签署有关重要文件;（4）处理其他重大事务。

中国公证员协会秘书长由常务理事会聘任，行使下列职权:（1）主持秘书处日常工作;（2）组织实施会员代表大会、理事会、常务理事会决议和会长办公会决定，组织实施年度工作计划;（3）依照有关规定，提名秘书处内设机构主要负责人、聘用秘书处专职工作人员;（4）处理其他日常事务。

本会副秘书长由秘书长提名，常务理事会决定。本会各专业委员会、工作委员会设主任委员1人，根据需要设副主任委员若干人。主任委员、副主任委员由常务理事会决定。

三、公证协会的职责

《中国公证协会章程》规定的中国公证协会的职责有14项，具体如下:（1）协助司法部管理、指导全国公证工作，依照本章程对公证机构和公证员的执业活动进行监督;（2）指导地方公证协会工作;（3）制定行业规范;（4）维护会员的合法权益，保障会员依法履行职责;（5）依法举办会员福利事业;（6）对会员进行职业道德、执业纪律教育，对会员的违纪行为实施行业处分，协助司法行政机关查处会员的违法行为;（7）负责会员的培训，组织会员开

展学术研讨和工作经验交流，根据有关规定对公证机构、公证员实施奖励；（8）组织开展公证行业信息化建设；（9）负责全国公证赔偿基金的使用管理工作，对地方公证协会管理使用的公证赔偿基金进行指导和监督；（10）负责公证宣传工作，主办公证刊物，对外提供公证法律咨询等服务；（11）负责与国外和港、澳、台地区开展有关公证事宜的研讨、交流与合作活动；（12）负责海峡两岸公证书的查证和公证书副本的寄送工作；（13）负责公证专用纸的联系生产、调配，协助司法部作好管理工作；（14）履行法律法规规定的其他职责，完成司法部委托的事务。《公证法》规定，公证协会的职责是监督公证机构、公证员的执业活动。

四、会员的权利与义务

《中国公证协会章程》规定，中国公证协会的会员有团体会员和个人会员。公证机构、地方公证协会为该协会团体会员；其他与公证业务有关的机构，可经申请批准为协会团体会员。公证员为该协会个人会员；公证管理人员、从事公证法学教学、科研人员以及对公证制度有研究的人员，经协会同意，可以成为个人会员；中国委托（香港）公证人，中国委托（澳门）公证人，经本会同意，并报业务主管单位审核批准，可以成为本会个人会员。

（一）会员权利

个人会员享有下列权利：（1）享有协会的选举权、被选举权和表决权；（2）提出维护会员的合法权益的要求；（3）享受本协会举办的福利；（4）参加本协会举办的各种学习、研讨和交流活动；（5）使用本协会的图书资料；（6）通过本协会向有关部门提出建议；（7）对本协会工作提出批评和建议。

团体会员享有除上述第（1）项以外的其他权利。

（二）会员义务

个人会员和团体会员履行下列义务：（1）遵守本协会章程、执行本协会决议；（2）完成本协会委托的工作；（3）向本协会反映情况，提供有关资料；（4）按规定缴纳会费；（5）维护会员间的团结，维护公证职业的荣誉。

第四节 公证管理机制

一、公证管理机制概述

公证管理机制，是司法行政机关、公证员协会对公证机构、公证员进行监督管理的活动，以及监督管理的制度规范。

在我国，法律规定了公证机构、公证员进行公证活动的规范及其实施违法行为应承担的法律责任；同时，公证机构和公证员还要受到公证职业道德和公证执业纪律的约束。《司法部关于深化公证工作改革的方案》第17条指出，要建立与完善公证惩戒制度，对违法违纪违规的公证机构和公证人员要严肃处理，对公证机构的惩戒措施包括撤销机构、停业整顿、停止部分业务、警告、罚款等；对公证人员的惩戒措施包括开除、吊销执业证书、暂停执业、记过、警告、罚款等。

对于公证机构和公证员遵守法律、职业道德和执业纪律的情况，司法行政机关和公证协会有权进行监督和管理。《司法部关于深化公证工作改革的方案》第14条提出，要实行司法行政机关行政管理与公证员协会行业管理相结合的公证管理体制，司法行政机关的行政管理主要侧重于组织建设、队伍建设、政策指导、执业监督处罚等宏观管理；公证协会主要负责具体事务管理。

可见，在我国，对公证机构、公证员及其公证活动实行综合管理机制，即机构管理与法规管理相结合，机构管理保障法规管理的实现。

二、司法行政机关的监督和管理职能

根据《公证法》第5条的规定，司法行政部门对公证机构、公证员和公证协会进行监督和指导。《公证法》第41、42条规定了省级和地（市）级司法行政机关，对于公证员、公证协会的违法行为，可给予行政制裁。

《公证机构执业管理办法》第25条规定了省、自治区、直辖市司法行政机关对公证机构的监督事项：监督公证机构保持法定设定条件的情况、公证机构执行报批或者备案事项的情况、公证机构和公证员的执业情况、公证质量的监控情况等事项。第26条规定了设区的市和公证机构所在地司法行政机关对本地公证机构的具体的监督事项：档案管理情况、财务制度执行情况、公证质量情况、执业活动情况、组织建设情况、公证员执业年度考核情况等。此外，《公证机构执业管理办法》第33条还规定对被投诉或被举报的公证机构、执业中有不良记录的公证机构、未保持法定设立条件的公证机构和年度考核发现内部管理存在严重问题的公证机构进行重点监督。

三、公证协会的行业自律与监督

公证协会是公证业的自律性组织，依法对公证机构、公证员的执业活动进行监督。公证协会可以依据法律与章程对公证活动发挥监督、管理作用。

《公证员执业管理办法》第32条规定，公证协会依据章程和有关行业规范，对公证员违反职业道德和执业纪律的行为，视其情节轻重，给予相应的行业处分。公证协会在查处公证员违反职业道德和执业纪律行为的过程中，发现有依据《公证法》的规定应当给予行政处罚情形的，应当提交有管辖权的司法行政机关处理。

《公证机构执业管理办法》第41条规定，公证协会依据章程和有关行业规范，对公证机

构违反执业规范和执业纪律的行为，视其情节轻重，给予相应的行业处分。公证协会在查处公证机构违反执业规范和执业纪律行为的过程中，发现有依据《公证法》的规定应当给予行政处罚情形的，应当提交有管辖权的司法行政机关处理。该办法第40条规定，司法行政机关查处公证机构的违法行为，可以委托公证协会对公证机构的违法行为进行调查、核实。接受委托的公证协会应当查明事实、核实证据，并向司法行政机关提出实施行政处罚的建议。

《中国公证协会章程》规定，公证协会协助司法部门管理、指导全国公证工作，监督会员的执业活动；对会员进行职业道德、执业纪律教育，对会员的违纪行为实施行业处分，协助司法行政机关查处会员的违法行为。

四、公证员的职业道德

（一）公证员职业道德概述

道德是依靠社会舆论力量保障其得到遵守的行为规范。职业道德是社会道德的一种，是在职业行为和职业关系中，从业人员应当遵守的道德规范和应当具有的道德观念、道德情操和道德品质。公证员的职业道德是指在公证活动中，公证员所应遵循的准则。

公证员职业道德与其他职业道德规范不同，恪守职业道德是《公证法》明确要求公证员应尽的义务。此外，公证员恪守职业道德还是做好公证工作的关键，是公证证明活动的合法性与公证证明公信力的重要保障。公证员助理和公证机构其他从业人员，也应当遵守公证员职业道德的基本要求。

各级司法行政机关和公证协会组织监督公证员遵守公证员职业道德准则，对于公证员违反公证员职业道德准则的行为，可根据情况给予行业惩戒，并可使其受到否定性评价。

（二）公证员职业道德的内容

根据《公证员职业道德基本准则》，公证员职业道德的主要内容如下：

1. 忠于法律、尽职履责

该项准则要求公证员忠于宪法和法律，自觉践行社会主义法治理念，政治坚定、业务精通、维护公正、恪守诚信，坚定不移地做中国特色社会主义事业的建设者、捍卫者。公证员在办理公证事项时，应当坚持恪守客观、公正的原则，做到以事实为依据、法律为准绳。同时，公证员应当在工作中自觉遵守法定回避制度，履行执业保密义务。自觉遵守法定回避制度要求公证员不得为本人及近亲属办理公证，不得办理与本人及近亲属有利害关系的公证。履行执业保密义务要求公证员不得泄露在执业中知悉的国家秘密、商业秘密或个人隐私，更不得利用知悉的秘密为自己或他人谋取利益。此外，公证员在履行职责时，对发现的违法、违规或违反社会公德的行为，应当按照法律规定的权限，积极采取措施予以纠正、制止。

2. 爱岗敬业、规范服务

根据该项准则，公证员应当珍惜职业荣誉，强化服务意识，勤勉敬业、恪尽职守，为当事人提供优质高效的公证法律服务。从总体上说，公证员应当严格按照规定的程序和期限办理公证事项，提高办证质量和效率，杜绝疏忽大意、敷衍塞责和延误办证的行为。如果公证员发现已生效的公证文书存在问题，或其他公证员有违法、违规行为，应当及时向有关部门反映。

公证员在履行职责时，应当告知当事人、代理人和参与人的权利和义务，并就权利和义务的真实意思和可能产生的法律后果作出明确解释，避免形式上的简单告知。公证员在执行职务时，应当平等、热情地对待当事人、代理人和参与人，要注重其民族、种族、国籍、宗教信仰、性别、年龄、健康状况、职业的差别，避免言行不慎使对方产生歧义。

在工作中，公证员应当注重礼仪，做到着装规范、举止文明，维护职业形象。公证员现场宣读公证词时，应当语言规范、吐字清晰，避免使用可能引起他人反感的语言表达方式。在日常工作和生活中，公证员要充分规范自身行为，不得利用媒体或采用其他方式，对正在办理或已办结的公证事项发表不当评论，更不得发表有损公证严肃性和权威性的言论。

3. 加强修养、提高素质

该项准则要求公证员牢固树立社会主义荣辱观，遵守社会公德，倡导良好社会风尚。公证员作为法律从业人员，应当道德高尚、诚实信用、谦虚谨慎，具有良好的个人修养和品行。工作中，公证员应当忠于职守、不徇私情、弘扬正义，自觉维护社会公平和公众利益；应当热爱集体，团结协作，相互支持、相互配合、相互监督，共同营造健康、有序、和谐的工作环境。同时，公证员应当不断提高自身的业务能力和职业素养，保证自己的执业品质和专业技能满足正确履行职责的需要。公证员应当树立终身学习理念，勤勉进取，努力钻研，不断提高职业素质和执业水平。

4. 廉洁自律、尊重同行

该项准则要求公证员应当树立廉洁自律意识，遵守职业道德和执业纪律，不得从事有报酬的其他职业和与公证员职务、身份不相符的活动，不得利用公证员的身份和职务为自己、亲属或他人谋取利益，也不得索取或接受当事人及其代理人、利害关系人的答谢款待、馈赠财物或其他利益。公证员应当相互尊重，与同行保持良好的合作关系，公平竞争，同业互助，共谋发展。公证员不得从事以下不正当竞争行为：（1）利用媒体或其他手段炫耀自己，贬损他人，排斥同行，为自己招揽业务；（2）以支付介绍费、给予回扣、许诺提供利益等方式承揽业务；（3）利用与行政机关、社会团体的特殊关系进行业务垄断；（4）其他不正当竞争行为。

五、公证执业纪律

（一）公证执业纪律概述

公证执业纪律，是指公证机构、公证员在执业活动中必须严格遵守的行为准则。

公证执业纪律是提高公证业务水平的重要保障，是保障公证事业的健康发展的基础，是提高公证公信力与信誉的保证，是公证业发展的保障。可见，公证机构与公证员遵循公证执业纪律，具有重要的意义。另外，在公证机构内协助从事公证业务的助理公证员、公证辅助人员也应当遵循公证执业纪律的规定。

（二）公证执业纪律的内容

根据《公证行业自律公约》，公证执业纪律内容如下：

第一，公证处、公证人员应当依法履行公证职责，自觉遵守法律、法规、规章以及公证行业规范的规定。

第二，公证处、公证人员应当严格遵守公证程序，热情服务，认真负责地办理公证业务，保证公证质量。

第三，公证处、公证人员应当自觉接受社会各界对公证行业的监督和批评，共同抵制和纠正行业不正之风。

第四，公证处、公证人员应当时刻维护行业利益和行业形象，密切合作，相互尊重，同业互助，共谋发展。

第五，公证处、公证人员在办理公证时不得为下列不当行为：（1）利用媒体或者其他方式进行夸大、虚假宣传，误导当事人；（2）利用职务之便谋取不当利益；（3）在名片上印有曾经担任过的行政职务、荣誉职务、专业技术职务或者其他头衔；（4）采用不正当方式垄断公证业务；（5）故意诋毁、贬损其他公证处或者公证人员的声誉；（6）干扰其他公证处或者公证人员正常的公证业务；（7）给付或者承诺给付回扣或者其他利益；（8）公证处未经有管理权限的司法行政部门同意，擅自设立办事机构或者分支机构。

六、公证法律责任

（一）公证法律责任概述

公证法律责任，是指公证机构或公证员违反公证法律、规范，违反职业道德、执业纪律进行公证活动，而给当事人、公证事项利害关系人造成损失的，应当承担的不利法律后果。确立公证法律责任制度，对于切实保护公证当事人及有关利害关系人的合法权益，提高公证的质量和效益，促进公证活动的依法进行，提高公证机构的社会公信力，都具有重要的意义。

根据公证法律法规的规定，公证的法律责任，根据公证机构、公证员的过错程度以及危害结果的程度，分为民事责任、行政责任和刑事责任。

（二）公证民事法律责任

1. 公证民事法律责任的概念与赔偿原则

根据《公证法》第43条的规定，公证民事法律责任，是指公证机构及其公证员因过错给当事人、公证事项的利害关系人造成损失的，由公证机构承担的赔偿责任。该条同时规定，公证机构赔偿后，可以向有故意或者重大过失的公证员追偿。可见，在我国，公证民事法律责任主要是赔偿损失的责任，以公证机构对外赔偿为原则，公证机构赔偿后再视公证员个人的过错程度向其追偿。

2. 公证民事法律责任的构成

公证机构对外承担民事法律责任，需要符合以下构成条件：

（1）公证机构及其公证员有过错，这种过错表现为故意或者重大过失。公证机构及其公证员没有过错的，即使公证当事人或者公证事项利害关系人受到了损失，也不应当由公证机构赔偿。

拓展阅读

（2）公证机构及其公证员的行为具有违法性，即造成当事人损失的公证活动违反了公证法律法规、公证职业道德和执业纪律的要求。公证机构及其公证员已经尽到了义务、恪尽职守的，则不应当承担赔偿责任。

（3）公证当事人或者公证事项利害关系人遭受了损失，如果没有人遭受损失，公证机构及其公证员可能受到行政制裁或者刑事制裁，而不会承担赔偿责任。

拓展阅读

（4）存在因果关系，即公证当事人或者公证事项利害关系人的损失，是由公证机构或者公证员的行为造成的。不存在因果关系，也就意味着公证机构不必承担赔偿责任。

3. 公证民事法律责任的司法救济

当事人、公证事项的利害关系人与公证机构因赔偿发生争议的，可以向人民法院提起民事诉讼，从而有效保障当事人的合法权利。

4. 公证民事法律责任的保障机制

公证活动不仅涉及公证事项的法律问题，还涉及公证事项的事实问题，本身即存在一定的风险。公证事项可能涉及当事人的重大利益，而公证机构是以自己的财产独立承担有限责任的法人，为了体现国家公信力，切实保障当事人或利害关系人遭受损失时能够得到应有的赔偿，国家建立了公证民事法律责任的保障机制。同时，这些保障机制，对于公证机构及其公证员来说，也降低了执业风险，对于保障公证业务的顺利开展起到了积极作用。

目前我国建立了公证赔偿基金制度，确立了公证责任保险和公证员执业保证金，构建了多重的公证民事法律责任保障机制。

（1）公证赔偿基金。《司法部关于深化公证工作改革的方案》第13条规定，公证机构每年应当从业务收入中提取3%的份额作为赔偿基金，用于理赔。2002年司法部发布的《公证赔偿基金管理试行办法》规定了公证赔偿基金的具体筹集方式、基金的使用和监督管理等。关于公证赔偿基金的使用，该办法规定公证赔偿基金用于支付公证责任保险合同的保险费，用于支付保险赔偿范围以外的公证责任理赔及赔偿费用等。其中理赔费用限于法院诉讼费、律师费、公证责任赔偿委员会办案费及其他合理费用。

（2）公证责任保险。《公证法》第15条规定，公证机构应当参加公证执业责任保险。根据这一规定，公证处应当投保公证执业责任保险。2000年12月，中国公证协会与中国人民保险公司在北京正式签订了《公证责任保险合同》，投了公证责任保险。这种公证责任保险是强制性全行业统一保险，是由中国公证协会代表全体公证机构向保险公司投保的，以公证机构为被保险人的公证责任保险。

（3）公证员执业保证金。《司法部关于贯彻〈关于深化公证工作改革的方案〉的若干意见》提出在我国公证领域逐步建立公证员执业保证金制度。执业保证金主要用于偿付应当由公证员承担的民事赔偿费用和行政处罚罚款等。公证员应当按照规定交纳执业保证金，未交足的将被暂停执业。公证员交纳的执业保证金没有被使用的，或者使用有剩余的，待公证员离任后予以退还。

（三）公证行政法律责任

公证行政法律责任，是指公证机构及其公证员，因违反公证法律法规、公证执业纪律进行业务活动，所应承担的行政法上的不利法律后果。目前公证机构及其公证员的行政法律责任，主要是因存在违法情形而由司法行政机关给予的行政制裁。此外，还有责令改正的行政措施，具体见于《公证机构执业管理办法》第36条的规定：公证机构违反《公证法》的规定，跨执业区域受理公证业务的，由所在地或者设区的市司法行政机关予以制止，并责令改正。

1. 有权实施行政制裁的主体

根据《公证法》的规定，对公证机构或者公证员有权进行行政制裁的是省级司法行政机关或者是地（市）级司法行政机关。

2. 承担行政法律责任的法定情形与行政制裁措施

《公证法》第41条规定，公证机构及其公证员有下列行为之一的，给予警告；情节严重的，对公证机构处1万元以上5万元以下罚款，对公证员处1000元以上5000元以下罚款，并可以给予3个月以上6个月以下停止执业的处罚；有违法所得的，没收违法所得：（1）以诋毁其他公证机构、公证员或者支付回扣、佣金等不正当手段争揽公证业务的；（2）违反规定的收费标准收取公证费的；（3）同时在两个以上公证机构执业的；（4）从事有报酬的其他职业的；（5）为本人及其近亲属办理公证或者办理与本人及近亲属有利害关系的公证的；（6）依照法律、行政法规的规定，应当给予处罚的其他行为。

《公证法》第42条规定，公证机构及其公证员有下列情形之一的，对公证机构给予警告，并处2万元以上10万元以下罚款，并可以给予1个月以上3个月以下停业整顿的处罚；对公证员给予警告，并处2000元以上1万元以下罚款，并可以给予3个月以上12个月以下停止执业的处罚；有违法所得的，没收违法所得；情节严重的，由省、自治区、直辖市人民政府司法行政部门吊销公证员执业证书：（1）私自出具公证书的；（2）为不真实、不合法的事项出具公证书的；（3）侵占、挪用公证费或者侵占、盗用公证专用物品的；（4）毁损、篡改公证文书或者公证档案的；（5）泄露在执业活动中知悉的国家秘密、商业秘密或者个人隐私的；（6）依照法律、行政法规的规定，应当给予处罚的其他行为。

3. 行政制裁的程序与救济

司法行政机关在对公证机构作出行政处罚决定之前，应当告知其查明的违法行为事实、处罚的理由及依据，并告知其依法享有的权利。口头告知的，应当制作笔录。公证机构有权进行陈述和申辩，有权依法申请听证。公证机构对行政处罚不服的，可以依法申请行政复议或者提起行政诉讼。

司法行政机关对公证员实施行政处罚，应当根据有关法律、法规和司法部有关行政处罚程序的规定进行。司法行政机关查处公证员的违法行为，可以委托公证协会对公证员的违法行为进行调查、核实。司法行政机关在对公证员作出行政处罚决定之前，应当告知查明的违法行为事实、处罚的理由及依据，并告知其依法享有的权利。口头告知的，应当制作笔录。公证员有权进行陈述和申辩，有权依法申请听证。公证员对行政处罚决定不服的，可以依法申请行政复议或者提起行政诉讼。

（四）刑事法律责任

公证机构或者公证员的刑事法律责任是公证法律责任中最严厉的一种，指的是公证机构或者公证员违法执业，情节严重，触犯刑事法律，所应承担的刑事上的不利法律后果。

《公证法》第42条规定，公证机构或者公证员有违反法律规定的情形，情节严重，构成犯罪的，应当依据我国刑法的规定追究其刑事责任。

复习思考题

1. 简述公证机构的设置及人员组成。
2. 什么是公证员？担任公证员的条件是什么？如何任免公证员？
3. 什么是公证协会？
4. 简述公证法律责任。

▶即测即评

第十四章　公证的基本原则与基本制度

第一节　公证的基本原则与基本制度概述

一、公证基本原则概述

（一）公证基本原则的概念与特点

原则是指观察问题、处理问题、实施行为的准则、准绳。基本原则更加强调了这种准则或者准绳的根本性、基础性。因此，公证的基本原则，是指导公证机构、公证当事人和其他公证参与人参加公证程序、实施公证活动的根本性准则。公证基本原则既是公证立法工作的指导原则，又是公证活动的指导原则，反映了公证的本质和法律原理。

公证的基本原则是以我国法律规定为根据，以我国的公证实践为基础，并考虑到我国的法律传统和我国的现实法治状况确定的。公证的基本原则具有以下特点：（1）根本性，即公证的基本原则是制定各项具体公证程序制度的基础，各项具体程序制度体现着基本原则的要求，不得与基本原则相抵触。（2）抽象性，即公证的基本原则是具有高度概括性的规范，而不是具体规定公证主体和其他公证参与人如何实施某一具体行为的操作性规范。（3）宏观指导性，即公证的基本原则能够在宏观上对公证的全过程或某个公证阶段起到指导作用，为公证机构和公证参与人的公证活动指明方向。（4）稳定性，即公证的基本原则相对于具体程序规范而言更具有稳定性，在一段时期内，具体公证程序制度可能有所变化，但是公证的基本原则保持不变。这是因为公证的基本原则是公证理论和实践经验的结晶，包含着对公证制度内在的规律性认识，除非公证制度的基础环境发生重大变化，公证的基本原则不会发生变化。

（二）公证基本原则的功能

法律功能是表达法律价值目标的重要范畴。公证基本原则的功能是指公证基本原则作为公证制度体系的部分，基于其内在属性和结构，通过自己的运行所达到的有利于实现公证程序制度价值的一定客观效果。公证基本原则具有如下功能：

1. 确立公证制度的基本理念

理念是一种信仰与价值观的集中体现，作为制度的理念甚至可以总结为这一制度的信仰和价值观。确立公证的基本原则，从而也就确立了公证制度的基本理念。这种理念的传播、导引，可以使公证机构及其公证人员和人们都能更好地理解公证制度的基本价值和精神实质，使公证机构及其公证人员树立正确的理念，实现公证制度的目的。

2. 立法准则的功能

公证程序的立法活动，应当遵循一定的规律，体现公证法的价值目标。在我国，除了立法机关制定的公证法典这一公证的基本法律规范外，司法部还发布了许多有关公证程序的规范性文件，公证协会也基于其行业管理与自律职能制定了一些行业规范。把公证基本原则作为制定公证程序具体制度的指导思想，作为公证程序法具体规范的源头，有助于确保上述规范符合公证程序基本法的价值取向，不违背公证程序法的基本精神，与公证程序基本法保持制度上的协调。

3. 行为准则的功能

公证的基本原则对于公证机关、公证当事人和公证程序的其他参与人的行为具有指导作用。这种指导作用首先体现为公证程序规范是参与公证程序主体的行为准则，而公证的基本原则是公证程序规范的源头和先导，公证机构进行公证行为、公证当事人和公证程序的其他参与人进行各种公证活动时，当然要以具体规范为准则，这间接体现了公证基本原则的行为准则功能。其次，在没有相应的具体程序规范时，基本原则就可以对公证程序各个主体直接发挥指导作用。

4. 规范解释和适用功能

公证的基本原则作为一种抽象性规范，一般不会被公证机构直接予以适用，通常也不直接用来解读法律规范。但是，当对具体法律规范的解释出现困难，或者法律规定出现空白时，公证基本原则就会发挥其规范解释和适用的功能，以排除适用法律的障碍，保障公证程序的顺利进行，保障当事人的合法权益。

（三）我国公证基本原则的种类

根据《公证法》的规定以及对于公证实践的理论总结，本书认为，我国公证基本原则有以下几种：（1）合法原则；（2）客观公正原则；（3）便民原则；（4）行业自律与行政监督指导相结合原则；（5）公证机构依法独立公证原则；（6）自愿公证与法定公证相结合原则；（7）使用我国通用语言文字和民族语言文字原则。

二、公证基本制度概述

（一）公证基本制度的概念

公证基本制度是指在公证活动中居于基础地位，进行公证活动必须遵守的规范。公证基本制度是公证基本原则与公证具体制度之间的桥梁，对于规范公证活动具有重要的意义。

公证基本制度不同于公证基本原则。公证基本原则具有高度的抽象性，对整个公证活动都具有指导作用，是公证程序基本精神的高度概括，往往要通过公证基本制度与具体制度把其具体化才能适用。而公证基本制度有其具体的内容，易于具体适用到公证活动中，只对某一公证阶段或者某一类公证程序活动起指导作用。公证基本制度体现了公证基本原则。

公证基本制度和公证具体制度虽然都有具体的制度内容，都具有较强的可操作性，但是二者的区别也较为明显。公证具体制度具有微观性和具体化的特点，只规范公证中的某一项程序活动，只反映公证程序的某一个具体方面，如公证执业区域制度、公证机构设置制度、公证员的任职制度、申请公证制度等。公证基本制度相比具体制度则有一定的宏观性，它对某一阶段或者某一类公证活动，都起到规范作用。

（二）公证基本制度的种类

根据公证法律法规，结合公证实践，公证基本制度有以下几种：（1）回避制度；（2）保守执业秘密制度；（3）公证员亲自办理公证事务的制度。

第二节 公证的基本原则

一、合法原则

合法原则，是指公证机构办理公证活动，要遵守法律、职业道德和执业纪律，对合法的事项予以公证。也就是说，公证机构办理公证事项的内容、形式和程序都必须符合国家法律的规定。对此，《公证法》第1、2、3、44条以及其他公证法律法规都有体现。

合法原则的具体内容是：（1）公证机构及其公证人员办理公证事务，进行公证活动，都要遵守法律法规，恪守职业道德，遵循执业纪律和行业规范；（2）公证机构及其公证人员办理公证事务，必须审查其合法性，不得为非法事项出具公证书；（3）公证机构及其公证人员，办理公证事务要按照法律规定的程序，对于符合法定条件的申请才能办理，并依法进行调查、核实，不得擅自出证；（4）公证机构出具的公证书要符合法律规定的格式和要求；（5）公证机构违反法律规定执行职务的，将视情况承担相应的民事赔偿责任、行政责任或者刑事责任；（6）当事人及有关个人或者组织，不得利用虚假公证书从事欺诈活动，不得伪造、变造或者买卖伪造、变造的公证书、公证机构印章，否则将要承担相应民事责任、行政责任和刑事责任。

当然，有时公证证明的事项是不取决于人的主观意志的事实，这样的事项不存在合法性的问题，如自然人的出生公证、死亡公证与经历公证等。因此，对于这类事项的公证，只要是真实的，公证机构就可以遵循法定程序进行办理，这属于合法原则的特殊情况。

二、客观公正原则

公证机构办理公证事务，不仅要合法，还要客观公正。客观公正原则的基本内容是：（1）公证证明的事项必须真实可靠，要有充分的事实依据；（2）公证机构及其公证人员办理公证事务要遵循公正的程序，保护当事人的合法权益；（3）当事人及有关个人或者组织不得提供虚假证明材料、骗取公证书，否则将要承担相应民事责任、行政责任和刑事责任。

真实性是公证的核心，因此，客观公正原则是公证机构进行公证活动的前提和基础。要做到客观公正，公证机构在办理公证活动时需要做到以下几点：（1）必须严格审查当事人的身份和行使权利、履行义务的能力；（2）必须审查当事人申请办理公证的意思表示是否真实，确保不存在被他人诈骗、胁迫的情况；（3）必须审查当事人申请公证的事实和文书以及有关文件是否真实、可靠，客观、公正地收集证据。

三、便民原则

公证机构办理公证事务需要遵循便民原则是2020年司法部修正《公证程序规则》时新增的内容。《公证程序规则》第2条规定："公证机构办理公证，应当遵守法律，坚持客观、公正、便民的原则，遵守公证执业规范和执业纪律。"便民原则成为公证的基本原则符合我国公证事业的发展规律。现阶段，随着社会经济发展，公证业务量显著增加，人民群众对公证服务也提出了新的要求和需求。近年来，各级司法行政机关、各地公证机构认真贯彻落实中央关于公证工作的决策部署，坚持服务为民，建立健全便民利民工作机制，在预防化解矛盾纠纷、保障当事人合法权益、服务经济社会发展等方面发挥了重要作用。可以发现，"便民原则"本就与公证事业在我国的健康发展密切相关。

拓展阅读

根据现行法律法规与公证业务实践可知，在公证事业中贯彻便民原则往往有如下主要措施：（1）深入开展民生领域公证服务；（2）精简公证办理手续，简化工作流程；（3）推进公证信息化服务；（4）依法规范公证收费；（5）提高公证服务质量；（6）完善便民服务设施。除了以上几方面，为了在实践中把便民原则落到实处，还需要各级司法行政机关加强对公证机构的组织领导和监督工作，同时做好宣传工作，强化公证机构与公证员在执业过程中的便民意识。

四、行业自律与行政监督指导相结合原则

行业自律与行政监督指导相结合原则，是指公证机构办理公证活动，应当受公证协会的监督，并受司法行政机关的监督、指导。对此，《公证法》第4、5条有明确规定，即：（1）公证协会是公证业的自律性组织，依据章程开展活动，对公证机构、公证员的执业活动

进行监督；（2）司法行政部门依法对公证机构、公证员和公证协会进行监督、指导。

行业自律与行政监督指导相结合原则还被具体化为公证管理与监督的制度，详细内容可参见前述“公证管理机制”部分。

五、公证机构依法独立公证原则

公证机构依法独立公证原则，是指公证机构及其公证员，根据事实与法律，独立履行公证职责，办理公证事务，不受其他单位、个人的非法干涉。对此，《公证法》第6条明确规定，公证机构是依法独立行使公证职能的证明机构。这就要求公证机构及其公证人员在进行公证活动时，要排除外界的非法干扰。

规定公证机构独立行使国家公证权，是因为公证是对公证事项的合法性和真实性进行证明的活动，这一特点决定了必须保证作出公证证明的主体有独立意志，根据事实与法律独立作出判断，而不是依据命令或者其他干预作出，否则就违背了对事实认定的基本规律。

六、自愿公证与法定公证相结合原则

自愿公证与法定公证相结合原则，是指在我国，对有关法律事务要不要进行公证，在什么范围内进行公证，是否委托代理人代理提出公证，均应出于当事人的自愿。例如，《公证法》第25条规定了当事人办理公证的申请程序，但第38条又规定，法律、行政法规定未经公证的事项不具有法律效力的，依照其规定。

根据这一原则，除非法律明确规定某些民事法律行为或者其他事项应当公证，任何机关、组织和个人都无权强迫自然人、法人或其他组织申请办理公证事务。

七、使用我国通用语言文字和民族语言文字原则

使用我国通用语言文字和民族语言文字原则，是指公证书应当使用我国通用的语言文字；在民族自治地方，根据当事人的要求，可以制作当地通用的民族文字文本。《公证法》第32条对此作了明确规定。《公证程序规则》第43条进一步规定：“制作公证书应当使用全国通用的文字。在民族自治地方，根据当事人的要求，可以同时制作当地通用的民族文字文本。两种文字的文本，具有同等效力。发往香港、澳门、台湾地区使用的公证书应当使用全国通用的文字。发往国外使用的公证书应当使用全国通用的文字。根据需要和当事人的要求，公证书可以附外文译文。”

此外，适用这一原则还要注意，当事人提出申请应当使用中文，其提供的文件材料也应当使用中文。当事人提交的文件材料是外文的，应当附有中文译文。在公证程序中，公证人员使用的语言文字也应当是中文，不懂中文的外国当事人要求提供翻译的，应当提供，但是翻译费用应当由该外国当事人承担。

第三节　公证的基本制度

一、回避制度

回避，是指公证人员不参与本人及近亲属的公证办理或者与本人及近亲属有利害关系的公证办理。回避制度是公证依法客观公正的必要制度保障，是防止公证活动出现违法或者不公正现象而损害他人或公共利益的必要制度保障。《公证法》第23条第3项和《公证员执业管理办法》第23条第3项，都对公证员办理公证业务应当回避的事项作了具体规定。实施回避制度，既可以防止办证人员和公证事项有利害关系或者其近亲属和公证事项有利害关系，而可能对公证事项先入为主，利用职权徇私舞弊，枉法公证，作出不公正的证明；又可以加强公证程序的正义性，避免他人对公证程序的公正性提出质疑，以保障公证工作的顺利开展。

实施回避制度应做到以下几点：（1）公证人员不得办理本人及近亲属的公证事项；（2）公证人员不得办理与本人及近亲属有利害关系的公证事项；（3）在办理公证事务中，发现公证人员有应当回避的上述事由的，公证人员应当自觉予以回避，公证机构可以命令其回避，当事人及其他与公证事项有利害关系的人也有权申请公证人员回避。

因此，回避的具体形式可分为自行回避、命令回避和申请回避。自行回避，是指办理公证的公证人员遇有法律规定应当回避的事项时，自觉主动地退出对该项公证事务的办理。命令回避，是指公证机构发现办理事务的公证人员有应当回避的情形，指令该公证人员退出该公证事务办理。申请回避，是指当事人或者公证事项的利害关系人，发现公证人员有回避情形时，依据法律规定申请该公证人员不参与办理该公证事项。

申请回避是当事人享有的重要权利，而且贯穿公证全过程，在公证的开始和进行中均可提出回避。当事人既可以书面形式申请回避，也可以口头形式申请回避。但无论用何种形式申请回避，都必须依据事实，说明理由。公证员是否回避，应由公证处主任决定；公证处主任是否回避，应由同级司法行政机关决定。

根据《公证员职业道德基本准则》第27条和《公证行业自律公约》第7条的规定，上述公证人员不仅限于公证员，还包括在公证机构内协助从事公证业务的助理公证员和公证辅助人员。此外，根据回避制度的目的，并结合其他法律规定的精神，鉴定人员和临时聘任的勘验人员、翻译人员，也应当适用回避制度。

二、保守执业秘密制度

《公证法》第23条第8项和《公证员执业管理办法》第23条第8项都明确规定，公证员在执业活动中不得泄露所知悉的国家秘密、商业秘密或者个人隐私。因此，公证员办理公证业务，保守执业秘密是其重要的义务。公证员保守执业秘密的范围非常广泛，包括在执业活动中所知悉的国家秘密、商业秘密或者个人隐私。公证员不仅要在执业活动中保守执业秘密，公证程序结束后，公证员也负有不得泄露其在执业活动中所知悉的国家秘密、商业秘密或者个人隐私的义务。此外，公证机构内从事公证业务的助理公证员、公证辅助人员，也负有该义务。因此，保守执业秘密，不仅是公证人员的义务，也是公证的一项基本制度。

具体来说，公证人员保守执业秘密应当做到以下几点：（1）知悉执业秘密的人员应仅限于办理本项事务的公证人员以及公证处的负责人、档案管理人员，公证机构应当严格限制知悉秘密的人员范围；（2）公证人员除对本人办理的公证事项保守秘密外，如果知悉了本公证处及其他公证处办理的其他公证事务，同样负有保密的职责；（3）公证人员既要对外保密，对于本公证处的其他不是办理本项事务的人员，也应当保密；（4）对于办理公证的有关档案材料，要设专职人员保管，未经法定程序批准的，不得查阅和复制。

三、公证员亲自办理公证事务制度

公证员是在公证处从事公证业务的执业人员，执行公证职务需要符合法定条件和任命程序，非经法定程序任命的公证员，不得办理公证事务。《公证程序规则》第5条规定，公证员受公证机构指派，依照公证法和该规则规定的程序办理公证业务，并在出具的公证书上署名；在办理公证过程中须公证员亲自办理的事务，不得指派公证机构的其他工作人员办理。因此，法律法规明确规定应由公证员办理的公证事务，必须由公证员亲自办理。

按照公证法律法规与公证实践，只能由公证员亲自办理的公证事务是：（1）询问申请公证的当事人、有关的利害关系人及其他有关人员；（2）审查与判断当事人意思表示是否真实，申请人是否具备相应的权利能力和行为能力；（3）审查与判断有关证明材料的真实性、合法性；（4）委托鉴定，主持进行现场和物品的勘验活动；（5）审查与判断公证事项是否真实、合法，以及是否符合作出公证的条件；（6）作出出具公证书、拒绝公证或终止公证的决定；（7）出具公证书，并在公证书上署名。

复习思考题

1. 公证要遵循哪些基本原则？
2. 公证基本制度有哪些？

▶ 即测即评

第十五章　公证管辖

第一节　公证管辖概述

一、公证管辖概念与意义

公证管辖，是指由公证机构办理事项的权限，以及特定公证机构受理具体公证事项的分工与权限。公证管辖具有以下特征：（1）公证管辖表明的是公证机构行使公证职能的权限范围；（2）公证机构的管辖既涉及公证机构能够办理何种事项的问题，又涉及特定公证机构就确定的事项能否行使管辖权的问题。

确定公证管辖，就确定了公民、法人或者其他组织就特定事项能否提出公证申请，也确定了由哪一个公证机构进行公证证明，对于保障当事人的合法权益具有重要意义。而且，确定公证管辖，对公证机构受理一定范围的事项作出明确分工，可以保障公证机构顺利履行公证职能，既能避免争夺公证事务，又能避免互相推诿公证事务，可以有效保障国家公证证明职能的实现。在公证实践中，有很多是涉外公证与涉我国港澳台地区公证业务，确定公证管辖，对于加强我国与国外以及内地（大陆）与港澳台地区的合作与交流，扩大开放，保障我国企业或者个人的竞争力，具有重要的意义。

二、公证管辖的分类

公证管辖可以分为公证事项的管辖与公证地域管辖。

公证事项的管辖，又称公证管辖的事项范围，是指公证机构受理公证事务的范围，解决的是能够对哪些事项进行公证证明的问题。由于公证机构不属于国家机关，其受理权限不同于国家机关的主管权限。

公证地域管辖，是指对某一具体事项，在确定公证机构有权受理之后，按照某一标准确定由哪一个具体的公证机构受理，解决的是公证机构就特定公证事项的具体管辖权问题。在我国，根据《公证程序规则》的规定，公证地域管辖被称为“公证执业区域”。

这两种不同的公证管辖制度，分别从两个方面规定了公证机构对具体事项行使公证职能的问题。

第二节 公证管辖的事项范围

一、确定公证管辖事项范围的原则

（一）法定原则

《公证法》规定，公证机构只能对民事法律行为、有法律意义的事实和文书的真实性、合法性予以证明。另外，《公证法》第11条规定，法律、行政法规规定应当公证的事项，有关自然人、法人或者其他组织应当向公证机构申请办理公证。也就是说，公证管辖的事项范围应由法律规定，法律没有规定的事项，公证机构不能办理公证。

（二）自愿原则

在确定了一定范围的事务可以进行公证之后，能否就该事项进行公证，通常要根据当事人的意愿确定，国家不会强迫当事人进行公证。这也是由公证机构的性质与公证证明的特点决定的。公证机构不属于国家机关，其受理一定范围内公证事项的权限不是法定强制管辖权。公证机构的公证证明行为，实质上是国家对没有权利义务争议事项履行证明职能的体现，如果有争议，原则上应当通过司法审判程序解决。所以，具体公证事项的确定，应当体现当事人的意愿。

（三）专属司法证明的原则

通常情形，司法程序解决的是争议事项，但是，针对某些没有争议的权利义务关系和双方当事人只是对特定事实作出确认的情形，为了特别保护当事人或者利害关系人的合法权益，保障程序的正当性，法律规定必须由司法机关受理，通过审判程序作出裁判予以确认。此类事项专属于司法证明，公证机构无权受理。

虽然《公证法》没有对这一原则作出规定，但其可见于我国《民事诉讼法》规定的一些非讼案件，具体是:（1）宣告失踪、宣告死亡案件。公民符合一定条件，利害关系人申请宣告其为失踪人或者死亡的，对于公民的权利、义务及利害关系人都有重大影响，所以由人民法院受理。（2）认定公民无民事行为能力、限制民事行为能力案件。对于公民无民事行为能力或者限制民事行为能力的认定，是一种重大事实事项，直接涉及该公民行为的法律后果，以及监护人的设定，只能由人民法院受理。（3）认定财产无主案件。涉及物权的消灭和财产的归属，这类案件也只能由人民法院受理。（4）确认调解协议案件。经依法设立的调解组织调解达成调解协议申请司法确认的，由双方当事人自调解协议生效之日起30内，共同向人民法院提出。（5）宣告票据无效。按照规定可以背书转让的票据持有人，因票据被盗、遗失或者灭失，而通过申请宣告票据无效来维护自己权利的，由于可能涉及众多主体的利益，涉及申请人财产权利的享有与行使，所以只能由人民法院依公示催告程序受理，而不能由公证机构证明票据无效。

二、公证管辖事项范围的内容

公证管辖事项范围具体内容的确定，应当符合上述原则。《公证法》对其又作出了明确规范，列举了公证管辖的事项范围。

根据《公证法》第2条的规定，公证管辖的事项有民事法律行为、有法律意义的事实和文书。《公证法》第11、12条又进一步作了具体规定。

（一）公证机构有权办理的公证事项

公证机构有权办理的公证事项，指的是那些有法律意义的、内容属于当事人自己，公证机构只需要履行证明职责的事项。这些事项具体是：（1）合同；（2）继承；（3）委托、声明、赠与、遗嘱；（4）财产分割；（5）招标投标、拍卖；（6）婚姻状况、亲属关系、收养关系；（7）出生、生存、死亡、身份、经历、学历、学位、职务、职称、有无违法犯罪记录；（8）公司章程；（9）证据保全；（10）文书上的签名、印鉴、日期，文书的副本、影印本与原本相符；（11）自然人、法人或者其他组织自愿申请办理的其他公证事项。法律、行政法规规定应当公证的事项，有关自然人、法人或者其他组织应当向公证机构申请办理公证。

（二）公证机构有权办理的事务

公证机构不仅需要履行证明职责，还需要完成相应的事务性行为，具体包括：（1）法律、行政法规规定由公证机构登记的事务；（2）提存；（3）保管遗嘱、遗产或者其他与公证事项有关的财产、物品、文书；（4）代写与公证事项有关的法律事务文书；（5）提供公证法律咨询。

第三节　公证执业区域

一、公证执业区域的含义与确定原则

（一）公证执业区域的含义

公证执业区域，实质就是公证地域管辖，是指不同的公证机构受理某一具体公证事项的分工与权限。由于我国依法设置了很多具体的公证机构，分布于全国各地。所以，在确定了某一事项可以由公证机构受理以后，还应当具体确定应由哪一个公证机构受理。公证执业区

域不同于法院诉讼管辖：由于各公证机构之间地位平等，没有上下级之分，互相不隶属，所以公证执业区域没有执业区域级别的规定；而诉讼管辖中的级别管辖是法院行使管辖权的重要组成部分。因此，公证执业区域仅指公证机构受理公证业务的地域范围。

根据我国法律规定，公证执业区域包括两方面内容：（1）某一公证机构执行公证职务的区域范围；（2）按照哪种标准确定某一公证事项由特定的公证机构受理。

《公证程序规则》第13条将公证执业区域定义为，由省、自治区、直辖市司法行政机关，根据《公证法》第25条和《公证机构执业管理办法》第10条的规定以及当地公证机构设置方案，划定的公证机构受理公证业务的地域范围。在《公证法》颁布实施之前，公证执业区域还被称作“公证管辖”。以公证执业区域取代公证管辖，在实质上并没有发生内容变化，主要是为了与国家机关的管辖区分，淡化职权色彩。实际上，本书认为，“管辖”是中性词，这种刻意区分是不必要的。

在有些实行公证人制度的国家，并不区分公证执业区域，当事人享有平等的选择权利。我国是一个人口众多、幅员辽阔的大国，各公证机构所处的地域不同，各地区的经济发展也很不平衡，有些地区经济发展水平高、速度快，对外交往多，与此相适应，其公证事务种类多，公证事务所涉标的额大，因而设在这些地区的公证机构业务多，经济效益好。而那些经济发展水平低，对外交往少的地区，公证事务种类少，公证事项所涉标的额小，以至于设在这些地区的公证机构业务少，经济效益差。如果没有执业区域的限制，难免会出现各公证机构争揽业务的混乱局面，势必影响公证机构的属性，妨碍国家证明职能的实现，不利于对当事人合法权益的保护。因此，在我国，通过确立执业区域，限制过度竞争，消除不正当竞争，是非常必要的。

（二）确定公证执业区域的原则

1. 便于当事人申请公证的原则

我国地域辽阔，确立公证执业区域，应当考虑到方便当事人就近申办，降低当事人的成本。

2. 便于公证机构受理公证的原则

公证执业区域的确定既要考虑到方便当事人申请公证，又要考虑到方便公证处受理公证，提高公证工作的效率。

3. 平等原则

各公证机构没有隶属关系，没有级别之分，平等地受理法律规定范围内的公证业务。

4. 均衡原则

公证机构的设置应当由国家司法行政机关统筹规划、在全国范围内均衡合理配置公证资源，使公证机构的设置与区域内人口数量、公证业务量相符，尽可能使每一个公证处有一定合理数量的公证业务。

二、公证执业区域的确定

（一）公证执业区域的划分

公证机构的执业区域范围由省、自治区、直辖市司法行政机关在审批公证机构时核定、划分。也就是说，设置公证处时就应该考虑其执业区域的问题。在我国，公证机构不是按照国家行政区划层层设置的，而设置在县、不设区的市、设区的市、直辖市或者市辖区。根据需要，还可以在设区的市、直辖市范围内设立一个或者若干个公证机构。

公证机构的执业区域由省、自治区、直辖市司法行政机关在各公证机构的设立审批时予以核定；公证机构变更的，在公证机构变更审批时予以核定。根据《公证机构执业管理办法》第10条的规定，公证执业区域的划分单位分以下两种：（1）以县、不设区的市、市辖区为单位划分各个公证处的执业区域，此时公证处的执业区域与县的行政区域一致；（2）以设区的市、直辖市的辖区或者所辖城区的全部市辖区为单位划分各个公证处执业区域，此时公证处的执业区域与行政管辖区域就有所差别，具体区域由省级司法行政机关核定。

（二）公证事项管辖的确定

《公证程序规则》第13条规定，公证机构应在核定的执业区域内受理公证业务。《公证法》和《公证程序规则》以公证当事人、公证事项与公证机构执业区域的关系为依据，确定了某一具体公证事务由哪一公证机构受理。具体如下：

1. 当事人的住所地、经常居住地、行为地或者事实发生地公证机构有管辖权

《公证法》第25条规定，自然人、法人或者其他组织申请办理公证，可以向住所地、经常居住地、行为地或者事实发生地的公证机构提出。这里的住所地和经常居住地可以按照民法与民事诉讼法的规定确定：自然人的住所地是其户籍所在地；经常居住地，应为公民离开住所地最后连续居住1年以上的地方，但公民住院就医的地方除外。法人或其他组织的住所地是指其主要办事机构所在地。

2. 不动产公证的管辖

申请办理涉及不动产的公证，由不动产所在地的公证机构提出；但是，申请办理涉及不动产的委托、声明、赠与、遗嘱的公证，当事人的住所地、经常居住地、行为地或者事实发生地公证机构有管辖权。

3. 共同管辖与选择管辖

《公证程序规则》第15条规定，两个以上当事人共同申办同一公证事项的，可以共同到行为地、事实发生地或者其中一名当事人住所地、经常居住地的公证机构申办。第16条规定，当事人向两个以上可以受理该公证事项的公证机构提出申请的，由最先受理公证申请的公证机构办理。

复习思考题

1. 简述公证管辖的含义与分类。
2. 简述公证管辖的事项范围。
3. 如何确定公证执业区域？

▶ 即测即评

第十六章　普通公证程序

公证程序是公证机构、公证当事人依照法律法规进行公证活动、办理公证事项时必须遵守的方式、手续和规则。根据《公证法》和《公证程序规则》的规定，公证程序包括普通公证程序和特别公证程序。

普通公证程序，即一般公证程序，是指公证机构和公证当事人在办理一般公证事务时，按照法律、法规规定所适用的公证程序。普通公证程序主要包括公证申请与受理、审查、出具出证书三个阶段。另外，在公证程序进行中，发生法定事由时，可能出现终止公证、不予办理公证的情形。

普通公证程序的适用范围很广，适用大多数公证事务。并且，根据《公证程序规则》的规定，特别公证程序实际只是公证机构在办理特殊公证事务时所适用的特别规定，特别公证程序不是完整的程序，特别公证程序没有规定的，仍应适用普通公证程序。

第一节　申请与受理

一、申请

（一）公证当事人

《公证程序规则》第9条规定，公证当事人是指与公证事项有利害关系并以自己的名义向公证机构提出公证申请，在公证活动中享有权利和承担义务的自然人、法人或者其他组织。可见，公证当事人具有以下特征：（1）以自己的名义向公证机构提出公证申请，不以自己名义申请公证的，就不是公证当事人。这也是代理人与公证当事人的区别所在。（2）与公证事项有法律上的利害关系。与公证事项没有法律上的利害关系，不能申请公证，成为公证当事人。（3）在公证活动中享有权利、承担义务，即能够独立享有法律赋予的权利，履行因公证而发生的义务。

（二）提出申请

申请公证，是指自然人、法人或其他组织向公证机构提出办理公证要求的行为。公证机构应当根据公证当事人的申请办理公证。申请公证是公证当事人行使权利的一项重要活动，是公证机构进行公证证明的前提，没有当事人的申请，便没有公证证明。当事人不申请公证的，公证机构不得主动要求或者强迫当事人申请公证。

1. 自行申请

申请公证由当事人进行，无民事行为能力人或者限制民事行为能力人申请公证，应当由其法定代理人代理。法人或者其他组织申请公证，应当由其法定代表人或者负责人代表提出。

2. 委托申请

当事人、当事人的法定代理人、当事人的法定代表人或者主要负责人可以委托他人办理公证。公证员、公证机构的其他工作人员不得代理当事人在本公证机构申办公证。

委托代理人代办公证的，委托人和代理人应当签订委托协议，委托人向代理人签署授权委托书，委托书应明确记载代理事项、代理权限和期限，并由双方签字、盖章。

居住在我国香港、澳门、台湾地区的当事人委托他人代理申办涉及继承、财产权益处分、人身关系变更等重要公证事项的，其授权委托书应当经其居住地的公证人（机构）公证，或者经司法部指定的机构、人员证明。居住在国外的当事人委托他人代理申办上述重要公证事项的，其授权委托书应当经其居住地的公证人（机构）、我驻外使（领）馆公证。

3. 必须亲自申请的情形

根据《公证法》和《公证程序规则》的规定，遗嘱、遗赠扶养协议、赠与、认领亲子、收养、解除收养、委托、声明、生存状况等公证事项应当由当事人、当事人的法定代表人或负责人亲自申请办理，不能委托他人代理。如果这些人亲自申办确有困难，如签订遗赠扶养协议人因为体弱多病，不能亲自到公证机构办理公证，经申请，公证人员可到当事人住所地办理公证事务。

（三）申请的方式

申请应当以申请表形式提出。根据《公证程序规则》的规定，在提出申请时，应按规定填写公证申请表，公证申请表通常有下列内容：（1）申请人及代理人的姓名、性别、出生日期、身份证号码、工作单位、住址等；申请人为法人或者其他组织的，应注明法人或其他组织的名称、地址、法定代表人或主要负责人的姓名、职务等。（2）请求公证的事项及公证书的用途。（3）提交材料的名称、份数及证人姓名、住址、联系方式。（4）申请的时间及其他需要说明的问题。

当公证事项是双方或多方法律行为时，各方当事人应分别填写公证申请表。申请人应当在申请表上签名或盖章。申请人填写申请表确有困难的，可由公证人员代为填写。

（四）申请时应提交的材料

自然人、法人或其他组织申请公证，除填写公证申请表外，还应当向公证机构提供真实、合法、充分的证明材料，并如实说明申请公证事项的有关情况。

根据《公证程序规则》的规定，应当提交的材料有：（1）自然人的身份证明，法人的资格证明及其法定代表人的身份证明，其他组织的资格证明及其负责人的身份证明。（2）委托他人代为申请的，代理人须提交当事人的授权委托书，法定代理人或者其他代理人须提交有代理权的证明。（3）申请公证的文书，如学历证书等。（4）申请公证的事项的证明材料，涉及财产关系的须提交有关财产权利证明。（5）与申请公证的事项有关的其他材料。

需要注意的是，对于上述第（4）（5）项所规定的申请人应当提交的证明材料，公证机构能够通过政务信息资源共享方式获取的，当事人可以不提交，但应当作出有关信息真实合法的书面承诺。

二、受理

受理，指公证机构对当事人及其法定代理人的申请，认为符合受理条件，决定开始办理公证的行为。受理标志着公证程序的正式开始，申请与受理共同启动公证程序。

（一）受理的条件

并不是所有的公证申请都能够被受理，只有符合条件的申请才能被受理，从而启动公证程序。根据《公证程序规则》第19条的规定，受理条件如下：

（1）申请人与申请公证的事项有利害关系。这种利害关系既可能因为申请人是申请事项的权利义务人，在特殊情形下也可能因民法上的管领权利而成为申请人，比如法人的清算组织、为保护胎儿应继承份额时的胎儿母亲等。（2）申请人之间对申请公证的事项无争议。（3）申请公证的事项符合《公证法》规定公证机构受理的事项范围。（4）根据《公证法》的规定，接受申请的公证机构对申请事项有管辖权。

（二）对申请的审查

对于申请人提出的申请，公证机构应当进行审查，符合受理条件的，予以受理。不符合条件的申请，公证机构不予受理，并通知申请人。因不属本公证机构管辖而不予受理的，应当告知申请人向可以受理该公证事项的公证机构申请。

（三）受理后的工作

公证机构受理公证申请后，公证程序即正式启动，申请人成为公证当事人，公证机构成为主持该项公证活动的主体，此时公证机构应当进行下列活动：

（1）公证机构应当告知当事人申请公证事项的法律意义和可能产生的法律后果，告知其在办理公证过程中享有的权利、承担的义务。告知内容、告知方式和时间，应当记录归档，并由申请人或其代理人签字。（2）公证机构受理公证申请后，应当在全国公证管理系统录入办证信息，加强公证办理流程管理，方便当事人查询。（3）公证机构受理公证申请后，应当按照规定向当事人预收公证费。（4）公证机构应当指派承办公证员，并通知当事人。当事人要求该公证员回避，如符合《公证法》规定的应当回避的情形，公证机构应当改派其他公证员承办。

第二节 审查

一、审查的概念

审查，是指公证机构受理当事人申请后，对当事人申请办理的公证事项及提供的有关证明材料进行核实，并调查、收集必要的证据，以确定当事人申请公证的事项是否合法与真实的活动。

审查是公证程序的核心，直接决定公证证明的合法性和真实性，审查的结果直接关系到是否为当事人出具公证书，因此，审查具有重要作用与意义。

二、审查的事项

根据《公证法》第28条、《公证程序规则》第23条的规定，公证机构主要审查下列事项：

（一）当事人的身份、申请办理该项公证的资格以及相应的权利

当事人申请办理公证，当事人应具备相应的资格，对此，公证机构应当核对当事人的身份证明材料，审核当事人的资格条件与权利条件等。另外，公证机构还要查明公证事项所涉及的法律关系中当事人的范围，以免遗漏当事人。2008年通过的《公证机构审查自然人身份的指导意见》，对于自然人当事人及其代理人身份的审查，作出了细致规定，强调当事人身份核查的重要性，并规定如果当事人提交的身份证件经公证机构核查无法认定人证同一，或者当事人提交的其他证明材料经核查无法认定人证同一，公证机构应当按照规定不予办理公证。《公证程序规则》第25条规定，审查自然人身份，应当采取使用身份识别核验设备等方式，并记录附卷。

（二）提供的文书内容是否完备、含义是否清晰，签名、印鉴是否齐全

当事人提供的文书既可能是公证证明的对象，又可能是证明公证事项的重要证据材料，应当认真加以审查。

（三）提供的证明材料是否真实、合法、充分

公证当事人对自己申请公证的事项，负有提供证明材料并加以证明的义务。如果其不能证明公证事项的真实性与合法性，公证机构将可能拒绝出具公证书。

（四）需要公证的事项是否真实、合法

公证的基本任务就是要求公证机构依照法定程序对民事法律行为、有法律意义的事实和文书的真实性、合法性予以证明，因此公证机构必须审查需要公证的事项本身是否真实、合法，其他审查活动也是为了确定公证事项的真实性、合法性。

（五）当事人的意思表示是否真实

当事人的意思表示真实，是公证法律行为合法、能够产生相应法律效果的必要前提，因此应当予以审查。

三、审查的方式与程序

《公证法》第29条规定，公证机构对申请公证的事项以及当事人提供的证明材料，按照有关办证规则需要核实或者对其有疑义的，应当进行核实，或者委托异地公证机构代为核实，有关单位或者个人应当依法予以协助。可见，核实公证事项及有关证明材料，既是公证机构享有的权利，也是公证机构的义务，在进行核实时，有关单位或者个人有协助的义务。核实是公证审查中一项重要工作，是确保公证事项真实、合法的必要和有效手段。

（一）责任负担

《公证程序规则》第24条规定，当事人应当向公证机构如实说明申请公证的事项的有关情况，提交的证明材料应当真实、合法、充分。公证机构在审查中，对申请公证的事项的真实性、合法性有疑义，认为当事人的情况说明或者提供的证明材料不充分、不完备或者有疑义的，可以要求当事人作出说明或者补充证明材料。当事人拒绝说明有关情况或者补充证明材料的，公证机构应当不予办理公证。

可见，审查核实虽然是公证机构的权利与义务，但是，公证事实得不到核实的，由当事人承担责任。也就是说，当事人负有类似民事诉讼中的“举证责任”。

（二）审查中的法律释明

公证机构在审查中，应当询问当事人有关情况，释明法律风险，提出法律意见建议，解答当事人疑问；发现有重大、复杂情形的，应当由公证机构集体讨论。

（三）审查核实的方式

核实公证事项的有关情况以及证明材料时，公证机构可以采用下列方式：（1）通过询问当事人、公证事项的利害关系人核实。（2）通过询问证人核实。（3）向有关单位或者个人了解相关情况或者核实、收集相关书证、物证、视听资料等证明材料。（4）通过现场勘验核实。（5）委托专业机构或者专业人员鉴定、检验检测、翻译。

（四）审查核实的程序

拓展阅读

公证机构进行核实，应当遵守有关法律、法规和有关办证规则的规定。

1. 派员核实与见证

公证机构派员外出核实的，应当由两人进行，但核实、收集书证的除外。特殊情况下只有1人外出核实的，应当有1名见证人在场。

2. 不同情形下的核实程序

公证机构在核实有关情况时，应当按照不同情形，分别遵循不同的手续和步骤。

（1）采用询问方式向当事人、公证事项的利害关系人或者有关证人了解、核实公证事项的有关情况以及证明材料的，应当告知被询问人享有的权利、承担的义务及其法律责任。询问的内容应当制作笔录。询问笔录应当载明：询问日期、地点、询问人、记录人，询问事由，被询问人的基本情况，告知内容、询问谈话内容等。询问笔录应当交由被询问人核对后签名或者盖章、捺指印。笔录中修改处应当由被询问人盖章或者捺指印认可。

（2）在向当事人、公证事项的利害关系人、证人或者有关单位、个人核实或者收集有关公证事项的证明材料时，需要摘抄、复印（复制）有关资料、证明原件、档案材料或者对实物证据照相并做文字描述记载的，摘抄、复印（复制）的材料或者物证照片及文字描述记载应当与原件或者物证相符，并由资料、原件、物证所有人或者档案保管人对摘抄、复印（复制）的材料或者物证照片及文字描述记载核对后签名或者盖章。

（3）采用现场勘验方式核实公证事项及其有关证明材料的，应当制作勘验笔录，由核实人员及见证人签名或者盖章。根据需要，可以采用绘图、照相、录像或者录音等方式对勘验情况或者实物证据予以记载。

（4）需要委托专业机构或者专业人员对申请公证的文书或者公证事项的证明材料进行鉴定、检验检测、翻译的，应当告知当事人由其委托办理，或者征得当事人的同意代为办理。鉴定意见、检验检测结论、翻译材料，应当由相关专业机构及承办鉴定、检验检测、翻译的人员盖章和签名。委托鉴定、检验检测、翻译所需的费用，由当事人支付。

（5）公证机构委托异地公证机构核实公证事项及其有关证明材料的，应当出具委托核实函，对需要核实的事项及内容提出明确的要求。受委托的公证机构收到委托函后，应当在1个月内完成核实。因故不能完成或者无法核实的，应当在上述期限内函告委托核实的公证机构。

（五）当事人申请公证事项的补正、修改

《公证程序规则》第34条规定，公证机构在审查中，认为申请公证的文书内容不完备、表达不准确的，应当指导当事人补正或者修改。当事人拒绝补正、修改的，应当在工作记录中注明。应当事人的请求，公证机构可以代为起草、修改申请公证的文书。根据该条的规定，在审查程序中，申请公证的事项及依据的事实和理由，可以补正、修改。至于是否补正、修改，由当事人决定。

第三节　出证

一、出证的概念

出证，是指公证机构对当事人申请公证的事项，经过审查、核实，认为符合法定条件，依法制作并向当事人出具公证书的行为。

出证表示公证机构作出了公证，证明当事人申请的公证事项为真实、合法、有效的行为，当事人的目的因出证而得以实现，公证程序即告结束。

二、出证的条件

出证的条件，即出具公证书的条件，是指公证机构依法对公证事项进行证明并出具公证书应当达到的标准。《公证法》第30条规定，公证机构出具公证的条件是：（1）申请公证的事项真实、合法；（2）申请人提供的证明材料真实、合法、充分。根据公证事项不同，《公证程序规则》又具体规定了各类公证事项的出证条件，具体如下：

（一）民事法律行为公证的出证条件

民事法律行为的出证，应符合下列条件：（1）当事人具有从事该行为的资格和相应的民事行为能力；（2）当事人的意思表示真实；（3）该行为的内容和形式合法，不违背社会公德；（4）符合《公证法》规定的其他出证条件。此外，对民事法律行为公证的办证规则有特殊要求的，从其规定。

（二）有法律意义的事实或文书公证的出证条件

有法律意义的法律事实或文书，是指客观存在的对当事人的权利、义务或活动在法律上产生一定效力的事实和文书。其出证应符合以下条件：（1）该事实或者文书与当事人有利害关系；（2）事实或者文书真实无误；（3）事实或者文书的内容和形式合法，不违背社会公德；（4）《公证法》规定的其他条件。此外，对有法律意义的事实或者文书公证的办证规则有特殊要求的，从其规定。

（三）文书上签名、印鉴公证和文书文本公证的出证条件

文书上签名、印鉴公证和文书文本公证又称为认证公证。对于文书上的签名、印鉴公证，要求签名、印鉴应当准确、属实；对于文书的文本公证，则要求文本内容与原本完全一致，它包括：证明原（正）本与副本相符；文书的复印件、影印件与原件相符；文书的译本与原文相符；等等。

（四）赋予债权文书强制执行效力公证的出证条件

具有强制执行效力的债权文书的出证，应符合下列条件：（1）债权文书以给付为内容；（2）债权债务关系明确，债权人和债务人对债权文书有关给付内容无疑义；（3）债务履行方式、内容、时限明确；（4）债权文书中载明当债务人不履行或者不适当履行义务时，债务人愿意接受强制执行的承诺；（5）债权人和债务人愿意接受公证机构对债务履行情况进行核实；（6）《公证法》规定的其他条件。

三、审查批准出证

经审查认为可以出证的，除按规定不需要审批的公证事项以外，由承办公证员拟制公证书，连同被证明的文书、当事人提供的证明材料及核实情况的材料、公证审查意见，报公证机构的负责人或其指定的公证员审批。公证机构的负责人或者被指定负责审批的公证员不得审批自己承办的公证事项。

审批公证事项及拟出具的公证书，应当审核以下内容：（1）申请公证的事项及其文书是否真实、合法；（2）公证事项的证明材料是否真实、合法、充分；（3）办证程序是否符合法律法规和规则的规定；（4）拟出具的公证书的内容、表述和格式是否符合相关规定。审批重大、复杂的公证事项，应当在审批前提交公证机构集体讨论。讨论的情况和形成的意见，应当记录归档。公证机构经过上述审查后，认为可以批准出证的，应当出证。

四、出具公证书

公证书是公证机构按照法定程序制作的，证明当事人申请的公证事项具有合法性和真实性的法律文书。公证书应当按照司法部规定的格式制作，由公证员签名或者加盖签名章，并加盖公证机构印章。

（一）公证书的内容

公证书包括以下主要内容：（1）公证书编号；（2）当事人及其代理人的基本情况；（3）公证证词；（4）承办公证员的签名（签名章）、公证机构印章；（5）出具日期。公证

证词证明的文书是公证书的组成部分。有关办证规则对公证书的格式有特殊要求的，从其规定。

公证书应当使用全国通用的文字；在民族自治地方，根据当事人的要求，可以制作当地通用的民族文字文本。根据需要和当事人的要求，公证书可以附外文译文。

（二）公证书的生效

《公证法》规定，公证书自出具之日起生效。《公证程序规则》又作了具体规范，即：需要审批的公证事项，审批人的批准日期为公证书的出具日期；不需要审批的公证事项，承办公证员的签发日期为公证书的出具日期；现场监督类公证需要现场宣读公证证词的，宣读日期为公证书的出具日期。

公证书需要在国外使用，使用国要求先认证的，应当经中华人民共和国外交部或者外交部授权的机构和有关国家驻中华人民共和国使（领）馆认证。根据有关规定或者当事人的委托，公证机构可以代为办理公证书认证，所需费用由当事人支付。

（三）公证书的发送

公证书出具后，可以由当事人或其代理人到公证机构领取，也可以应当事人的要求由公证机构发送。当事人或其代理人收到公证书应当在回执上签收。

公证机构制作的公证书正本，由当事人各方各收执一份，并可以根据当事人的需要制作若干份副本。公证机构留存公证书原本（审批稿、签发稿）和一份正本归档。法律、行政法规规定应当公证的事项等重要的公证档案在公证机构保存期满，应当按照规定移交地方档案馆保管。

第四节　公证期限、终止公证和不予办证

一、公证期限

公证期限是指公证机构办理公证事项应当遵循的期间限度。根据《公证法》和《公证程序规则》的规定，公证期限可分为出证期限和其他办证期限两种。

（一）出证期限

出证期限，即公证机构从受理公证申请到出具公证书的期间限度。《公证法》第30条规定，一般情况下，公证机构应当从受理公证申请之日起15个工作日内向当事人出具公证书。因不可抗力、补充证明材料或者需要核实有关情况的，所需时间不计算在前述规定的期限内，并应当及时告知当事人。这里的期限指的是工作日，所以其间的法定休息日、节假日不包括在内。

拓展阅读

（二）其他办证期限

其他办证期限，是指公证机构办理其他公证事务所须遵循的期限限制。《公证法》没有规定具体的其他办证期限，而由其他行政法规规定。例如，根据《提存公证规则》的规定，下列物品的保管期限为6个月：（1）不适于长期保管或长期保管将损害其价值的；（2）6个月的保管费用超过物品价值5%的。从提存之日起，超过20年无人领取的提存标的物，视为无主财产。

二、终止公证

终止公证，是指在公证程序进行之中，由于出现法定情形致使公证程序不能继续进行或没有必要继续进行，公证机构决定结束公证程序的制度。终止公证，相比因出证而结束公证程序，是一种非正常结束公证程序的方式。

终止公证应当具备法定情形。依据《公证程序规则》第50条的规定，有下列情况之一的，应当终止公证：（1）因当事人的原因致使该公证事项在6个月内不能办结的；（2）证书出具前当事人撤回公证申请的；（3）因申请公证的自然人死亡、法人或者其他组织终止，不能继续办理公证或者继续办理公证已无意义的；（4）当事人阻挠、妨碍公证机构及承办公证员按规定的程序、期限办理公证的；（5）其他应当终止的情形。

终止公证的，由承办公证员写出书面报告，报公证机构负责人审批。终止公证的决定应当书面通知当事人或其代理人。此外，公证机构应当根据终止的原因及责任，酌情退还部分收取的公证费。

三、不予办证

不予办证，即不予办理公证，是指在办证过程中，公证机构发现有法律规定的不得办理公证的情形，而拒绝办理公证的制度。依法定情形不予办理公证，是由公证机构的性质与公证活动的特点决定的，对于保障公证活动合法进行、提高其公信力以及推动公证事业的发展有重要的意义。

根据《公证法》第31条的规定，不予办理公证的具体情形如下：（1）无民事行为能力人或者限制民事行为能力人没有监护人代理申请办理公证的；（2）当事人与申请公证的事项没有利害关系的；（3）当事人申请公证的事项属专业技术鉴定、评估事项的；（4）当事人之间对申请公证的事项有争议的；（5）当事人虚构隐瞒事实，或者提供虚假证明材料的；（6）当事人提供的证明材料不充分或者拒绝补充证明材料的；（7）申请公证的事项不真实、不合法的；（8）申请公证的事项违背社会公德的；（9）当事人拒绝按照规定支付公证费的。

不予办理公证的，由承办公证员写出书面报告，报公证机构负责人审批。不予办理公证的决定应当书面通知当事人或其代理人。此外，公证机构应当根据不予办理的原因及责任，酌情退还部分或者全部预收的公证费。

第五节　公证费用

一、公证费用的概念、性质与分类

公证费用，是指在办理公证事务时，公证机构按照国家规定的标准，向当事人收取的费用。公证活动不以营利为目的，所以公证收取费用带有一定的保障性质，是公证活动正常进行的必要物质保障；同时，公证当事人享受公证证明的利益，理应由其自行承担公证活动中发生的费用，因此，公证费用还有一定的商业性质。

需要说明的是，早在2015年修正《公证法》时，就将公证费的收费标准制定单位从“国务院财政部门、价格主管部门与国务院司法行政部门”下放到了“省、自治区、直辖市人民政府价格主管部门与同级司法行政部门”。随着公证收费标准开始由各省级单位自治，目前实际上已经不存在全国统一的公证费收费标准。但于1997年公布实施的作为公证费用收取全国统一规定的《公证服务收费管理办法》目前依然有效。因此，下文将结合《公证法》《公证程序规则》以及《公证服务收费管理办法》对我国公证费用收取的一般规定进行介绍。

根据《公证服务收费管理办法》的规定，公证处收取的公证费用包括公证服务费和其他费用。其他费用不属于公证服务费用的范围，指的是公证处为申请人提供公证服务过程中发生的下列费用：（1）鉴定费、评估费；（2）公证书副本费；（3）公证处到异地（省外）办理公证所需的差旅费；（4）当事人因举证有困难，委托公证处进行调查的有关费用等。其他费用，由申请人在公证服务费用之外另行支付。

二、收取公证费的原则与方式

（一）收取公证费用的原则

根据《公证法》《公证程序规则》以及《公证服务收费管理办法》的规定，收取公证费用，应当遵循以下原则：

1. 法定性与灵活性结合的原则

公证费用的种类、标准和收取都由法律明确规定，公证机构应当依法收取公证费用。公证当事人依法交纳公证费用，公证机构无权超过法定的标准和数额收取费用。同时，考虑到我国地域广阔与各地经济发展不平衡的实际情况，《公证法》规定“公证费的收费标准由省、自治区、直辖市人民政府价格主管部门会同同级司法行政部门制定”，以实现全国各地公证费收费标准的个性化。

2. 依法定情形减免收费的原则

《公证法》规定，对符合法律援助条件的当事人，公证机构应当按照规定减免其公证费。

3. 统一收费的原则

在公证活动中，由公证处统一收取公证费，并向申请人出具收费票据。公证员个人不得私自收费。

（二）收取公证费的方式

按照《公证服务收费管理办法》的规定，对于公证服务费，实行按标的比例收费和计件收费。对于其他费用，则按照实际情况由当事人支付。

按标的比例收费的公证服务事项有：（1）证明经济合同，办理继承、赠与、遗赠和提存公证；（2）赋予债权文书具有强制执行效力。

计件收费的公证服务事项有：（1）证明民事协议；（2）证明出生、生存、学历、经历、婚姻状况、亲属关系、收养关系、死亡、不可抗力事件、组织资格和资信等有法律意义的事实；（3）办理证据保全、制作票据拒付证书，证明有法律意义的文书，证明知识产权的享有、转让和使用许可；（4）办理遗嘱公证和保管遗嘱，清点保管遗产，确认遗嘱的效力；（5）证明对财产的清点、清算、评估和估损；（6）其他民事法律行为的设立、变更、终止；（7）保管文书，办理法律规定的抵押登记，代办与公证事项相关的登记、认证事务，代拟和修改与公证事项相关的法律文书，解答法律咨询；（8）依法办理的其他法律服务事务。

三、收取公证服务费的标准

根据有关文件与法律的精神，公证服务费标准以公证机构提供公证服务的社会平均成本为基础，根据办理公证事项所需人数、时间以及公证服务的复杂程度，并考虑申请人的承受能力确定。

四、公证费的减收和免收

对符合法律援助条件的当事人，公证机构应当按照规定减免公证费。根据《公证服务收费管理办法》的规定，有下列情况之一的，公证机构应当按照法律援助的规定，减收或者免收公证服务费：（1）办理与领取抚恤金（或劳工赔偿金）、救济金、劳动保险金等有关的公证事项；（2）办理赡养、抚养、扶养协议的证明；（3）办理与公益活动有关的公证事项；（4）列入国家“八七”扶贫攻坚计划贫困县的申请人申办的公证事项；（5）申请人确因经济困难而无力负担的；（6）其他特殊情况需要减免的。

减免公证费，由当事人提出申请。承办公证员应当及时查明申请减免公证费的事实和理由，请求是否符合法律规定，并提出具体的减免收公证费意见，报请公证机构负责人审批。

经审查符合规定的，予以减收或者免收公证费；不符合条件的，驳回申请，并告知理由，通知申请人交纳足额公证费，申请人不按照通知交纳公证费的，可不予办理公证。

五、公证费的收取与退还

（一）公证费的收取

根据《公证程序规则》第22条的规定，公证机构受理公证申请后，应当按照规定向当事人收取公证费，公证办结后，经核定的公证费与预收数额不一致的，应当办理退还或者补收手续。由此可见，公证费的收取以预收为原则。《公证服务收费管理办法》第9条规定，公证处也可以与申请人约定在承办公证事项期间分期收取公证服务费。公证办结后，预先收取的公证服务费不足的，当事人应当补交。

对于需要当事人支付的其他费用，一般由公证机构统一预收，在办结后根据票据结算；也可以由公证机构先行垫付，事后双方根据票据结算。具体情形由双方协商确定。

（二）退还收费

公证事项办结，双方结算时发现预收的公证费多于应收数额的，公证机构应当按照实际情况予以退还。已办理的公证书被依法撤销的，或已受理的公证事项申请人要求撤回的，或因故终止公证的，或因公证机构的责任不予办证的，公证机构应酌情全部或者部分退还申请人已交的公证费。具体情形如下：（1）已受理的公证事项，申请人要求撤回的，按规定收取手续费。（2）因公证处的责任不能出具公证书或撤销公证书的，预收或已收的公证服务费应全部退还申请人。（3）因公证处和申请人双方责任而撤销公证书的，应按照责任的大小退还部分费用。（4）因当事人的过错撤销公证书的，收取的公证费不予退还。（5）因申请人提供伪证及举证不实而不能出具公证书的，预收的公证服务费不予退还。（6）终止公证的，公证机构应当根据终止的原因及责任，酌情退还部分收取的公证费。

六、公证费标准制定与收取的监督机制

在公证费收费标准制定上，省、自治区、直辖市人民政府价格部门制定服务费标准不当的，由国务院价格部门责令其纠正或直接予以纠正。

在公证费的收取上，公证机构应当严格执行国家规定的公证服务收费标准，明码标价，接受社会监督。公证处有下列价格违法行为之一的，由价格部门的价格监督检查机构依法查处：（1）擅自提高收费标准的；（2）扩大收费范围的；（3）自立名目滥收费的；（4）不按规定明码标价的；（5）不如实提供价格检查所需资料的；（6）违反《公证服务收费管理办法》的其他价格违法行为。

复习思考题

1. 普通公证程序包括哪些阶段？
2. 受理公证的条件是什么？公证审查的方式有哪些？
3. 出证的条件是什么？终止公证和不予办证的条件是什么？
4. 简述公证费的收取、减收、免收与退还。

▶ 即测即评

第十七章　特别公证程序

第一节　特别公证程序概述

一、特别公证程序的概念、种类与法律适用

特别公证程序，是指依据法律规定，适用特别规定办理特殊公证事项的方式、手续。在我国，特别公证程序主要是指《公证程序规则》第八章“特别规定”中的公证程序。根据该章规定，适用特别公证程序的事项主要包括：招标投标、拍卖、开奖等现场监督类公证；遗嘱公证；保全证据公证；出具执行证书；公证调解。此外，根据《提存公证规则》的规定，提存公证程序也有其特别之处。

在法律适用上，应当优先适用特别公证程序规范；在没有特别公证程序规范时，适用普通公证程序规范。也就是说，特别公证程序也要经过申请、审查与出证的过程，在特别公证程序中，法定事由的出现也会导致终止公证程序与不予办理公证，公证费用的收取与普通程序相同。只是在公证事项、承办公证员、出证的方式方面有自身特点。

二、保全证据公证的特别规定

保全证据公证是指公证机构根据自然人、法人或其他组织的申请，依法对与申请人权益有关的、有法律意义的证据、行为过程加以提存、收存、固定、描述或者对申请人的取证行为的真实性予以证明的活动。根据《公证程序规则》《办理保全证据公证的指导意见（修订）》以及《房屋拆迁证据保全公证细则》的规定，保全证据公证程序有如下内容。

（一）保全证据公证的种类

保全证据公证包括以下种类：（1）对书证的保全；（2）对物证的保全；（3）对视听资料的保全；（4）对证人证言、当事人陈述的保全；（5）对行为过程和事实的保全。

（二）管辖

保全证据公证由当事人住所地、行为或者事实发生地的公证机构受理。

（三）申请与受理

1. 申请

自然人、法人或者其他组织申请办理保全证据公证，应当提交下列材料：（1）申请人的身份证明、资格证明；（2）申请人与保全的证据有利害关系的证明材料；（3）载有申请保全证据的理由、用途和证据取得的方式或者方法的书面说明；（4）与申请保全证据相关的其他证明材料。

2. 受理

符合下列条件的申请，公证机构可以受理：（1）申请人主体资格符合法律规定；（2）申请符合《公证程序规则》规定的受理条件；（3）申请人取得证据的方式不违反法律、法规的禁止性规定。当事人的申请不符合规定条件的，公证机构不予受理，并通知申请人。

此外，对于虽然形式和内容都合法，但危及人身健康、安全或者违反公序良俗，以及进行商品或者服务的比较性广告宣传的保全证据公证申请，公证机构不宜受理。申请人申请对已被查封、扣押的财产办理保全证据公证的，公证机构不宜受理，但经依法实施查封、扣押的机关申请或者同意的除外。

（四）承办的公证员

公证机构派员外出办理保全证据公证的，由2人共同办理，其中至少有1名承办公证员。承办公证员应当亲自外出办理，参与整个证据保全活动。

（五）保全证据公证活动中应当注意的问题

公证机构办理保全证据公证，除需要按照《公证程序规则》规定的事项进行审查外，还应当重点审查下列事项：（1）保全的证据与当事人的权益是否有利害关系；（2）保全证据的方式、方法有无侵害他人合法权益或者违反法律、法规禁止性规定的情形；（3）参与保全证据相关人员的身份是否属实、资格是否具备。

拓展阅读

公证机构办理保全证据公证，应当询问当事人并制作询问笔录，询问笔录除载明按照《公证程序规则》规定应当载明的内容外，还应当载明下列内容：（1）申请保全证据的原因、用途或者目的；（2）申请保全的证据的种类、名称、数量、时间、地点和现状；（3）保全证据的方式、方法。

公证机构办理保全证据公证，可以根据具体情况采取绘图、照相、录像、录音、复制、封存、非专业性鉴定和勘验、制作笔录等方法和措施，并制作详细的工作记录。保全证据过程中涉及专业技术鉴定、评估的，应当由当事人委托专业机构办理，或者征得当事人的同意由公证机构代为委托。

公证人员在办理保全证据公证过程中，为了保证保全行为的连续性、客观性和真实性，在必要情况下，对清点过程中放置待清点物品的房间，可以采取粘贴临时性封签的方式，对物品及其存放环境等事实进行固定。

除应当由公证机构保存的证据以外，公证机构可以与当事人、该项证据实际持有人共同确定封存证据的保管人、保管场所、保管期限，并将其写入公证证词中。当事人或者有关机构领取有封存期限的物品后，公证机构应当将证据的照片、复印件和领取收条归档。

（六）办理各类证据保全公证的具体情形

1. 办理保全书证、物证和视听资料的公证

办理保全书证、物证和视听资料的公证，公证员和公证机构的其他工作人员（以下简称“公证人员”）应当采取现场勘验和当场提取证据的方式进行，并将相关的情况制作工作记录。记录的内容应当包括：勘验的时间、地点；办理保全证据公证的公证人员及在场的相关人员的人数、姓名；保全对象的基本情况；保全的方式、方法；证据取得的时间、地点、方式或者证据的存放方式、地点、现状；取得的证据数量、种类、形式等。对不易收存的物证可以采取记录、绘图、照相、录像、复制等方式保全。

办理保全物证、书证和视听资料的公证需要由专业机构或者专业人员采用技术手段进行的，公证人员应当审查专业人员的身份和相应的资格，告知其操作的法律意义与法律后果，并对保全过程予以证明。保全物证、书证和视听资料过程中，委托专业机构或者专业人员以照相、录像、录音、测绘、评估或者鉴定等方式形成的证据，应当由专业机构的承办人员或者专业人员签名并及时由公证机构封存。

当事人申请以下列视听方式办理保全证据公证的，公证机构可以受理：（1）以照相、录像方式在公共场所（包括营业场所）对财产、行为办理保全证据公证的；（2）以录像、录音方式对其与他人的谈话办理保全证据公证的。

2. 办理保全证人证言的公证

办理保全证人证言的公证，由使用证人证言的当事人提出申请，也可以由提供证言的证人单独或者与使用证人证言的当事人共同提出申请。

保全证人证言，可以由证人在公证人员面前亲笔书写证言，或者由使用证言的当事人在公证人员面前对证人进行询问并作出记录，必要时也可以由公证人员对证人进行询问，公证人员可以酌情采用录像、录音等方式保全证人证言形成的过程。

公证人员在证人作出证言前，应当告知其享有的权利、承担的义务及其法律责任，并将告知内容制作询问笔录。询问笔录和所保全的证人证言应当由证人签名。

申请保全若干证人的证言，公证机构应当分别办理。

保全危重病人的证言，应当由医疗机构证明其精神状况并可以酌情采用录像、录音等方式保全证人证言形成的过程。

保全限制行为能力人的证言，应当审查其年龄、智力或者保全时的精神状况，并有其监护人在场，监护人应当在询问笔录和所保全的证人证言上签名确认。

保全证人证言的公证书中可以载明："本公证书仅证明证人证言的形成过程，不对前面的×××的证言内容的真实性作出证明。"

保全当事人陈述的，参照上述规定办理。

3. 办理保全送达文书的公证

办理保全送达文书的公证，应当做好送达的现场记录。现场记录应当载明下列内容：（1）当事人（包括送达代理人，下同）的名称；（2）受送达人的名称；（3）送达文书的名称；（4）送达的地点；（5）送达的方式；（6）对送达现场情形的客观记录。

采用邮寄方式送达的，应当将送达凭证原件或者复印件归档保存；采用数据电文方式送达的，应当将数据电文的纸质载体归档保存。

保全送达的文书应当由当事人送达，公证机构仅对当事人送达文书的行为和过程予以证明。

公证人员办理保全送达文书公证应当向当事人告知下列内容：（1）公证机构仅保全当事人送达文书的行为和过程，不代理当事人送达文书，送达的时间、地点和受送达人发生错误的风险均由当事人承担；（2）公证机构办理保全送达文书公证，仅证明当事人送达文书行为和过程的真实，不证明被送达文书内容的真实；（3）公证机构不对送达行为可能产生的法律后果作任何承诺；（4）公证机构不对受送达人的身份、权限的真实性作出证明，但是，受送达人接受公证人员核实其身份的除外；（5）在办理保全邮寄送达、数据电文送达公证中，公证机构仅保全当事人的送达行为，不对受送达人是否收到了送达文书作出证明。

4. 办理保全侵权物证的公证

办理保全侵权物证的公证，公证机构可以根据当事人的要求和保全对象的不同特点，采取客观记录当事人购买或者索取实物（包括索要发票、凭证）的过程、照相、录像、询问证人等方式，保全现场的真实情况。

办理侵权物证保全时，为便于申请人取证，公证人员可以不公开身份，但必须亲临现场，并进行现场记录或者事后及时补记现场记录。现场记录应当载明取证的时间、地点、证据名称、数量等，并交由申请人或者在场人签名。取证过程中取得的票据、单据等凭证，公证机构应当收存原件，有正当理由无法收存原件的，应当收存经公证人员核实无误的复印件。

5. 办理保全互联网上实时数据证据的公证

办理保全互联网上实时数据证据的公证，应当使用公证机构的计算机或者无利害关系的第三人的计算机进行。公证人员或者当事人应当按照当事人提供的书面操作程序进行操作。公证人员应当按照操作顺序记录登录网络、进入相关网址（网页）、下载、打印（或者刻录光盘）等整个过程和所使用的操作软件的名称与版本，并要注意审核下载的内容是否与网页内容相符，必要时可以对保全过程进行录像。

6. 办理保全单方收回出租房屋或者其他物业的公证

办理保全单方收回出租房屋或者其他物业的公证，应当具备下列条件：（1）申请人须是房屋或者其他物业的所有权人或者管理人，并提交权属证书或者授权委托书；（2）提交经公证的承租合同，且其中必须载明承租人不履行或者不完全履行合同义务时，所有权人或者管理人有权单方收回出租房屋或者其他物业的约定；（3）承租合同约定出租人单方收回出租房屋或者其他物业前应当履行催告程序的，申请人应当先就其履行催告义务的过程申办保全证据公证；（4）提交承租人存在违约事实的证明材料（如催交租金的函件）；（5）申请人书面承诺对单方收回房屋或者其他物业行为而侵犯他人合法权益愿意承担相应的法律责任；（6）申请人承诺保护房屋或者其他物业内承租人财产的完整和安全。

申请人应当有能力控制保全证据现场的局面，防止矛盾激化。申请人无法控制现场局面的，公证机构应当不予办理；已经开始取证的，可以暂时中止保全程序，待恢复正常秩序后视情况继续或者终止。

对现场清点的物品，应当登记造册，必要时可以进行封存，交由申请人妥善保管。公证人员对保全过程应当做好现场记录，并可采取照相、录像等方式对现场状况加以固定。

三、办理具有强制执行效力的债权文书公证及出具执行证书

根据有关法律、法规及司法解释，以及《最高人民法院、司法部关于公证机关赋予强制执行效力的债权文书执行有关问题的联合通知》《办理具有强制执行效力债权文书公证及出具执行证书的指导意见》的规定，公证机构可以依法办理具有强制执行效力债权文书公证及出具执行证书。

（一）办理具有强制执行效力的债权文书公证

1. 申请赋予强制执行效力的债权文书公证的条件与范围

申请办理赋予强制执行效力的债权文书，应当具备以下条件：（1）债权文书以给付为内容。（2）债权债务关系明确，即债权债务的标的、数额（包括违约金、利息、滞纳金）及计算方法、履行期限、地点和方式约定明确，债权人和债务人对债权文书有关给付内容无疑义。当事人互为给付、债权文书附条件或者附期限，以及债权债务的数额（包括违约金、利息、滞纳金）、期限不固定的情形不属于债权债务关系不明确。（3）债务履行方式、内容、时限明确。（4）债权文书中载明债务人（包括担保人）不履行义务或不完全履行义务时，其愿意接受依法强制执行的承诺。债务人（包括担保人）仅在债权文书的附件（包括补充条款、承诺书）中载明愿意接受强制执行承诺的，当事人应当在附件上签名（盖章），该附件应当与债权文书一并装订在公证书中。当事人在公证申请表、询问笔录等债权文书（包括附件）以外的其他文书上所作的愿意接受强制执行的承诺，不宜单独作为公证机构办理具有强制执行效力的债权文书公证的依据。（5）债权人和债务人愿意接受公证机构对债务履行情况进行核实。（6）债权文书在履行过程中，债权人申请公证机构赋予强制执行效力的，公证机关必须征求债务人的意见；如债务人同意公证并愿意接受强制执行的，公证机关可以依法赋予该债权文书强制执行效力。（7）当事人就履行过程中出现的争议或者违约订立新的协议，并就新的协议共同向公证机构申请办理具有强制执行效力债权文书公证的，公证机构可以受理，但

应当要求当事人提供原债权真实、合法的证明材料，并对证明材料采取适当的方式进行核实。

申请公证机构赋予强制执行效力的债权文书的范围包括：（1）借款合同、借用合同、无财产担保的租赁合同；（2）赊欠货物的债权文书；（3）各种借据、欠单；（4）还款（物）协议；（5）以给付赡养费、扶养费、抚育费、学费、赔（补）偿金为内容的协议；（6）符合赋予强制执行效力条件的其他债权文书。

2. 申请

当事人申请办理具有强制执行效力的债权文书公证，应当由债权人和债务人共同向公证机构提出。涉及第三人担保的债权文书，担保人承诺愿意接受强制执行的，担保人应当向公证机构提出申请。

债务人（包括担保人）的委托代理人代理申办公证时，在债权文书中增设愿意接受强制执行承诺条款的，其授权委托书中应当包括授权增设愿意接受强制执行承诺的内容，或者包括授权申办具有强制执行效力债权文书公证的内容，或者包括授权代理签订合同的内容。

3. 办理中注意的问题

公证机构办理具有强制执行效力的债权文书公证，除进行一般事项的审查外，还应当重点审查下列事项：（1）债务人（包括担保人）愿意接受强制执行的承诺是否明确，债务人（包括担保人）对做出愿意接受强制执行承诺的法律意义和后果是否清楚；（2）债权债务关系是否明确，债权人和债务人（包括担保人）对债权文书的给付内容是否无疑义。（3）对核实债务不履行或者不适当履行的方式所作的约定是否明确。

公证机构可以指导当事人就出具执行证书过程中双方当事人的举证责任和对债务人（包括担保人）不履行或者不适当履行债务的核实方式作出约定。债务人（包括担保人）可以约定采用"公证处信函核实"或者"公证处电话（传真）核实"等核实方式。该约定可以记载在债权文书或者其附件（包括补充条款、承诺书）中。其中，"公证处信函核实"方式是指公证机构在出具执行证书前，应当根据当事人约定的寄送方式和通讯地址向债务人（包括担保人）以信函方式核实债务人（包括担保人）不履行或者不适当履行债务的事实。

"公证处电话（传真）核实"方式是指公证机构在出具执行证书前，应当根据当事人约定的通讯号码向债务人（包括担保人）以电话（传真）方式核实债务人（包括担保人）不履行或者不适当履行债务的事实。

公证机构办理具有强制执行效力的债权文书公证，除需要按照规定向当事人进行一般事项的告知外，还应当重点告知下列内容：（1）申办具有强制执行效力债权文书公证的法律意义和后果；（2）债权人申请出具执行证书的程序、期限和举证责任；（3）债务人（包括担保人）对债权人申请出具执行证书提出异议的程序、期限和举证责任。公证机构告知上述内容可以采用告知书、询问笔录等方式，书面告知应当由当事人签名。

（二）出具执行证书

1. 申请

债务人不履行或不完全履行公证机关赋予强制执行效力的债权文书的，债权人可以向原公证机关申请出具执行证书。

债权人向公证机构申请出具执行证书，应当提交下列材料：（1）申请公证机构出具执行证书的申请书，申请书应当包括债权人保证所提交证明材料真实的承诺；（2）经公证的具有强制执行效力的债权文书；（3）委托代理人的，提交授权委托书；（4）已履行了债权文书约定义务的证明材料。

债权人如有债务人（包括担保人）不履行或者不适当履行债务的证明材料，应当向公证机构提交。

2. 审查

公证机关签发执行证书应当注意审查以下内容：（1）不履行或不完全履行的事实确实发生；（2）债权人履行合同义务的事实和证据，债务人依照债权文书已经部分履行的事实；（3）债务人对债权文书规定的履行义务有无疑义。除此之外，还应当重点审查下列内容：（1）债权人提交的已按债权文书约定履行了义务的证明材料是否充分、属实；（2）向债务人（包括担保人）核实其对债权文书载明的履行义务有无疑义，以及债权人提出的债务人（包括担保人）不履行或者不适当履行债务的主张是否属实。

公证机构在出具执行证书前，对债务人（包括担保人）不履行或者不适当履行债务的事实进行核实时，当事人对核实方式有约定的，应当按照当事人约定的方式核实；当事人没有约定的，可以依据《办理具有强制执行效力债权文书公证及出具执业证书的指导意见》的规定自行决定核实方式。公证机构按照当事人约定的方式进行核实时，无法与债务人（包括担保人）取得联系，或者债务人（包括担保人）未按约定方式回复，或者债务人（包括担保人）回复时提出异议但未能提出充分证明材料，不影响公证机构按照法定程序出具执行证书。

3. 出具执行证书

执行证书应当载明申请人、被申请执行人、申请执行标的和申请执行的期限。债务人已经履行的部分，应当在申请执行标的中予以扣除。因债务人不履行或者不适当履行而发生的违约金、滞纳金、利息等，可以应债权人的要求列入申请执行标的。

公证机构出具执行证书，一方面应当遵循公证期限的要求，另一方面还应当在债权文书申请执行期限内出具。公证机构在出具执行证书时，应当向债权人告知其向有管辖权的人民法院申请执行的期限。

公证机构出具执行证书后，应当将核实债权文书履行状况的过程和结果制作成询问笔录、工作记录等书面材料归档保存。

4. 不予出具执行证书

有下列情形之一的，公证机构不予出具执行证书：（1）债权人未能对其已经履行义务的主张提出充分的证明材料；（2）债务人（包括担保人）对其已经履行义务的主张提出了充分的证明材料；（3）公证机构无法在法律规定的执行期限内完成核实；（4）人民法院已经受理了当事人就具有强制执行效力的债权文书提起的诉讼。

（三）办理具有强制执行效力的债权文书公证及出具执行证书应当注意的问题

公证机构办理具有强制执行效力的债权文书公证及出具执行证书，应当注意下列问题：（1）可以要求当事人在债权文书、询问笔录和告知书上捺指印；（2）债权文书涉及股权、不动产的，以查阅登记机构档案的方式进行核实；（3）信函核实宜采用国家邮政机构寄送的方式；（4）电话（传真）核实宜以录像、录音的方式保全核实过程；（5）对民间借贷、非金融机构的还款协议，以及其他债权文书和有担保的债权文书，办理具有强制执效力公证的，宜更加谨慎；（6）当事人对债权文书中的修改、补充内容应当记载在债权文书中或者另行订立补充条款，不得以载入询问笔录代替。

四、提存公证

（一）提存公证的含义

拓展阅读

提存，是指债务人将标的物提交给法定的提存机构的行为。提存包括两种：（1）以清偿债务为目的的提存，即由于债权人的原因或其他法定原因，债务人无法履行给付债之标的物的义务时，债务人将该标的物提交给法定的提存机构。从提存之日起，视为债务人履行了给付义务。（2）以担保为目的的提存，即抵押人将转让抵押物所得价款交给与抵押权人约定的第三人。从提交之日起，提存标的物及风险责任转归债权人，引起抵押权利义务关系消灭的法律后果。

提存公证，是指公证机构根据债务人申请，依照法定条件和程序，对债务人或担保人为债权人的利益而交付的债之标的物或担保物（含担保物的替代物）进行寄托、保管，并在条件成就时交付债权人的活动。为履行清偿义务或担保义务而向公证机构申请提存的人为提存人。提存之债的债权人为提存受领人。

（二）提存公证程序的特别规定

在提存公证程序中，应当注意以下问题：

第一，提存人应当提交合同、担保书、赠与书、司法文书、行政决定等据以履行义务的依据，公证机构要对其进行审查，并审查提存标的物是否符合合同约定或有关法律规定，提存标的与债的标的是否相符，以及是否存在债务人无法直接履行债务的事实。

第二，公证机构应在收到申请之日起3日内作出受理或不予受理的决定，通知申请人。

第三，公证机构应当验收提存标的物并登记存档。对不能提交公证机构验收的提存物，公证机构应当派公证员到现场实地验收。验收时，提存申请人（或代理人）应当在场，公证员应制作验收笔录。对难以验收的提存标的物，公证机构可予以证据保全，并在公证笔录和公证书中注明。

第四，公证机构应当从提存之日起3日内出具提存公证书。

第五，公证机构在完成审查、接受提存后，应通知债权人在确定的期限内领取提存标的物。以清偿为目的的提存或提存人通知有困难的，公证机构应自提存之日起7日内，以书面形式通知提存领受人。提存领受人地址不详、下落不明无法通知的，以公告形式通知。公告应自提存之日起60日内，刊登在国家或债权人在国内住所地的法制报刊上，并应在1个月内在同一报刊上连续刊登3次。

第六，公证机构负有妥善保管提存标的物的义务。公证处应当采取适当的方法妥善保管提存标的，以防毁损、变质或灭失。对不宜保存的、提存受领人到期不领取或超过保管期限的提存物品，公证处可以拍卖，保存其价款。下列物品的保管期限为6个月：一是不适于长期保管或长期保管将损害其价值的；二是6个月的保管费用超过物品价值5%的。

第七，从提存之日起，超过20年无人领取的提存标的物，视为无主财产；公证处应在扣除提存费用后将其余额上缴国库。

第二节 现场监督类公证

一、现场监督类公证概述

现场监督类公证，是指对于有一定结果的程序性活动，由承办公证人员亲临现场，对活动的过程进行监督，在对其真实性、合法性进行审查后，当场宣布公证结果的公证活动。

根据《公证程序规则》第52条的规定，现场监督类公证程序需要遵循以下特别规定：（1）承办的公证人员有2人，其中至少有1名是承办公证员。（2）承办公证人员应亲临现场，对活动的过程进行监督。（3）公证人员通过事前审查、现场监督方式，对其真实性、合法性予以证明。（4）承办公证员现场宣读公证证词，并在宣读后7日内将公证书发送当事人。该公证书自宣读公证证词之日起生效。（5）承办公证人员是整个现场活动的监督者，有权对违法行为进行制止和纠正。承办公证员发现当事人有弄虚作假、徇私舞弊、违反活动规则、违反国家法律和有关规定行为的，应当即时要求当事人改正；当事人拒不改正的，应当不予办理公证。

根据《公证程序规则》的规定，结合公证实践，目前现场监督类公证主要包括招标投标公证、拍卖公证和开奖公证。

二、招标投标公证

招标投标，是指招标方通过发布招标公告或投标邀请书的方式，将其招标的项目和招标程序公之于众，愿意承担该项目的公民、法人或者其他组织，按照招标人的要求，提出自己的报价及相应条件，招标人从中选出最佳投标人的活动。获得最佳投标的人称为中标人。招标投标公证是国家公证机构依法证明招标投标行为的真实性、合法性的活动。根据招标、投标活动的特点，有关招标投标公证程序的特别规定如下：

（一）管辖的公证机构

招标投标公证由招标方所在地的公证处管辖。委托招标的，由受托招标方所在地的公证处管辖。

（二）申请人与申请提出的时间

招标投标公证申请由招标方提出。委托招标的，由受托招标方提出。招标投标公证申请，应于招标通知（公告）或招标邀请函发出之前提出，有特殊情况的，也必须于投标开始前提出。投标前，公证员应检查投标箱并加封。

（三）公证机构对投标的监督

投标时，公证人员应查验投标人的身份，记录投标人投送标书的时间，检查并记录标书密封情况。投标截止时，公证员应封贴投标箱。

（四）监督开标与证明

公证员应监督招标方（受托招标方）按规定的时间和地点开标。开标前，公证员应查验投标方的法人资格证明及代表人或代理人的身份证明，审查投标方是否符合规定的投标条件，检查投标箱的密封情况，监督投标箱的启封。投标箱开启后，公证员应检查投标书的密封情况，监督投标书的启封。公证员应验明投标书是否有效。有下列情况之一者，应作无效投标书处理：（1）投标人不具备投标资格的；（2）投标书未密封的；（3）没有报价的；（4）投标书未加盖本单位公章及法定代表人未签字的；（5）投标书未按规定的格式、内容和要求填写的；（6）投标书书写潦草、字迹模糊不清难以辨认的；（7）投标书逾期送达的；（8）一个招标项目中，投标单位投报两个或多个标书或有两个或多个报价，又未书面声明其中哪一个有效的；（9）投标方未能按要求提交投标保函的；（10）其他不符合招标文件要求的。

唱标时，公证员应监督唱标，并作记录。发现所唱投标书内容与正本不相符的，应予纠正。开标结束后，公证员应当场口头证明开标活动真实、合法，并作出记录。

（五）监督评标与出证

公证员应参加评标会议，对违反规定的，应予纠正，但不得担任评标机构的成员。公证员应当对评标、定标的情况进行记录，并在定标决议书上签名。

评标结束后，公证员应宣读公证词，对整个招标投标活动的真实性、合法性予以证明。公证机构应在公证员宣读公证词后的7日内出具公证书。宣读现场公证词的时间为公证书的生效时间。

（六）终止公证

有下列情况之一者，公证员应终止现场监督的公证活动：（1）招标方（受托招标方）擅自变更原定招标文件内容、违背招标程序、原则和其他有关规定，经指出不予纠正的；（2）招标中出现舞弊行为的。此外，出现《公证法》规定的其他可以终止公证的情形的，公证机构也可以终止公证。

三、拍卖公证

拍卖是指以公开竞价的形式，将特定物品或者财产权利转让给最高应价者的买卖方式。拍卖人是指依法设立的从事拍卖活动的企业法人。委托人是指委托拍卖人拍卖物品或者财产权利的公民、法人或者其他组织。竞买人是指参加竞购拍卖标的的公民、法人或者其他组织。买受人是指以最高应价购得拍卖标的的竞买人。

拍卖公证是公证机构依法公证证明拍卖活动真实、合法的公证行为。拍卖公证程序的特别规定如下：

（一）拍卖公证申请

拍卖公证申请由拍卖人提出。拍卖人应在拍卖公告发出之前的合理时间内，向公证机构提出公证申请。这里的“合理时间”，是指留给公证机构审查拍卖公证申请材料的必要的工作时间。

（二）证明与监督拍卖活动

在拍卖公证活动中，公证机构要严格审查拍卖规则是否与现行法律、法规相抵触并合乎法理和拍卖的惯例。拍卖活动开始时，公证人员应亲临现场，监督拍卖活动，公证员应要求所有参加拍卖的当事人遵守经审查并确认的拍卖规则。

拍卖活动结束，应当场宣读公证词，宣告拍卖活动合法、真实，公证机构应在公证员宣读公证词后的7日内出具公证书。宣读现场公证词的时间为公证书的生效时间。

（三）终止公证与不予办理公证

在拍卖过程中，一旦发现有弄虚作假、违背拍卖规则或其他违法行为时，公证员应当场予以制止，并向所有参加拍卖活动的当事人指明这种行为违背真实、合法的原则。如果当事人听从劝阻并按规则改正，公证机关可继续对拍卖活动进行公证和监督，否则，应终止公证活动，不予办理公证。

四、开奖公证

开奖是对设定的奖品，依法面向社会发行彩票或者进行抽奖、摇奖等其他有奖活动，以确定中奖人的行为。开奖公证是公证机构通过事前审查、现场监督的方式，依法证明面向社会发行彩票或者其他有奖活动的开奖行为真实、合法的活动。开奖公证的特别程序规定如下：

（一）申请

开奖公证申请主要包括两种：有奖活动主办方申请和中奖人申请。开奖公证由有奖活动主办单位向开奖行为发生地或者其住所地的公证处提出申请。申请至迟应当在开奖活动举办7日前提出。中奖人对中奖结果申请公证的，应当亲自向承办该次开奖公证的公证处提出。申请人除应当如实填写公证申请表以外，还应当向公证机构提交符合要求的材料。

（二）受理

对于符合法律规定的申请，公证处应当予以受理。对于不符合法律规定的申请，公证处应当在3日内作出不予受理的决定，并通知申请人。

（三）审查

公证处受理公证申请后，应当按照法律规定进行审查，应重点审查以下内容：（1）主办单位是否具备主办有奖活动的资质。（2）申请人提交的材料是否真实、充分。（3）有奖活动规则、方案是否合法、公平、合理。（4）开奖器具是否符合规定标准、能否正常使用。

（四）现场实施公证行为

公证处应当派两名以上公证人员在开奖现场对开奖活动的全过程进行监督，对开奖活动的过程和结果予以证明。现场情况及中奖结果应当记录并存档。

对采用从器具中抽取奖票确定中奖人及中奖等次的开奖活动，公证员应当对开奖器具和奖票的投放情况进行检查、监督；对提前投放奖票的，公证人员应当在投放结束后对开奖器具进行封存并予以监控，待开奖时启封。对依据数据电文作为计奖基础数据的，公证人员应当采取有效方式对相关数据电文予以保全。

在开奖现场，公证人员应当检查开奖器具及有关封存情况，并严格按照开奖规则监督开奖人员实施开奖行为。

中奖结果产生后，公证人员对公证词中涉及的中奖号码、中奖凭证、中奖人姓名应当即时核对。中奖人的身份证件，应当复印存档。

（五）出证

在开奖活动结束时，公证员当场宣读公证词。公证机构应当在公证员宣读公证词后7日内出具公证书。宣读公证词的时间为公证书的生效时间。

（六）不予办理公证、中止公证和终止公证

公证机构发现有奖活动有下列情形之一的，应当拒绝公证：（1）违反国家法律和规定的；（2）损害社会公共利益或者违反社会公德的；（3）违反向社会公布的活动规则的；（4）申请人拒绝提供有关材料的；（5）主办单位弄虚作假、徇私舞弊的；（6）主办单位阻挠公证人员依法对开奖活动实施监督的。

在开奖现场，公证员发现有下列情形之一的，应当要求主办单位妥善处理；无法当场解决的，应当建议主办单位中止开奖活动：（1）发生开奖纷争或者秩序混乱的；（2）开奖器具出现技术故障的；（3）中奖的彩票或者奖票需要核实真伪而未进行核实的；（4）中奖结果待确定的；（5）公证词中涉及的中奖人未能提供有效身份证件的。

上述情形解决后，开奖活动继续进行的，应当给予公证；主办单位拒不解决的，应当拒绝公证；开奖活动中止后仍然无法解决的，应当终止公证。

（七）公证机构及其公证人员的特别义务

承办开奖公证的公证机构及其公证人员不得以任何方式与主办单位串通，损害社会公众利益；不得购买或者收受本次有奖活动的彩票、奖票或者设奖物品。此外，公证机构可以应有奖活动主办单位的申请，对未发出的彩票或者奖票销毁情况办理公证。

第三节 遗嘱公证

一、遗嘱公证的概念

遗嘱，是指立遗嘱人生前按照法定方式处分个人财产或其他事务，并在其死亡后生效的法律行为。遗嘱是要式法律行为，必须符合法律规定的形式与有效条件，才能发生效力。根据《民法典》的规定，遗嘱可以采用自书、代书、打印、录音录像、口头、公证六种形式设立，其中公证遗嘱证明效力最强。遗嘱公证是公证处按法定程序证明遗嘱人设立遗嘱行为真实、合法的活动。经公证证明的遗嘱为公证遗嘱。

二、遗嘱公证程序的特别规定

根据《公证法》《公证程序规则》《遗嘱公证细则》的规定，遗嘱公证程序的特殊方面主要如下：

（一）办理公证的人员

《公证程序规则》第53条规定，公证机构办理遗嘱公证，应当由2人共同办理。承办公证员应当全程亲自办理，并对遗嘱人订立遗嘱的过程录音录像。特殊情况下只能由1名公证员办理时，应当请1名见证人在场，见证人应当在询问笔录上签名或者盖章。公证机构办理遗嘱公证，应当查询全国公证管理系统。出具公证书的，应当于出具当日录入办理信息。

（二）申请

遗嘱人申办遗嘱公证应当亲自到公证处提出申请。遗嘱人亲自到公证处有困难的，可以书面或者口头形式请求有管辖权的公证处指派公证人员到其住所或者临时处所办理。

（三）办理过程

公证处要着重审查遗嘱人的身份及意思表示是否真实、有无受胁迫或者受欺骗等情况。公证人员询问遗嘱人，除见证人、翻译人员外，其他人员一般不得在场。公证人员应当制作谈话笔录，谈话笔录应当着重记录下列内容：（1）遗嘱人的身体状况、精神状况；遗嘱人系老年人、间歇性精神病人、危重伤病人的，还应当记录其对事物的识别、反应能力。（2）遗嘱人家庭成员情况，包括其配偶、子女、父母及与其共同生活人员的基本情况。（3）遗嘱所处分财产的情况，是否属于遗嘱人个人所有，以前是否曾以遗嘱或者遗赠扶养协议等方式进行过处分，有无已设立担保、已被查封、扣押等限制所有权的情况。（4）遗嘱人所提供的遗嘱或者遗嘱草稿的形成时间、地点和过程，是自书还是代书，是否本人的真实意愿，有无修改、补充，对遗产的处分是否附有条件，代书人的情况，遗嘱或者遗嘱草稿上的签名、盖章或者手印是否其本人所为。（5）遗嘱人未提供遗嘱或者遗嘱草稿的，应当详细记录其处分遗产的意思表示。（6）是否指定遗嘱执行人及遗嘱执行人的基本情况。（7）公证人员认为应当询问的其他内容。谈话笔录应当当场向遗嘱人宣读或者由遗嘱人阅读，遗嘱人无异议后，遗嘱人、公证人员、见证人应当在笔录上签名。

遗嘱人提供的遗嘱，无修改、补充的，遗嘱人应当在公证人员面前确认遗嘱内容、签名及签署日期属实。遗嘱人提供的遗嘱或者遗嘱草稿，有修改、补充的，经整理、誊清后，应当交遗嘱人核对，并由其签名。遗嘱人未提供遗嘱或者遗嘱草稿的，公证人员可以根据遗嘱人的意思表示代为起草遗嘱。公证人员代拟的遗嘱，应当交遗嘱人核对，并由其签名。以上情况应当记入谈话笔录。

两个以上的遗嘱人申请办理共同遗嘱公证的，公证处应当引导他们分别设立遗嘱。遗嘱人坚持申请办理共同遗嘱公证的，共同遗嘱中应当明确遗嘱变更、撤销及生效的条件。

公证人员发现有下列情形之一的，在与遗嘱人谈话时应当录音或者录像：（1）遗嘱人年老体弱；（2）遗嘱人为危重伤病人；（3）遗嘱人为聋、哑、盲人；（4）遗嘱人为间歇性精神病患者、弱智者。

（四）出证与终止公证

符合下列条件的，公证处应当出具公证书：（1）遗嘱人身份属实，具有完全民事行为能力；（2）遗嘱人意思表示真实；（3）遗嘱人证明或者保证所处分的财产是其个人财产；（4）遗嘱内容不违反法律规定和社会公共利益，内容完备，文字表述准确，签名、制作日期齐全；（5）办证程序符合规定。不符合前述规定条件的，应当拒绝公证。拒绝公证的，即终止公证程序。

公证机构审批人批准遗嘱公证书之前，遗嘱人死亡或者丧失行为能力的，公证处应当终止办理遗嘱公证。遗嘱人提供或者公证人员代书、录制的遗嘱，符合代书遗嘱条件或者经承办公证人员见证符合自书、录音、口头遗嘱条件的，公证处可以将该遗嘱发给遗嘱受益人，并将其复印件存入终止公证的档案。公证机构审批人批准之后，遗嘱人死亡或者丧失行为能力的，公证处应当完成公证遗嘱的制作。遗嘱人无法在打印的公证遗嘱上签名，但遗嘱原稿的复印件符合制作公证遗嘱条件的，可据遗嘱原稿的复印件制作公证遗嘱，遗嘱原稿留公证处存档。

（五）公证遗嘱的效力

公证遗嘱生效前，非经遗嘱人申请并履行公证程序，不得撤销或者变更公证遗嘱。

公证遗嘱生效后，与继承权益相关的人员有确凿证据证明公证遗嘱部分违法的，公证机构应当予以调查核实；经调查核实，公证遗嘱部分内容确属违法的，公证机构应当撤销对公证遗嘱中违法部分的公证证明。

第四节　公证调解

一、公证调解的含义、性质与意义

公证调解指的是经公证的事项在履行过程中发生争议的，根据当事人的申请，出具公证书的公证机构进行协调、劝说与和解，促使双方达成协议解决纠纷的活动。

公证机构本质上是行使国家证明职能的机构，其职责不在于解决民事纠纷。不过，为了化解当事人之间的矛盾，减少冲突，降低解决纠纷的成本，法律规定对于特殊类型的争议，公证机构可以进行调解。

公证调解本质上是民间调解，既不同于能够发生终局效力的司法调解、仲裁调解，也不同于具有合同效力的人民调解。当事人经公证调解即使达成了协议，是否履行仍取决于当事人，发生争议的当事人可以通过诉讼或者仲裁解决。但是，公证调解达成的协议，如果经过了公证，就取得了较强的证明效力；如果有债权内容，当事人申请公证赋予其强制执行效力的，则可以成为强制执行的根据。可见，公证调解具有较强的潜在效果。

公证调解，有利于及时解决纠纷，降低纠纷解决成本；有利于预防纠纷，减少诉讼；有利于维护公证信誉，保护当事人的合法权益。

二、公证调解的程序

（一）公证调解的案件范围

根据《公证程序规则》第56条的规定，公证调解仅适用于经公证的事项在履行过程中发生的争议，如果不是此类纠纷，不能由公证机构调解。

（二）当事人向出具公证书的公证机构提出申请

公证调解由出具公证书的公证机构进行，但以当事人申请调解为前提。

（三）公证调解结束

经调解后当事人达成新的协议并申请公证的，公证机构可以办理公证；调解不成的，公证机构应当告知当事人就该争议依法向人民法院提起民事诉讼或者向仲裁机构申请仲裁。

需要注意的是，对公证调解达成协议的，公证机构不能制作调解书，但是当事人申请公证的，公证机构可以公证书的形式对调解协议加以确认。至于其效力，则取决于当事人的申请与调解协议的内容。如果调解协议有给付内容，并有载明债务人愿意接受强制执行承诺的债权文书，公证机构可以根据当事人的申请，出具有强制执行效力的公证书，与经公证赋予强制执行效力的债权文书相同。

复习思考题

1. 简述特别公证程序及其法律适用。
2. 简述现场监督类公证的特点与主要类型。
3. 简述遗嘱公证程序的特别规定。
4. 简述公证调解的内容。

▶ 即测即评

第十八章　公证的效力及其救济

第一节　公证的效力

一、公证效力的含义、范围与内容

（一）公证的效力

公证的效力，是指公证证明所具有的法律效果。由于公证证明由依法出具的公证书体现，所以通常所说公证的效力，也即公证书的效力，是指公证书所具有的法律上的约束效力。

（二）公证效力的范围

公证书是由公证机构向当事人出具的法律文书，它只针对具体事项，而不是具有普遍约束力的规范性文件。公证效力的范围包括三个方面，即对什么人、对什么事和何时发生效力，相应的就是人的范围、事的范围和时间范围。

首先，通常情况下，公证书只对公证当事人有效，而不约束公证当事人之外的人，这反映了公证书效力的有限性和相对性。另外，作为一种具有法定形式的法律文书，出具公证书的公证机构不得随意改变或者撤销已经出具的公证书，即公证书对公证机构有形式上的约束效力。

其次，公证书只对公证证明的事项具有约束力。也就是说，公证书只证明公证权利义务关系或者法律事实的状况，对于公证事项以外的事实，则没有约束力。

最后，根据法律规定，公证书一经出具便产生效力，非经法定程序不得撤销。如果公证书被依法撤销，或者司法程序对公证证明的事项作出了相反的生效裁判，公证书就会失去效力。

（三）公证效力的内容

根据我国《公证法》的规定，公证书效力的内容包括三个方面：一是公证书的证明效力；二是经过公证赋予强制执行效力的债权文书，具有强制执行的效力；三是就法定公证事项出具的公证书，具有产生相应法律后果的效力。

二、公证书的证明效力

公证书的证明效力，是公证书证明的事实所具有的证据力，其可以作为认定事实的根据。《公证法》第36条规定："经公证的民事法律行为、有法律意义的事实和文书，应当作为认定事实的根据，但有相反证据足以推翻该项公证的除外。"据此，可以从下列方面，认识公证书的证明效力。

（一）公证书可以作为诉讼证据

公证书可以作为有效的诉讼证据，能够被司法机关在认定事实时采信，其证明的事项可以成为司法判决认定事项的根据。根据《民事诉讼法》的规定，经过法定程序公证证明的法律事实和文书，人民法院应当作为认定事实的根据，但有相反证据足以推翻公证证明的除外。

（二）公证书在非诉讼活动中具有证明作用

公证书不仅可以作为诉讼证据，在仲裁、调解以及行政处罚、行政许可等行政程序中也可以作为证据使用。甚至在人们的一般社会生活，如进行商业谈判、劳务谈判等活动中，也可以发挥证明作用。

（三）涉外活动中公证书的证明效力

按照国际惯例、国际条约或双边协议，不同国家之间，以及不同国家的自然人、企业组织之间进行正常民事交往所产生的涉外民事关系所需的证明文件，大多需要经公证机构公证，才能取得使用国的承认。因此公证机构所出具的公证书在域外也具有证明力，可以有效促进国际往来，维护我国自然人、法人或者其他组织域外的合法权益，减少和避免纠纷。

（四）公证证明的效力是可以被否定的

公证证明活动也是人的活动，不是自然规律与定理。人类活动总有其局限性，如果公证错误，其认定的事实也可能错误，公证证明效力将会因为公证书被依法撤销而丧失。再有，如果有相反的证据，足以推翻公证认定的事实，公证证明的效力也将丧失。

三、公证债权文书的强制执行效力

《公证法》第37条规定："对经公证的以给付为内容并载明债务人愿意接受强制执行承诺的债权文书，债务人不履行或者履行不适当的，债权人可以依法向有管辖权的人民法院申请执行。前款规定的债权文书确有错误的，人民法院裁定不予执行，并将裁定书送达双方当事人和公证机构。”

可见，依法定程序赋予强制执行效力的公证债权文书，可以成为强制执行的根据。此时，公证书具有赋予相应债权文书强制执行力的效力。债务人到期不履行或者履行债务不适当时，债权人无须经过司法审判程序，即可依该公证书和经公证的债权文书，向有管辖权的人民法院申请强制执行。

拓展阅读

公证书的强制执行效力往往与公证证明效力密切相关，因为赋予公证债权文书强制执行效力，首先需要确认该债权的合法性、真实性，以及当事人的意思表示是否合法、有效。所以，其执行效力是以证明效力为基础的。

四、法定公证事项公证书产生相应法律后果的效力

《公证法》第38条规定：“法律、行政法规规定未经公证的事项不具有法律效力的，依照其规定。”也就是说，对于法定公证事项，只有经过公证机构公证，才能产生相应法律效力。这种情形下，公证书就具有产生相应法律效力的作用，成为该事项的生效要件之一。

第二节　公证救济

一、公证救济的含义与制度

公证救济，是指当事人或者利害关系人，认为公证书确认的某一事项侵犯了自己的权利，或者对公证书的内容发生争议，而请求有关机关予以处理，保护自己权利的一种程序。

根据公证法律法规的规定，当事人或者利害关系人就公证书的内容发生争议，或者认为出具公证书侵犯自己权利的，可以要求公证机构予以复查；遭受损失的，可以要求予以赔偿；发生争议的，可以提起民事诉讼，也可以要求公证协会予以调解。此外，公证当事人、公证事项的利害关系人还有投诉的权利。由此可见，我国建立了多种形式的公证救济制度。

二、公证复查程序

（一）公证复查程序的概念

公证复查程序，是指当事人、公证事项的利害关系人认为公证书有错误，向公证机构提出申请，公证机构据此进行审查所适用的程序。公证复查程序带有自我纠错的色彩，既是一种对当事人、公证事项的利害关系人提供程序救济的制度，也是公证机构自我监督与纠错的机制。

（二）公证复查程序的适用范围

根据《公证法》第39条的规定，公证复查程序适用于当事人、公证事项的利害关系人认为公证书有错误的情况。具体来说有以下两种：（1）公证书的内容违法或者与事实不符，即公证书证明的内容违反法律、法规的强制性规定或者公证书证明的内容与事实不相符。（2）公证书有其他错误，如文字错误、表述不准确等。

需要注意的是，公证复查不包括当事人、公证事项的利害关系人对公证书的内容有争议的情形，如果他们之间就公证书的内容发生了争议，可以就该争议向人民法院提起民事诉讼，公证机构无权处理争议事项。

（三）公证复查的程序

公证复查程序包括启动、审查、处理三个阶段。

1. 启动

公证复查程序因申请人提出申请而启动，或者因公证机构自己发现错误而启动。

（1）申请启动。申请人申请启动复查程序应当具备四个条件：①提出复查的主体只能是公证当事人或者公证事项利害关系人。②申请人必须提供证据证明公证书有错误。③必须向出具该公证书的公证机构提出。④须在法定期限内提出，即当事人认为公证书有错误的，申请复查的期限为1年，自收到公证书之日起算；公证事项的利害关系人认为公证书有错误的，申请复查的期限为1年，自知道或者应当知道该项公证之日起算，但自公证书出具之日起最长不得超过20年。

（2）自行启动。《公证程序规则》第65条规定，公证机构发现其出具的公证书有错误或者存在违法情形时，应当决定复查处理，同时必须通知当事人。

2. 审查

公证机构接到申请人的复查申请后，应对申请人提供的证据以及公证书是否存在错误进行审查，原承办公证员不得参加复查程序。复查结论及处理意见，应当报公证机构负责人审批。

3. 处理

公证机构经审查后，应根据不同情形分别作出处理：（1）公证书的内容合法、正确，办理程序无误的，作出维持公证书的处理决定。（2）公证书的内容合法、正确，仅证词表述或者格式不当的，应当收回公证书，更正后重新发给当事人；不能收回的，另行出具补正公证书。（3）公证书的基本内容违法或者与事实不符的，应当作出撤销公证书的处理决定。（4）公证书的部分内容违法或者与事实不符的，可以出具补正公证书，撤销对违法或者与事实不符部分的证明内容；也可以收回公证书，对违法或者与事实不符的部分进行删除、更正后，重新发给当事人。（5）公证书的内容合法、正确，但在办理过程中有违反程序规定、缺乏必要手续的情形的，应当补办缺漏的程序和手续；无法补办或者严重违反公证程序的，应当撤销公证书。

被撤销的公证书应当收回，并予以公告，该公证书自始无效。公证机构撤销公证书或出具补正公证书的，应当于撤销决定作出或补正公证书出具当日报地方公证协会备案，并录入全国公证管理系统。申请人提出复查申请的，公证机构作出的复查处理决定，须发给申请人。自行复查的，处理决定应当通知当事人。复查处理决定及处理后的公证书，应当存入原公证案卷。

（四）复查的期限

公证机构应当自收到复查申请之日起30日内完成复查。需要对公证书作撤销或者更正、补正处理的，应当在作出复查处理决定后10日内完成。公证机构办理复查，因不可抗力、补充证明材料或者需要核实有关情况的，所需时间不计算在前述规定的期限内，但补充证明材料或者需要核实有关情况的，最长不得超过6个月。

三、公证复查争议投诉

公证复查争议投诉是指公证当事人、公证事项的利害关系人（以下简称“投诉人”）对公证机构作出的撤销或者不予撤销公证书的复查决定有异议，采用投诉方式提请地方公证协会予以处理的行为。《公证程序规则》第67条规定，当事人、公证事项的利害关系人对公证机构作出的撤销或者不予撤销公证书的决定有异议的，可以向地方公证协会投诉。投诉的处理办法，由中国公证协会制定。

目前，根据《公证复查争议投诉处理办法（试行）》的规定，对投诉应当进行以下处理：

（一）一般规定

1. 处理公证复查争议投诉的原则

地方公证协会处理公证复查争议投诉，应当坚持依法、客观、公正的原则。

2. 公证协会处理公证复查争议投诉的权限分工

地方公证协会负责处理对本行政区域内公证机构的公证复查争议投诉。地方公证协会设立的分会，可以根据地方公证协会的授权处理公证复查争议投诉。中国公证协会对地方公证协会的公证复查争议投诉处理工作进行监督和指导。

（二）投诉的受理

1. 提出投诉

投诉人应当自收到或者知道公证机构作出的撤销或者不予撤销公证书的复查决定之日起60日内，向地方公证协会提出公证复查争议投诉。公证复查争议投诉应当以书面形式提出，载明投诉人的诉求及其理由，并提供相关证明材料。投诉人委托代理人提出公证复查争议投诉的，代理人应当提交授权委托书。

2. 受理的条件

对于符合下列条件的公证复查争议投诉，地方公证协会应当受理：（1）投诉人具有投诉资格，代理人具有代理资格；（2）属于《公证复查争议投诉处理办法（试行）》规定的公证复查争议投诉范围；（3）被投诉人为本地方公证协会会员；（4）在规定的期限内提出公证复查争议投诉；（5）投诉形式符合《公证复查争议投诉处理办法（试行）》规定；（6）投诉事项未向人民法院提起诉讼。

3. 审查受理

地方公证协会应当自收到公证复查争议投诉之日起10个工作日内决定受理或者不予受理，并以口头或者书面形式通知投诉人，不予受理的应当说明理由。

（三）投诉的处理

1. 投诉人举证

投诉人应当就其诉求及理由提供真实、合法、充分的证明材料，被投诉人保管的公证卷宗中已有的证明材料除外。

地方公证协会认为投诉人就其投诉理由的说明或者提供的证明材料不充分、不完备或者有疑义的，可以要求投诉人作出说明或者补充证明材料。

2. 被投诉人答辩

地方公证协会受理投诉事项后，应当及时将投诉材料送交被投诉人，并书面通知被投诉人进行答辩。被投诉人应当自收到投诉材料和答辩通知之日起15个工作日内提交答辩意见。被投诉人应当提供支持其答辩意见的证明材料。地方公证协会认为被投诉人答辩说明的情况或者提供的证明材料不充分、不完备或者有疑义的，可以要求被投诉人作出说明或者补充证明材料。

3. 对投诉的审查

（1）地方公证协会调查。地方公证协会应当依照有关法律法规的规定，对公证复查争议投诉事项的有关情况以及证明材料进行核实。地方公证协会根据核实投诉事项有关情况的需要，可以要求被投诉人提供全部或者部分公证卷宗材料，也可以向有关单位或者个人进行调查。

（2）听证和专家论证。地方公证协会处理投诉事项，根据需要或者投诉人、被投诉人的申请，可以举行听证。地方公证协会处理投诉事项，对所涉及的复杂疑难或者专业性较强的问题，可以组织或者聘请公证业内或者有关方面的专家进行论证。

（3）回避。地方公证协会负责处理公证复查争议投诉的人员有以下情形之一的，应当回避：第一，是投诉人的近亲属的；第二，是被投诉人所属的公证员的；第三，是投诉事项涉及的公证员的近亲属的。参与公证复查争议投诉处理论证工作的专家有上述规定情形的，也应当回避。

（4）终止处理。终止处理，是指在投诉处理之中，发生特殊情形，使处理程序无法或者没有必要继续进行，公证协会结束处理程序的行为。相对于作出处理决定而结束处理程序的情形而言，终止是一种非正常的结束程序的制度。根据规定，有以下情形之一的，应当终止公证复查争议投诉处理：第一，公证复查争议投诉受理后，投诉人又就投诉事项向人民法院起诉的，或者发现投诉事项已由人民法院立案审理的；第二，在投诉处理过程中投诉人撤回投诉的；第三，在投诉处理过程中被投诉人主动变更原复查决定或者重新进行复查的；第四，投诉人死亡（终止），继续处理该投诉事项已无意义的。

（5）处理决定及效力。地方公证协会应当根据不同情况，按以下规定处理投诉事项：第一，认为公证机构撤销或者不予撤销公证书的复查决定正确的，对投诉人的请求不予支持，并告知被投诉人；第二，认为公证机构撤销或者不予撤销公证书的复查决定错误的，对投诉人的请求予以支持，书面建议被投诉人撤销原复查决定，重新作出复查决定；第三，认为公证机构撤销或者不予撤销公证书的复查决定不适当或者有疑义的，书面建议被投诉人就原公证争议重新进行复查。

地方公证协会应当将公证复查争议投诉处理结果书面通知投诉人。对于地方公证协会的处理建议，被投诉人应当采纳。被投诉人拒不采纳的，视情节轻重，由地方公证协会给予相应的行业处分。地方公证协会在公证复查争议投诉处理过程中发现被投诉人及其公证员有违法、违规情形的，依照有关规定予以处理。

（6）处理时限。地方公证协会应当自受理之日起60日内提出处理意见。因不可抗力、补充证明材料或者需要调查核实有关情况的，所需时间不计算在前述规定的期限内。

四、诉讼、调解和裁定不予执行

（一）提起民事诉讼

《公证法》规定，当事人、公证事项的利害关系人对公证书涉及当事人之间或者当事人与公证事项的利害关系人之间实体权利义务的内容有争议的，公证机构应当告知其可以就该争议向人民法院提起民事诉讼。公证机构及其公证员因过错给当事人、公证事项的利害关系人造成损失，当事人、公证事项的利害关系人与公证机构因过错责任和赔偿数额发生争议的，可以向人民法院提起民事诉讼。当事人起诉的，按照普通的民事案件审理。

（二）调解

当事人、公证事项的利害关系人与公证机构因过错责任和赔偿数额发生争议的，可以申请地方公证协会调解。公证协会的调解不是有法律终局效力的调解，调解达不成协议，或者达成协议之后当事人又反悔的，都可以向人民法院提起民事诉讼。

（三）不予执行

对经公证的以给付为内容并载明债务人愿意接受强制执行承诺的债权文书，债务人不履行或者履行不适当时，债权人可向有管辖权的人民法院申请执行。人民法院经审查发现前述债权文书确有错误的，裁定不予执行，并将裁定书送达双方当事人和公证机构。

公证债权文书被裁定不予执行的，当事人可以就该公证债权文书涉及的民事权利义务争议向人民法院提起诉讼；公证债权文书被裁定部分不予执行的，当事人可以就该部分争议提起诉讼。当事人对不予执行裁定提出执行异议或者申请复议的，人民法院不予受理。

复习思考题

1. 公证效力的内容有哪些？
2. 什么是公证复查程序？
3. 当事人或者公证利害关系人对公证事项发生争议时怎么办？

▶即测即评

第十九章　常见的合同公证

第一节　买卖合同公证

一、买卖合同公证的含义

买卖合同是出卖人转移标的物的所有权于买受人，买受人支付价款的合同。买卖合同公证，是指公证机构根据当事人的申请，依照法定程序，证明买卖双方当事人签订买卖合同的行为以及合同内容具有真实性与合法性的活动。

买卖合同公证通过对合同的真实性、合法性的证明，不仅可以预防纠纷、保障当事人的合法权益，还可以通过公证活动实现对买卖合同的法律监督，维护正常的市场经济秩序。

二、买卖合同公证的程序

买卖合同公证适用普通公证程序，但结合买卖合同的特点，在办理买卖合同公证时，还要注意以下方面：

（一）当事人提出申请

买卖合同的公证，应当由当事人及其法定代理人或者他们委托的代理人申请，填写公证申请表，并提供以下证明材料：（1）买卖双方当事人的主体资格证明。例如，法人应提交经市场监督管理机关核准颁发的营业执照，以及法定代表人的资格证明和身份证明；自然人应提交个人身份证明；有委托代理人的，还应提交当事人亲自签名或盖章的授权委托书，以及代理人的身份证明。（2）买卖合同文本。（3）出卖人应提供对标的物享有所有权或者处分权的证明。（4）出卖方的供货能力及买受人的支付能力的有关证明。（5）公证员认为应当提交的其他证明材料，如当事人提供担保的，还应提交担保人的身份和资信证明等。

（二）办理买卖合同公证需要注意的问题

第一，审查买卖合同双方当事人的主体资格。

第二，审查买卖合同当事人双方的意思表示是否真实、自愿、一致。

第三，注意国家法律法规的制定、修改情况，审查买卖合同的内容是否真实、合法，特别是关于标的物的质量、所有权的转移的约定是否符合规定要求，合同条款是否明确、完善，等等。

第四，审查买卖合同当事人双方的履约能力，即合同中约定的出卖方的货源、买受方的付款资金是否已经落实。

公证机构经过审查，对符合法定条件的买卖合同，即可依法出具公证书。

第二节 赠与合同公证

一、赠与合同公证的含义与意义

赠与合同是赠与人将自己的财产无偿给予受赠人，受赠人表示接受赠与的合同。赠与合同公证，是指公证机构根据当事人的申请，依法证明赠与人与受赠人签订的赠与合同真实、合法有效，赠与人赠与财产、受赠人接受赠与财产的行为真实、合法的活动。

《民法典》第658条第1款规定，赠与人在赠与财产的权利转移之前可以撤销赠与。但是，根据该条第2款以及第660条的规定，经过公证的赠与合同，即使赠与的财产还没有转移，赠与人也不得撤销赠与；赠与人不交付赠与财产的，受赠人可以要求交付。可见，赠与合同单方法律行为的特点，决定了赠与合同公证对于加强赠与合同的效力、稳定社会关系、避免纠纷具有重要的意义。

二、赠与合同公证的程序

办理赠与合同公证适用普通公证程序。公证机构在办理赠与合同公证时，应当要求当事人提供下列证明材料，并对其进行重点审查。

（一）当事人的身份、资格和权利的证明材料

当事人及其法定代理人或者他们的委托代理人应当提交身份证明以及进行申请的资格证明。申请人是法人的，应提交法人资格证明及其法定代表人的身份证明。此外，受赠人为无民事行为能力或限制行为能力人的，其法定代理人应提交享有监护权的证明；如为需经有关部门批准才能受赠的事项，还应提交有关部门批准接受赠与合同的文件。对上述证明材料，公证机构应当注意审查确认。

（二）赠与合同书或者受赠书

办理赠与合同公证，应当要求当事人提交赠与合同书或者受赠书，审查其内容，审查当事人的意思表示是否真实。

（三）赠与人有权处分赠与财产的证明

应当提交赠与财产清单和财产所有权证明，以及赠与人有权处分赠与财产的证明。赠与财产是共有财产的，应提交其他共有人同意赠与合同的意见书；赠与财产是国有财产的，应提交政府主管部门的批准文件；赠与财产是集体财产的，应提交集体组织成员同意赠与合同的意见书。

（四）审查赠与合同内容的合法性

公证机构应审查赠与合同内容的合法性，审查合同条款是否明确、完备。凡法律禁止处分的权利，不得赠与。当事人之间恶意串通，损害国家、集体、第三人合法权利的赠与合同，以及当事人利用合法形式掩盖非法目的的赠与合同，均为无效合同。

此外，还应当审查赠与是否附有条件，如果附条件，应当审查所附条件是否合法。

经过审查，对于真实、合法有效的赠与合同，公证机构应当依法出具公证书。

第三节　抵押贷款合同公证

一、抵押贷款合同公证的含义

抵押贷款合同，是借款人向贷款人借款，约定到期返还借款并支付利息，并同时或者另行约定，为担保债务的履行，借款人或者第三人不转移财产的占有，将该财产抵押给贷款人，借款人不履行到期债务或者发生当事人约定的实现抵押权的情形，贷款人有权就该财产优先受偿。其中，借款人或者第三人为抵押人，贷款人为抵押权人，提供担保的财产为抵押财产。

抵押贷款合同公证，是指公证机构根据当事人的申请，依照法定程序，证明当事人双方签订的抵押贷款合同的真实性与合法性的活动。

二、办理抵押贷款合同公证应当特别注意的事项

办理抵押贷款合同公证适用普通公证程序。同时，基于抵押贷款合同的特点，公证机构应当特别注意以下问题。

（一）严格审查当事人的主体资格条件

当事人应当提交双方当事人的主体资格证明。法人应提交经市场监督管理机关核准颁发的营业执照，以及法定代表人的资格证明和身份证明；自然人应提交个人身份证明；有委托代理人的，还应提交当事人亲自签名或盖章的授权委托书以及代理人的身份证明。

公证机构应当特别审查贷款人的资格。在我国，根据规定，贷款人应当是经依法核准能够从事贷款业务的金融机构，应当审查其是否具有《经营金融业务许可证》。

如果是第三人提供抵押担保，应当审查其是否具有独立的主体资格条件，审查其与当事人的关系，确定其是否有权提供担保。

（二）严格审查抵押财产的情况

要审查确定抵押财产的价值是否与合同中声明的相符，是否有相关的财产评估与鉴定材料，抵押权是否有权处分该财产，抵押财产上有无其他权利负担，是否有重复抵押的行为。对需要批准才能抵押的财产，是否经过了审批。抵押的财产是否属于不得抵押的财产范围。对于有关的财产权证照或者证明材料要审查确定其真伪。

公证机构可以对抵押物进行勘验、清点、评估并登记。公证机构应当设立抵押登记簿。对已办理公证的抵押贷款合同，应对抵押财产的名称、数量、质量、处所、所有人或经营管理人、权益的有效期限等内容进行专项登记。

（三）审查当事人的履约能力

要审查借贷的用途是否符合规定。不仅要审查借款人的还款计划与偿还能力是否真实，还要审查抵押人的履约能力。法律规定该抵押需经有关主管部门批准的，应审查是否已获批准。

经过审查，公证机构认为当事人签订的抵押贷款合同真实、合法的，可出具公证书。

第四节 房地产转让合同公证

一、房地产转让合同公证的概念与种类

房地产转让合同是房地产权利人与受让人约定，通过买卖、赠与或者其他合法方式将房地产转让给受让人的行为。房地产转让合同是当事人双方共同实施的转让不动产所有权或者使用权的重要民事法律行为。转让房地产，不仅要有有效的合同，根据《城市房地产管理法》《民法典》等法律法规的规定，房地产权利的取得还需要履行法定手续。

房地产转让合同公证，就是由公证机构根据当事人的申请，证明房地产转让合同合法、真实的活动。为了规范房地产转让行为，房地产转让合同须采取书面形式。特殊类型的房地

产转让合同，必须办理公证，可见，房地产转让合同公证具有重要的意义。实践中，常见的房地产转让合同公证有商品房预售合同公证和房屋买卖合同公证。

二、商品房预售合同公证

（一）商品房预售合同公证的概念

商品房预售合同公证，是指公证机构根据当事人的申请，依法定程序，证明房地产开发商与房屋预购人之间签订的商品房预售合同的真实性与合法性的活动。

（二）办理商品房预售合同公证的注意事项

1. 严格审查当事人提交的证明材料

（1）房地产开发商应提交的证明材料有：①《企业法人营业执照》，且执照上写明预售方享有房地产经营权；②土地使用权出让、转让合同，《国有土地使用权证》，《建设用地规划许可证》，《建设工程规划许可证》；③《商品房预售许可证》，房产预售对象、价格、计划；④经银行或注册会计师审核后的，除用地价款外，预售方投入开发建设的资金已达到工程建设总投资的25%以上的验资证明，且该商品房的施工进度、竣工日期均已确定；⑤预售款的监督机构和监督方案；⑥预售方法定代表人的资格证明和身份证件，或者代理人的身份证件和法人的授权委托书；⑦预售商品房合同文本，以及签订合同的公章式样、签字人的签字式样；⑧代收预售房价款的银行名称和账号。

（2）房屋预购人应提交的证明材料有：买方为自然人的，应提交个人的身份证件；买方为法人的，应提交法人资格证明和法定代表人的资格证明、身份证件；预付房价款的凭证。

公证机构对上述资料进行审查，确定房地产开发商的主体资格及其所提交证明材料的真实性、合法性与有效性。

2. 审查确定合同内容合法且为双方当事人的真实意思表示

对于当事人提交的合同文本与有关证明材料，应当严格审查，确定合同内容合法，是双方当事人的真实意思表示，没有违背法律的禁止性规定，也没有违反社会公德，不存在侵犯国家、集体或者第三人合法权益的现象。

3. 审查确定符合预售条件

我国为了规范房地产开发行为与房地产市场，在不同时期根据不同实际情况，对房屋预售的条件作了不同规定。所以，公证机构在办理公证时，要严格按照不同时期国家有权机关关于商品房预售条件的要求进行审查。发现不符合规定的，不予办理公证。

经审查，认为符合出证条件的，可以出具公证书。

三、房屋买卖合同公证

房屋买卖合同是双方约定，出卖人将房屋所有权转移给买受人，买受人支付价款的合同。房屋买卖合同公证，是公证机构根据当事人的申请，证明房屋买卖合同合法、真实的公证。办理房屋买卖合同公证，应当注意以下问题：

（一）审查当事人主观方面的条件

当事人主观方面的条件，包括当事人的主体资格、行为能力、履约能力等，这些都是影响房屋买卖合同是否有效、能否履行的重要因素。具体而言，应着重审查以下方面：（1）对有关证明材料进行审查，确认当事人的身份、主体资格和民事行为能力。（2）审查确定房屋买卖双方当事人的意思表示是否真实。（3）审查卖方是否享有出卖房屋的所有权，是否有权对将要出售的房屋进行处分。（4）审查买方是否具有购买能力；分期付款的，审查买方资金是否已经落实。

（二）审查房屋的权属与客观情况

拓展阅读

具体包括以下方面：（1）审查确定出售人是否有权处分该房屋，有无产权纠纷，是否有共有权人及共有权是否同意出售，共有权人是否放弃了优先购买权。（2）审查确认房屋是否出租，承租人是否放弃了优先购买权，房屋出售后能否转移占有。（3）审查确认房屋所在位置、面积、结构等基本情况，房屋是否存在安全隐患，买卖价格是否公平、合理、合法。（4）审查有关批准手续是否齐备，证明材料是否齐全。（5）审查是否属于在一定期限内不得上市转让的经济适用房、单位自建房，是否属于已被列入拆迁范围不得再进行买卖的私有房屋。

（三）其他情况的审查

地上建筑与其所在的土地是不可分的，但在我国，当事人对土地只能享有使用权，房屋权利与土地权利是被分别确认的。因此，公证机构还要审查与出售房屋有关的土地使用权情况，是否属于办理有关手续后才能转让的房屋，或者是不能进行转让的房屋。

经过审查，认为房屋买卖合同真实、合法，符合法定条件的，公证机构可出具公证书；对不符合法定条件的申请，不予办理公证。

此外，还应当告知当事人办理房屋买卖合同公证后，应当在出具公证书之日起2个月内，到房地产管理部门办理房屋所有权转移、变更登记，到土地管理部门办理土地使用权的转移、变更登记。

第五节　土地使用权出让、转让、承包合同公证

一、土地使用权出让合同公证

（一）土地使用权出让合同公证的概念

土地使用权出让合同，是指国家以土地所有者的身份将国有土地使用权在一定年限内让与土地使用者，并向土地使用者依法收取土地使用权出让金的双方民事法律行为。其中，代表国家的政府土地管理部门为合同中的出让方；依合同取得国有土地使用权的公民、法人、其他组织为受让方。土地使用权出让合同公证，是指公证机构根据当事人的申请，依照法定程序，证明国有土地所有者与土地使用者之间签订土地使用权出让合同行为的真实性与合法性的活动。

（二）办理土地使用权出让合同公证应当注意的问题

1. 根据出让方式采取不同的公证程序

根据《国土资源部关于进一步推行招标拍卖出让国有土地使用权的通知》的规定，拍卖和招标的方式应在国有土地使用权有偿出让中居于主要地位。目前，市场化程度较高的多采取拍卖和招标的方式。此外，国有土地使用权的出让较多采取协议方式。无论采取拍卖、招标方式签订土地使用权出让合同的，还是协商签订土地使用权出让合同，如果申请公证，都应当根据采取的出让方式，适用相应的公证程序。

2. 申请公证应当提交的证明材料

当事人申办土地使用权出让合同公证，应当向出让方所在地的公证机构提出书面申请，并提交以下证明材料：（1）当事人的身份证明和资格证明；（2）土地管理部门同意出让土地使用的审批文件；（3）以招标、拍卖方式出让的，应提交投标、拍卖文件；（4）土地出让方案；（5）出让地块情况的说明（包括位置、面积、四至等）以及土地评估证明；（6）土地使用权出让合同文本；（7）其他有关证明材料。

公证机构受理土地使用权出让合同公证申请后，对上述资料应当进行审查，并审查出让方与受让方是否符合法律规定的主体资格，合同是否合法，合同所规定的土地使用地块、期限、条件、用途是否与批准文件相符，还须特别注意土地使用权出让的最高年限不得超过法定期限。

公证机构经过审查，认为符合法定条件的，对土地使用权出让合同予以公证证明，并依法出具公证书；对不符合法定条件的，不予办理公证。

二、土地使用权转让合同公证

（一）土地使用权转让合同公证的概念

土地使用权转让合同，是指国有土地使用者将自己享有的可以依法处分的土地使用权转移给其他公民或法人的双方民事法律行为。土地使用权的转让方式有出售、交换、赠与、继承等方式。土地使用权转让合同公证，是指公证机构根据当事人的申请，依法定程序，证明国有土地使用者将土地使用权再次转让他人而签订合同，其行为具有真实性与合法性的活动。

（二）办理土地使用权转让合同公证应当注意的问题

当事人申请办理土地使用权转让合同公证，应当向土地所在地的公证机构提出书面申请，并提交以下证明材料：（1）当事人双方的身份证明和资格证明；（2）政府主管部门颁发的土地使用权证及地上建筑物、其他附着物的产权证明；（3）原出让合同及拟签订的转让合同文本；（4）土地管理部门同意转让的批准证件；（5）担保人的身份及资格证明；（6）其他证明材料。

公证机构应当对上述材料进行审查，确定双方当事人提交的证明材料是否真实、有效，转让方是否具备法律规定的转让资格，土地使用权转让合同是否符合法定的转让条件，合同的内容是否合法，合同规定的土地使用的四至、条件、用途及期限是否与出让合同及登记文件中载明的权利义务相符，以及被转让的土地使用权有无出租、抵押的情况。

公证机构在审查时应注意存在以下两种情形之一的，土地使用权不得转让：（1）转让人未按土地使用权出让合同规定的期限和条件投资开发、利用土地的；（2）对于划拨的土地使用权，原使用人非经出让机关批转并交纳出让金的。

公证机构经审查认为土地使用权转让合同合法、真实的，可以出具公证书。同时，还应当告知当事人及时办理土地使用权的过户登记手续及办理纳税事宜。

三、土地使用权承包合同公证

（一）土地使用权承包合同公证的概念

土地使用权承包合同，是指土地所有权人或者经营管理人作为发包方与承包人之间就一定期限内承包使用农村土地所达成的协议。它是一种双务、有偿、要式合同。其中，承包人一般是农村集体经济组织的成员，也可以是其他经济组织和个人。土地使用权承包合同公证，是指公证机构根据当事人的申请，依照法定程序，证明土地发包方与承包方之间签订的土地使用权承包合同行为的真实性与合法性的活动。

（二）办理土地使用权承包合同公证的程序

1. 当事人提出申请

当事人申请办理土地使用权承包合同公证的，应向当事人住所地的公证机构提出书面申请，并提交以下证明材料：（1）发包方应提交自己享有合同主体资格的证明材料。例如，村民委员会或者国有农场作为发包方的，应提交有关组织、单位的证明材料。还应提交对承包土地享有所有权或经营管理权的证明文件，以及村民委员会、村民代表大会等作出的同意土地承包方案的书面决议。承包方案必须经过该集体经济组织成员的村民会议2/3以上成员或者2/3以上村民代表的同意，方为有效。国有农场作为发包方的，应提交其经营管理机构出具的同意土地承包的书面决定和上级主管部门的批准文件。（2）承包方应提交自己的身份证明。一般情况下，承包人应为发包方农村集体经济组织的成员或者国有农场的工人；特殊情况下，其他经济组织和个人也可以成为承包人。（3）土地使用权承包合同。（4）公证员认为应当提交的其他证明材料。

2. 审查与出证

对当事人提交的证明材料，公证机构应当认真进行审查，必要时应当到有关单位、场所进行核实。应当注意审查以下内容：（1）发包方与承包方的主体资格；（2）合同双方当事人的意思表示是否真实、合法；（3）当事人提交的各种证明文件与资料是否真实、合法、有效。

经过审查，对于真实、合法的土地使用权承包合同，公证机构可以出具公证书。

第六节　企业承包经营、租赁经营合同公证

一、企业承包经营合同公证的概念与意义

企业承包经营合同，是发包方与承包方按照所有权与经营权分离的原则，明确双方权利、义务关系的协议。企业承包经营合同公证是国家公证机构依法证明企业承包经营合同的真实性、合法性的活动。

企业承包经营是我国经济体制改革过程中出现的一种经营模式，在社会经济生活中发挥了巨大作用。但是，企业经营是长期的、带有主观能动性的活动，而且与不同时期的法律规定及政策密切联系。所以，依法确认企业承包经营的形式，确定企业承包经营合同的效力，对规范企业承包经营行为，稳定社会关系，保障当事人的合法权利，使企业承包经营发挥应有的作用，具有重要意义。

二、企业承包经营合同公证的程序

（一）申请

发包方、承包方为承包经营合同公证的申请人。申请办理企业承包经营合同公证的，由申请人向企业所在地的公证处提出。申请人除填写公证申请表以外，还应当分别提交下列材料：

1. 发包方应提交的材料

具体包括：（1）法人资格证明和法定代表人身份证明及本人身份证件；代为申请的，应提交授权委托书和本人身份证件。（2）企业实行承包经营的批准文件和有关材料。（3）承包前的企业资产审计评估报告。（4）经过招标投标的，需提交企业经营者的中标证明。（5）企业承包经营合同。（6）其他有关材料。

2. 承包方应提交的材料

具体包括：（1）企业承包的，应提交法人资格证明和法定代表人身份证明及本人身份证件；全员承包的，应提交企业职工代表大会决议和全员承包代表身份证明及本人身份证件；合伙承包的，应提交合伙协议和授权委托书及合伙代表本人身份证件；个人承包的，应提交本人身份证件；代为申请的，需提交授权委托书和本人身份证件。（2）企业经营者符合国家有关法律规定和发包方要求的厂长（经理）条件的证明材料。（3）担保书和抵押物的所有权凭证，抵押物系共有的，应提交共有人同意的证明。（4）其他有关材料。

（二）受理与审查

1. 受理

对于符合条件的申请，公证处应予受理，并书面通知当事人；对于不符合条件的申请，公证处应作出不予受理的决定，通知当事人。受理或不受理的决定，应在申请人提交材料基本齐全后的7日内作出。

2. 审查

公证机构应当依法对有关材料进行审查，并进行必要的核实。办理过程中，应着重审查以下内容：（1）当事人提交的材料是否属实；（2）合同条款是否完备、合法，文字表述是否清楚、准确；（3）承包基数确定的依据；（4）担保能力。

（三）出证

对符合下列条件的企业承包经营合同，公证处应按规定的程序和期限出具公证书：（1）发包方、承包方符合规定的发包、承包条件；（2）双方意思表示真实；（3）合同内容真实、合法。

不符合规定条件的，应当不予办理公证。不予办理公证的，公证处应在办证期限内将拒绝的理由书面通知当事人。

三、企业租赁经营合同公证

（一）企业租赁经营合同公证的概念与意义

企业租赁经营合同，是出租方与承租方按照所有权与经营权分离的原则，明确双方权利、义务关系的协议。企业租赁经营合同公证，是公证机构依法证明企业租赁经营合同的真实性、合法性的活动。

根据法律规定和实践，全民所有制小型工业企业、集体所有制工业企业租赁经营，是提高企业经济活力，推动企业发展的有效形式，在经济生活中发挥着巨大作用。不过，基于企业经营的特点，在租赁经营中较易出现纠纷。因此，办理企业租赁经营合同公证，可以规范企业租赁经营活动，保障当事人的合法权利与经营活动，推动经济发展。

（二）申请与受理

出租方、承租方为企业租赁经营合同公证的申请人。提出公证申请的，申请人应填写公证申请表，并分别向企业所在地的公证机构提交下列材料：

1. 出租方应当提交的材料

具体包括：（1）法人资格证明和法定代表人身份证明及本人身份证件，代为申请的，应提交授权委托书和本人身份证件；（2）企业实行租赁经营的批准文件和有关材料，集体所有制企业需提交企业职工代表大会的决议；（3）租赁前的企业资产审计评估报告；（4）经过招标投标的，需提交承租方的中标证明；（5）企业租赁经营合同；（6）其他有关材料。

2. 承租方应当提交的材料：

具体包括：（1）企业承租的，应提交法人资格证明和法定代表人身份证明及本人身份证件；全员承租的，应提交企业职工代表大会决议和全员承租代表身份证明及本人身份证件；合伙承租的，应提交合伙协议和授权委托书及合伙代表本人身份证件；个人承租的，应提交本人身份证件。代为申请的，需提交授权委托书和本人身份证件。（2）承租经营者符合国家有关法律规定和出租方要求的厂长（经理）条件的证明材料。（3）担保书和抵押物的所有权凭证，抵押物系共有的，应提交共有人同意的证明。（4）其他有关材料。

对符合条件的申请，公证机构应予受理，并书面通知当事人；对不符合条件的申请，公证机构应作出不予受理的决定，通知当事人。受理或不受理的决定，在申请人应当提交的所列材料基本齐全后的7日内作出。

（三）审查与出证

1. 审查

办理企业租赁经营合同公证，公证员应当认真进行审查，进行必要的核实。应着重审查以下内容：（1）当事人应当提交的材料是否齐全、属实；（2）合同条款是否完备、合法，文字表述是否清楚、准确；（3）租金确定的依据；（4）担保能力。

2. 出证

对符合下列条件的企业租赁经营合同，公证机构应按照规定的程序和期限出具公证书：（1）出租方、承租方符合规定的出租、承租条件；（2）双方意思表示真实；（3）合同内容真实、合法、有效。

不符合规定条件的，应当不予办理公证。不予办理公证的，公证处应在办证期限内将拒绝的理由书面通知当事人。

第七节　其他常见合同公证

在社会生活中，合同的形式很多，在公证实践中，经常用到的合同公证还有委托公证、赡养协议公证、夫妻财产协议公证和财产分割协议公证。

一、委托公证

（一）委托公证的含义

委托公证，是指公证机构根据当事人的申请，证明委托授权书或者委托协议合法性、真实性的活动。

委托协议，是委托人和受托人约定，由受托人处理委托人事务的合同。委托授权书是委托人签署的，授予受托人在一定范围内代自己进行一定事务的权限证书。委托授权书往往以委托协议为基础，二者有着密切的联系。但是，二者的性质是不同的，委托协议是双方法律行为，需要双方的意思表示一致；委托授权是单方法律行为，委托人作出授权的意思表示即告生效。相应地，委托公证分为委托授权书公证和委托协议公证。严格而言，委托授权书公证不是合同公证，但因委托授权书与委托协议关系密切，它们进行公证适用的程序相同，因而统称为委托公证。

在对外交往中，根据很多国家的法律规定和国际惯例，自然人、法人委托他人在境外进行重要民事法律行为的授权委托书必须办理公证手续，有时还要求既办理公证又办理认证，而后才能得到外国有关部门的承认。

（二）办理委托公证应当注意的事项

办理委托公证，应当适用普通公证程序。根据委托公证的特点，办理委托公证时，通常应当由委托人亲自提出申请。

公证机构应注意审查下列问题：（1）委托人是否具有行为能力和权利能力。如果被代理人是无行为能力人或者限制行为能力人，应当以其法定代理人为委托人。（2）当事人申请办理公证的委托事项是否符合法律规定和社会公德。当事人自己不得实施违背法律和社会公德的行为，当然更不得委托他人实施。（3）在办理涉外委托行为公证时，应特别注意是否有权办理申请事项的公证，即是否对该事项享有管辖权。如果没有管辖权，依法应当由其他机构或者外国的公证机构作出的，公证机构不予办理公证。

二、赡养协议公证

（一）赡养协议公证的概念

赡养协议是赡养人就履行赡养义务与被赡养人订立的协议，或者赡养人相互间为分担赡养义务订立的协议。父母或祖父母、外祖父母为被赡养人，子女或孙子女、外孙子女为赡养人。

赡养协议公证是公证处依法证明当事人签订赡养协议真实、合法的行为。办理赡养协议公证，对维护被赡养人的合法权利，切实做到老有所养，维护社会主义道德和社会主义伦理，继承我国的优良传统，具有重要意义。

（二）办理赡养协议公证应当注意的问题

办理赡养协议公证，适用普通公证程序，并由被赡养人或赡养人的住所地公证处受理。被赡养人不具有完全民事行为能力的，应由赡养人之间共同签订赡养协议。

公证机构应当重点审查下列问题：（1）赡养人必须是被赡养人的晚辈直系亲属；（2）当事人的意思表示真实、协商一致；（3）赡养协议条款完备，权利义务明确、具体、可行，协议中不得有处分被赡养人财产或以放弃继承权为条件不尽赡养义务等，侵害被赡养人合法权益的违反法律、政策的内容；（4）协议监督人应自愿，并有承担监督义务的能力；（5）公证人员认为应当查明的其他情况。

三、夫妻财产协议公证

（一）夫妻财产协议公证的含义

《民法典》第1065条规定，男女双方可以约定婚姻关系存续期间所得的财产以及婚前财产归各自所有、共同所有或部分各自所有、部分共同所有。约定应当采用书面形式。夫妻对婚姻关系存续期间所得的财产以及婚前财产的约定，对双方具有约束力。夫妻对婚姻关系存续期间所得的财产约定归各自所有的，夫或妻一方对外所负的债务，相对人知道该约定的，以夫或妻一方的个人财产清偿。可见，夫妻财产协议，对于明确双方婚前及婚姻关系存续期间所得财产的归属，以及对外债务的清偿，具有重要意义。

夫妻财产协议公证，就是指公证机构对当事人上述夫妻财产协议，即夫妻双方就婚姻关系存续期间所得的财产以及各自婚前财产的归属等事宜达成的书面约定，证明合法与真实的活动。

（二）办理夫妻财产协议公证应当注意的事项

办理夫妻财产协议公证，应当适用普通公证程序。根据有关法律法规以及《办理夫妻财产约定协议公证的指导意见》，在办理中应当注意下列问题：

1. 夫妻应当亲自办理

夫妻双方申请办理夫妻财产约定协议公证，应当共同向公证机构提出，不得委托他人代理。

2. 申请

夫妻双方申请办理夫妻财产约定协议公证，应当提交下列材料：（1）夫妻双方的身份证件；（2）结婚证或者其他有效婚姻证明；（3）夫妻财产约定协议文本；（4）所涉及记名财产的权属凭证原件，但仅就财产进行概括性约定不涉及具体财产的除外（如记载于各自名下的财产归各自所有）。

准备结婚的男女双方在办理结婚登记前就双方各自婚前财产、婚姻关系存续期间所得财产的归属等事宜签订财产约定协议申办公证的，公证机构可以参照办理夫妻财产约定协议公证的方式办理。对于这一财产约定协议，应当载明协议以结婚登记为生效条件的内容。

3. 办理中应当重点审查的事项

公证机构办理夫妻财产约定协议公证，除需要按照规定进行一般事项的审查外，还应当重点审查下列事项：（1）夫妻双方的身份是否属实；（2）夫妻双方是否具有完全民事行为能力；（3）协议内容是否与夫妻双方的意思表示一致；（4）财产权属凭证原件有无可疑之处；（5）夫妻双方对所约定财产的权属是否清楚；（6）协议中有无违反法律规定或者违背社会公德的内容。

公证机构办理夫妻财产约定协议公证，应当询问夫妻双方并制作询问笔录。询问笔录除需要记载按照《公证程序规则》规定应当载明的内容外，还应当载明下列内容：（1）夫妻双方是否自愿签订协议，签订协议的目的，对协议内容是否清楚；（2）协议所涉及重要财产的权属、来源、取得时间和现状；（3）夫妻双方对协议所涉及财产的权属和现状是否清楚；（4）对约定为各自所有的财产，夫妻双方是否对其占有、使用、收益和处分作出约定。

公证机构办理夫妻财产约定协议公证，除需要按照《公证程序规则》规定向夫妻双方进行告知外，还应当重点告知下列内容：（1）协议所涉及的财产权属变更的法律后果；（2）协议所涉及的财产权属发生变更，且依法需要办理登记等手续的，应当在法定期限内办理有关手续；（3）协议具有的对内（指夫妻之间）、对外（指第三人）的法律效力。

四、财产分割协议公证

财产分割协议，是指当事人就其共同享有权利的财产，在他们之间分别确定归属，从而明确双方之间权利义务关系的行为。财产分割协议公证，是公证机构依法证明上述协议真实、合法的活动。

办理财产分割协议公证适用普通程序，应当特别审查下述问题：（1）是否当事人的真实意思表示；（2）当事人对分割的财产是否确实享有权利；（3）是否有其他权利人，是否有利用财产分割协议逃避债务、侵害他人权利的违法情形；（4）财产分割协议是否合法，法律规定某些以其他关系为基础的财产共有关系，其基础关系不消灭的，财产不得分割，如夫妻财产、合伙财产等；（5）分割的方式是否符合法律规定和社会公德，对于违反法律规定或社会公德方式分割的，不予办理公证。

复习思考题

1. 什么是买卖合同公证？办理买卖合同公证应当注意什么问题？
2. 办理抵押贷款合同公证应当注意哪些事项？
3. 如何申请办理夫妻财产协议公证？
4. 办理企业承包经营、租赁经营合同公证应当注意哪些问题？

▶ 即测即评

第二十章　常见法律事实的公证

第一节　居住地、出生、生存、死亡公证

一、居住地、出生、生存、死亡公证概述

居住地、出生、生存、死亡公证，就是公证机构依法证明自然人的居住地、出生、生存与死亡的真实性的活动。自然人的居住地、出生、生存与死亡是一种事实状态，这种事实不以人的意志为转移，也不因人作出意思表示而变化。但是，自然人的居住地、出生、生存、死亡，往往关系到其享有的权利或者负有的义务，对司法管辖的确定也有意义。这类事件也能引起一定的法律关系产生和变动。可见，居住地、出生、生存、死亡公证，对于人们权利的享有与保护、义务的确定与履行，有重要的意义。

二、居住地公证和生存公证

（一）居住地公证和生存公证的含义

居住地公证是指根据当事人的申请，公证机构依法对当事人生活、居住于某一住址的事实予以证明。生存公证，是指公证机构根据当事人的申请，依法证明当事人现在某地活着的事实。居住地公证与生存公证之间有密切的联系，要证明某人生存，必须证明其在某地生活的事实，所以，在某种意义上，这两个事实不可分割。不过，居住地公证与生存公证又存在区别，二者从不同的角度确认事实状态，前者的目的是确定当事人的住址，后者的目的是确定当事人生命的存在。

从目前我国办理居住地公证和生存公证的实际情况看，主要是一些回国定居的老年华侨，或者居住在我国的外国人，从国外领取养老金、退休金时，根据该外国的要求，需要出具居住地公证或生存公证。

（二）办理居住地公证和生存公证应注意的事项

当事人申请办理居住地公证和生存公证，适用普通公证程序办理。在办理过程中，应当注意下列问题：（1）须由当事人亲自申请，不得委托他人。当事人行动不便的，可申请公证人员上门服务。（2）公证机构应重点审查以下内容：①当事人提供的证件和证明材料是否真实、有效；②当事人证件及证明材料所记载的姓名、性别、出生日期、现居住地等是否真实、有效。（3）当事人是否要求在公证书注明其他事项，如果有其他事项，可以一并审查确认。（4）经审查符合条件的，根据当事人申请的内容出具居住地公证书或者生存公证书。

三、出生公证

出生公证，是指公证机构根据当事人的申请，对当事人在我国何时何地出生的事实予以证明的活动。在公证实践中，出生公证是涉外公证中常见的业务。

（一）出生公证的申请、审查与出证

当事人及其法定代理人或者他们委托的代理人，应当向当事人住所地或者出生地的公证机构申请；当事人居住在外国的，应当向其出生地或者在我国最后住所地的公证机构提出申请，并提交下列证件和材料：（1）申请人的身份证件（居民身份证、户口簿；已注销户口的，需提交原住所地公安派出所出具的户籍记载证明）。（2）接生医院签发的出生证，或申请人住所地居（村）委会出具的证明信。证明信的内容应包括申请人姓名、性别、出生年月日、出生地点及其父母的姓名。

公证机构办理出生公证，应重点审查：申请人提交的证件和证明材料是否真实、有效，各种证明材料之间是否互相印证、协调一致。此外，公证员应进行必要的调查核实。

经审查当事人的申请真实的，可以依法出具公证书；否则，应当不予办理公证。

（二）办理出生公证应注意的问题

首先，应当注意出生公证的用途，如果是在国外使用，只要不违背我国的法律和社会公共利益，可以视使用国的有关规定与当事人的要求，载明有关事项。

其次，出生证明中应写明当事人生父母的姓名。生父母已经死亡的，应在姓名后面的括号内予以注明。当事人是弃婴，不知其生父母姓名的，可在公证书中如实写明被收养的事实。注意不得将养父母写成生父母。当事人是非婚生子女，其生母又不愿意透露其生父姓名的，公证书中可不写其生父的姓名，但公证员要向当事人说明，该文书是否有效应视使用国的有关规定而定。

再次，出境多年的华侨向我国公证机构申请办理出生证明的，应分不同情况予以办理。在国内有档案可查，而且该档案记载的情况与当事人在境外申报的情况一致的，公证机构可为之出具“据本人档案记载，某人于某年某月某日在某地出生”的公证书。当事人在国内

出生，但没有户籍档案可查的，可采取由知情人发表声明，证明当事人出生的情况，然后由公证机构证明该声明书的签名、盖章属实的办法予以证明。当事人在国内出生，但查不到任何证据，而文书使用国又有法律规定，可以接受无档案记载公证书的，公证机构可据实出具《查无档案记载公证书》。

最后，根据《司法部公证司关于不宜为在国外出生并寄养在国内的华侨子女办理出生公证的复函》等文件的规定，以及公证的性质，公证机构只受理在我国出生的我国公民或外国人，申请出生公证的事项。凡具有在国外出生的法律事实的，我国公证机构不予办理公证。

四、死亡公证

死亡公证，是指公证机构根据申请人的申请，证明发生在我国境内有关人员死亡的真实性的活动。死亡公证按照普通公证程序办理。

自然人死亡，意味着其主体资格消灭，对其本人及利害关系人的权利、义务都有重大影响。自然人的死亡是重大的事件，外国人在我国境内死亡的，还可能涉及我国的国家形象。所以，办理死亡公证，必须注意下列问题：

（一）公证机构应当严格审查出证

申请死亡公证的，应当由死亡事实发生地的公证机构受理。公证机构应当要求申请人提交下列材料，并予以审查：（1）申请人的身份，申请人与死者之间的关系。申请人必须提供相应的证明材料。（2）公安机关、医院或者其他单位出具的死亡证明，尸体火化证明。（3）公安机关出具的注销死者户籍的证明。（4）被宣告死亡的，应当提交法院宣告公民死亡的判决书。（5）如果有必要，公证机构还可以要求申请人提交其他的证明材料。经审查属实的，可以出具死亡公证书。

（二）死亡公证书应当载明的事项

主要包括：（1）公证书中关于死者死亡的时间和地点要写得明确、具体，死因要写得准确、简练，用词要确切。（2）凡是死因不明的，应当聘请法医给予鉴定，而后公证机构方可根据鉴定意见据实出证。（3）发往我国台湾地区使用的死亡公证书，除上述必备内容外，还应特别写明死者的出生年月日和生前住所地。

第二节　收养关系公证

收养关系公证，是指公证机构根据当事人的申请，对公民领养他人的子女为自己子女的行为，依法证明其真实性与合法性的活动。解除收养关系与建立收养关系相对，对解除收养关系，也可以予以公证。解除收养关系公证，是指公证机构根据当事人的申请，证明养父母与养子女解除收养关系的行为真实合法的活动。

一、收养关系公证的办理

（一）提出申请

申请办理收养关系公证，应当由收养人、有识别能力的被收养人和送养人三方亲自到公证机构提出申请，分别填写公证申请表，说明申办收养公证的事实根据和理由，并提交相关证明材料。

1. 收养人应当提交的证明材料

具体包括：（1）收养人的居民户口簿和居民身份证。（2）由收养人所在单位或者村民委员会、居民委员会出具的本人婚姻状况、有无子女和抚养教育被收养人的能力等情况的证明。（3）县级以上医疗机构出具的未患有在医学上认为不应当收养子女的疾病的身体健康检查证明。（4）收养查找不到生父母的弃婴、儿童的，还应当提交收养人经常居住地计划生育部门出具的收养人生育情况证明。其中，收养非社会福利机构抚养的查找不到生父母的弃婴、儿童的，收养人还应当提交下列证明材料：①收养人经常居住地计划生育部门出具的收养人无子女的证明；②公安机关出具的捡拾弃婴、儿童报案的证明。（5）收养继子女的，可以只提交居民户口簿、居民身份证件和收养人与被收养人生父或生母结婚的证明。

2. 送养人应当提交的证明材料

具体包括：（1）送养人的居民户口簿和居民身份证件（组织作监护人的，提交其负责人的身份证件）。（2）法律规定送养时应当征得其他有抚养义务的人同意的，应提交其他有抚养义务的人同意送养的书面意见。（3）社会福利机构为送养人的，还应当提交弃婴、儿童进入社会福利机构的原始记录，公安机关出具的捡拾弃婴、儿童报案的证明，或者孤儿的生父母死亡或者宣告死亡的证明。（4）监护人为送养人的，还应当提交实际承担监护责任的证明，孤儿的父母死亡或者宣告死亡的证明，或者被收养人生父母无民事行为能力并对被收养人有严重危害的证明。（5）生父母为送养人的，还应当提交与当地计划生育部门签订的不违反计划生育规定的协议；有特殊困难无力抚养子女的，还应当提交其所在单位或者村民委员会、居民委员会出具的送养人有特殊困难的证明。其中，因丧偶或者一方下落不明的而由单方送养的，应提交配偶死亡或者下落不明的证明；子女由三代以内同辈旁系血亲收养的，还应当提交公安机关出具的或者经过公证的与收养人有亲属关系的证明。（6）被收养人是残疾儿童的，还应当提交县级以上医疗机构出具的该儿童的残疾证明。（7）被收养人的身份证件和照片。

3. 收养关系三方当事人共同提交的证明材料

收养关系三方当事人应提交各方共同签署的收养协议书。已向民政部门办理收养登记的，应提交《收养登记证》。

（二）公证机构应重点审查的内容

公证机构应重点审查以下内容：(1）当事人各方的身份和行为能力。(2）当事人各方的意思表示是否真实、自愿。(3）收养的动机、目的和理由是否正当。(4）收养人的经济状况、健康状况、道德品质和抚养能力。(5）是否完全符合法律规定的收养条件，收养关系成立后是否对三方都有利。(6）当事人提交的有关证明材料是否齐备、真实、有效等。经过审查，对于符合收养条件的收养行为，公证机构应依法出具收养公证书。

（三）办理收养关系公证应注意的事项

收养关系的三方当事人必须亲自到公证机构申办公证，不得委托他人代理。有特殊原因，夫妻一方确实不能亲自到公证机构的，可以委托另一方代办，但必须提供经过村民委员会或者居民委员会证明或者经过公证的委托书以及同意送养（收养）的声明书；当事人居住在国外的，该委托书和声明书还须办理外交认证手续。

收养关系当事人在收养登记前申办公证的，公证机构只能就各方当事人达成的收养关系协议的真实性与合法性予以公证证明。承办的公证员应告知当事人必须向有管辖权的民政部门办理登记手续，办理登记后收养关系才能成立。

二、解除收养关系公证的办理

（一）当事人提出申请

当事人通过公证程序解除收养关系时，应亲自向有管辖权的公证机构提出申请，说明解除收养关系的理由和根据，并提交以下证明材料：(1）各方当事人的身份证明；(2）能够证明收养关系成立的材料；(3）当事人已到民政部门办理登记的，应提交该部门签发的解除收养关系证明；(4）各方当事人共同达成的解除收养协议书；(5）公证员认为应提交的其他证明材料。

（二）公证机构的审查与出证

公证机构办理该项公证事务时应重点审查以下内容：(1）各方当事人解除收养关系的原因、事实依据及真实意图；(2）解除收养关系协议是否为各方当事人的真实意思表示，内容是否合法、真实，条款是否明确，如养父母在收养期间支付的养子女的生活费、教育费的补偿问题是否作了合法、合理的约定等；(3）当事人提交的各种证明材料是否真实、合法、有效。

公证机构经过审查、核实情况后，认为符合法律规定的解除收养关系的条件的，即可按照当事人各方达成的协议，在维护老年人和未成年人合法权益的原则下妥善处理好双方的财产和生活，然后依法出具解除收养关系公证书。

第三节　亲属关系与婚姻状况公证

一、亲属关系公证

（一）亲属关系公证的含义与意义

亲属关系公证，是指公证机构根据当事人的申请，依法证明当事人之间具有亲属权利义务关系这一法律事实的真实性。

公证机构依法出具的亲属关系公证书，主要用于我国公民到国外探亲、定居、留学、继承遗产、领取抚恤金、领取赔偿金等，以及当事人办理回国探亲、定居、继承域外财产、申请劳工伤亡赔偿、申请减免税收等事项。公证机构依法办理亲属关系公证，对于从法律上明确当事人之间的权利义务关系，保障当事人合法权益的实现，特别是对于保护我国公民、华侨、归侨及其侨眷在域外的正当权利与合法利益，有着重要的意义。

（二）办理亲属关系公证应当注意的问题

当事人申请办理亲属关系公证的，应当提交本人身份证明、有关当事人之间存在亲属关系的身份证件与证明材料等。公证机构应当严格进行审查，并进行必要的调查核实。

公证机构应了解当事人办理公证的目的，根据不同情况出具公证：（1）需要在外国使用的，可以在不违背我国法律规定和社会公共利益的前提下，根据该外国的有关规定与当事人的要求制作；（2）以继承为目的的，应当将法定继承人范围内的人列明；（3）鉴于有些国家对非婚生子女的权利有所限制，而我国法律规定所有子女一律平等，我国出具的公证书应当避免使用“婚前”“非婚生”等用语。

二、婚姻状况公证

（一）婚姻状况公证的概念和分类

婚姻状况公证，是指公证机构根据当事人的申请，依照法定程序，证明当事人现存的婚姻状况的真实性与合法性的活动。

根据当事人现存婚姻状况的不同，可以将婚姻状况公证分为已婚状况公证和未婚状况公证两大类。其中，已婚状况公证包括结婚公证和夫妻关系公证两种，未婚状况公证包括未婚公证、离婚公证、丧偶公证以及离婚或丧偶后未再婚公证四种。

（二）已婚状况公证

已婚状况公证，是指公证机构依法证明申请公证的当事人之间现存婚姻关系的真实性与合法性的活动。

已婚状况公证分为结婚公证和夫妻关系公证。二者的相同点在于审查、确认当事人之间现存夫妻关系的真实性与合法性。二者的不同点在于：夫妻关系公证审查、确认的重点是当事人之间存在夫妻权利义务关系这一法律事实；而结婚公证审查、确认的重点不仅包括当事人之间有夫妻关系这一事实，还要审查、确认双方当事人结婚的时间、地点、方式等。

当事人申请办理已婚状况公证，应当向其户籍所在地的公证机构提出书面申请，并提交相应的身份证件和证明材料。公证机构受理当事人的已婚状况公证申请后，应依照法定程序重点审查当事人的资格、相应的民事权利能力和行为能力，以及当事人提交的各种证件、证明材料是否真实、合法、有效。经过审查符合出证条件的，即可根据不同情况，为当事人出具结婚公证书或夫妻关系公证书。

1. 结婚公证的出证

公证机构经审查认为当事人提交的结婚证书或夫妻关系证书确系我国婚姻登记机关颁发，该证书从形式到内容真实、合法、有效的，即可为当事人出具结婚公证书。公证方法一般是证明影印件与原件内容相符。当事人要求采用直接证明婚姻关系合法有效和真实的实体证明方式的，也可采用。

结婚公证书的内容包括夫妻双方的姓名、性别、出生日期及双方结婚的时间、地点、方式，并加贴二人合影照片（或夫妻双方单人照片）。

2. 夫妻关系公证的出证

对不具备结婚公证条件，而在现实生活中又确为夫妻关系的，公证机构只能为其出具夫妻关系公证书。

夫妻关系公证书的内容包括夫妻双方的姓名、性别、出生日期、现双方系夫妻关系，并加贴二人照片。由于夫妻关系公证书仅仅证明了婚姻的结果，而无结婚的时间、地点等情况，使用中会受到一定的局限，甚至不被一些国家所认可。

3. 办理已婚状况公证应注意的问题

我国现行法不承认事实婚姻，所以不得对所谓“事实婚姻”办理公证。对于有子女的当事人，公证机构可出具其子女的出生证明，即证明该当事人分别为其子女的生父和生母。

当事人申请时，一方当事人已经死亡，不能再补办结婚登记手续的，公证机构可根据有关户籍机关的记载，证明申请公证的当事人曾与死亡人生前存在过夫妻关系。

对于双方当事人均为我国自费留学生，已遵照婚姻缔结地国的法律在国外办理结婚登记，现为了去第三国谋职、学习等回国申办婚姻状况公证的，我国公证机构应要求当事人提供经原婚姻缔结地国外交机关或外交机关授权的机构认证和我国驻该国使、领馆认证的结婚证书，经审查真实无误后，方可出具夫妻关系公证书，但不得出具结婚公证书。

（三）离婚公证

离婚公证，是指公证机构根据当事人的申请，依法证明当事人的婚姻关系已解除的真实性与合法性的活动。办理离婚公证应注意下列问题：

离婚公证书中关于当事人离婚的时间，应以婚姻登记机关出具离婚证书的时间，或者人民法院出具的法律文书生效的日期为准。

我国公民以外国法院作出的离婚判决书为据申办离婚公证的，我国公证机构不予受理。公证人员应告知当事人，依据我国《民事诉讼法》的规定，当事人应首先向有管辖权的中级人民法院申请承认该外国法院作出的离婚判决书，然后持我国中级人民法院作出的承认该外国离婚判决书效力的裁定书向公证机构申办离婚公证。

（四）未婚公证和未再婚公证

未婚公证，是指公证机构根据当事人的申请，依法确认当事人从没有结过婚的事实，出具未婚公证书予以证明其真实性的活动。未再婚公证，是指公证机构根据当事人的申请，依法证明当事人离婚后或丧偶后未再结婚的真实性的活动。

《婚姻登记条例》后，司法部颁布了《关于暂时调整涉外未婚、未再婚公证办证方式问题的通知》，结合我国实际情况，调整了未婚、未再婚公证的办理。据此，公证机构在办理此类申请时，应当注意以下事项：（1）未达到法定年龄的当事人申办未婚公证的，公证机构可以据实为其办理未达到法定婚龄公证书。（2）回国1年以上的出国人员，由于不能取得在国外期间的未婚证明而无法登记结婚的，公证机构可以根据当事人申请，为其办理未婚保证书公证，而不能直接办理未婚公证。（3）当事人在2003年10月1日前已经离境，要求证明离境前未曾在中华人民共和国境内登记结婚或再婚的，如其能提供证明材料，审查确定后公证机构仍可出具未婚公证书或者未再婚公证书。（4）其他情形，当事人申请办理未婚、未再婚公证的，公证机构不得出具相应的公证书。（5）可以根据当事人的申请，对当事人的未婚、未再婚声明书予以公证。办理未婚、未再婚声明书公证时，应注意以下两点：一是须向当事人说明声明书公证与原规定格式的实体性未婚或未再婚公证不同，国外使用机构有可能不予采信；二是应当要求当事人在声明书中表明“本人保证上述声明完全真实，如有不实，愿承担一切法律责任”。（6）当事人能提供证明材料并经查证属实的，可根据当事人的申请办理当事人在其户籍所在地婚姻登记机关无婚姻登记记录的公证。

第四节　经历与学历公证

一、经历与学历公证的含义

经历是一个含义广泛的概念，包括人的身世、任职、学习、工作、行为经历等。本书这里所使用的经历，指的是工作经历和特殊行为记录，其中特殊行为记录，主要是指违法犯罪记录。学历，指的是自然人从入学到毕业的学习过程及获得的相应证书。因此，经历与学历公证主要包括工作经历公证和有无犯罪记录公证，以及学历、学位公证。

工作经历公证，是指公证机构根据当事人的申请，证明其在我国境内的工作与任职过程的真实性的活动。学历、学位公证，是指根据当事人的申请，公证机构证明其在我国从入学到毕业（或者肄业）的学习经历及所取得的学历、学位证书真实性的活动。有无违法犯罪记录公证，是指公证机构根据当事人的申请，对其在国内是否受过我国司法机关刑事制裁这一事实的真实性予以证明的活动。

二、工作经历公证的办理

（一）申请、审查与出证

1. 申请

当事人向公证机构提出书面申请，并提交下列证件和材料：本人的身份证明；本人所在单位组织部门出具的该公民的工作经历证明；职称证书或授予职称的文件；本人近期2寸免冠照片2张。

2. 审查

公证机构应当认真审查，必要时可以查阅当事人的档案材料，或者向有关机构与人员调查核实。在审查过程中，对所知悉的当事人的隐私应当保密。

3. 出证

经过审查，认为申请符合条件，工作经历真实的，可以出具公证书。

（二）应当注意的问题

公证书中只载明当事人申请公证的工作经历，其他经历情况不要记载。

当事人要求公证机构对新中国成立前的工作经历证明的，如果能够查证确实，可以据实出具公证书。

当事人申请办理服兵役经历公证的，应当提交《退出现役证》，审查核实后可以出证。

人民警察、武装部队等单位的工作人员需要公证工作经历的，应当由其所在单位出具证明文件，再由公证机构对该证明文件核实后出具公证书。

三、学历、学位公证

办理学历、学位公证的程序与办理工作经历公证的程序类似。当事人提出申请时，应当同时提交下列证件和证明材料：本人的身份证明及所在单位出具的介绍信；本人的毕业证书、学位证书、学习成绩单原件及复印件；学历证明需要附译文的，当事人应将中文证件和经过校对无误的译文一并提供；公证当事人近期2寸免冠照片若干张。

公证机构受理当事人的申请后，应重点审查当事人的身份、学习的时间及就读学校是否属实，该校颁发的毕业证书、学位证书是否真实、合法、有效等。审查过程中，如有必要应到有关学校或者教育主管部门核实，经审核认为符合出证条件的，公证机构即可出具公证书。

应当注意的是，对于当事人在国外取得学历、学位证书的事实，我国公证机构可以根据当事人的申请，依法为其办理学历证书、学位证书影印件与原件相符的公证书，但是，不应办理确认学历、学位文书真实合法的实体性公证。

四、有无违法犯罪记录公证

当事人申请公证机构依法办理有无违法犯罪记录公证，主要是基于其办理任职、出国、移民、收养子女等事宜的需要，所以，实践中绝大多数当事人申办的是无违法犯罪记录公证。

当事人申请办理无违法犯罪记录的公证，应当向其住所地的公证机构提出书面申请；当事人是外国人的，则由其在我国居住半年以上的在华最后居所地公证机构管辖。当事人应提交下列证件和证明材料：（1）当事人的身份证件，如居民身份证、户口簿；已出境的当事人应提交护照复印件，以及原住所地户籍管理机关出具的户籍证明；委托他人代办公证的，代理人应提交当事人的授权委托书及本人的身份证件。（2）当事人所在工作单位主管部门（或基层组织）和有关公安部门分别为其出具的“无违法犯罪记录证明书”或者“未受刑事制裁证明书”。

如果当事人申办受过刑事处罚公证的，应向其户籍所在地或受刑事处罚事实发生地的公证机构提出书面申请，并提交下列证件和证明材料：（1）当事人的身份证件；（2）对当事人曾作出刑事处罚的人民法院刑事判决书；（3）当事人所在单位（或基层组织）和有关公安部门分别为其出具的曾经受过（包括几次）刑事处罚的证明书。

公证机构受理当事人的申请，经审查有关材料并进行必要的调查核实，认为符合法律规定的出证条件的，即可据实制作“无违法犯罪记录公证书”或者“受过刑事处罚公证书”。

需要注意的是，对于未达到法定刑事责任年龄的公证申请人，公证机构一般不出具无违法犯罪记录公证书。如果申请人确有需要，公证机构可依法为其出具未达法定刑事责任年龄公证书。

第五节　意外事件公证和不可抗力事件公证

一、意外事件公证

意外事件公证，是指公证机构根据当事人的申请，依法确认意外事件发生，证明其真实性的活动。公证机构依法出具的意外事件公证书，可以使当事人因意外事件遭受的损失得到赔偿，也可以使当事人免除法律责任，为有效地维护当事人的合法权益提供有力证据。

办理意外事件公证，应当遵循公证程序的相关规定，当事人应对意外事件的发生承担举证责任。因意外事件遭受损失的，当事人还应提供相应的证据与损失情况。公证人员在必要时可以进行调查核实，如现场勘验、询问证人等，但仍由当事人负担举证责任。

二、不可抗力事件公证

不可抗力事件公证，是指公证机构根据当事人的申请，对不可抗力事件发生的真实性依法进行确认并给予证明的活动。

办理不可抗力事件公证的程序，与意外事件公证类似。不过，不可抗力往往是那些不可抗拒、不可避免的异常情形，如自然灾害、国家行为或者社会异常事件，所以其往往因成为众所周知的事实，而不需要当事人承担举证责任。但当事人应当提供有关证明材料，以及对不可抗力事件的新闻报道、调查报告、查验报告等加以证明。

经过公证人员的调查核实，仍无法确认不可抗力事件发生的，公证机构应当不予办理公证。

复习思考题

1. 办理居住地、出生、生存、死亡公证应当注意什么问题？
2. 办理亲属关系公证应当注意哪些事项？
3. 婚姻状况公证包括哪些种类？

▶ 即测即评

第二十一章　对有法律意义文书的公证

第一节　法人资格公证和法人资信公证

一、法人资格公证

（一）法人资格公证的含义

法人资格公证，是指公证机构根据当事人的申请，依法证明当事人具有中国法人资格而适用的程序。法人资格公证常用于法人进行国内外经济贸易活动，如签订合同、参与投标、承包工程、投资等，有时也会用于仲裁、诉讼等活动中。

（二）法人资格公证的办理程序

1. 申请

办理法人资格公证，由当事人或者委托授权的代理人向其住所地公证机构提出申请，填写公证申请表，并提交下列证件与材料：（1）申请人的身份证明材料；（2）法人资格证明书；（3）法人章程；（4）法定代表人的身份证明及身份证件；（5）公证人员要求提交的其他材料。

2. 审查与出证

公证机构受理申请后，应当指定承办公证员。公证员应当认真审查当事人提交的材料，全面核实当事人的身份、组织机构、经营活动与场所、资金情况、法定代表人等，还要审查当事人法人营业执照的年检情况，必要时可以到有关部门核实。

经审查，认为符合条件的，出具公证书。公证书可以分两种方式：（1）实体证明方式，即在公证书中写明当事人的名称、住所、经营情况、法定代表人、注册资金等，并证明其具有中国法人资格；（2）形式证明方式，就是在公证书中证明该单位的法人资格证书的影印件与原本内容相符，原本上发证机关的印章属实。

二、法人资信公证

（一）法人资信公证的含义

法人资信是指法人拥有的财产、资金、经营状况、经营信誉、负债等情况的总称。法人资信公证，是指公证机构根据当事人的申请，依照法定程序，对法人资信情况的真实性、来源的合法性予以证明的活动

（二）办理法人资信公证的程序

1. 申请

当事人应当向其住所地的公证机构提出申请，填写公证申请表，并提交以下证明材料：（1）法人资格证明、法定代表人的资格证明和本人的身份证明；（2）银行或者其他金融部门为该法人出具的资金情况证明；（3）该法人单位的会计年度报表、资产负债表等；（4）该法人的经营经历和当年主要经济活动的记录；（5）其他有关证明材料。

2. 审查与出证

公证机构受理当事人的申请后，应当进行审查，重点审查当事人的资金情况、经营状况、经济效益、资产负债等情况，必要时可以进行调查核实，或者委托有关会计师事务所、审计师事务所等进行审计、评估。经过审查，认为申请符合条件的，出具公证书。当事人申请不实的，不予办理公证。

第二节　公司章程公证

一、公司章程公证的概念

公司章程公证，是指公证机构根据当事人的申请，依照法定的程序，对公司章程的制定及其内容的真实性、合法性给予证明所适用的程序。

二、公司章程公证的办理程序

（一）申请

当事人应向公司住所地的公证机构提出书面申请，说明申请公证的目的、用途，并提交下列证件和证明材料：（1）申办人的身份证明和身份证件；（2）公司主体资格证明，如国家主管部门批准公司成立的批件、发起人达成设立公司的协议书等；（3）公司法定代表人的资

格证明和身份证件；（4）公司章程文本。

（二）审查与出证

公证机构应重点审查以下几项内容：（1）申请人的主体资格是否合法；（2）公司章程的内容是否符合我国公司法的有关规定，条款是否完备、明确；（3）对已生效的公司章程，提交的文本是否与该公司登记注册的文本是否完全一致；（4）对公司章程上的股东签字，应当逐一核实；（5）复印件与原件是否完全一致。

经核实，认为符合条件的，应当作出公证书，证明公司章程真实、合法。

第三节　专利文书公证

一、专利文书公证的概念与种类

专利文书公证，是指公证机构根据当事人的申请，依法对专利所有人或者申请人的专利、专利权转让或者使用许可合同，以及向国外申请专利或者进行专利权诉讼所用的具有法律意义文书和事实的真实性、合法性予以证明所适用的程序。

在公证实践中，公证机构办理公证的专利文书主要有授权办理专利登记的委托书、专利申请书、专利权证书、专利权转让合同、专利使用许可合同，以及申请专利登记、续展或诉讼所需要的有关文件等。

二、专利文书公证的办理程序

（一）申请

当事人应当向其住所地的公证机构提出申请，填写公证申请表，并提交以下证明材料：（1）本人的身份证明，当事人是法人的，要提交法人资格证明及其法定代表人的资格与身份证明；（2）有关专利证书；（3）起草好的委托书、声明书、转让书和相应的合同书等；（4）当事人向外国人转让专利申请权、专利权的，或者将其在国内完成的发明创造在域外申请专利的，还应提供国务院有关主管部门的批准文件。

（二）审查与出证

公证机构应当认真审查各项文件资料，并重点审查以下内容：（1）当事人的资格和行为能力；（2）专利权是否为申请人所拥有；（3）需要公证的文件是否真实、合法，有效文件上的签名、印鉴是否属实；（4）提供的证明材料是否确实、充分。经过审查，公证机构认为符合条件的，依法出具公证书，证明专利文书真实、合法、有效。

第四节　商标文书公证

一、商标文书公证的概念与种类

商标文书公证，是指公证机构根据当事人的申请，依法对商标所有人的注册商标，以及向国外申请商标注册和其他与商标权诉讼有关的具有法律意义的文书和事实的真实性、合法性予以证明所适用的程序。

根据公证实践，我国公证机构办理的商标文书公证主要包括以下几种：（1）涉外商标注册代理人的授权委托书公证；（2）商标申请人的营业证书公证；（3）国内商标注册证书公证；（4）涉外商标使用许可合同和涉外商标转让合同公证；（5）申请商标注册续展所需要的有关文件的公证。

二、商标文书公证的办理程序

（一）申请

当事人应向其住所地的公证机构提出申请，填写公证申请表，并提交以下证明材料：（1）法人资格证明及其法定代表人的资格证明和身份证明，委托他人代办公证的，还应提交代理人的身份证明和授权委托书；（2）注册商标证书及其所需的外文译本；（3）商标图案或照片；（4）其他有关材料。

（二）审查与出证

公证机构受理当事人的公证申请后，应重点审查以下内容：（1）申请人的资格和民事行为能力；（2）当事人提交的各种证明材料是否真实、有效、齐全；（3）商标权和商标注册证书是否真实、合法并符合法律规定的有效期限；（4）商标图样、照片与商标本身是否一致；（5）注册商标证书的外文译本与中文原本是否相符。审查过程中，公证人员认为有必要的，可以向有关机构核实情况。公证机构经过审查，认为符合规定条件的，依法出具公证书。

第五节　文书文本相符和签名、印鉴属实公证

一、文书文本相符公证

（一）文书文本相符公证的含义和种类

文书文本相符公证，是指公证机构依法对当事人提交的具有法律意义的文书副本、影印本、节录本、复印本、译本与原本相符的事实，予以证明所适用的程序。文书的其他文本形式经过公证证明，便被赋予了与原本相同的效力。

根据公证实践，文书文本相符公证的种类有：（1）证明文书的副本与正本相符；（2）证明文书的复印本、影印本与原本相符；（3）证明文书的节录本与原本相应部分的内容相符；（4）证明用不同民族的文字或者不同国家的文字写成的同一文书内容相符。

（二）文书文本相符公证的办理程序

办理文书文本相符公证，应当由当事人向其住所地的公证机构提出申请，并提供相应文书及文本。

公证机构受理后，要对文件原本的内容和形式的真实性进行审查，特别要注意审查有关机关或人员是否有权制作该文件，并重点对当事人提供的文书副本、复印本、译本等与该文书的原本进行认真核对。对于文件原本，只要没有违法内容，公证机构一般不作其他实质性审查。

公证机构经审查，确认准确无误的，即可依法予以公证。需要注意的是，对于缺乏文件主件的附属文件，公证机构不得单独对其进行公证。对于涉及国家机密的文件复制件，公证机构不予办理公证。

二、签名、印鉴属实公证

（一）签名、印鉴属实公证的含义

签名、印鉴属实公证，是指公证机构根据当事人的申请，依法对有法律意义的文书上签字人的签名和制作单位所盖印章的真实性与合法性进行证明所适用的程序。有法律意义的文书上签署的名称、日期、印鉴等，是该文书的生效要件，也是文书制作人意思真实的证明。对签名、印鉴进行公证，可以确定其法律效力，还能起到证据保全的作用。

（二）签名、印鉴属实公证的办理程序

办理签名、印鉴属实公证，由当事人向有管辖权的公证机构提出申请。

尚未签名、盖章的，在公证机构受理后，当事人应当亲自持需签名、盖章的法律文书到公证机构，在公证员面前，在该文书上签署名称、日期，加盖印章。如果是事先已经签名、盖章的文书，当事人应当在公证员面前确认签名、印鉴的真实性。

公证员应当对当事人提交的材料进行审查，审查签名、盖章是否为当事人的真实意思表示，是否其本人或者有权的人所为。必要时，公证机构可以委托鉴定。对法律文书的内容，只要不违背法律的禁止性规定，不作实质审查。

经过审查，认为真实、合法的，公证机构依法出具公证书。

第六节 赋予债权文书强制执行效力的公证

一、赋予债权文书强制执行效力公证的含义

赋予债权文书强制执行效力公证，是指公证机构根据当事人的申请，对于符合法定范围和条件的债权文书，依法赋予其强制执行效力的一种特殊的公证证明活动。对此，《公证法》第37条作了规定：对经公证的以给付为内容并载明债务人愿意接受强制执行承诺的债权文书，债务人不履行或者履行不适当的，债权人可以依法向有管辖权的人民法院申请执行。

通过办理赋予债权文书强制执行效力的公证，经过公证的债权成为人民法院强制执行的根据，可以有效地督促债务人按期履行债权文书中约定的义务，及时清结债权债务关系，预防纠纷，减少诉讼，降低法律运行的成本。赋予债权文书强制执行效力的公证，本质上仍然是对当事人意思的一种证明与确认，而不是一种纠纷解决活动，也不是司法机关制作有执行力的司法判决的职权行为。

二、赋予债权文书强制执行效力公证的适用条件与范围

（一）赋予债权文书强制执行效力公证的适用条件

根据《公证法》第37条和《公证程序规则》第39条的规定，赋予债权文书强制执行效力公证的适用条件如下：（1）债权文书以给付为内容；（2）债权债务关系明确，债权人和债务人对债权文书有关给付内容无疑义；（3）债务履行方式、内容、时限明确；（4）债权文书中载明当债务人不履行或者不适当履行义务时，债务人愿意接受强制执行的承诺；（5）债权人和债务人愿意接受公证机构对债务履行情况进行核实；（6）《公证法》规定的其他条件。

（二）赋予债权文书强制执行效力公证的适用范围

根据最高人民法院和司法部共同下发的《关于公证机关赋予强制执行效力的债权文书执行有关问题的联合通知》（以下简称《公证债权执行通知》）第2条的规定，公证机构依法赋

予强制执行效力的债权文书的范围包括：（1）借款合同、借用合同、无财产担保的租赁合同；（2）赊欠货物的债权文书；（3）各种借据、欠单；（4）还款（物）协议；（5）以给付赡养费、抚养费、抚育费、学费、赔（补）偿金为内容的协议；（6）符合赋予强制执行效力条件的其他债权文书。

三、赋予债权文书强制执行效力公证的办理程序

（一）申请

当事人向公证机构申请对债权文书赋予强制执行效力，应当填写公证申请表，并提交下列证件和证明材料：（1）当事人（包括债权人和债务人）的身份证件；当事人是法人的，应提交法人资格证明及法定代表人的资格证明和身份证件；委托他人代办公证的，还应提交代理人的身份证件及当事人签署的授权委托书。（2）请求赋予强制执行效力的债权文书原件。（3）如果是在债务履行过程中，债权人申请公证机构对债权文书赋予强制执行效力的，还应提交债务人未按债权文书履行义务的证明材料。（4）公证机构认为当事人应提交的其他材料。

（二）审查与告知

公证机构办理赋予债权文书执行效力公证时，应重点审查以下内容：（1）当事人的身份和资格是否真实、合格；（2）债权文书是否真实、合法，是否符合赋予强制执行效力的范围和条件；（3）双方当事人对债权债务关系是否有争议；（4）当事人的意思表示是否自愿、真实，特别是债务人是否明确表示放弃诉权和申请仲裁权，是否了解强制执行的法律后果并愿意接受；（5）债权人是否履行了债权文书中指定的义务；（6）债务人没有如期履行义务的事实和原因，以及债务人是否具有偿还能力等。

承办公证员除了认真审查上述有关书面证明材料外，还应通过谈话制作笔录的方式深入了解债权人与债务人之间确立债权债务关系的真实情况，并履行以下告知义务：（1）告知双方当事人赋予债权文书强制执行效力公证的法律效力，即说明公证机构依法制作的该类公证书具有证明效力和强制执行的效力。（2）告知双方当事人，该公证书生效后，就意味着双方自愿放弃了诉权和申请仲裁权，即原债权文书中关于通过诉讼（或者仲裁）方式解决争议的条款不再适用。（3）告知债务人不履行债权文书中指定的义务将要承担的法律后果，即应受人民法院的强制执行。（4）告知债权人申请法院强制执行的步骤和法定期限。《民事诉讼法》第250条规定，申请执行的期限为2年。

拓展阅读

（三）出具公证书

根据《公证债权执行通知》第3条的规定，具有强制执行效力的债权文书公证书的出具有两种情况：（1）公证机构经过审查，认为申请公证的债权文书真实、合法，且符合赋予强

拓展阅读

制执行效力的范围和条件，即应依法出具具有强制执行效力的债权文书公证书；（2）符合上述法定范围的债权文书，没有经过公证程序，只是在履行过程中，债权人申请公证机构赋予其强制执行效力的，公证机构必须征求债务人的意见。债务人同意公证并表示愿意接受强制执行后果的，公证机构可以出具公证书，赋予该债权文书强制执行的效力。

复习思考题

1. 办理专利文书公证应当注意哪些问题？
2. 办理商标文书公证应当注意哪些问题？
3. 如何办理赋予债权文书强制执行效力的公证？

▶ 即测即评

第二十二章　涉外及涉我国港澳台地区公证

第一节　涉外公证

一、涉外公证的含义与特点

（一）涉外公证的含义

涉外公证，是指公证机构办理具有涉外因素的公证事务所适用的程序。其中，涉外因素是指公证事项、公证当事人或者公证书的使用地域和国外有牵连，具体如下：（1）公证当事人是外国人或者无国籍人。（2）公证事项有涉外因素。根据《公证法》的规定，公证事项包括法律行为、有法律意义的事实和文书等，若这些事项发生在国外，或者是在国外发生的法律事实引起的法律行为等，公证事项便具备了涉外因素。（3）公证书的使用地域具有涉外因素，指公证书要在我国领域外使用。只要具备上述任一个因素，就构成涉外公证。

（二）涉外公证的特点

涉外公证由于涉及外国因素，事项的证明与公证书的使用，以及申请人提出申请，都与国内公证不同，具体有以下特点：

1. 提交的申请材料有特殊要求

涉外公证由于可能有外国当事人或公证事项与外国有关，申请时需要提供特别的证明材料，如居住在外国的当事人委托代理人办理公证、从国外寄交授权委托书的，需要履行公证、认证程序。

2. 由特定的公证机构办理

涉外公证由经过省级公证协会考核并批准、省级司法行政机关和中国公证协会备案、有权办理涉外公证业务的公证机构办理，并由这些公证机构中具有涉外公证员资格的公证员具体承办。

3. 对使用的文字有特殊要求

涉外公证文书应当根据使用国和当事人的要求，附有相应的外文，并经过外交认证程序予以认证。

4. 适用地域范围特殊

涉外公证文书如果发往域外使用或带往域外使用，会在域外发生其证明的效力。

5. 适用法律有特别要求

涉外公证文书在域外使用的，既要符合我国法律法规的规定，又不能违背使用国的法律规定。

涉外公证的上述特点决定了其在具体程序方面与国内公证程序有所不同。对于涉外公证事项，应当首先适用涉外程序规范的特别规定，在没有特别规定时才适用一般公证程序的规定。

二、涉外公证机构及涉外公证员

（一）涉外公证机构

在我国，有权办理涉外公证业务的机构有两种，即公证机构和我国驻外国大使馆、领事馆。

1. 公证机构

涉外公证是公证业务中的一个重要组成部分，涉外公证业务只能由具有涉外公证资格的公证机构办理。根据《关于加强和规范涉外公证管理工作的意见》，申请办理涉外公证业务的公证机构，向所在省级公证员协会提出申请，并按照涉外公证机构申请条件要求提供相关的申请材料。各省级公证员协会负责组织考核。对于通过考核的，批准其办理涉外公证业务。经省级公证员协会考核合格，批准办理涉外公证业务的公证机构，由省级公证员协会报同级司法行政机关和中国公证员协会备案。省级司法行政机关按照司法部有关规定办理涉外公证机构印章备案。

2. 我国驻外大使馆、领事馆

公证职能通常由公证机构统一行使，但在某些特殊情况下或特定地域，公证机构无法或不适宜出具公证的，根据国际惯例、国际条约、双边协定以及法律规定，我国驻外大使馆、领事馆可以办理驻在国的我国公民申请的公证事务，由这些驻外使（领）馆履行证明职能。对此，《公证法》第45条规定：“中华人民共和国驻外使（领）馆可以依照本法的规定或者中华人民共和国参加的国际条约的规定，办理公证。”另外，《维也纳领事关系公约》规定，领事可以担任公证人。所以，我国驻外大使馆、领事馆可以行使部分公证职能。

（二）涉外公证员

涉外公证员是指具备办理涉外公证业务资格的公证员。涉外公证员应当具备公证员资格，通过国家统一法律职业资格考试。办理涉外公证业务的公证员应具备下列条件：（1）具有国家大学本科以上学历，在公证处执业2年以上，或者具有大专学历，2000年9月30日以前担任公证员职务；（2）品行良好，未出现公证质量问题，未受过行政处罚和行业惩戒；（3）参加涉外公证业务培训并考核合格；（4）所在公证机构已被批准开办涉外公证业务。

申请办理涉外公证业务的公证员，通过所在公证机构向省级公证员协会提出申请，并按照涉外公证员申请条件要求提供《涉外公证业务培训合格证书》等相关的申请材料。省级公证员协会负责组织审核，通过审核的，批准其办理涉外公证业务。经省级公证员协会审核通过，批准办理涉外公证业务的公证员，由省级公证员协会报同级司法行政机关和中国公证员协会备案。省级司法行政机关按照司法部有关规定办理涉外公证员签名章备案。

（三）涉外公证机构的权限范围

涉外公证机构的权限范围，指涉外公证机构办理涉外公证事项的范围。根据公证法律法规与国际惯例，我国公证机构涉外公证的对象只限于在国内发生的法律行为、法律事实以及在国内制作的法律文书。对发生在外国的法律行为、法律事实，当事人应当申请外国的公证机构或公证人予以公证。特殊情况下，如果申请人的居住国允许，也可以申请我国驻该外国的使（领）馆公证。

三、涉外公证中委托代理人的特别规定

居住在国外的当事人委托代理人向国内公证机构申请公证的，应当出具委托书，委托书应当写明委托事项及委托权限，并经过当地公证人或我国驻外使（领）馆公证。当事人没有可委托的亲友的，也可以委托我国驻该国使（领）馆代为申请。

四、涉外公证的法律适用

（一）对公证事项的判断

国内公证只能适用我国国内法律规定。但是，关于涉外公证事项效力的判断，如果涉及外国法，适用外国法律有利于保护我国公民利益的，且不与我国法律的基本原则和社会公共利益发生冲突，则可以适用该外国法判断公证事项的效力。

（二）公证书的形式和文字

对于公证书的形式和文字，应当适用我国法律。但是，涉外公证书在国外使用，外国对其形式提出特别要求，且这种要求不违背我国法律的基本原则或者不侵害我国的社会公共利益的，可以遵照其规定。

外国法要求附译文的，可以附外文译文。对此，《公证程序规则》第43条规定，我国公

证机构制作涉外公证文书，应当使用中文，根据需要和当事人的要求可以附外文译文。至于附何种外文译文，因使用国要求不同而有所不同。发往域外使用的公证书的译文是否另需公证，也因各国的要求不同而不同。有的国家要求，在该国使用的我国公证机构出具的公证文书的译文，应由我国公证机构出具译文与原文相符的公证书，并要求该公证书附相应的译文，对此可以遵照其规定。不过，公证员不得在译文上签名。但当事人需要公证证明的事项由外文写成，或者是外文文书的，我国公证机构可以直接予以证明，对其不附中文译文。

五、涉外公证书的认证

（一）涉外公证书认证的含义

涉外公证书的认证，是指外交机关及外交领事机关在公证书上签名或者盖章，确认公证书上公证机构的签名和印鉴属实，从而证明公证书效力的行为。认证仅是确认公证书上的签名或者印鉴属实，不证明公证书的内容。《公证法》第33条对此作了规定："公证书需要在国外使用，使用国要求先认证的，应当经中华人民共和国外交部或者外交部授权的机构和有关国家驻中华人民共和国使（领）馆认证。"至于我国涉外公证机构公证书是否需要认证，取决于使用国的法律规定。

（二）认证机构

拓展阅读

在我国，具有认证权的机构包括：（1）外交部领事司。（2）外国驻华领事馆所在地的省级政府外事办公室。凡发往该领事馆所属国使用的公证书，可以直接交其认证，而不再交由外交部领事司。发往外国使用的公证书，需要认证的，还要在我国有权认证机构办妥认证后，送该国外交使（领）馆认证，即外国的认证机构为其驻我国使（领）馆。

（三）认证程序

《公证程序规则》第47条规定，公证书需要办理领事认证的，根据有关规定或者当事人的委托，公证机构可以代为办理公证书认证，所需费用由当事人支付。可见，办理认证既可以由公证机构受委托代理当事人进行，也可以由当事人自己申请认证。

根据《司法部公证司关于涉外公证书认证问题的通知》的规定，认证程序通常是：先由我国外交部领事司，或者外国驻华领事馆所在地的省级政府外事办公室认证，证明我国公证机构的印章属实和公证员的签名属实。再由公证文书使用国国家驻华大使馆或者领事馆认证，证明公证文书上我国外事部门认证印章属实。

另外，需要注意的是，有些国家对公证书办理认证有时效的要求，超过时效不予办理认证，公证书在该国也就没有证明效力。

六、涉外公证文书使用专用水印纸及专用印泥

公证专用水印纸是指国家专门生产的、有水印标记，供公证机构制作涉外公证文书使用的特种纸张。自1992年4月1日起，凡发往域外使用的公证书的证词页一律改用专用水印纸。公证专用水印纸为16开白纸，水印标记由华表图案和“中华人民共和国公证专用”文字组成。

除专用水印纸外，公证机构出具的发往域外使用的公证文书的签章还必须使用公证专用印泥。公证专用印泥每套两盒，一盒为红色，用于加盖公证处印鉴；一盒为蓝色，用于加盖公证员签名章。

第二节　涉我国港澳地区公证

一、涉我国港澳地区公证概述

涉我国港澳地区公证，是指涉香港公证与涉澳门公证的程序，实际是两种公证程序。涉香港公证，是指公证机构办理具有涉香港因素的公证事务所适用的程序。其中，涉香港因素是指公证事项、公证当事人或者公证书的使用地域和香港有牵连。涉澳门公证，是指公证机构办理具有涉澳门因素的公证事务所适用的程序。其中，涉澳门因素是指公证事项、公证当事人或者公证书的使用地域和澳门有牵连。

香港、澳门是我国特别行政区，属于我国领域。但是，香港和澳门与内地分别适用不同的法律制度，有其司法终审权，所以涉及香港、澳门的公证与内地的公证程序有所不同。

二、涉我国港澳地区公证程序的特点

香港、澳门是我国的领土，所以涉港澳公证不是涉外公证。但是，根据法律规定与公证实践，涉我国港澳地区公证程序的办理一般是先适用香港和澳门与内地签订的一些区际司法协定，没有相关协定的则参照涉外公证程序办理。因此，理解与适用涉我国港澳地区公证程序，应当掌握其与内地公证程序和涉外公证程序的不同特点，除此之外，即可按照内地公证或者涉外公证的程序办理。

（一）涉我国港澳地区公证与内地公证的不同特点

第一，受理涉港澳公证的不是普通的公证机构，应当是经过审批核准从事涉港澳公证业务的公证机构，目前其与涉外公证机构是一致的。

第二，公证书在法律适用上不同。涉港澳公证既要遵循我国法律规定，也要遵循香港或者澳门地区的法律规定。为了维护当事人的合法权益，涉及判断公证事项的效力时，即确认

其是否合法、真实、有效的时候，在不违背我国法律基本原则与不侵犯内地公共利益的前提下，可以适用香港或者澳门地区的法律。

第三，发往香港或者澳门使用的公证书，在形式上可以按照香港或澳门的要求。

（二）涉我国港澳地区公证与涉外公证的不同特点

第一，发往香港或者澳门使用的公证书，不需要认证。香港和澳门是我国的领土，发往香港或者澳门使用的公证书当然不需要办理认证。

第二，不需附译文。《公证程序规则》第43条规定，发往香港、澳门使用的公证书应当使用全国通用的文字，不需要附任何译文。当然，对发往香港、澳门的公证书，也可以根据当事人的要求附英文译文或葡萄牙译文。

三、涉我国港澳地区公证的特别程序规范

（一）申请方式

申请内地公证处办理涉港澳公证的方式有三种：（1）当事人直接申请；（2）港澳地区的居民直接来信与内地公证机构联系申请办理公证；（3）港澳地区居民委托其内地亲友或中国银行的有关分支机构及香港南洋商业银行机构等代办国内公证。

（二）申请材料审查

办理涉港澳公证时，对港澳地区居民提供的授权委托书或有关证明材料，需要审查是否符合委托公证人制度。来自香港的公证证明必须由我国司法部在香港律师中委托的公证人制作，并经中国法律服务（香港）有限公司加章转递方能采用。来自澳门的有关材料的公证证明，在2006年2月之后，由澳门特别行政区政府公证部门或内地认可的公证人出具公证书。

（三）适用法律

办理涉港澳公证时，除适用我国法律外，还可考虑在不违背我国法律基本原则的前提下，适用香港、澳门地区的法律。例如，按照我国法律规定，侄子侄女不是法定继承权人，但按香港地区的法律，侄子侄女享有法定继承权，为了维护申请人的民事权益，应当办理这类继承权公证，以便内地公民继承在香港的遗产。

四、委托香港公证人制度

（一）委托香港公证人制度的含义

委托香港公证人制度，是指对送回内地使用的发生在香港地区的法律行为、有法律意义

的事实和文书，应当由司法部委托香港公证人，根据当事人的申请，对上述事项进行公证证明、出具公证书的制度。未经委托公证人公证证明，该等事项在内地没有效力。

委托香港公证人制度自1981年就开始建立实行，2002年4月1日司法部发布实施现行《中国委托公证人（香港）管理办法》，对委托香港公证人制度作了进一步完善。

（二）委托公证人

1. 委托公证人的条件

具备下列条件的香港律师，可向司法部提出成为委托公证人的申请：（1）拥护《中华人民共和国宪法》，拥护《中华人民共和国香港特别行政区基本法》；（2）在香港具有永久居留权的中国公民；（3）担任香港律师10年以上；（4）职业道德良好，未有因不名誉或违反职业道德受惩处的记录；（5）掌握内地有关法律、法规和办证规则；（6）能用中文书写公证文书，能用普通话进行业务活动。

2. 申请与委托

担任委托公证人，由本人提出申请。司法部接到有关申请后，对符合申请条件的，集中组织进行法律知识和公证业务的培训，经培训后方可参加司法部组织的考试。通过考试的人员由司法部进行考核。考核合格者，由司法部颁发委托书并予以首次注册。

3. 任期

委托期为3年，特殊情况可适当变更委托期限。委托期满，本人提出申请，经司法部考核合格并接受业务培训后，可连续委托。

4. 年度注册

委托公证人应于每年12月15日前向司法部申请年度注册。未经注册的，不得办理委托公证业务。委托公证人符合下列条件的，准予注册：（1）在上一年度无违纪和旷工行为；（2）职业道德良好，无违反《中国委托公证人（香港）管理办法》及协会章程的行为；（3）能按要求办理委托事宜。

（三）委托公证人的业务范围及办理

委托公证人的业务范围是对发生在香港地区的法律行为、有法律意义的事实和文书予以证明。证明的使用范围在内地。办理公证业务，委托公证人必须按照司法部规定或批准的委托业务范围、出证程序和文书格式出具公证书。

（四）公证书加章转递

委托公证人出具的公证书，须经中国法律服务（香港）有限公司审核，对符合出证程序以及文书格式要求的加章转递，对不符合该要求的不予转递。公证书只有经过中国法律服务（香港）有限公司审核并加盖转递章转递，内地才能使用，才具有证明效力、执行效力及对抗第三人效力。

五、委托澳门公证人制度

我国司法部根据内地与澳门签署的《内地与澳门关于建立更紧密经贸关系的安排》(附件5)的规定，从2005年年底开始，经过初审、培训、考试、考核等一系列工作后，最终确定了5名具有政府认可的私人公证员资格、执业经验丰富的澳门律师为司法部首批在澳门的委托公证人。[①]2006年2月，司法部向他们颁发了《委托公证人证书》，由这些委托公证人履行规定事项的证明职责。

第三节 涉我国台湾地区公证

一、涉我国台湾地区公证的含义

涉我国台湾地区公证，是指公证机构办理具有涉我国台湾地区因素的公证事务所适用的程序。其中，涉我国台湾地区因素是指公证事项、公证当事人或者公证书的使用地域和我国台湾地区有牵连。

台湾是我国领土不可分割的部分，属于我国领域。但是，我国台湾地区与大陆适用不同的法律制度，有司法终审权，所以涉及我国台湾地区的公证与大陆的公证程序有所不同。

二、涉我国台湾地区公证程序的特点

涉我国台湾地区公证程序和涉我国港澳地区公证程序类似，与我国内地(大陆)公证都属于一个国家领域内的问题，不是涉外公证程序。涉我国台湾地区公证不需要认证，不需附译文。与大陆公证不同的是，公证书在法律适用上在不违背我国法律与公共利益的前提下，可考虑适用我国台湾地区法律；办理涉我国台湾地区公证的公证机构应具有涉外公证资格，经过审批核准可以从事涉我国台湾地区公证业务。

三、涉我国台湾地区公证程序的特别规定

(一)申请方面的特殊规定

涉我国台湾地区公证，可由当事人直接申请或委托申请。回祖国大陆探亲、旅游的台胞申请公证的，可由申请人原籍或临时住所所在地或不动产所在地的公证机构办理。居住在我

① 李薇薇：《司法部首次在澳门设立委托公证人》，载中国法院网，https://www.china.court.org/。

国台湾地区的申请人直接写信或委托其亲友向大陆公证机构申请办理公证事项的，应向申请人原籍所在地、法律事实发生地或不动产所在地公证机构申请。

（二）涉我国台湾地区公证机构

根据司法部的决定，各省、自治区、直辖市司法厅（局）公证管理处根据本省、自治区、直辖市的具体情况，指定部分公证机构和部分公证员负责办理涉我国台湾地区公证，并要求对所办理的发往我国台湾地区使用的公证书，上报有关司法行政机关审核。我国台湾地区居民申请办理公证，也可以到我国驻其他国家使（领）馆办理。

（三）大陆与我国台湾地区公证书使用查证

大陆与我国台湾地区公证书使用查证，是指大陆公证书在我国台湾地区使用或者我国台湾地区公证书在大陆使用过程中，存在可能否定公证书效力的情形时，根据协议分别由两岸的有关机构调查核实公证书，并就有关公证书效力的问题予以答复的行为。

根据《两岸公证书使用查证协议》的规定，两岸公证书在对方使用过程中，有下列情形的，双方相互协助查证：（1）违反公证机构有关受理范围规定；（2）同一事项在不同公证机关公证；（3）公证书内容与户籍资料或其他档案资料记载不符；（4）公证书内容自相矛盾；（5）公证书文字、印鉴模糊不清，或有涂改、擦拭等可疑痕迹；（6）有其他不同证据资料；（7）其他需要查明的事项。接受查证一方，除有拒绝查证的事由外，应于收受查证函之日起30日内将查证结果答复对方。

上述关于公证书使用查证的协议，对于促进公证书在两岸发挥作用，方便我国大陆与台湾地区的经贸合作、民间交往，维护当事人的合法权益，具有积极作用。

复习思考题

1. 什么是涉外公证？
2. 简述涉我国港澳地区公证的特点。
3. 简述涉我国台湾地区公证程序的特别规定。

▶即测即评

读者意见反馈

为收集对教材的意见建议，进一步完善教材编写并做好服务工作，读者可将对本教材的意见建议通过如下渠道反馈至我社。

咨询电话 400-810-0598

反馈邮箱 gjdzfwb@pub.hep.cn

通信地址 北京市朝阳区惠新东街4号富盛大厦1座
高等教育出版社总编辑办公室

邮政编码 100029